Sociedade de Esquina

Coleção
ANTROPOLOGIA SOCIAL
fundada por Gilberto Velho
dirigida por Karina Kuschnir

- O Riso e o Risível
  Verena Alberti

- Falando da Sociedade
- Outsiders
- Segredos e truques da pesquisa
- Truques da Escrita
  Howard S. Becker

- Antropologia Cultural
  Franz Boas

- O Espírito Militar
- Os Militares e a República
  Celso Castro

- Bruxaria, Oráculos e Magia entre os Azande
  E.E. Evans-Pritchard

- Futuros Antropológicos
  Michael M.J. Fischer

- Nova Luz sobre a Antropologia
  Clifford Geertz

- O Cotidiano da Política
  Karina Kuschnir

- Cultura: um Conceito Antropológico
  Roque de Barros Laraia

- Guerra de Orixá
  Yvonne Maggie

- Evolucionismo Cultural
  L.H. Morgan, E.B. Tylor, J.G. Frazer

- A invenção de Copacabana
- De Olho na Rua
  Julia O'Donnell

- A Teoria Vivida
  Mariza Peirano

- Cultura e Razão Prática
- História e Cultura
- Ilhas de História
- Metáforas Históricas e Realidades Míticas
  Marshall Sahlins

- Antropologia Urbana
- Um Antropólogo na Cidade
- Desvio e Divergência
- Individualismo e Cultura
- Projeto e Metamorfose
- Rio de Janeiro: Cultura, Política e Conflito
- Subjetividade e Sociedade
- A Utopia Urbana
  Gilberto Velho

- Pesquisas Urbanas
  Gilberto Velho e
  Karina Kuschnir

- O Mistério do Samba
- O Mundo Funk Carioca
  Hermano Vianna

- Sociedade de Esquina
  William Foote Whyte

William Foote Whyte

Sociedade de Esquina

[Street Corner Society]

A estrutura social de uma área urbana pobre e degradada

Tradução:
Maria Lúcia de Oliveira

Revisão técnica:
Karina Kuschnir
IFCS/UFRJ

Apresentação de
Gilberto Velho

ZAHAR

Aos rapazes de esquina de Cornerville

Título original:
Street Corner Society
(*The Social Structure of an Italian Slum*)

Tradução autorizada da quarta edição norte-americana
publicada em 1993 por The University of Chicago Press,
de Illinois, EUA

Jorge Zahar Editor Ltda.
rua Marquês de S. Vicente 99 – 1º
22451-041 Rio de Janeiro, RJ
tel (21) 2529-4750 / fax (21) 2529-4787
editora@zahar.com.br
www.zahar.com.br

Capa: Miriam Lerner
Ilustração da capa: desenho de Kathleen Whyte para a
primeira edição de Sociedade de esquina, 1943.
Composição: Textos&Formas

CIP-Brasil.Catalogação-na-fonte
Sindicato Nacional dos Editores de Livros, RJ.

Whyte, William Foote, 1914-2001

W619s Sociedade de esquina [Street corner society]: a estrutura social de uma área urbana pobre e degradada / William Foote Whyte; tradução Maria Lúcia de Oliveira; revisão técnica Karina Kuschnir; apresentação de Gilberto Velho. — Rio de Janeiro: Zahar, 2005

il.

Tradução de: Street corner society: (the social structure of an italian slum), 4th ed
Anexos
Inclui bibliografia
ISBN 978-85-7110-860-8

1. Gangues – Estados Unidos. 2. Americanos de origem italiana – Estados Unidos. 3. Cidades e vilas – Estados Unidos. 4. Estrutura social – Estados Unidos. I. Título.

CDD: 302.340973
05-1814 CDU: 316.35.023.4(73)

Sumário

PARTE II ◙ GÂNGSTERES E POLÍTICOS

PARTE III ◙ CONCLUSÃO

ANEXOS

APRESENTAÇÃO À EDIÇÃO BRASILEIRA

O observador participante

SOCIEDADE DE ESQUINA — *Street Corner Society* — é certamente um dos mais importantes livros de ciências sociais do século XX. Por uma série de circunstâncias, só agora temos o privilégio de lê-lo em português. Mas aplica-se aqui perfeitamente a expressão "antes tarde do que nunca".

A ausência de uma edição em língua portuguesa não impediu contudo que o livro fosse conhecido e utilizado por diferentes profissionais e cursos de pós-graduação brasileiros, mas sempre de modo restrito e limitado. Teremos agora a possibilidade de ampliar o universo de seus leitores, facilitando seu acesso sobretudo para alunos de graduação de todo o país, assim como para todo o público interessado em uma temática tão atual e fascinante.

Em geral, como obra de ciências sociais, mas principalmente na área de estudos urbanos, *Sociedade de esquina* é um livro de impressionante atualidade e de alto interesse interdisciplinar. É exemplo magistral de como o trabalho de investigação científica pode ser um instrumento precioso para a crítica de estereótipos e preconceitos. Na atual problemática brasileira — em que desigualdade, conflito e violência crescem de modo dramático, sobretudo nas grandes cidades —, a sua leitura poderá ajudar a aprofundar nossas reflexões e talvez a desenvolver ações que possam, de algum modo, contribuir para a construção de um sociedade mais democrática e harmoniosa.

A pesquisa que gerou *Sociedade de esquina* iniciou-se em 1936 e estendeu-se até 1940. O resultado foi publicado originalmente como livro em 1943.[1] É notório como esses quase 70 anos não envelheceram o trabalho, que mantém sua força e capacidade de atração, justificando sua condição de clássico dos estudos urbanos. A própria história da pesquisa é um de seus maiores encantos.

William Foote Whyte (1914-2001), filho de família de alta classe média da Nova Inglaterra, com pretensões a escritor, interesse em economia e dedicado às questões de reforma social, entrou para Universidade de Harvard contemplado com uma bolsa júnior de características muito especiais e surpreendentes, em particular para os padrões brasileiros atuais. A condição estabelecida era que o trabalho desenvolvido com o apoio da bolsa não estivesse vinculado à obtenção de um título de pós-graduação, especialmente o doutorado. Unindo o seu espírito de militante reformista — naqueles tempos do Neal Deal de Franklin Roosevelt — à vocação de pesquisador de ciências sociais, o estudante, então aos 22 anos, decidiu realizar seu trabalho de campo em Cornerville, Eastern City, na realidade o North End (Little Italy) de Boston. Aquela era uma área habitada sobretudo por famílias de imigrantes pobres de origem italiana e considerada, por parte do poder público e, em geral, pela sociedade de Boston, "problemática" e "socialmente desorganizada".

O autor descreve e analisa no livro, com sensibilidade e humor, as peripécias, dificuldades e achados de sua pesquisa, assinalando para o leitor a importância de contextualizar a história e as condições de produção de sua investigação. Como antigo leitor e admirador confesso desta obra, gostaria de chamar a atenção para alguns pontos que julgo merecerem algum destaque.

Embora aluno de uma das mais tradicionais universidades norte-americanas, o pesquisador, com a liberdade que sua bolsa lhe concedia, desenvolveu uma aventura intelectual bastante heterodoxa, especialmente para os padrões hoje vigentes, conversando, lendo e interagindo com profissionais de diferentes áreas. Mas, é claro, sofreu significativas influências, diretas ou indiretas, da ciência social da época. No decorrer de sua longa carreira, Whyte em várias oportunidades afirmou que as características de seu trabalho colocaram-no entre a sociologia e a antropologia.[2] Como bolsista júnior em Harvard estabeleceu relações, discutiu a pesquisa e assistiu ao curso de um outro bolsista um pouco mais velho, Conrad Arensberg, que acabara de voltar do trabalho de campo na Irlanda.[3] Este colega fora assistente de pesquisa do antropólogo Lloyd Warner, que ainda não começara a publicação de sua famosa série Yankee City.[4] Nesse período, Whyte leu Malinowski e chegou a assistir a uma conferência sua em Harvard, levando-o a dizer, com toda a clareza, que a leitura de monografias de sociedades tribais e tradicionais fora importante para o desenvolvimento de sua pesquisa em área metropolitana. Com Arensberg e Eliot Chapple estudou e discutiu teorias e modos de interação social (ver anexo A).

Depois de terminar sua pesquisa, Whyte concluiu que, caso desejasse seguir a carreira acadêmica, era importante, apesar de algumas exceções, obter o doutorado. Decidiu inscrever-se no Departamento de Sociologia da Universidade de Chicago, sob orientação de Lloyd Warner, que se deslocara da Costa Leste e tinha um duplo vínculo com os departamentos de sociologia e antropologia. Convém lembrar que de 1892 a 1929 havia em Chicago um Departamento de Sociologia e Antropologia — que mais tarde se dividiu — onde atuaram profissionais como Albion Small, William Thomas e Robert Park. Na realidade, durante muito tempo, pelo menos até os anos 1950, os estudantes de Chicago transitavam entre professores e textos de ambas as áreas, combinando estudos qualitativos e quantitativos.[5]

Um dos principais focos da produção da Escola de Chicago — que não deve ser confundida com o específico Departamento de Sociologia da famosa universidade, pois engloba profissionais influenciados por ele, mas não necessariamente seus alunos ou professores — é a temática "indivíduo e sociedade". As origens dessas reflexões ligam-se ao pensamento filosófico-sociológico alemão, sobretudo por intermédio de Simmel, e ao pragmatismo norte-americano propriamente dito, com as obras e a atuação de William James e John Dewey. Portanto, com as devidas variações entre os diferentes autores, não se trata de uma corrente de pensamento tão homogênea como muitas vezes se pensa, mas que lida permanentemente com uma problemática transdisciplinar. O ponto fundamental do interacionismo é que o estudo da ação social lida com as interações entre os indivíduos, vistos não como mônadas isoladas, mas como sujeitos ativos, atuando dentro de redes e grupos sociais, num processo contínuo de mudança e reinvenção social. Assim, opõe-se a modelos teóricos mais estáticos, nos quais os indivíduos desempenham papéis predefinidos dentro de uma estrutura social abrangente, e a mudança social quase sempre aparece como disruptiva.

Whyte sempre fez questão de afirmar, até com alguma ênfase, a independência da produção de *Sociedade de esquina* em relação à Escola de Chicago.[6] Na realidade, como o próprio autor mostrou, assim como Becker e Bulmer,[7] o conjunto de autores e trabalhos de hábito identificados com a chamada Escola de Chicago era altamente complexo e heterogêneo, incluindo perspectivas e estilos muito diferenciados. Whyte estava mais próximo de Lloyd Warner e Everett Hughes, infatigáveis pesquisadores, que de Louis Wirth e Herbert Blumer, que considerava profissionais eminentemente teóricos. Estes, por ocasião de sua passagem por Chicago, há muito estariam afastados do trabalho de campo. A história da defesa de sua tese, a partir de uma versão de sua pesquisa em Cornerville, base de *Sociedade de esquina*, mostra claramente as divisões existentes no célebre departamento, foco e base da Escola de Chicago. Esta, na realidade, por sua influência ampla e diversificada, incluía pesquisadores e docentes espalhados pelos mais diferentes departamentos e centros de pesquisa dos Estados Unidos e mesmo no exterior. Isso certamente não implicava, como já disse, uma "unidade de doutrina", mas sobretudo algumas preocupações interdisciplinares e discussões básicas comuns sobre a problemática da pesquisa em ciências sociais.[8]

É nesse sentido que a pesquisa de Whyte, embora não gerada originalmente dentro dos quadros da Universidade de Chicago, é com esta constantemente identificada. O fato de *Sociedade de esquina* ter sido defendido como tese de doutorado no Departamento de Sociologia só tende a reforçar essa percepção. É bom lembrar que no "Prefácio à quarta edição", reproduzido nesta edição brasileira, o autor agradece a L. Warner e E. Hughes pelas "úteis sugestões na revisão" do manuscrito original. Assim, creio que, embora a pesquisa propriamente dita apresente, de fato, bastante independência em termos institucionais, o livro como produto final traz inevitavelmente as marcas de sua passagem e relações com alguns dos expoentes da Escola de Chicago dos anos 1940.

A história do próprio livro também é interessante. De início foi difícil publicá-lo e não houve uma consagração imediata. Mas a partir do final da Segunda Guerra Mundial, passou a ser progressivamente mais conhecido e adotado como referência em diversas áreas dos estudos urbanos, tornando-se uma das obras mais lidas e conhecidas da ciência social contemporânea. Ainda assim, no início dos anos 1990, com o movimento mais generalizado de contestação às etnografias clássicas, não escapou a críticas sobre suas relações com o universo investigado, e sobretudo com Doc, seu principal informante. Fez questão de responder e esclarecer sua posição e as circunstâncias da época, como se pode ver no anexo A.

Em sua longa carreira — entremeada por momentos dramáticos, como a morte de um filho e sérias seqüelas de uma poliomielite — Whyte gostava de definir seu trabalho como, primordialmente, de observação participante, com constante e intensa aproximação e diálogo com os universos investigados. Além de várias pesquisas nos EUA, ele trabalhou na Venezuela, no Peru e na Espanha, publicou mais de 20 livros e dezenas de artigos, proferiu centenas de palestras e conferências, tornando-se uma referência central não só para as ciências sociais norte-americanas, como internacionais.

Sua valorização da observação participante certamente não é apenas retórica, mas sim a expressão de uma posição ético-científica voltada para a melhor e mais rica compreensão dos fenômenos sociais, tendo como base o respeito aos indivíduos e grupos investigados. Representava a rejeição de abordagens e julgamentos, muitas vezes com roupagens científicas, que sustentavam — e, diga-se de passagem, até hoje freqüentemente sustentam — políticas públicas arbitrárias e mesmo truculentas.

Nesse sentido, viver e conviver com os universos pesquisados, participando de suas dificuldades e dramas, por períodos de tempo mais extensos, representava, de saída, um esforço para não ficar preso ao senso comum, estereótipos e preconceitos, estudando situações em que matizes, ambigüidades e contradições são características inescapáveis. Assim, em especial neste livro, Whyte mostra que, longe de ser "socialmente desorganizada", Cornerville apresentava um complexo sistema de relações entre grupos, redes sociais e interações individuais que expressava densos e ricos conjuntos de significados. Esta é uma de suas principais contribuições para o trabalho de campo e para a produção do conhecimento em geral.

GILBERTO VELHO

Notas

[1] William Foote Whyte, *Street Corner Society: The Social Structure of an Italian Slum*, Chicago, The University of Chicago Press, 1943.

[2] William Foote Whyte, *Participant Observer: An Autobiography*, Ithaca, Nova York, ILR Press, 1994.

[3] Conrad M. Arensberg e Solon T. Kimball, *Family and Community in Ireland*, 2ª ed., Cambridge, Harvard University Press, 1968.

[4] W. Lloyd Warner et alli, *Yankee City*. New Haven, Yale University Press. (Série original publicada no anos 1941, 1942, 1945, 1947, 1959, 1961), 1968.

[5] Howard S. Becker, "A Escola de Chicago na visão de Howard S. Becker", *Ciência Hoje*, v.12, nº68, novembro, 1990, p.55-60; "Uma entrevista com Howard S. Becker", *Estudos Históricos*, vol.3. nº5, 1990, p.114-36; "A Escola de Chicago", *Mana: Estudos de Antropologia Social*, vol.2, nº2, outubro, 1996, p.177-88. Martin Bulmer, *The Chicago School of Sociology: Institutionalization, Diversity and the Rise of Sociological Research*, Chicago, The University of Chicago Press, 1984.

[6] Ver Whyte, op.cit., especialmente capítulo 14.

[7] Ver Becker, op.cit. e Blumer, op.cit.

[8] Ver Becker, op.cit.

PREFÁCIO À QUARTA EDIÇÃO NORTE-AMERICANA

O TRABALHO DE CAMPO para este estudo foi realizado com o apoio de uma bolsa de iniciação da Universidade Harvard, de 1936 a 1940. De fevereiro de 1937 até março de 1938, morei com uma família ítalo-americana que tinha um restaurante no número 7 da Parmenter Street. Quando me casei com Kathleen King, nos mudamos para um apartamento na Hanover Street, 477, no mesmo distrito, o North End de Boston, que aqui chamei de Cornerville. Antes de deixar Boston, em julho de 1940, já havia escrito a primeira versão de *Sociedade de esquina*. Durante o curso de pós-graduação na Universidade de Chicago, de 1940 a 1942, reescrevi e condensei o rascunho esboçado em Boston, mas sem fazer qualquer alteração nas análises e orientações teóricas. A primeira edição de *Sociedade de esquina* foi publicada em 1943.

Sem o apoio e a completa liberdade que me foram concedidos pelo Comitê Acadêmico, nunca teria sido capaz de iniciar o estudo de Cornerville. Tenho uma grande dívida de gratidão pessoal com o antropólogo social Conrad M. Arensberg, cujo período de bolsista coincidiu com o meu. Discuti meus projetos com ele antes de começar o estudo e beneficiei-me de seus conselhos e críticas em todas as etapas do caminho. Eliot D. Chapple, em colaboração com Arensberg, desenvolveu o esquema conceitual para o estudo de interações que usei ao longo de todo este livro.

Com relação aos meus primeiros projetos de pesquisa, recebi opiniões dolorosas — mas criticamente importantes — de Lawrence J. Henderson, presidente do Comitê. Elton Mayo, da Escola de Administração de Harvard, orientou-me no aprendizado das técnicas de entrevista usadas em minha pesquisa.

Enquanto era bolsista como eu, John Howard passou dois anos em Cornerville fazendo trabalho de campo. Foi o primeiro a sugerir que uma análise de lideranças poderia me fornecer os meios necessários para integrar o estudo.

Kathleen King Whyte partilhou meus dois últimos anos em Cornerville. Fez os diagramas e criticou o manuscrito em todos os estágios de sua preparação. Tendo desenhado capas de livros para editores em Nova York, ofereceu-se para fazer a capa da primeira edição.

Na Universidade de Chicago, o antropólogo social W. Lloyd Warner e o sociólogo Everett C. Hughes deram sugestões úteis para a revisão do manuscrito. Além da ajuda a *Sociedade de esquina*, também me auxiliaram a transformar o trabalho de pós-graduação em Chicago em estimulante experiência de aprendizado.

Para a segunda edição (1955), redigi o anexo A, descrevendo os métodos que havia usado e minhas experiências pessoais enquanto vivia e trabalhava no North End.

Para a terceira edição (1981), agreguei uma seção sobre "Cornerville revisitado", seguindo as carreiras de alguns dos principais personagens até 1980 e indicando brevemente algumas das mudanças ocorridas no próprio distrito. Pela primeira vez identifiquei o local do estudo como o North End de Boston e também revelei o nome real de alguns dos personagens.

O anexo B, "O impacto Whyte sobre um *Underdog*", foi apresentado por meu primeiro assistente de pesquisa, Angelo Ralph Orlandella (Sam Franco), durante uma cerimônia realizada em Cornell por ocasião de minha aposentadoria. Aí Orlandella descreve de forma eloqüente como trabalhamos juntos e como os métodos que desenvolvemos foram úteis para os papéis de liderança que ele assumiu na vida civil e militar.

De forma um tanto revisada, todo esse material está incluído na presente edição de 50 anos. Acrescentei ao anexo A o que chamei de "*Sociedade de esquina* revisitado cinqüenta anos depois". O estímulo para esta edição me foi propiciado pela súbita renovação do interesse acadêmico com relação ao livro. Em 1991, um volume editado por Peter Frost e colegas, *Reframing Organizational Culture*, dedicou grande espaço a *Sociedade de esquina*. No livro, parte do anexo que escrevi sobre metodologia e prática foi incluída como "um caso exemplar" de pesquisa sobre culturas organizacionais. Em seguida, publicaram-se ensaios sobre *Sociedade de esquina* escritos por quatro cientistas behavioristas — e minhas respostas a eles. A edição de abril de 1992 do *Journal of Contemporary Etnography* foi totalmente dedicada a "*Sociedade de esquina* revisitado". Depois de uma introdução redigida pelos editores, a publicação começa com um ensaio de W.A. Marianne Boelen, que fez diversas visitas ao North End entre 30 e 45 anos depois de minha saída de lá, em 1940, durante as quais entrevistou pessoas que eu havia estudado e algumas outras. Com base nesses dados, ela argumenta que apresentei um retrato distorcido do North End e cometi violações da ética profissional. A isso se segue minha própria refutação e um ensaio de Angelo Ralph Orlandella, um ex-rapaz da esquina que trabalhou comigo na pesquisa. A publicação termina com os ensaios de três cientistas behavioristas sobre a controvérsia.

Nessas duas publicações, todos os sete cientistas reconheceram *Sociedade de esquina* como um estudo pioneiro. Ainda assim, levantaram questões importantes a respeito de mudanças nos padrões de julgamento da pesquisa sociológica nos últimos 50 anos. Vale a pena continuar discutindo esses problemas, pois, além de tudo, eles envolvem perguntas básicas: se a sociologia é uma ciência, ou se os sociólogos devem se esforçar para torná-la uma ciência.

Discuto essas questões em "*Sociedade de esquina* revisitado cinqüenta anos depois", a seção final do anexo A.

INTRODUÇÃO | Cornerville e sua gente

No CORAÇÃO DE "EASTERN CITY" existe uma área pobre e degradada*, conhecida como Cornerville, habitada quase exclusivamente por imigrantes italianos e seus filhos. Para o resto da cidade, esta é uma área misteriosa, arriscada e deprimente. Cornerville está a alguns minutos a pé da High Street, uma rua elegante, mas o morador da High Street que faz esse percurso cruza a fronteira entre o familiar e o desconhecido.

Durante anos Cornerville tem sido vista como uma área problemática, e, enquanto estávamos em guerra com a Itália, passou a ser objeto de preocupação crescente para as pessoas de fora. Temia-se que os moradores da zona italiana pudessem ser mais devotados ao fascismo e à Itália que à democracia e aos Estados Unidos. Há muito sentia-se que Cornerville estava em dissonância com o resto da comunidade. Pensava-se nela como o lugar de gângsteres e políticos corruptos, de pobreza e crime, de crenças e atividades subversivas.

As pessoas respeitáveis tinham acesso a uma quantidade limitada de informações sobre Cornerville. Elas poderiam saber que esta é uma das áreas mais populosas dos Estados Unidos e um dos principais pontos de interesse de qualquer excursão organizada para mostrar às pessoas da classe alta as más condições de habitação da classe baixa. Em passeios turísticos ou nas estatísticas podia-se descobrir que os banheiros eram coisas raras aqui, que as ruas estreitas e malcuidadas transbordavam de crianças, que a delinqüência juvenil era alta, a criminalidade entre adultos maior ainda, e que uma grande parcela da popula-

* Área pobre e degradada: a expressão original é *slum district*, que o autor define como "uma área urbana onde existia alta concentração de pessoas de baixa renda vivendo em habitações dilapidadas e em péssimas condições sanitárias e de saúde" (p.347). A expressão "área pobre e degradada" sintetiza a definição de Whyte, descreve bem o mundo de Cornerville e é suficientemente ampla para permitir associá-lo ao mundo de favelas, periferias, alagados e semelhantes que tão bem conhecemos. (N.T.)

ção recebia auxílio-desemprego ou estava na WPA* durante a Depressão**. Vistas dessa perspectiva, as pessoas de Cornerville aparecem como alvos do interesse de assistentes sociais, são identificadas como réus em casos criminais ou integrantes indiferenciados das "massas".

Há algo de errado nesse quadro: nele não há seres humanos. Por meio de levantamentos gerais, as pessoas preocupadas com Cornerville buscam responder a perguntas cujas respostas exigem o mais íntimo e detalhado conhecimento da vida local. A única maneira de obter esse tipo de conhecimento é viver em Cornerville e participar das atividades de sua gente. Para quem faz isso, a área se revela sob uma luz totalmente diferente. Prédios, ruas e becos que antes representavam destruição e aglomerado físico passam a formar um panorama familiar para os atores da cena cornervilliana.

Pode-se entrar em Cornerville já equipado com informações de jornais sobre alguns de seus gângsteres e políticos, mas o jornal apresenta uma imagem muito especializada. Se um gângster comete um assassinato, isso é notícia. Se segue tranqüilo as rotinas diárias de seu negócio, não é. Se o político é indiciado por aceitar propina, isso é notícia. Se apenas presta os usuais favores pessoais para sua clientela de eleitores, não. O jornal concentra-se na crise — no evento espetacular. Numa crise, o "peixe graúdo" torna-se propriedade pública. É destacado da sociedade na qual atua e julgado segundo padrões diferentes daqueles de seu próprio grupo. Esta pode ser a maneira mais eficaz de processar o criminoso, porém não é um modo de entendê-lo. Para isso, o indivíduo deve ser devolvido a seu contexto social e observado em suas atividades rotineiras. Para compreender o evento espetacular, é necessário vê-lo em sua relação com o padrão da vida cotidiana — pois existe um padrão na vida de Cornerville. As pessoas da classe média enxergam a área como uma formidável massa de confusão, um caos social. Os de dentro vêem em Cornerville um sistema social altamente organizado e integrado.

Decorre daí, portanto, que não se possa dar qualquer solução imediata e direta aos problemas representados por Cornerville. Só será possível responder a questões particulares quando a estrutura da sociedade e seus padrões de ação tiverem sido estudados. Isso requer uma exploração do novo território. Para saber

* WPA, Works Progress Administration: programa federal de assistência social que, durante a Crise de 1929 nos EUA criou empregos em massa. Em 1936, havia mais de 3,5 milhões de pessoas empregadas nos vários programas da WPA. (N.T.)

** Depressão: referência à crise de 1929, nos Estados Unidos, quando houve a queda da bolsa de valores e a súbita falência de centenas de investidores. (N.T.)

como se desenvolveu a forma de organização atual, pode-se rever a história da colônia italiana local. Feito isso, será hora de ir em frente e conhecer as pessoas para descobrir, a partir delas mesmas, a natureza da sociedade em que vivem.

Para a Cornerville de hoje, a história começou na década de 1860, quando um pequeno grupo de genoveses estabeleceu-se num beco de um canto do que era então uma área irlandesa. O fluxo de imigrantes italianos expandiu-se lentamente nas décadas de 1870 e 1880, e cresceu até virar uma grande inundação nos anos 1890 e primeiras décadas do século XX. Os italianos do Norte foram os primeiros a chegar, mas a grande onda de imigração veio do Sul, particularmente das vizinhanças de Nápoles e da Sicília. Na época em que a imigração dos sulistas estava no ponto mais alto, a maior parte dos primeiros ocupantes genoveses havia-se mudado para outros setores de Eastern City ou vivia na periferia, em cidades pequenas de classe média.

Em 1915, a composição racial de Cornerville já era praticamente a mesma de hoje. Com raras exceções, todas as famílias irlandesas tinham se mudado da área. Os judeus, que viveram ali na mesma época que os italianos, também haviam sido superados em número, embora muitos mantivessem interesses comerciais em Cornerville, especialmente como varejistas de tecidos e confecções.

Os imigrantes italianos trouxeram consigo não apenas sua língua e seus costumes, mas também uma grande parcela de seus conterrâneos. Os imigrantes atraíram parentes e amigos. Pessoas da mesma cidade, *paesani*, estabeleceram-se juntas, formaram sociedades de ajuda mútua e todo ano celebravam a festa de seu santo padroeiro, como antes faziam na Itália. Os *paesani* constituíam pequenas comunidades dentro da comunidade maior, e ainda hoje é possível demarcar áreas de Cornerville de acordo com a cidade de origem dos imigrantes — embora, com o crescimento da geração mais jovem, essas fronteiras estejam cada vez menos evidentes.

A sociedade dos imigrantes de primeira geração foi organizada basicamente em torno da família e, secundariamente, ao longo das linhas de *paesani*. Os vínculos entre famílias eram cimentados por relações padrinho-afilhado. Os parentes de sangue e por laços cerimoniais, bem como os amigos da família, ligavam-se uns aos outros numa rede intrincada de obrigações recíprocas. O indivíduo que sofresse um infortúnio era ajudado por seus parentes e amigos, e, quando estivesse restabelecido, partilharia sua boa sorte com aqueles que o tinham ajudado.

A macrorregião de origem dos imigrantes também era um dado importante na organização da vida em Cornerville. Os italianos do Norte, que haviam tido melhores oportunidades econômicas e educacionais, sempre olhavam com desdém os do Sul, e os sicilianos ocupavam a posição mais baixa de todas. Uma vez que muitos daqueles vindos das regiões Norte e Central da Itália tinham conseguido se estabelecer antes de os sulistas chegarem, essas distinções se acentuaram nos períodos de instalação dos novos imigrantes — e ainda não desapareceram de todo.

Como a geração nascida na América já havia alcançado a maturidade, o padrão da vida de Cornerville passou por mudanças de grande porte. Já não se encontram na geração dos filhos os laços de lealdade aos *paesani* que ligavam seus pais. Até mesmo a família italiana foi dividida em duas gerações separadas. Os nascidos na Itália são conhecidos pela nova geração como "*greasers*"*. Os filhos, com freqüência, têm forte ligação com os pais, mas ainda assim olham-nos com desdém. Umas poucas pessoas mais idosas detêm posições de respeito, porém, em geral, não possuem a autoridade que caracteriza a geração mais velha na maior parte das outras sociedades.

A geração mais jovem construiu sua própria sociedade com relativa independência dos mais velhos. Há duas alas principais dentro das fileiras dos homens mais jovens: rapazes da esquina e rapazes formados. Os rapazes da esquina são grupos de homens cujas atividades sociais giram em torno de algumas esquinas em particular e as adjacências, com suas barbearias, lanchonetes, bilhares ou clubes. Constituem o nível mais baixo da sociedade dentro de sua faixa etária e, ao mesmo tempo, compõem a maioria dos jovens de sexo masculino de Cornerville. Durante a Depressão, a maior parte estava desempregada ou tinha apenas emprego irregular. Poucos haviam completado o segundo grau, e muitos deixaram a escola antes de terminar a oitava série. Os rapazes formados são um pequeno grupo de jovens que superaram o nível de rapaz da esquina por meio de uma educação universitária. Como tentam abrir espaços para si mesmos como profissionais, continuam subindo socialmente.

Numa sociedade como a nossa, na qual é possível para os homens começar a vida de baixo e ascender, é importante descobrir quem são as pessoas que estão avançando, e como o fazem. Isso nos dá uma perspectiva da sociedade cornervilliana e, ao mesmo tempo, mostra o que o mundo fora de Cornerville tem a oferecer às pessoas locais. As histórias de Doc — e sua gangue de rapazes da esquina — e a de Chick — e seu clube de rapazes formados — apresentam o contraste entre os dois grupos e explicam as diferentes carreiras individuais de seus integrantes.

---

* *Greasers*: literalmente, aqueles que trabalham com máquinas e motores e vivem sujos de graxa; por extensão, os que falam um inglês arrevesado. (N.T.)

Embora Doc e seus rapazes e Chick e os membros de seu clube sejam representativos de uma grande parte da sociedade local, todos eles são "peixes miúdos" em Cornerville. A fim de entendê-los, é necessário descobrir os "peixes graúdos" e ver como operam. Em Cornerville, os graúdos são gângsteres e políticos.

Junto com a Zona Sul e Welport, Cornerville forma o Quarto Distrito de Eastern City*. Até recentemente, a área era dominada pelo Clube Cleveland, uma organização política irlandesa ligada ao Partido Democrata, localizada na Zona Sul. Quando os primeiros italianos se estabeleceram em Cornerville e começaram a desalojar a população irlandesa, houve ferrenhos confrontos de raças. À medida que os irlandeses se mudaram, as hostilidades foram transferidas para a arena política. Os políticos italianos organizaram Cornerville para derrubar a dominação irlandesa na região.

As atividades ilegais durante a Lei Seca giravam em torno do contrabando de bebidas. Com o fim da proibição, o gângster construiu sua carreira a partir do controle das atividades ligadas ao jogo. Os homens de Cornerville desempenharam funções proeminentes nesse campo, embora seus colegas irlandeses e judeus compartilhem com eles a direção dos negócios mafiosos** de Eastern City.

As organizações mafiosas e políticas entremeiam-se e estendem-se da base ao topo da sociedade de Cornerville, integrando grande parte da vida local. Elas fornecem um marco geral para a compreensão das ações tanto de "peixes miúdos" quanto de "peixes graúdos".

Nesta pesquisa sobre Cornerville, pouco iremos nos preocupar com as pessoas em geral. Encontraremos pessoas particulares e observaremos as coisas particulares que fazem. O padrão geral de vida é importante, mas só pode ser construído por meio da observação dos indivíduos cujas ações configuram esse padrão.

Os "peixes miúdos" serão os primeiros a entrar em cena (parte I). Veremos como organizam as atividades de seus próprios grupos e, então — para situar esses grupos na estrutura social —, passaremos ao nível superior, observando os "peixes graúdos." A descrição das organizações mafiosas e políticas (na parte II)

---

* Distrito: daqui em diante, as referências a *ward*, no sentido de um distrito eleitoral específico, serão feitas com inicial maiúscula. Quando se tratar de *district*, distrito administrativo, a palavra será grafada com minúscula. (N.T.)

** Negócios mafiosos: as palavras *racket*, *racketeer* e *racketeering* não têm tradução exata para o português, mas, na história de Cornerville, na época em que foi escrito o livro, referem-se sempre a organizações, personagens e atividades de origem mafiosa. A tradução optou por seguir a mesma linha. (N.T.)

irá fornecer um quadro geral, mas ainda estaremos voltados para pessoas específicas. A pergunta é: o que faz de um homem um "peixe graúdo" e como ele se torna capaz de dominar os "peixes miúdos"? Para responder a essa questão, vamos observar Tony Cataldo. Ele é um gângster proeminente e cuida, entre outras coisas, de controlar os rapazes da esquina. Como faz isso? E vamos observar George Ravello, o senador de Cornerville, para ver como organiza sua campanha política. Ele necessita do apoio dos rapazes da esquina. Como consegue isso? Sabemos que, em geral, os chefes de organizações políticas e mafiosas em Cornerville cooperam uns com os outros. Mas qual a natureza dessa cooperação, sobre o que se baseia e como é criada? A fim de responder a essas questões, vamos novamente observar pessoas específicas e ver como se relacionam umas com as outras em diversas situações com as quais se defrontam em suas carreiras.

Se conseguirmos conhecer essas pessoas intimamente e entender as relações entre peixe miúdo e peixe miúdo, peixe graúdo e peixe miúdo, e peixe graúdo e peixe graúdo, então saberemos como a sociedade de Cornerville é organizada. Com base nesse conhecimento, torna-se possível explicar as lealdades pessoais e o significado das atividades políticas e mafiosas.

Rapazes da Esquina e Rapazes Formados

Capítulo I

Doc e seus rapazes

1. Os rapazes da gangue

Os Norton eram a gangue de Doc. O grupo foi formado principalmente por ele e construído a seu redor. Quando Doc ainda era criança, havia uma gangue de garotos na Norton Street para cada faixa significativa de idade. Uma delas era, em média, três anos mais velha que Doc; havia a gangue de Doc, que incluía Nutsy, Danny e vários outros; havia um grupo cerca de três anos mais novo, que incluía Joe Dodge e Frank Bonelli; e um outro ainda mais jovem, ao qual pertenciam Carl e Tommy.

Visto que os Norton, tal como eu os conheci, cresceram a partir desses primeiros agrupamentos, é necessário traçar alguns antecedentes. A história da evolução dos Norton pode ser mais bem contada como a história de Doc.

Ele nasceu na Norton Street em 1908. Seu pai e sua mãe, vindos da província de Abruzzi, foram os primeiros italianos não-genoveses a se estabelecer na rua. Doc era o caçula de uma grande família e filho predileto de sua mãe. O pai morreu quando ele era apenas uma criança. Aos três anos, a paralisia infantil atrofiou seu braço esquerdo e deixou seqüelas permanentes; mas com exercícios constantes ele conseguiu desenvolver o braço a ponto de ser capaz de usá-lo para tudo, exceto em trabalho braçal pesado.

Doc descrevia sua infância desta maneira:

> Quando era pequeno, eu costumava andar muito bem-vestido. Estava sempre com um terno limpo e, quando me sentava no degrau da porta, sempre colocava um jornal embaixo, como minha mãe havia ensinado. ... As outras mães diziam a seus filhos: "Vejam como Dicky se veste. Por que você não pode ser como ele?" Era apenas natural que eles não gostassem de mim — até que lhes mostrei que teriam que me respeitar...

Tinha por volta de 12 anos quando me envolvi em minha primeira briga. Meu irmão, dois anos mais velho, entrou numa discussão com um garoto do meu tamanho. Então me disse: "Ele é pequeno demais pra mim, lute você com ele." A princípio, eu não queria, mas finalmente briguei com o garoto e dei uma surra nele. ... Depois, comecei a pensar que talvez até fosse bastante bom nisso.

Uma vez, Nutsy era o chefe de nossa gangue. Eu era o segundo em comando. Ele era maior que eu e tinha me surrado diversas vezes antes que eu finalmente o surrasse. Quando bateu em mim, não havia muita gente por perto, então não me importei; mas na vez em que quebrou sua promessa de que não bateria em mim, havia uma turma grande em volta. Eu era um garoto orgulhoso. Não podia deixar que ele se safasse dessa. ... Veja bem, eu estava imobilizando ele, e ele por baixo. Eu disse: "Se deixar você se levantar, promete que não vai me bater?" Ele prometeu, mas quando o soltei e me virei, ele acertou meu nariz, que começou a sangrar. Fui atrás e estava batendo nele quando os caras maiores nos apartaram. ... No dia seguinte, eu o vi encostado na parede. Fui até ele e disse: "Vou te matar", e dei um soco nele. Não revidou, sabia que eu era seu líder. E a notícia se espalhou. Então, depois disso, eu era o líder, e ele era o meu segundo. ... Isso foi quando eu tinha 13 ou 14 anos. ... Antes que eu surrasse ele, Nutsy era um garoto arrogante. ... Depois disso, parecia ter perdido seu orgulho. Eu conversava com ele e tentava levantar seu moral.

Depois que surrei Nutsy, era eu quem dizia aos garotos o que tinha que ser feito. Eles me ouviam. Se não ouvissem, eu surrava eles. Surrei todos os garotos da minha gangue em algum momento. Tínhamos um garoto siciliano na minha rua. Quando bati nele, ele contou a seu pai, que veio me procurar. Escondi-me num telhado, e Nutsy me disse quando o cara já tinha ido embora. Da próxima vez que vi o garoto, eu o surrei de novo — por ter-me denunciado ao pai. ... Mas eu não era um garoto durão assim, Bill. Sempre lamentava depois que batia neles.

Eles tinham fé em mim, Bill. É por isso que tinha que fazer algumas dessas coisas. Se um dos nossos garotos tivesse apanhado em qualquer outra rua, eu ia lá com ele. Dois ou três de nossos rapazes nos seguiriam, não para ajudar a brigar — só para olhar. Eu perguntava ao garoto: "Qual deles bateu em você?" Ele apontava o cara, eu ia lá e batia nele, e depois dizia: "Você não bate nesse garoto de novo não, ouviu?"

Eu era uma fera quando garoto. Não tinha medo de ninguém. Numa briga, a maior parte dos garotos fica só empurrando o outro pra lá e pra cá, mas eu tinha uma direita devastadora. Eu era forte. Só podia usar aquele braço, exceto para me defender, mas isso me dava mais respeito ainda. Eles diziam "E o que ele não faria se tivesse dois braços bons?"... Não era só o murro. Eu era a pessoa que sempre pensava as coisas que tinham de ser feitas. Era o cérebro do grupo.

Doc se tornava sempre muito suscetível quando se tratava de seu braço, e não permitiria que ninguém fizesse concessões por causa de sua limitação. Passava muitas horas em casa treinando boxe sozinho, lutando com a própria sombra para desenvolver a velocidade e a coordenação.

O mais sério desafio feito a Doc veio de Tony Fontana, como ele me contou:

Tony era da minha gangue no tempo em que ambos éramos crianças. Ele era um bom lutador. Quando entrou no ringue como amador, de saída já ganhou três lutas por nocaute. Na época em que se tornou profissional, ainda estava nocauteando todo mundo. ... Naquele tempo, ele era o líder da gangue, era o cara durão. Mas começou a se meter a engraçadinho comigo. Uma noite, começou a me empurrar e a falar grosso. Fiquei só ouvindo. Pensei: "Ele deve ser durão. Todos esses nocautes têm que significar alguma coisa." Então, depois de um tempo, eu disse: "Vou pra cama." Tirei a roupa e me deitei, mas não conseguia dormir. Vesti a roupa e desci de novo. E falei pra ele: "Me diz aquilo outra vez!" Ele disse, então eu mostrei pra ele — pum! ... Mas não lutou comigo. Por quê? Prestígio, suponho. Mais tarde lutamos com luvas no playground. Ele era bom demais pra mim, Bill. Fiquei firme, mas ele era muito forte. ... Como batia!

Doc só me contou tudo isso porque eu perguntei, e quando acabava de narrar um incidente no qual havia demolido algum rival, sempre pedia meias desculpas e dizia que, na verdade, não era tão bom, que mal conseguia entender como aquelas coisas podiam ter acontecido.

De tempos em tempos, havia uma rixa com alguma outra gangue, e o resultado era uma briga:

Uma vez, uns caras da nossa gangue tentaram assediar umas garotas da Main Street. Os namorados das garotas perseguiram nossos amigos até a Norton Street. Então nós nos juntamos e perseguimos os namorados de volta para o lugar de onde tinham vindo. Eles se juntaram com toda a Garden Street, Swift Street e Main Street para ir atrás da gente. ... Em geral começava assim, algum garoto apanhava de um dos nossos. Então ele voltava para sua rua e juntava sua gangue. Vinham pra nossa rua e nós os enfrentávamos.

Daquela vez, vinham com talos de cachos de bananeira e garrafas de leite. Nós estávamos armados. Costumávamos esconder nossas armas nos porões para poder tê-las à mão no caso de uma emergência. Mas havia 50 daqueles caras, e só 16 dos nossos, então nos retiramos para as portarias e os porões e esperamos que eles se acalmassem. ... Ficaram por ali um tempo, sem fazer nada, até que dei o sinal para sairmos. Então nós atacamos. Eu girava um talo de bananeira à minha volta. Fui girando pela Main Street toda, mas acabei ficando por trás das linhas inimigas e tive que voltar fazendo a mesma coisa, girando. ... Existiam uns vasos de cimento em volta do playground, altos. Nós os derrubamos. Teriam matado qualquer um que fosse atingido, mas não queríamos atingir ninguém. Queríamos assustá-los. ... Depois de algum tempo as coisas se acalmaram e eles foram embora.

Não me lembro de jamais termos realmente perdido uma briga. Não pense que nunca fugimos. Algumas vezes, sim. A gente corria feito condenado. Eles chegavam na nossa rua e nos atacavam. Nós nos espalhávamos pelos telhados, porões, qualquer lugar. Lá pegávamos nossa munição. Então eles voltavam para a outra ponta da rua e nos davam uma chance de nos juntarmos de novo. Saíamos um depois do outro — nunca nos atacavam até que estivéssemos todos lá, e preparados. Aí nós os atacávamos — tínhamos um bom ataque. Às vezes eles se separavam, e nós voltávamos para a nossa ponta da rua e esperávamos que se juntassem de novo. ... Sempre terminava com nossa turma atrás deles e os expulsando de volta para sua rua. Nós não os provocávamos lá. Nunca íamos procurar encrenca. A gente só brigava em nossa própria rua, mas sempre vencemos ali.

Sabe, os Norton eram gente fina. Nós éramos a melhor rua de Cornerville. Não roubávamos de bêbados e nem nos metíamos em jogos de dados. Às vezes a gente entrava como penetra em algum show, mas o que você quer? ... Os Tyler eram um grupo da pesada. Eles roubavam e também organizavam jogos de dados. Nós costumávamos nos bater com eles. Depois de um tempo, as coisas sossegaram, e mais tarde os Tyler e os Norton se uniram. O lutador campeão deles era Jonny DiCausa, e o corredor campeão era Mike Torre. Eu era campeão em tudo na nossa gangue. Quando nos juntamos, tive que competir com o Mike numa corrida em volta do quarteirão. Eles contaram o tempo. Ele fez em 26 segundos. Então eu corri. Vinha descendo a rua e podia ouvi-los gritando: "Vamos lá, Doc, vamos lá!" Também fiz em 26 segundos. Nada ficou resolvido. Eles costumavam discutir: "Jonny pode derrotá-lo". "Não, Doc é que pode derrotá-lo." E a gente se mediu um com o outro, mas não lutamos. Acho que a gente se respeitava mutuamente. ... Jonny foi para o ringue mais tarde e se saiu bastante bem. Mike foi corredor campeão do time de atletismo da Faculdade St. Patrick.

A gente não teve muitas rixas entre gangues. Havia um bocado de respeito mútuo. ...

Nós não saíamos para matar ninguém. Não queríamos machucar ninguém. Era só brincadeira. ... Não me lembro nunca de alguém ter sido ferido na cabeça com uma garrafa. Talvez na perna ou nas costas, mas não na cabeça. A única vez em que alguém saiu ferido foi quando Charlie levou aquela lata no olho. Nós estávamos provocando os King Street no playground. Atacamos, e Charlie saiu na frente de todos. Quando chegou a King Street, alguém jogou aquela lata, e a parte cortada da tampa pegou direto no olho dele. O tumulto parou. Eles ficaram assustados com o sangue saindo do olho de Charlie. ... Nós o levamos para casa. Lembro-me de seus gritos enquanto o médico cuidava do olho. Aquilo nos impressionou. Nunca nos havia ocorrido que alguém pudesse ser seriamente ferido, tivesse seqüelas graves, num confronto. ... Depois daquilo não houve mais tumultos. Não me lembro de jamais ter visto um depois daquilo. ... E então estávamos ficando mais velhos, por volta de 17 e 18 anos. Fui adiante com meus camaradas mais velhos e já não via meus garotos com tanta freqüência. Eles me aceitavam como um deles. Aquilo foi uma grande honra. Mas quando já não via mais meus garotos com freqüência nossa gangue se desfez.

Doc participou das atividades do Centro Comunitário da Norton Street em dois estágios de sua carreira. A história era essa:

Eu costumava ir ao Centro quando era garoto pequeno, mas depois me afastei. Voltei por causa do Clube Dramático Sunset (Sunset Dramatic Club). Ele era o clube predileto de lá. Fazia muito tempo que vinha apresentando suas peças e tinha um bocado de prestígio. Lou Danaro costumava me contar como era duro atuar e quanto treino você tinha que ter. Danny tentava me instigar para ir lá e mostrar a eles do que eu era capaz. Ele tinha um bocado de fé em mim, me apoiava em qualquer coisa que exigisse miolos. Danny e eu nos juntamos e descobrimos como eu poderia entrar naquele clube. Você tinha que receber uma votação unânime. Alguns dos integrantes me conheciam, outros não, mas dei um jeito e fui aceito. Depois de algum tempo, consegui o papel principal em algumas das grandes apresentações, e todos os garotos da esquina vieram assistir.

Naquela época, havia dois integrantes de cada clube no conselho do Centro. Eu representava os Sunset, e fui presidente do conselho durante um ano. Era muito ativo, e levantamos dinheiro para um novo amplificador para o Centro.

Por volta daquele tempo, a turma do Tom Marino chegou. Eles se chamavam de "Vagabundos da Esquina". Havia uns cem deles, e acho que vieram porque não tinham onde se reunir naquela época. Os Sunset tinham conseguido o lugar porque eram os favoritos dos assistentes sociais. Nós podíamos fazer qualquer coisa que quiséssemos ali. ... Uma vez, Joe Cardio foi à loja de Tom Marino comprar creme chantili para o café do clube. Quando responderam que não tinha creme, ele estalou os dedos, bateu o pé no chão e disse: "Ah, droga!" Todos os garotos estavam em volta e, ao ouvirem aquilo, não perdoaram. Desde então passaram a chamar os Sunset de "Bolinhos de Chantili". Costumava discutir com eles por causa disso. Naquela época eu ficava naquela esquina, mas também andava em outros lugares, e me acertei com os Vagabundos; eles nos chamariam "os Bolinhos de Chantili — com uma exceção". Disse a eles que havia um monte de exceções, mas não consegui convencê-los a mudar ...

Quando os Vagabundos entraram, queriam dirigir o lugar. Começaram comprando votos para poder eleger o presidente do conselho do Centro. Saíam com as garotas e compravam refrigerantes para elas. Eles realmente fizeram uma grande campanha. A senhorita Baldwin queria que eu concorresse à presidência de novo porque achava que eu havia feito um bom trabalho, mas me recusei. Os Sunset apoiaram Ted Riccio, e os Vagabundos apoiaram Fred Mantia. Ted foi derrotado por uma ampla margem, mas depois da eleição eles me disseram que se eu tivesse concorrido não teriam apoiado ninguém para disputar comigo. ...

Os Vagabundos realmente estavam lá pra bagunçar o coreto. Não tinham nenhum respeito pelos assistentes sociais. Um dia, ouvi Guy Polletti falando com o senhor Ramsay no saguão. Ele foi obsceno mesmo. Ramsay teve que engolir aquilo. O que mais poderia fazer? ... E sempre ligavam para a delegacia e diziam: "Está havendo uma confusão no Centro Comunitário da Norton Street. Mandem o esquadrão especial imediatamente."

Alguns policiais vinham e brincavam com os garotos, porque eram bons amigos, mas isso pegava mal para o Centro. ... Uma noite, os Vagabundos fizeram uma festa do tipo cabaré e "aditivaram" o ponche. Prepararam duas vasilhas, uma para os assistentes sociais e outra para a festa. Mas umas meninas ficaram bêbadas, e a senhorita Baldwin descobriu a outra versão do ponche. Aí começou uma discussão, e Guy Polletti mandou que ela saísse. Ele a chamou de uma ... Vi quando ela desceu as escadas, chorando. ...

Isso foi péssimo. Naquela época, eu era "o Pequeno Galahad", e atribuí a mim a missão de defender o Centro. Uma noite, estavam todos na loja do Marino e fui discutir com eles. Havia Guy Polletti — ele era um lutador peso-pesado. Estava também Fred Mantia — um peso-pesado leve que havia se saído muito bem no ringue. Estavam todos conversando, mas eu os interrompi e disse: "Esperem um minuto, ouçam!" E então fui curto e grosso. Eles contra-argumentaram, e tinham um bom motivo. Tinham muito a dizer sobre os assistentes sociais. "São um bando de esnobes." "São pretensiosos." "Quem pensam que são, que são melhores que nós?" Esse era um bom argumento, e não pude responder. Mas eu disse: "Afinal, o lugar tem algumas coisas boas. Numa área superpovoada como esta, precisamos de espaços para nos encontrar." ... E, com suas atitudes duronas, eles tinham feito com que muitas pessoas se afastassem do Centro. Disse a eles que as mães tinham fé no lugar, pensavam que era seguro para suas filhas, e agora os Vagabundos estavam arruinando essa reputação. Eu disse a Fred: "Você só é durão porque mais ninguém lá é durão."

"Nada disso", respondeu, "sou durão em qualquer lugar."

Eu falei: "Se Terry Giovanni estivesse lá, você não seria tão durão." Ele não gostou daquilo, porque Terry o havia nocauteado muitas vezes. Bom, o resultado final foi que ele concordou em pedir desculpas à senhorita Baldwin. ...

Por volta da mesma época começaram outra discussão. Naquele tempo havia um fim de semana misto no acampamento do Centro, no começo e no fim de cada temporada de férias de verão. Era o maior evento social da estação, e os caras e as garotas passavam um ano inteiro esperando por aqueles fins de semana. Os acampamentos eram muito bem vigiados. Se alguma vez houve sexo lá, nunca ouvi falar. Era apenas uma diversão boa e limpa. Mas, daquela vez, alguns dos Vagabundos já tinham tomado todas. Jesse Alluni era um cara muito legal e nada durão, mas era fraco para bebida. Uma noite, foi à cozinha quando Baldwin estava lá e pediu uma xícara de café. Baldwin disse que ele estava bêbado e o mandou para a cama. ... Depois daquele incidente, o acampamento foi fechado para homens. Desde então, tem sido só para garotas e meninos pequenos. Os camaradas ficaram injuriados por perderem o acampamento e protestaram com o senhor Bacon, o coordenador. Eles circularam uma petição e quiseram apelar para a junta diretora, mas o senhor Bacon não permitiu. Depois de algum tempo, a excitação baixou, e nada foi feito. ...

Naquela mesma época, os Sunset se separaram. Haviam estado no Centro durante dez ou doze anos, e alguns dos tipos estavam se casando, então tinha algo a ver com isso, mas tenho certeza de que foi, em parte, a pressão dos Vagabundos que os levou a sair do Centro. Quando os Vagabundos foram atrás deles, esmoreceram. Eu os chamei de frouxos e tentei fazer com que continuassem a tocar o clube, mas acabou mesmo.

Com a saída dos Sunset, os Vagabundos conseguiram um salão num clube fora dali e nunca mais voltaram ao Centro. Não acho que tenham sido oficialmente expulsos. Saíram antes que se chegasse a tanto. Quando Tom Marino entrou na política, o nome do clube não soava assim tão bem, e então o mudaram para Clube Atlético Taylor, em homenagem a Ellen Taylor. Ela era uma assistente social amada e venerada por todos os outros assistentes. Aquele nome soa engraçado quando você pensa no tipo de coisas que os Vagabundos haviam aprontado no Centro.

Desde que os Vagabundos da Esquina foram embora, nunca mais houve uma turma como eles no Centro. E o ano em que um de seus homens foi presidente do conselho foi também o último em que houve um conselho. ...

Quando os Sunset e os Vagabundos se mudaram, eu também já não estava mais no Centro.

Doc achava fácil o trabalho escolar. Ele lia de tudo, tanto na escola quanto na biblioteca pública. Depois de terminar o segundo grau, parou os estudos para trabalhar numa firma de vitrais. O trabalho artístico sempre tinha sido um de seus maiores interesses, e ele se saiu tão bem na empresa que lhe prometeram um progresso rápido. Mas então veio a Depressão, o negócio faliu, e Doc ficou desempregado. No início se empenhou agressivamente na busca de emprego e continuou seu trabalho artístico em casa. Mas, ao ver que todos os seus esforços resultaram em nada, parou de procurar e até perdeu o interesse pela arte.

Doc vivia com sua irmã e o cunhado, de modo que tinha casa e comida, mas odiava ser um peso para eles. Quando começou o programa federal de assistência social, conseguiu trabalho na WPA. Porém, como era solteiro e não tinha dependentes, não podia contar com um emprego estável. Entre os dias de trabalho e os longos períodos de inatividade, passava quase todo o tempo na esquina.

Danny era seu amigo mais chegado. Como me disse Doc:

Danny vivia na Stone Street, perto da Norton. Lembro-me agora do dia em que chegou à nossa rua, ainda era um garotinho. Era um *greaser*, com aquele inglês arrevesado. Os amigos debochavam dele, mas gostei do garoto desde o começo. Disse para se juntar à nossa gangue e fazer o que fazíamos. Ele topou.

Quando a gangue dos garotos se desfez, Doc e Danny continuaram juntos, embora não fossem vistos com freqüência na Norton Street.

Danny abandonou a escola depois da oitava série para trabalhar numa fábrica. Suplementava sua renda organizando um jogo de dados no banho público*, e entre um emprego e outro atuava onde quer que houvesse conflitos trabalhistas, para qualquer um dos lados — "para quem me pagar". Danny era um cara grande e com uma experiência de brigas que o deixara bem preparado para lutar nas disputas de porta de fábrica, mas não tirava prazer dessa ocupação. Lutava pelo dinheiro. Durante todo o tempo que passei em Cornerville nunca ouvi falar de Danny comprar briga com alguém.

Com a aprovação da nova legislação trabalhista e a ação do governo contra agências que furavam greves, uma das fontes de renda de Danny secou. Ele passou a depender do jogo de dados, que operava em parceria com Mike Giovanni e o irmão dele, Terry.

Mike tinha sido o líder de sua gangue de garotos na King Street. Também havia deixado a escola cedo para trabalhar numa fábrica e entrava em ação onde quer que ocorressem conflitos trabalhistas. Ao contrário de Danny, trabalhava apenas para um dos lados — o sindicato. Conforme explicou: "O sindicalismo é como religião. Você tem aquelas crenças e tem que se ater a elas." Nos últimos anos da Lei Seca, os empregos industriais desse tipo ficaram escassos, e ele passou a se sustentar administrando um jogo de dados e um pequeno bar clandestino. Não gostava do jogo, que nem era tão lucrativo, e não deixava que certas pessoas jogassem, especialmente as que não podiam se dar ao luxo de perder. Pensava ter "as conexões certas" que poderiam dar proteção ao bar, mas as batidas policiais o obrigaram a fechar o negócio. Abriu uma lanchonete, mas isso também não se provou lucrativo, já que uma parcela excessiva dos clientes comprava fiado. Enquanto funcionou, a lanchonete fornecia um ponto de socialização para Mike e seus amigos. Danny era um visitante freqüente, e Doc também passava algum tempo lá.

Long John, um jovem de outra parte de Cornerville, começou a andar com a turma de Mike. Tinha feito parte de uma gangue particularmente violenta até o momento em que seu irmão mais velho foi condenado à prisão perpétua por assassinato. Incitado pela mãe, Long John começou a se preocupar com seu próprio futuro. Danny e Mike aconselharam-no a romper com os parceiros anteriores e juntar-se a eles. Por algum tempo tomaram conta de seu dinheiro para as despesas e deixaram que ganhasse pequenas quantias trabalhando como olheiro

---

* Banho público: casa de banhos utilizada pelas pessoas em cujos apartamentos não havia banheira. Cerca de 90% dos apartamentos de Cornerville estavam incluídos nesta categoria. (N.T.)

no jogo de dados, até que ele conseguiu, por conta própria, uma ocupação numa fábrica que lhe dava trabalho esporádico ao longo do ano.

Quando a gangue dos garotos se desfez, Nutsy foi o único que continuou a passar todo o tempo livre na Norton Street. Como começou a andar com os garotos mais jovens, Doc e Danny o chamavam de "o Rei dos Garotos". Frank Bonelli tornou-se particularmente ligado a Nutsy. Joe Marco, conhecido como Joe Dodge, era um bom amigo dos dois. Carl e Tommy, que tinham pertencido a um grupo mais jovem ainda, agora aceitavam a liderança de Nutsy. Alec havia freqüentado a escola com um irmão mais novo de Joe Dodge e veio para a Norton Street acompanhando Joe.

Naquela época, Nutsy trabalhava em meio expediente nos correios. Frank tentava começar uma carreira no beisebol profissional, e Joe estava num emprego muito bem pago, mas sazonal, numa pedreira. Carl e Tommy ocupavam empregos estáveis em fábricas, e Alec tinha um trabalho sazonal no mercado distrital.

Além da turma de Mike e dos garotos de Nutsy, havia outros três rapazes que integravam os Norton, tal como eu os conheci. Angelo Cucci, Fred Mackey (Macaluso) e Lou Danaro eram todos muito ligados a Doc. Alguns anos antes, o tio de Fred tinha aberto um armazém na Norton Street e colocado o sobrinho como responsável em tempo parcial. Um dia Danny reuniu os rapazes para pregar uma peça nele. Alinharam-se em frente à caixa e pediram dinheiro em troca de proteção. Fred entrou em pânico, até que Doc teve pena e explicou a situação. Fred ficou tão aliviado que passou a olhar Doc como seu benfeitor. Freqüentemente buscava sua companhia, mesmo depois que o armazém foi vendido.

Durante muitos anos Lou Danaro havia trabalhado para o senhor Bacon, o coordenador do Centro Comunitário da Norton Street, e tinha até mesmo morado no Centro. Os rapazes da esquina pensavam que Lou se considerava superior e não queriam saber de nada com ele. Doc conhecia bem o primo de Lou. Os primos não se davam, e Doc achava isso muito ruim. Então, sempre que saía com o primo, insistia com Lou para que fosse junto. Dessa forma, também criou amizade por ele. Quando este finalmente rompeu com o senhor Bacon e deixou o Centro, sua amizade com Doc fez com que ele fosse aceito na esquina.

Fred e Lou viviam no subúrbio, mas dirigiam até Eastern City para os seus trabalhos de meio horário e também até Cornerville, para encontrar Doc e seus amigos.

Angelo era um garoto extremamente tímido quando Doc o conheceu, e não tinha amigo algum. Passava a maior parte do tempo em casa ensaiando violino, pois esperava tocar numa orquestra de câmara um dia. Ao ser aceito por Doc como amigo, Angelo pôde juntar-se aos rapazes da esquina.

Já existiam fortes laços de amizade entre alguns dos rapazes, mas os Norton, como organização, só começaram a funcionar no início da primavera de 1937. Foi naquela época que Doc voltou para a esquina. Nutsy, Frank, Joe, Alec, Carl e Tommy tinham grande respeito por Doc e se reuniram em torno dele. Angelo, Fred e Lou seguiram Doc e fizeram da esquina seu quartel-general. Danny e Mike foram atraídos para a Norton Street pela amizade com Doc e pela localização do jogo de dados, bem ao lado da "esquina." Long John seguiu Danny e Mike.

Os rapazes se acostumaram a agir juntos. Estavam também ligados uns aos outros por laços de obrigação mútua. Em suas experiências comuns, havia inúmeras ocasiões em que algum deles sentia-se na obrigação de dar uma ajuda ao outro, e o que fora ajudado buscava uma oportunidade de retribuir o favor. Fortes lealdades de grupo eram sustentadas por trocas desse tipo.

O diagrama a seguir apresenta um esquema das relações entre os rapazes, tal como existiam naquela época.

Havia diferenças de ordem hierárquica entre os Norton. Para simplificar as designações, vou me referir aos quatro homens no topo do diagrama como "líderes", e aos outros como "seguidores". Isso não fica confuso quando se têm em mente as características especiais de Long John descritas a seguir.

OS NORTON
Primavera-verão de 1937

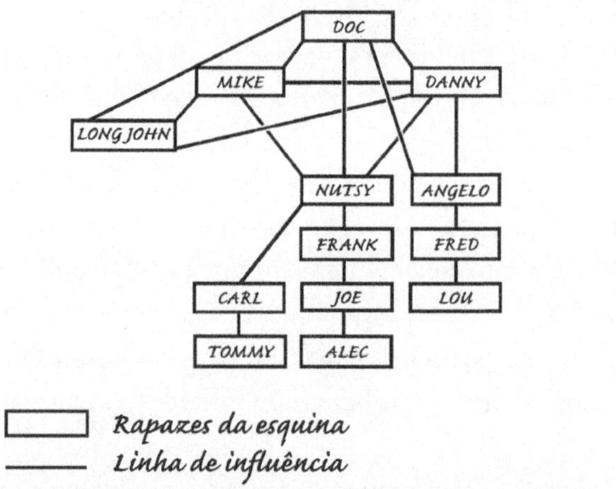

Doc, Danny e Mike ocupavam as posições mais altas. Eram mais velhos que os outros, exceto Nutsy. Seus campos de ação e movimento eram mais amplos. Enquanto os seguidores estavam limitados ao estreito âmbito da esquina, os três do topo tinham amigos em muitos outros grupos e eram bem conhecidos e respeitados por grande parte de Cornerville. Uma de suas funções era acompanhar os seguidores quando tinham que se mudar para fora de sua esfera social e necessitavam desse apoio. Os três na liderança também eram respeitados por sua inteligência e poder de auto-expressão. Doc, em particular, era notado por seu talento para negociar. Nas raras ocasiões em que se envolvia numa discussão, tinha uma capacidade pouco usual de manobrar o oponente sem humilhá-lo. Nunca vi os três líderes exercendo sua autoridade por meio da força física, mas as histórias de brigas no passado ajudavam a sustentar suas posições.

Doc era o líder da gangue. Os Norton tinham sido a gangue de Doc quando eles eram garotos, e embora os integrantes não fossem os mesmos, ainda eram vistos como a gangue de Doc. O jogo de dados e suas obrigações sociais impediam Danny e Mike de passar tanto tempo com os Norton quanto Doc. Os dois não tinham tanta intimidade com os seguidores e esperavam que Doc os liderasse.

Long John ocupava uma posição anômala. Embora fosse cinco anos mais jovem que Doc, sua amizade com os três principais concedeu-lhe uma posição superior. Como Doc explicou: "É porque sempre tratamos bem Long John. Quando vamos a algum lugar, nós o chamamos para ir conosco. Chegamos perto e damos um tapinha nas costas dele. Damos tanta atenção a ele que o resto do grupo tem que respeitá-lo."

Ainda assim, Long John tinha pouca autoridade sobre os seguidores. Naquela época, estava acostumado a perder todo o dinheiro ganho em uma semana de trabalho nos dados, e isso pesou contra ele.

Existe uma importante distinção social entre os donos de jogos de dados e os que jogam. Os donos do jogo desfrutam de uma posição algo semelhante à de homens de negócio; os que jogam regularmente são vistos como otários. Os Norton como grupo se consideravam acima do nível de otários, e nessa época Long John tentava sem sucesso afastar-se do jogo.

Na primavera de 1937, Nutsy foi informalmente reconhecido como superior a Frank, Joe e Alec, mas suas relações com uma garota já tinham começado a causar dano à sua posição. Não se espera que um rapaz da esquina seja casto, mas casar-se com uma moça que não fosse "boa" seria baixar de nível. Nutsy saía com tamanha freqüência com essa moça que o casamento parecia uma possibilidade óbvia, e, em reação à crítica dos amigos, foi-se afastando da gangue gradualmente. Não ocupou outra posição proeminente nos Norton até quase o final de minha estada em Cornerville, porém, na primavera e no verão de 1937, ainda era uma pessoa de importância moderada.

No tempo em que esta história estava se desenrolava, Doc tinha 29 anos; Mike, 29; Danny, 27; Long John, 24; Nutsy, 29; Frank, 23; Joe, 24; Alec, 21; Angelo, 25; Fred, 25; Lou, 24; Carl, 21; e Tommy, 20.

2. Boliche e posição social

Certa noite, em outubro de 1937, Doc marcou uma partida de boliche contra o Clube da Comunidade Italiana (Italian Community Club), cujos sócios eram em sua maior parte rapazes formados que tinham seus encontros a cada duas semanas no Centro Comunitário da Norton Street. O clube foi concebido como uma organização de homens bem-educados e superiores, embora Doc dele participasse e três outros dos Norton — Angelo, Lou e Fred — tivessem sido admitidos por votação, depois de recomendados por Doc. Os demais Norton achavam o clube "esnobe", e ele era conhecido na área da esquina como "a Liga Júnior dos rapazes," numa referência irônica à Liga Italiana Júnior (Italian Junior League), organização só para moças situada fora de Cornerville.

Eles se sentiam um tanto vaidosos por terem integrantes de seu grupo misturados a um clube desse tipo, mas essa opinião tinha a ver principalmente com as personalidades de Chick Morelli, o presidente, e Tony Cardio, outro sócio proeminente, ambos considerados esnobes e presunçosos. Por conseguinte, os Norton levaram a partida de boliche muito a sério.

Doc era capitão dos Norton e selecionou Long John, Frank, Joe e Tommy para seu time. Danny e Mike não jogavam boliche nessa época. Chick e Tony lideravam o time do Clube da Comunidade Italiana.

Os ânimos estavam exacerbados. Os Norton gritavam com os adversários e faziam todo tipo de barulho para perturbar sua concentração. Os sócios do clube ficaram animados ao abrirem vantagem no placar, mas tiveram pouco a dizer quando os Norton viraram o jogo e ganharam por ampla margem.

Depois da partida, perguntei a Frank e Joe se havia algum time que eles tivessem gostado mais ainda de derrotar. Disseram que, se pudessem escolher suas vítimas favoritas, pegariam Chick Morelli, Tony Cardio, Joe Cardio (irmão de Tony), Mario Testa e Hector Marto. Os três últimos haviam pertencido ao Clube Dramático Sunset.

Frank e Joe disseram que não tinham nada contra os outros do time do Clube da Comunidade Italiana, mas que os rapazes estavam ansiosos para derrotar o time a fim de pôr Chick e Tony "em seus lugares". De modo significativo, Frank e Joe não selecionaram suas vítimas prediletas em função de habilidades no boliche. Os cinco eram bons jogadores, mas este não era o fator decisivo da escolha: os objetivos do ataque eram as posições sociais e as ambições, e foi isso que fez com que a vitória sobre o Clube da Comunidade desse tanta satisfação.

Lou Danaro e Fred Mackey tinham torcido pelo Clube da Comunidade. Embora os dois fossem sócios, os rapazes sentiram que isso não os escusava. Danny disse: "Vocês são uma dupla de traidores — Benedict Arnolds*. ... Vocês estavam com os rapazes — e depois vão contra eles. ... Podem ir, não quero o apoio de vocês."

Fred e Lou ficaram entre os dois grupos e, portanto, tinham que enfrentar o problema da lealdade dividida. A posição de Doc na esquina estava tão definitivamente estabelecida que ninguém ao menos considerava a possibilidade de ele escolher jogar com o Clube da Comunidade Italiana contra os Norton.

Nunca mais aconteceu outra partida entre os dois times, esta foi a única. Os rapazes da esquina estavam satisfeitos com a vitória, e o clube não pediu a revanche. Tony Cardio objetou quanto à maneira como os Norton haviam tentado perturbar a concentração de seu time e disse que não havia graça em disputar contra jogadores tão ruins. Houve, no entanto, atritos com associados individuais do clube. Numa noite de novembro, Doc, Frank Bonelli, Joe Dodge e eu estávamos jogando boliche quando Chick Morelli e Lou Danaro chegaram. Concordamos em fazer dois times de três, e Chick e Doc escolheram seus parceiros. Chick escolheu Lou e a mim. No início a partida estava bem equilibrada, mas Doc conseguiu abrir uma grande vantagem para seu time com um brilhante terceiro *string***. Quase no final dessa rodada, Chick estava sentado perto de Joe Dodge e resmungava com ele: "Você é um vagabundo, não presta como jogador de boliche."

Joe não disse nada, até que Chick repetisse a mesma coisa várias vezes. Então se levantou e disparou contra Chick: "Você é um ... presunçoso! Tenho vontade de lhe dar uns tapas. Jamais conheci ninguém mais arrogante que você. Você é um ... presunçoso!"

Doc se pôs entre os dois para evitar uma briga. Chick não disse nada, e Doc conseguiu nos enfiar quietos dentro do elevador. Joe não estava satisfeito e me disse em voz alta: "Um dia, alguém vai dar um jeito nele. Alguém vai ter que tirar essa arrogância dele no tapa."

---

* Benedict Arnold: general norte-americano, traidor, preso quando se dispunha a entregar West Point aos ingleses em 1780. (N.T.)

** String: um jogo completo de boliche, consistindo de dez rodadas, *frames* ou *rounds*. (N.T.)

Quando já estávamos na rua, Lou afastou-se com Chick e fomos comer na lanchonete do Jennings. Discutimos o caso de Chick:

DOC: Por sorte você não bateu nele. Estariam atrás de você por homicídio. Você é forte demais para o garoto.

JOE: Está certo. Mas se alguém é forte demais pra mim, eu não me meto. ... Ele não devia se meter comigo... Se é pra dizer coisas, então que sorria quando disser. Mas acho que ele realmente teve a intenção de dizer o que disse.

DOC: Coitado do cara, tanta gente querendo cair em cima dele — e ele sabe disso.

FRANK: Eu achava que ele era legal, até uma noite dessas. Fomos para o salão de baile do Metropolitan. ... Ele não se enturmou de jeito nenhum. Simplesmente ficou lá, jogado num sofá, como se quisesse ser bajulado. Não se esforçou para ser simpático.

Depois de deixar Chick em casa, Lou juntou-se a nós no Jennings. Disse que Chick tinha ficado muito mal com o incidente, que não sabia por que as pessoas queriam sempre bater nele. Lou acrescentou: "Sei que ele não pretendia aquilo. É realmente um garoto bacana quando você o conhece. Só há uma coisa de que não gosto nele." Então contou sobre uma vez em que Chick havia começado uma discussão com um atendente de um salão de dança sobre uma questão qualquer envolvendo o regulamento do lugar. Lou comentou: "Ele simplesmente tentava mostrar como era inteligente."

Alguns dias mais tarde, quando a raiva de Joe havia amainado, Doc o persuadiu a se desculpar.

Não foi por mera amizade que Doc defendeu Chick. Nem porque trabalhassem juntos no Clube da Comunidade Italiana. Ali, Doc liderava uma facção geralmente hostil a Chick, e com freqüência ele próprio criticava a maneira como o outro buscava dirigir a organização. Mas Doc tinha amigos nos dois grupos e não gostava de ver as turmas em desentendimento. Embora fosse impossível a amizade entre os Norton e Chick, era função de Doc cuidar para que se mantivessem as relações diplomáticas.

O jogo com o Clube da Comunidade serviu para aumentar o entusiasmo dos Norton com relação ao boliche. Antes disso os rapazes tinham jogado esporadicamente, e com freqüência jogavam em outros grupos. Mas agora, pela primeira vez, o boliche havia se tornado uma parte regular de sua rotina social. Long John, Alec, Joe Dodge e Frank Bonelli jogavam várias noites por semana durante todo o inverno. Outros jogavam muito, e todos eles apareciam nas pistas pelo menos uma noite por semana.

Uma pontuação alta de pinos derrubados exige diversos *strikes* ou *spares*[*]. Como um *strike* ocorre raramente, exceto se a primeira bola bater no pino mestre de maneira milimetricamente exata, e como nenhum dos rapazes tinha mira assim tão precisa, os *strikes* eram considerados uma questão de sorte, embora se esperasse que um bom jogador fizesse *strikes* com mais freqüência que os outros. Um jogador de boliche era julgado de acordo com sua habilidade de fazer *spares*, de "pegar" os pinos que sobravam na pista depois da primeira bola.

Existem muitos fatores psicológicos associados ao jogo de boliche. Em qualquer esporte há momentos críticos que, para serem superados, exigem do jogador o máximo de sangue-frio; porém, em esportes de equipe e de ação contínua, o jogador pode às vezes ser levado pelo calor da disputa e passar pelos pontos críticos antes que perca a coragem. Se o jogador de boliche está competindo num time de cinco, tem uma longa espera até que chegue sua vez de voltar à pista; assim, tem tempo suficiente para analisar seus erros. Quando está diante de dez pinos, pode jogar a bola bem casualmente. Mas se sobrou apenas um pino em pé, e seus oponentes gritam "Você não vai conseguir", a pressão aumenta, e há uma tendência a "amarelar", a perder o controle.

Quando um jogador está seguro de que pode fazer uma jogada difícil, a chance é de que consiga ou chegue extremamente perto. Se não estiver seguro, errará. Um jogador de boliche tem segurança porque já fez jogadas semelhantes no passado e está acostumado a ter boas pontuações. Mas isso não é tudo. Também tem confiança porque seus colegas — estejam eles a seu favor ou contra — acreditam que pode fazer a jogada. Se não acreditam nele, o jogador deve lutar contra a opinião adversa e também contra sua própria insegurança. Dito isso, conclui-se que é necessário considerar a relação de um homem com seus companheiros quando se examina seu histórico no boliche.

No inverno e na primavera de 1937-38, o boliche era a atividade social mais significativa para os Norton. Os jogos entre os integrantes da clique[**] e os individuais — que ocorriam nas noites de sábado — tornaram-se o clímax dos eventos da semana. Nos dias úteis, os rapazes discutiam o que havia acontecido na noite do sábado anterior e o que aconteceria no próximo. O desempenho de um jogador estava sujeito a contínua avaliação e crítica. Havia, portanto, uma conexão íntima entre o jogo de cada rapaz e sua posição no grupo.

---

* *Strike*: derrubada de todos os pinos na primeira jogada; *spare*: derrubada dos pinos restantes na segunda jogada. (N.T.)

** Clique: termo de origem francesa, designa pequeno grupo de pessoas estruturado espontaneamente com base na simpatia e em interesses comuns. (N.T.)

O time que enfrentou o Clube da Comunidade Italiana estava composto por dois participantes (Doc e Long John) com classificação alta e três (Joe Dodge, Frank Bonelli e Tommy) que tinham um nível baixo. Quando o boliche se tornou uma atividade grupal fixa, o time dos Norton se dividiu, seguindo linhas diferentes. Danny juntou-se à turma dos sábados à noite e rapidamente conquistou seu lugar. Jogava muito bem e elegeu Doc como seu oponente predileto. Havia uma rivalidade saudável entre eles. Na disputa individual, Danny geralmente ganhava, embora sua média nos jogos de grupo não fosse melhor que a de Doc. Depois do jogo contra o Clube da Comunidade, Doc escolheu Danny e Long John quando selecionou um time para representar os Norton contra outras gangues e clubes, deixando duas vagas no time de cinco. Naquela época, Mike, que nunca tinha sido um bom jogador, estava começando a jogar regularmente mas ainda não havia estabelecido sua reputação. Foi bastante significativo o fato de as vagas não terem sido preenchidas com jogadores da clique. Nas noites de sábado, os rapazes jogavam com Chris Teludo, primo mais velho de Nutsy, e Mark Ciampa, um homem que se juntava a eles apenas nas pistas de boliche. Ambos eram populares e jogadores de primeira classe. Foram escolhidos por Doc, com a concordância de Danny e Long John, para jogar pelos Norton. Apenas se faltasse um integrante do time regular é que se convocava um dos agregados da clique. Nessas ocasiões, ninguém jamais buscava se destacar.

Os seguidores não gostavam de ser substitutos. Argumentavam que não lhes tinham dado uma chance para provar suas habilidades. Num sábado à noite, em fevereiro de 1938, Mike organizou um jogo da clique. Seu time era composto por Chris Teludo, Doc, Long John, o próprio Mike e eu. Danny estava doente, e entrei como seu substituto. Frank, Alec, Joe, Lou e Tommy formavam o outro time. O interesse nessa partida era mais intenso que nas outras, quando os jogadores eram escolhidos um a um. Mas os seguidores fizeram um jogo fraco e não tiveram uma chance.

Depois desse único encontro, os seguidores foram reconhecidos como time secundário e nunca mais desafiaram o grupo de Doc, Danny, Long John, Mark e Chris. Em vez disso, cada um começou a se esforçar individualmente para melhorar sua posição.

Levando-se em conta apenas as habilidades individuais, Frank poderia ter sido um excelente jogador de boliche. Seu jogo lhe havia conquistado posições em times semiprofissionais e uma promessa — embora não cumprida — de emprego num time da segunda divisão. E não era a falta de prática que o segurava, pois, junto com Alec e Joe Dodge, jogava mais freqüentemente que Doc, Danny ou Mike. No inverno de 1937-38, Frank ocupava uma posição particularmente subordinada no grupo. Ele e Alec passavam o tempo na confeitaria do tio deste, e, como poucas vezes conseguia emprego durante a estação, Frank tornou-se dependente de Alec para grande parte das despesas relativas à sua participação nas atividades grupais. Ele caiu para o último degrau do grupo. Sua dependência financeira consumia sua mente. Embora às vezes jogasse bem, nunca chegou perto de passar para o primeiro time.

Alguns eventos de junho de 1937 esclarecem um pouco mais a posição de Frank. Mike organizou um time de beisebol com alguns dos Norton para disputar com um grupo mais jovem de rapazes da esquina da Norton Street. Com base em seus resultados, Frank era considerado melhor que qualquer um dos jogadores dos dois times, mas ainda assim teve um desempenho lastimável. Ele me disse: "Nem parece que sei jogar beisebol quando estou jogando com caras que conheço, como aquela turma. Eu me saio muito melhor quando jogo pelo C.A. Stanley contra algum time em Dexter, Westland ou de fora da cidade." Acostumado a ocupar posições inferiores, Frank era incapaz de brilhar, mesmo em seu esporte favorito, se estivesse competindo com pessoas de seu próprio grupo.

Uma noite ouvi Alec vangloriar-se com Long John. Segundo ele, da maneira como jogava boliche, poderia enfrentar todos os homens do primeiro time e vencer. Long John recusou o desafio com estas palavras: "Você pensa que pode nos vencer, mas sob pressão você morre!"

Alec objetou veementemente. Contudo, ainda assim reconheceu a opinião dominante no grupo sobre seu jogo de boliche. Ele teve a pontuação individual mais alta da temporada e freqüentemente se destacava durante a semana quando jogava com Frank, Long John, Joe Dodge e eu. Porém, nos sábados à noite, com o grupo todo reunido, seu desempenho era bem diferente. Pouco depois de sua conversa com Alec, teve várias chances de comprovar o que dizia, mas nas duas vezes parecia estar num dia ruim e falhava.

Carl, Joe, Lou e Fred nunca foram bons o suficiente para ganhar qualquer reconhecimento. Tommy era tido como jogador de primeira classe, mas a maior parte de seus jogos era com um grupo mais jovem.

Um dos melhores indicadores do talento individual dos integrantes do grupo foi fornecido por um jogo disputado no final de abril de 1938. Doc teve a idéia de que deveríamos coroar a temporada com uma competição individual entre as pessoas da clique. Persuadiu o dono das pistas a contribuir com um prêmio de dez dólares em dinheiro, a ser dividido entre as três pontuações mais altas. Foi decidido que só poderiam participar aqueles que tivessem jogado regularmente, e com base nisso Lou, Fred e Tommy foram eliminados.

O interesse por essa disputa era alto. Os prováveis desempenhos dos vários jogadores foram amplamente discutidos. Doc, Danny e Long John listaram suas apostas individualmente. Foram unânimes em conceder os primeiros cinco lugares a si mesmos, Mark Ciampa e Chris Teludo, embora diferissem quanto à ordem. As próximas duas posições foram em geral concedidas a Mike e a mim. Todas as listas tinham Joe Dodge na última posição, e Alec, Frank e Carl foram colocados logo acima dele.

Os seguidores não fizeram listas, mas Alec deixou saber que pretendia mostrar algo aos rapazes. Joe Dodge ficou aborrecido ao descobrir que fora unanimemente escolhido como último e avisou que venceria.

Quando Chris Teludo não apareceu para o jogo, o grupo ficou reduzido a dez. Após as primeiras quatro *frames**, Alec estava vários pinos à frente. Virou-se para Doc e disse: "Vou acabar com vocês esta noite." Mas então começou a errar todas as jogadas e, com um fracasso atrás do outro, desistiu. Entre as rodadas, saiu para beber e voltou afogueado e cambaleante. Jogava a bola sem cuidado e fazia de conta que não estava interessado na competição. Seu colapso foi repentino e completo: no espaço de poucas rodadas caiu do primeiro para o último lugar.

O jogo terminou com as seguintes colocações:

1. Whyte	6. Joe
2. Danny	7. Mark
3. Doc	8. Carl
4. Long John	9. Frank
5. Mike	10. Alec

Houve apenas duas zebras na disputa, segundo os prognósticos feitos por Doc, Danny e Long John: Mark saiu-se muito mal e eu venci. No entanto, é importante notar que nem Mark nem eu nos encaixávamos muito bem em nenhum dos lados da clique. Mark juntava-se aos rapazes apenas nas pistas de boliche e não tinha qualquer status reconhecido no grupo. Embora eu estivesse em bons termos com todos, era mais ligado aos líderes que aos seguidores, já que Doc era meu amigo particular. Se Mark e eu não formos considerados, os desempenhos foram quase exatamente o que os líderes esperavam — e os seguidores temiam. Danny, Doc, Long John e Mike ficaram emparelhados no topo. Joe

* *Frame*: cada uma das dez rodadas de um jogo. (N.T.)

Dodge saiu-se melhor do que o esperado, mas nem mesmo ele pôde romper os sólidos resultados da liderança.

Vários dias mais tarde, Doc e Long John discutiram o jogo comigo.

LONG JOHN: Eu só queria ter certeza de que Alec ou Joe Dodge não ganhariam. Isso não seria correto.

DOC: É verdade. Nós não queríamos dificultar a coisa pro seu lado porque nós todos gostamos de você, e os outros companheiros também. Se alguém tivesse tentado criar dificuldades pra você, nós o teríamos protegido. ... Se Joe Dodge ou Alec tivessem ficado muito na frente, teria sido diferente. Nós teríamos convencido eles a parar. Teríamos feito um bocado de barulho, sido realmente impiedosos. ...

Perguntei a Doc o que teria acontecido se Alec ou Joe tivesse vencido.

Eles não saberiam o que fazer. Por isso jogamos para vencer. Se um deles tivesse vencido, teria havido um bocado de barulho. Um monte de discussão. Nós íamos dizer que tinha sido sorte — coisa assim. Teríamos tentado uma revanche e arruinado com eles. Nós teríamos colocado eles em seus devidos lugares.

Todo rapaz da esquina espera ser perturbado enquanto está jogando, mas as provocações podem assumir várias formas. Embora eu já estivesse na frente ao final do segundo *string*, era submetido apenas a gozações bem-humoradas. Os líderes me olhavam com um misto de surpresa e divertimento; num sentido muito concreto, tinha permissão para ganhar.

Ainda assim, minha vitória exigia certos ajustes. Eu era saudado jocosamente como "o campeão", ou mesmo como "o campeão dos campeões". Em vez de aceitar essa designação, forcei minha demanda por reconhecimento. Doc providenciou um jogo entre mim e Long John. Se eu vencesse, teria o direito de desafiar Doc ou Danny. Fomos os quatro juntos para a pista. Pressionado por Doc e Danny, Long John conquistou uma vitória decisiva. Não fiz outros desafios depois disso.

Alec ficou apenas temporariamente arrasado com a derrota. Não foi visto na esquina por alguns dias, mas então retornou e buscou restabelecer sua imagem. Quando os rapazes foram jogar, desafiaram Long John para uma partida individual e o venceram. Alec começou a falar de novo. Mais uma vez desafiou Long John para um jogo e venceu-o. No outono, os jogos de boliche recomeçaram, e Long John tornou-se o oponente preferido de Alec. Durante algum tempo Alec quase sempre vencia e tripudiava sobre o oponente. Long John explicava: "Parece que ele pôs mau-olhado em mim." E assim esses incidentes eram interpretados pelos outros — como um mero capricho do acaso.

É significativo que, ao fazer seu desafio, Alec selecionasse Long John, e não Doc, Danny ou Mike. Não que houvesse dúvidas quanto à habilidade de Long John no boliche. Sua média era semelhante à de Doc ou Danny e melhor que a de Mike. Como integrante do grupo na liderança, embora não fosse um líder legítimo, o que tinha de vulnerável era sua posição social.

Tornou-se possível para Alec vencer quando ele e Long John estavam fora de uma situação de grupo. Long John ainda era considerado o homem confiável de um time, e no que se referia à posição de alguém no grupo, isso era o mais importante. Ainda assim, os líderes sentiram que Alec não deveria vencer Long John e tentaram reverter a situação. Como me disse Doc:

> Alec não anda tão agressivo atualmente. Fiquei furioso com o modo como estava indo atrás de Long John, e detonei ele. ... Então conversei com Long John. Ele é um cara introvertido. Fica remoendo uma coisa e às vezes se sente inferior. Não consegue ser agressivo como Alec, e se Alec fica dizendo que sempre pode vencê-lo, Long John começa a pensar que o outro é o melhor jogador. ... Conversei com ele. Fiz com que visse que deveria jogar melhor que Alec. Eu o persuadi de que ele é realmente o melhor jogador. Fique de olho nos dois na próxima vez. Aposto que Long John vai arrasar com ele.

De fato Long John venceu Alec em seguida. Não conseguia fazer isso sempre, mas acabaram tão emparelhados que Alec perdeu o interesse pela disputa.

As classificações da temporada 1937-38 mostram uma correspondência muito próxima entre posição social e desempenho no boliche. Isso aconteceu porque o boliche tornou-se a mais importante atividade social do grupo. Passou a ser o principal meio pelo qual o indivíduo podia manter, ganhar ou perder prestígio.

As pontuações no boliche não se encaixavam automaticamente nesse padrão. Havia algumas formas habituais de comportamento que exerciam pressão sobre os indivíduos. As principais dentre essas eram a maneira de escolher os parceiros e os ataques verbais que faziam uns aos outros.

Em geral, dois homens escolhiam os lados a fim de dividir o grupo em dois times de cinco. Freqüentemente, mas nem sempre, os que escolhiam estavam entre os melhores jogadores. Se todos tivessem o mesmo nível, era freqüente que dois jogadores mais fracos fizessem a escolha. Porém, em todos os casos, o processo era essencialmente o mesmo. Cada um tentava selecionar o melhor jogador entre os que ainda não haviam sido escolhidos. Quando estavam presentes mais de dez homens, a escolha limitava-se aos primeiros dez que chegassem, de modo que até um jogador fraco pudesse ser escolhido se chegasse mais cedo. O importante era a ordem da escolha. Como os times eram selecionados diversas vezes a cada noite de sábado, lembrava-se constantemente um rapaz do valor que seus companheiros davam à sua habilidade e do tipo de desempenho que dele se esperava.

Certamente as preferências pessoais entravam na seleção dos jogadores, mas se um homem escolhesse um time de jogadores fracos só porque eram seus melhores amigos, isso não agradava a ninguém, e menos ainda a seus companheiros de time. Era costume entre os Norton que o time perdedor pagasse o *string* dos vencedores. Como regra, esse pequeno risco não tinha um papel importante no jogo, mas ninguém gostava de pagar sem o prazer compensador de um *string* disputado ponto a ponto. Por isso, as seleções feitas por bons jogadores ou por jogadores fracos eram muito semelhantes umas às outras. Estava subentendido que certos homens deveriam ser escolhidos primeiro a fim de que o jogo ficasse interessante.

Quando Doc, Danny, Long John ou Mike jogavam em lados opostos, eles gozavam uns aos outros de forma bem-humorada. Esperava-se que tivessem boas pontuações, e desempenhos fracos eram atribuídos à má sorte ou ao fato de se estar fora de forma. Se um seguidor ameaçava melhorar sua posição, os comentários ganhavam um tom bem diferente. Os rapazes gritavam que ele estava com sorte, que tinha se empolgado demais. Faziam esforços para persuadi-lo de que não deveria estar jogando tão bem, que um bom desempenho era algo anormal para ele. Esse tipo de ataque verbal tinha muita importância para manter os integrantes do grupo "em seus lugares". Era usado especialmente pelos seguidores, de modo que, em termos práticos, eles tentavam diminuir-se mutuamente. Enquanto Long John, um dos alvos mais freqüentes dos ataques, respondia na mesma moeda, Doc, Danny e Mike raramente usavam essa arma. No entanto, os líderes teriam se defrontado com uma ameaça real da parte de Alec ou Joe se fizessem tais pressões psicológicas sobre eles.

A questão de quem origina uma atividade de grupo é outro fator importante. O jogo com o Clube da Comunidade Italiana realmente inaugurou o boliche como uma atividade grupal e foi criado por Doc. As atividades de grupo são propostas pelo homem com posição mais elevada no conjunto, e é natural que uma pessoa encoraje uma atividade na qual ela se destaque, e desencoraje outra na qual não se sobressaia. No entanto, isso não pode explicar o desempenho de Mike, pois ele nunca tinha jogado boliche antes que as noites de sábado nas pistas se tornassem um vício para os Norton.

A posição de um homem aos olhos de outros grupos também contribuía para manter a diferenciação social interna. Na temporada de 1938-39, Doc começou a anotar as pontuações de cada um em todas as noites de sábado, de modo que o time dos Norton pudesse ser selecionado estritamente de acordo com as médias dos jogadores e não coubesse acusação de favoritismo. Numa tarde em que estávamos conversando sobre desempenhos no boliche, perguntei a Doc e Danny o que teria acontecido se cinco integrantes do segundo time tivessem médias melhores que as dos jogadores do primeiro time. Poderiam então se tornar o primeiro time? Danny disse:

> Suponha que eles nos derrotassem e o San Marcos chegasse e quisesse jogar conosco. Nós diríamos: "Esses camaradas são realmente o primeiro time." Mas o San Marcos diria: "Não queremos jogar com eles, queremos jogar com vocês." Nós diríamos: "Tudo bem, vocês querem jogar com o time de Doc?" — e jogaríamos com eles.

Doc acrescentou: "Quero que você entenda, Bill, que estamos conduzindo isso de acordo com princípios democráticos. Os outros é que não nos deixariam ser democráticos."

3. Os Norton e o Clube Afrodite

Em março de 1938, os Norton conheceram as garotas do Clube Afrodite. O clube tinha uma dezena de sócias, a maior parte atraente, todas bem-vestidas. Elas se encontravam uma vez por semana no Centro Comunitário da Norton Street, junto com uma das assistentes sociais. As garotas iam a teatros, promoviam confraternizações e todo ano usavam o dinheiro arrecadado com as mensalidades para uma viagem a algum lugar de interesse.

Pouco antes, no inverno de 1937-38, os rapazes formados do Clube da Comunidade Italiana e as garotas do Clube Afrodite haviam-se tornado muito amigos. Reuniam-se no Centro Comunitário na mesma noite da semana e algumas vezes promoviam suas atividades sociais em conjunto. As moças prezavam muito as boas maneiras e queriam causar boa impressão nos rapazes do Clube da Comunidade, embora achassem alguns deles convencidos. Os rapazes achavam as garotas atraentes, mas alguns dos integrantes mais destacados do Comunidade estavam ansiosos para se aproximar das garotas da Liga Italiana Júnior e, assim, deixar para trás seus contatos sociais com as do Clube Afrodite e de Cornerville. Embora alguns participantes individuais ainda estivessem um tanto interessados em certas garotas do Afrodite, em março os dois clubes já tinham se afastado paulatinamente.

Doc, Angelo, Lou e Fred conheciam as garotas por serem sócios do Clube da Comunidade Italiana, mas, até então, os Norton como um todo não tinham qualquer contato social com o Clube Afrodite. Pelo que indicavam as aparências, os rapazes até tinham uma atitude hostil. Em junho de 1937, eu os ouvi discutindo sobre Carrie, uma das garotas mais atraentes do Afrodite:

NUTSY: Ela tem boa aparência, mas não gosto dela.

FRANK: Se você levasse três horas para se maquiar, também teria uma boa aparência.

LONG JOHN: As pernas dela são uns palitos. Vocês já notaram aqueles palitos? É por isso que ela sempre usa vestidos mais compridos.

JOE DODGE: Ela vai com qualquer um por uns trocados. Se você tiver um carro, ela gosta de você. Gosto de passar por ela no meu carro e levantar o nariz. ... É apenas uma gata vadia.

Exceto pelos quatro que pertenciam ao Clube da Comunidade Italiana, os Norton quase nunca punham os pés no Centro Comunitário. As moças circulavam numa órbita social diferente, e eles as consideravam esnobes e presunçosas. Ainda assim, não podiam deixar de achá-las atraentes. E Doc me disse:

Eles admiravam as moças havia muito tempo e estavam sempre atrás de mim para armar um encontro... Na sexta-feira à noite, o Clube da Comunidade ia jogar boliche depois da reunião. Queriam que eu fosse com eles, mas os despistei. Disse que desceria dali a pouco... Então, reuni os rapazes [os Norton] e disse que íamos jogar boliche com as garotas. ... Acho que o Clube Afrodite imaginava que iria jogar com o Clube da Comunidade Italiana. Se eu tivesse dito a elas para jogar com a minha rapaziada, teriam provavelmente recusado, porque é uma turma mais barra pesada. ... Mas eu simplesmente os trouxe aqui, e jogamos com elas.

A noitada foi um grande sucesso. Os dois grupos jogaram de novo no sábado à noite e nas duas vezes foram em seguida fazer um lanche no Jennings.

Alec discutiu comigo esse começo: "Antes, nós achávamos que elas eram 'alta sociedade' e que nos viam como um bando de desordeiros. ... Agora, acho que elas gostam da nossa clique. Estamos desbancando o Clube da Comunidade Italiana."

Os integrantes dos dois grupos encontraram-se quase todas as noites por um período de várias semanas. Isso ocasionou mudanças importantes na vida social dos Norton.

Uma noite, apenas quatro dias depois do primeiro jogo de boliche, tive a surpresa de encontrar Alec, Joe Dodge, Tommy e Long John jogando baralho numa mesa da sala de jogos do Centro Comunitário. Doc estava sozinho em outra mesa, lendo uma revista. Sentei-me com ele para pedir uma explicação. Ele falou que os rapazes tinham querido ir ao boliche, mas ele não, e então disse a eles para virem para o Centro Comunitário e prometeu chamar algumas das moças para jogar baralho com eles. As moças não se encontravam presentes naquela hora, mas, já que estavam ali, os rapazes começaram a jogar baralho assim mesmo.

Exceto por Danny e Mike, os Norton passaram a ir ao Centro Comunitário quase todas as noites para jogar baralho entre eles ou com as garotas. Às vezes, quando estavam parados na esquina, elas chamavam-nos para entrar.

Os assistentes sociais não faziam nenhum esforço para que os Norton ficassem no Centro Comunitário. A senhorita Halloran, a encarregada da sala de jogos, tentou tratá-los como se fossem os meninos e meninas mais jovens, de que se ocupava. Os rapazes de esquina são rápidos em perceber o menor sinal de falsa condescendência, e a atitude da senhorita Halloran era claramente visível. Durante vários dias os rapazes pareciam obcecados com a tarefa de denunciá-la uns para os outros nos termos mais pesados possíveis.

Long John, que tinha superado a maior distância social para entrar no Centro, foi o primeiro a sair. Depois de um encontro particularmente desagradável com a senhorita Halloran, disse aos outros que nunca mais entraria ali. Dois dias mais tarde, eu estava na esquina com ele quando começou a chover. Sem saber de sua decisão, sugeri que entrássemos no Centro. Ele concordou, mas, ao abrirmos a porta, encontramos Joe Dodge, que riu dele e disse: "Pensei que você não fosse voltar aqui de novo."

Long John ficou embaraçado. Retornamos para a chuva, e ele comentou, filosoficamente: "Acho que todo mundo que entra aí pensa que é um pouco melhor que o cara ao lado."

Duas semanas depois de sua primeira noite no salão de jogos, todos os Norton haviam abandonado o Centro Comunitário.

Desde o começo, os rapazes levaram muito a sério as atividades com as garotas. Quando foram jogar boliche pela segunda vez, Alec trouxe uma caixa de balas da loja do tio. No sábado seguinte, trouxe um grande estoque de doces.

Doc disse aos rapazes que as irmãs Alluni e suas primas tinham um acampamento de verão num lago a alguns quilômetros da cidade. Se os rapazes fizessem amizade com elas, poderiam ser convidados a passar o dia no campo em algum momento durante o verão. A possibilidade de afastar as garotas do Clube da Comunidade Italiana era outro incentivo.

Em pouco tempo, os Norton superaram o Clube da Comunidade, mas a vitória foi alcançada a despeito deles mesmos. Tony Cardio estava encantado com

Helen, a garota mais atraente do grupo, mas os outros perderam o interesse no Clube Afrodite. No entanto, como Tony era considerado um dos dois integrantes do Clube mais cheios de si, os Norton tiveram maior satisfação ainda em derrotá-lo.

Uma semana após o primeiro encontro dos dois grupos, perguntei a Alec o que achava que a associação com as garotas havia produzido nos Norton. Ele disse: "Os rapazes estão se dando melhor. Não há mais tantas discussões como antes." Nessa época, as garotas do Afrodite e os Norton se encontravam em grupo. Alec comentou:

> Se eu saísse com elas algumas vezes, poderia dizer de qual eu gostava. ... Mas você começa a ficar com uma garota e descobre que está com uma interesseira. É duro. O que você faz? Quando estão todas num grupo, é difícil ficar passando de uma pra outra.

Os rapazes tinham que avançar com cuidado. Podiam prestar atenção em Helen o quanto quisessem porque ela era a mais cobiçada por todos eles, mas fazer par com qualquer uma das outras exigia uma cuidadosa pesquisa preliminar da situação.

Uma semana mais tarde, foi dado o primeiro passo nessa direção. Joe Dodge, Long John, Frank Bonelli e eu estávamos parados na esquina. Angelo Cucci encontrou Alec mais abaixo na rua e disse que tinha acabado de ver três das garotas Afrodite a caminho do Jennings. Elas haviam comentado que seria uma boa noite para um passeio, mas não acreditavam que Joe Dodge tivesse o carrão sobre o qual todos os rapazes falavam. Alec se aproximou e chamou Joe de lado. Então Joe nos deixou e atravessou o playground da King Street. Frank, que estivera observando atentamente, virou-se para mim e perguntou se eu queria ir até o Jennings com ele. Eu disse que achava ainda muito cedo. Frank foi sozinho. Alec me perguntou se eu queria caminhar com ele até o Jennings. Long John disse: "Você não nos engana. Por que não fala a verdade e diz que vão passear?"

Perguntei a Long John se queria ir conosco. Ele se recusou, mas disse que eu deveria ir.

Quando Alec e eu estávamos descendo a Main Street, ele disse que íamos encontrar Joe Dodge em seu carro, dirigir até o Jennings e pegar as garotas. "Mas agora Frank já está indo para o Jennings ... Ele não deveria fazer isso." Havia duas razões para excluir Frank: ele era tímido com garotas e não tinha dinheiro para acompanhá-las.

Fomos para o Jennings conversar com as três garotas. Uma delas tinha que voltar para casa cedo, mas insistiu em que as outras duas fossem. Convenci Joe e

Alec a me deixarem. A essa altura, Frank tinha entrado e estava sozinho numa mesa. Quando Joe e Alec já haviam saído com as garotas, juntei-me a ele. Alguns minutos depois, Long John e Nutsy chegaram e se sentaram conosco. Long John perguntou: "Qual o problema, Bill? Te deixaram fora da jogada?" Expliquei o que havia acontecido, mas ele disse que não havia gostado da maneira como os outros tinham agido.

Frank e Alec eram os melhores amigos um do outro e haviam passado muitas horas na confeitaria. Agora Alec se tornara mais amigo de Joe Dodge, e os dois começaram a sair com as garotas no carro do pai de Joe. Frank me disse:

> Deixe que eles saiam com as garotas. Já aprontaram algumas com a gente. Dizem que vão sair sozinhos e depois você encontra eles com as garotas. Fizeram coisas que eu jamais faria. ... Já é difícil fazer uma amizade. Uma garota, você pode encontrar na hora que quiser. ... Leva anos pra se construir uma amizade verdadeira.

A rixa entre Alec e Frank cresceu rapidamente. A Páscoa era um período de aperto na confeitaria do tio de Alec, e este havia prometido a Frank algum trabalho extra. Frank falou que Alec simplesmente decidiu não dar o trabalho para ele. Alec disse que procurou Frank, que fora muito grosseiro e desagradável, e então não quis se incomodar com ele. De qualquer modo, Frank não conseguiu o trabalho de que tanto precisava e ficou chateado. Frank e Alec contaram suas histórias a Doc em ocasiões diferentes. Alec reclamou de que Frank era ingrato, depois de tudo que havia feito por ele. Frank reclamou que Alec o sacaneara para ficar com as garotas. Doc ouviu com simpatia, mas não conseguiu ajeitar as coisas. O carro de Joe Dodge e as garotas do Afrodite haviam criado um fosso muito grande entre eles.

As atividades de Alec e Joe os tornaram impopulares entre os outros Norton — exceto Carl e Tommy, que tinham carros. Eles continuaram a freqüentar a esquina, mas por algum tempo foram apenas tolerados.

Num sábado à noite, os Norton jogavam boliche com as garotas. Dois rapazes que tinham sido integrantes do Clube Dramático Sunset jogavam em duas pistas vizinhas.

Danny e Mike chegaram mais tarde, sentaram-se sozinhos, recusaram todos os convites para jogar e assistiram à cena com evidente desprazer. Danny me disse: "Não gosto de jogar com as garotas. Não há competição. ... E quando você faz uma bela jogada não pode dizer nada, tem que ficar policiando suas palavras."

Lá pelo final da noite, Mike chamou Doc de lado. Apontou os Sunset e disse: "Nós costumávamos chamá-los de 'Bolinhos de Chantili', mas agora, comparados com vocês, tão educados, eles são os 'Broas de Fubá'."

Doc riu. Mike deu uma moeda de um centavo para Danny, que ele passou para Doc, dizendo: "Jogue pra cima. Veja se você é um homem. Cara, você é um homem. Coroa, não é."

Doc levou a coisa no bom humor. Mas então Danny chamou Mario Testa, dos Sunset, e disse a ele para dizer a Doc que os "Bolinhos de Chantili" haviam se tornado os "Broas de Fubá". Mario riu. Doc se enfezou. Danny disse a ele: "Te dou 20 pinos de vantagem e venço você. Dou 20 pinos de vantagem pra todas as garotas."

Doc aceitou o desafio. Danny marcou 104 contra os 84 de Doc e se divertiu do começo ao fim. Doc disse que não se incomodava de perder por 20 pinos; da próxima vez, poderia ganhar de Danny por 20 pinos. Nem se importava com a gozação por estar jogando com as garotas. Ele disse que se aborreceu apenas quando Danny envolveu os Sunset na discussão. Embora tivesse pertencido ao Clube Dramático de Sunset, Doc tinha orgulho de sua posição com os Norton e não gostava de qualquer coisa que pudesse apresentá-los sob uma luz desfavorável, comparados com os Sunset.

No Jennings, depois do jogo, Doc deixou as garotas e sentou-se com Danny. Este concordou que tinha sido um erro envolver os Sunset na discussão e pediu desculpas. Doc disse que, tanto quanto eles, não queria que Mike e Danny ficassem fora do jogo.

Na tarde seguinte, Danny e Mike postaram-se na esquina dizendo a Frank, Long John e a mim o que achavam de nossa ligação com as garotas do Afrodite. Danny queria saber o que estávamos ganhando com aquilo.

> Se quiserem ir aos lugares com elas, vocês têm que ter dinheiro, e nenhum de vocês tem um centavo, então é melhor esquecer.
>
> Alec me disse: "Vou comer todas elas."
>
> Eu digo a ele: "Vai comer nada, e eu aposto dinheiro nisso. Se você levar uma delas pra cama, você se casará com ela. Esse é o único jeito de você algum dia deitar com uma delas."

Long John falou que, para início de conversa, nunca havia tido muito interesse em jogar boliche com as garotas. Frank observou que no começo gostava, mas que agora tinha perdido toda graça. Mike disse que ele e Danny formariam um "comitê de reclamações" e readmitiriam alguns de nós como integrantes do Cornerville Bears (o nome de um time profissional de beisebol no qual ele havia jogado) se jurássemos nunca mais jogar com as garotas. Frank prometeu. Long

John, debochando, disse que nunca se candidataria à admissão, e Danny falou que Long John só voltaria passando por cima do seu cadáver.

Mark Ciampa chegou e levou Frank para dar uma volta de carro com Joe Dodge e Carl. Lou Danaro encostou, e Danny, Mike, Long John e eu entramos no seu carro, pegamos Doc em casa e dirigimos até Crighton, onde paramos no boliche. Danny e Doc escolheram seus times. Doc escolheu Lou e Mike; Danny escolheu Long John e a mim. Mas então Mike protestou, queria estar do lado de Danny para defender a honra dos Cornerville Bears. Troquei de lado com Mike, e então Doc, Lou e eu vencemos dois dos três *strikes* contra Danny, Mike e Long John, em grande parte graças ao belo jogo de Doc, que terminou muito na frente de Danny. Ele sentiu assim que havia se vingado da humilhação da noite anterior. Quando o jogo acabou, Doc perguntou se estávamos todos readmitidos no Bears. Mike disse que sim. Num clima de boa camaradagem, voltamos a Cornerville.

Mais tarde, Doc discutiu comigo o que havia acontecido:

No início, gostava de jogar boliche com as garotas. Esperava que Mike e Danny começassem a gostar também. Quando isso não aconteceu, eu já não gostava tanto... Sabia que eles não gostavam. Eles me disseram: "Não está certo. As garotas estão ocupando todas as pistas." ... Você poderia dizer que havia uma pequena rixa entre nós a respeito de jogar com as garotas, mas viu como foi resolvida. Não era realmente séria. Logo nos juntamos de novo.

Com o final da temporada de boliche, o sábado à noite voltou a ser o espaço dos homens. As relações sociais com as garotas do Afrodite prosseguiram por alguns meses, mas com menor intensidade. O acampamento de verão das garotas era a principal atração que alimentava o interesse depois de passado o pico das atividades de grupo. Nos meses de julho e agosto, os rapazes foram de carro até o acampamento diversas vezes.

Alec sempre se vangloriava de suas proezas com as mulheres. Doc prestava pouca atenção nisso, mas os outros rapazes achavam que algo deveria ser feito para colocar Alec em seu lugar. Numa noite, em abril, eles estavam gozando Alec quando, como conta Doc, o outro o desafiou:

"Se você é um amante tão fantástico, eu o desafio a provar isso."

Eu disse: "Alec, posso não ser tão bonito como você e não tenho toda essa quantidade de cabelo aí, mas posso fazer mais sucesso que você a qualquer hora."

Alec disse: "Não! Não pode!"

"Bom", eu disse, "agora já estou mais velho e não quero tomar uma garota do outro só pra provar que posso."

Mas então Danny falou: "Doc, acho que você está tirando o corpo fora."
Que débil mental! Quando Danny diz isso, tenho que fazer alguma coisa. Só falou pra me provocar, mas eu disse: "Tudo bem, Danny, eu escolho Helen. Sábado à noite. É só esperar." ... Alec não estava lá no sábado à noite para ver o que aconteceu. Foi realmente uma pena. Estávamos jogando um piso abaixo de onde estavam as garotas. Fui procurar Helen e pedi que ela descesse, pois eu tinha algo pra dizer. Ela desceu em poucos minutos — sozinha. Sentou-se perto de mim a noite toda, a única garota no meio de todos aqueles caras. Danny ficou impressionado. Mais tarde, me disse: "Doc, você ainda é um grande amante."

Como Alec não estava presente, continuou a se vangloriar. Passado um mês, Danny novamente insistiu com Doc para pôr Alec em seu devido lugar. Doc passou um sermão em Alec sobre o caráter questionável de suas bravatas. Como isso não adiantasse, perguntou a ele: "Com qual dessas garotas você realmente se encaixa?" Alec disse que se encaixava melhor com Mildred.

"Está bem, você sai com ela mais duas vezes, para poder se encaixar direitinho, e então eu a tomarei de você."

Alec protestou que isso não podia ser. Mais tarde, Doc comentou comigo:

Eu não achava que pudesse fazer aquilo, mas disse, de qualquer maneira. Eu estava furioso. ... Depois, Alec me chamou de lado e falou que amava Mildred e queria se casar com ela, então eu deveria cair fora. Eu disse: "Tudo bem, Alec, eu só queria ouvir você dizer isso." ... Não acho que ele realmente goste dela, mas esse é o código pirado que há por aqui: se ele diz que ama a garota, tenho que deixá-la em paz.

Como Alec era mais ativo com as garotas que qualquer outro, exceto Joe Dodge, foi preciso a intervenção do líder para colocá-lo em seu lugar. Vários meses mais tarde, ele propôs casamento a Mildred. Como ela recusou, perdeu interesse nas garotas do Afrodite. Um ano mais tarde casou-se com outra.

Quando Doc aceitou o primeiro desafio de Alec e começou a "azarar" Helen, percebeu que estava correndo alguns riscos. Teria sido fácil apaixonar-se por ela, e Doc não tinha dinheiro nem emprego que o habilitassem para o casamento.

Quando as garotas viram Doc com Helen, a combinação pareceu natural. Dorothy, uma das amigas mais próximas de Helen, freqüentemente comentava que eles faziam um par muito atraente. Em abril, Helen adoeceu. Segundo a história contada por Danny:

Dorothy está sempre dando indiretas sobre mandar flores. Ela disse algumas vezes pra Doc: "Helen está doente. Por que não manda flores para ela?" Isso me deixou furioso. Ela é uma burra. Não vê que Doc não tem dinheiro pra flores? ... Na noite passada, eu e Long

John decidimos que mandaríamos algumas flores pra ela em nome de Doc. Ele tentou argumentar conosco para que não mandássemos, mas esta manhã fomos até Vanderwater, o florista da Silverton Street. ... Ele tinha orquídeas, três por 15 dólares — era caro demais. Escolhemos rosas; dissemos que não era para uma namorada, mas para uma amiga doente. Então ele sugeriu rosas-chá. Pagamos cinco dólares por uma dúzia de rosas-chá. ... Por esse preço, podíamos conseguir seis dúzias de rosas por aqui mesmo. Mas se comprássemos as flores de um desses floristas, eles mandariam algum *greaser* bater na porta pra entregar. Vanderwater tem um carro de entregas legal, e mandam um entregador com um uniforme verde. ... Imagine o que nós não faríamos com aqueles cinco dólares...

Doc recebeu esse gesto com sentimentos ambíguos. Percebeu que havia aumentado seu cacife, mas faria Helen acreditar que queria algo mais sério. Finalmente, ele disse a Dorothy e Helen que os rapazes haviam feito aquilo em seu nome.

Pouco tempo depois, a turma estava no Jennings, e uma das garotas brincava com Doc sobre sua reputação de grande amante, dizendo que ele tinha medo de sair com ela. Como ele me contou:

Essas crianças me deixam injuriado. Elas são inocentes e querem agir como se soubessem tudo a respeito... Tudo bem, eu disse que sairia com ela. Mas ela disse: "Primeiro você tem que vir à minha festa."

Eu perguntei: "Quem vai estar lá?"

"Tony Cardio, Chick Morelli e Angelo Cucci", ela disse.

"Quem mais?"

"Ninguém mais."

Aquilo me enfureceu. Danny, Long John e Frank estavam na mesa comigo, e ela não os convidou... Eu respondi: "Não, vou a um outro lugar esta noite."

Ela disse: "Não é verdade. Você simplesmente não quer vir."

"Está bem", eu disse, "não quero ir."

Ficou furiosa. Quando voltou para sua mesa, virei-me para os rapazes. Estavam muito deprimidos. Eu disse a eles: "Não liguem pra isso, ela é uma estúpida. Não tem tato."

Embora fosse incapaz de proteger seus rapazes de situações sociais embaraçosas, Doc pelo menos mostrou que seus interesses estavam do lado deles.

A associação com as garotas Afrodite, combinada com a atividade do boliche, produziu mudanças importantes na vida de Long John. Na primavera de 1937, perdia todo seu dinheiro no jogo de dados. No outono começou a reduzir seu jogo, e no inverno havia se afastado totalmente. Na primavera, comentei com ele que devia ter precisado de um bocado de força de vontade para se manter longe do jogo de dados por tanto tempo. Ele encolheu os ombros. "Sabe o que realmente me manteve longe durante este inverno? O boliche!"

A atitude de Long John com relação às mulheres mudou à medida que se afastou do jogo de dados e começou a se relacionar com as garotas Afrodite. Quando parava para pensar a respeito, ele se ressentia da atitude de superioridade social das moças, mas, em outras vezes, achava muito prazeroso estar com elas. Embora nunca tenha pensado seriamente em se casar com uma das Afrodites, ele me disse: "Se eu encontrasse alguma garota por quem realmente pudesse me apaixonar, eu me casaria amanhã. ... Falo sério!"

Em muito pouco tempo Long John havia passado de uma esquina de baixo nível para a esquina mais respeitável da Norton Street; do jogo de dados para as pistas de boliche; das pistas para a companhia de um grupo seleto de garotas e, com elas, até mesmo para o Centro Comunitário, por um breve período. Como Doc comentou, "foi uma metamorfose".

Os Norton e as garotas Afrodite se conheceram por intermédio de Doc. Quando Danny e Mike quiseram separá-los, concentraram-se particularmente em Doc. Dois dos seguidores poderiam ser deixados de fora sem mudar significativamente o grupo, mas Danny e Mike tinham posições tão importantes que, sem eles, os Norton não teriam continuado a ser o que eram. Além disso, eram os amigos mais próximos de Doc, e, sempre que teve que escolher entre eles e os outros, Doc os escolheu. O jogo de boliche com as garotas ameaçara dividir os Norton, e Danny e Mike cobraram providências de Doc para restabelecer a unidade do grupo. No outono, os rapazes e as garotas haviam se afastado de tal modo que se podia ouvir os Norton referindo-se a elas da mesma forma que faziam antes de conhecê-las. Em essência, apenas Alec, Joe Dodge e Fred Mackey escolheram permanecer com as garotas, e seu relacionamento com os Norton tornou-se bastante tênue. Joe e Fred acabaram casando-se no grupo.

A associação com as garotas era, como no caso do boliche, um meio de ganhar, manter ou perder prestígio no grupo. Como no boliche, devia-se manter Alec em seu lugar. Era essencial, para o funcionamento harmônico do grupo, que se conservassem e reconhecessem informalmente as gradações de prestígio.

4. A campanha política de Doc

Para o observador eventual, a gangue da esquina parece ficar durante anos e anos inalterada, mas na verdade as mudanças estão sempre acontecendo; e, à medida que os rapazes entram na casa dos 30, a própria gangue tende a se desintegrar. Alguns dos integrantes se casam e têm filhos. Mesmo que continuem a freqüentar a esquina, seus interesses já não se confinam apenas àquela área social. Com o casamento, alguns se mudam de Cornerville; e mesmo quando voltam para passar um tempo com os rapazes, não são mais os associados ativos que costumavam ser. Nesse período da vida, espera-se que o rapaz da esquina "se acomode" e encontre um emprego para sustentar a si e à sua família nos anos vindouros. Ele se torna um camarada diferente, e sua gangue se desfaz, ou é incluída em alguma organização maior, como um clube.

Doc estava agora com 30 anos e tinha que tomar algumas decisões sobre seu futuro. Não tivera qualquer emprego estável desde que a fábrica de vitrais falira. Não possuía tampouco outro treinamento especializado. Sua inteligência, popularidade e habilidade de lidar com os rapazes da esquina pareciam naturalmente adaptadas para uma carreira política, e muitos de seus amigos insistiram para que ele se candidatasse. Mike Giovanni era particularmente persuasivo. Ele me disse uma vez: "Você sabe, há pessoas que não podem fazer as coisas por elas mesmas, mas podem conseguir outras que façam por elas. Talvez eu seja assim. Falta algo em mim, mas posso ver nos outros o que me falta."

Na primavera de 1937, Doc discutiu sua situação comigo:

> Eu disse a Mike para esquecer a política. ... Ele disse: "Você não pode fazer isso. Eu ando por aí pegando todos esses nomes. Tenho buzinado todo mundo." Eu disse a ele pra esquecer. ... Não posso fazer isso sem um emprego. Você sabe como é não ter dinheiro algum no bolso? Não saber de onde virá o próximo dólar? Espero que nunca passe por essa experiência. Passei por isso uma vez; não posso passar de novo. ... Mas o que posso fazer, Bill? Sou um artista sofrível. Se eu estivesse no ramo da arte, nunca me daria um emprego. O que mais eu poderia fazer? Talvez devesse tentar um emprego público, mas ia ficar o dia inteiro num escritório, me aborrecendo... Mas, se me candidato, tenho que ter um emprego — qualquer emprego. ... Eu não deveria estar aqui ainda. Minha irmã cuida de mim e meu cunhado é um cara legal, mas isso não é bom para eles. Às vezes querem transar e não podem, porque estou por perto. ... Eu já deveria ter tomado um rumo. Devia pensar em me casar. Se tivesse um emprego, é provável que fizesse isso. Eu não dou muito pra coisa — as garotas esperam algo de mim, e faço. E sou bastante egoísta, gosto de saber quando elas ficam caídas por mim. ... Mas então dispenso elas... O que posso oferecer a uma garota? Nunca me casarei, a menos que tenha um bom emprego. Não sou tão burro assim. ... Não deveria estar por aqui de jeito nenhum.

Quando os rapazes insistiam para que se candidatasse, Doc me dizia: "Não dê nenhuma atenção a isso, Bill. Eles apenas querem ter alguém para quem torcer."

Um ano mais tarde, a situação de Doc não havia melhorado, mas ainda assim cedeu à insistência de seus amigos e concordou em se candidatar ao Legislativo estadual.

A campanha política apenas aumentou os problemas de Doc. Agora, mais que nunca, achava que devia conseguir um trabalho. Ressentia-se de sua falta de educação formal, e o desemprego era uma carga adicional. Precisava de dinheiro para a campanha e não queria que as pessoas dissessem que estava se candidatando só para ter um emprego.

De tempos em tempos, na primavera de 1938, sua irmã que vivia em Dedfield lhe dizia que os supervisores do projeto WPA haviam insinuado que poderiam conseguir colocá-lo na folha de pagamento se ele ainda precisasse de um emprego. Se Doc entrasse na WPA em Dedfield, não poderia ter Cornerville como residência oficial e seria excluído da campanha. Uma vez ele me disse que não agüentava mais, que havia decidido fazer todos os esforços para entrar na WPA de Dedfield. Mais tarde, confessou que não fora ver ninguém em Dedfield porque não podia desapontar as pessoas que o desejavam candidato.

Sua irmã de Cornerville pensava em também se mudar para Dedfield. Os filhos mais novos estavam aprendendo a linguagem pesada das ruas e se tornavam difíceis de controlar. Ela queria tirá-los de Cornerville. Caso se mudasse, Doc teria de ir junto, e ela perguntou que efeito isso teria sobre suas ambições políticas. Ele mentiu, dizendo que não estava mais interessado na política. Como ela não conseguiu encontrar o que queria em Dedfield, a mudança foi adiada, e Doc permaneceu em Cornerville.

Ele acreditava que poderia entrar na WPA de Eastern City se pedisse a certos políticos locais para intercederem a seu favor, mas o preço de uma nomeação como esta teria sido sua retirada da disputa. Portanto, candidatou-se ao emprego por conta própria. Sendo um homem solteiro e sem dependentes, sabia que suas chances eram pequenas, e não se surpreendeu ao ver que seu esforço resultou em nada.

A senhora Mallory, uma assistente que trabalhava com orientação vocacional no Centro Comunitário da Norton Street, interessou-se por Doc e conseguiu para ele um mês de trabalho numa fábrica bem conhecida de vitrais; o salário de dez dólares por semana era pago pelo Centro. Doc começou entusiasmado e esperava conseguir um emprego permanente. No final do mês, o chefe da fábrica cumprimentou-o pelo trabalho e disse que, se ele pudesse continuar por mais um mês por conta do Centro, e para ganhar mais experiência, talvez conseguissem empregá-lo. A senhora Mallory sugeriu que se fizesse isso, mas o senhor Bacon disse: "Já fizemos o bastante por Doc." Como havia outros casos de necessidade demandando atenção, achou que Doc não deveria ser apoiado, a menos que houvesse uma promessa firme de que teria um emprego depois. Não se fez qualquer promessa, e o projeto foi abandonado. O mês de trabalho resultou apenas em amargo desapontamento para Doc.

O senhor Bacon ofereceu a ele a oportunidade de dar um curso de vitral no Centro Comunitário uma noite por semana, durante a primavera e o verão, por dois dólares a aula. A senhora Mallory esperava conseguir aulas particulares para ele no outono. O senhor Bacon achou que o curso noturno daria a Doc a chance de mostrar sua iniciativa, mas este disse à senhora Mallory que não teria paz de espírito para dar aulas até que tivesse um emprego de verdade e alguma segurança. Ela pediu que agradecesse a oferta ao senhor Bacon, e ele disse que faria isso. Nunca fez. Sabia que o senhor Bacon o considerava um homem sem ambição e preguiçoso. Às vezes Doc tinha a tentação de discutir com o senhor Bacon. Não chegou a isso, mas pelo menos tentou evitar qualquer ação que o colocasse como subordinado do assistente social.

O senhor Smith, coordenador do Centro Comunitário, estava interessado em desenvolver um projeto recreativo elaborado pelo senhor Kendall, o assistente que trabalhava com os meninos menores. Esperava obter fundos para abrir centros de recreação em lojas vazias, com o objetivo de atingir os garotos que não procurariam o Centro por conta própria. Propus que Doc fosse contratado para dirigir um dos centros de recreação, e promovi o encontro dele com o senhor Smith. Minha expectativa era de que Doc causasse uma impressão favorável, mas ele tinha muito pouco a dizer. Quando, em resposta a toda a minha persuasão, Doc foi encontrar o senhor Smith novamente, só permaneceu o bastante para dizer que gostava da idéia dos centros de recreação, mas não poderia fazer nada a menos que encontrasse alguma forma imediata de se sustentar. O senhor Smith ficou intrigado com a atitude de Doc. Repreendi-o, e ele explicou que, no meio do primeiro encontro, tivera uma súbita crise de ansiedade, e sair depressa era a única coisa que podia fazer para que não notássemos. Tempos antes, quando enfrentava grandes preocupações financeiras, havia tido o mesmo problema. Não podia ficar num cômodo cheio de gente sem se sentir mal. Se tinha de ir a uma festa, combinava com Angelo para vir chamá-lo dez minutos depois, dizendo que precisavam dele na esquina. Então pedia desculpas e escapava.

Mesmo que tivesse causado uma boa impressão no senhor Smith, o projeto não poderia ser iniciado até o outono, e não oferecia a Doc qualquer perspectiva imediata de sustento. Doc me disse:

Bill, tudo isso é uma boa idéia. Deveria ser feito. ... E se eu tivesse algum dinheiro para viver, faria aquele trabalho de graça. Mas não posso nem mesmo pensar nisso agora. Tenho de ter primeiro alguma segurança. Preciso de um emprego, qualquer emprego — um emprego fixo, imediatamente! ... Depois posso pensar em outras coisas.

Enquanto isso, a campanha de Doc deslanchou. Mike nomeou-se coordenador e dedicou-se ao trabalho com entusiasmo contagiante. Num ano de campanha, a principal atividade dos últimos meses da primavera e do verão é promover o candidato. Seus amigos mais próximos vão de esquina em esquina informando aos rapazes que seu campeão está "no páreo". Mike era conhecido como um cabo eleitoral de primeira classe, e seu trabalho preliminar deu resultado. Conseguiu interessar os associados de seu sindicato. Os líderes de um clube em Welport que congregava *paesani* de Doc prometeram seu apoio, e o líder de um dos clubes políticos de Cornerville também. Diversos rapazes da esquina que tinham influência em seus próprios grupos em Cornerville procuraram Doc e prometeram auxílio à causa. Doc não fez nada. Mike o pressionava continuamente para entrar em ação, "formar um comitê, elaborar uma plataforma, organizar um baile para conseguir algum dinheiro, botar as coisas pra rolar".

Finalmente Mike ficou desgostoso com Doc e lhe disse: "Você conseguiu uma bela chance de vencer essa luta, mas vou falar na sua cara: você é um preguiçoso."

Como os eleitores poderiam fazer duas escolhas na disputa, e o deputado Mike Kelly tinha certeza de que seria reeleito, Doc precisava ser o candidato italiano mais forte para ter uma chance de ganhar. Isso seria esperar demais de sua primeira campanha. Ainda assim, era considerado um candidato forte. Ao insistir com Doc para que desistisse, os amigos de um dos candidatos italianos preferidos predisseram que ele não conseguiria mais que 1.500 votos. Mas, numa disputa como essa, mil votos são suficientes para transformar um homem numa figura política importante.

Um dia, no final de julho, sem consultar ninguém, Doc se retirou da disputa. Eu lhe perguntei por que havia feito isso, e ele disse: "Era gente demais, Bill. Eram 32 candidatos." Mas então admitiu que essa não era a verdadeira razão:

Quanto mais gente houvesse na luta, melhor seria para mim. ... As demandas sociais é que foram um excesso. Quando estou no Jennings com os rapazes, alguém vem até mim e quer que compre um tíquete para alguma coisa. Estou duro e tenho que negar. Isso acontece o tempo todo, Bill. ... Sendo um político, espera-se que eu vá a bailes e reuniões, e não posso ir porque não consegui dinheiro. Os camaradas me procuram e pedem cartões com meu nome, adesivos e cartazes. Não posso dar nada disso. ... Você não pode ser assim na política. Eles usam isso contra você. Se você não compra os tíquetes, chamam você de droga de um pão-duro. Arrasam você pelas costas. ... Fiquei preocupado com isso. Muitas noites ficava andando pra lá e pra cá até três ou quatro da madrugada. Aquilo foi demais, Bill. ... Foi duro sair. Os *paesani* em Welport estavam todos enfurecidos. Tanta gente tinha me prometido apoio. E nunca pedi esse apoio a ninguém. Nem uma vez! Agora que tudo passou, acho que poderia ter vencido. Realmente acho isso. ... Da próxima vez, não entrarei na luta a menos que tenha 200 dólares no bolso. Mas essa era realmente a hora certa para mim. Em dois anos, quem sabe o que acontecerá? ... Bom, foi divertido enquanto eu estava lá.

Quando era mais jovem, Doc havia se movimentado livremente por Cornerville e pelas redondezas, criando seguidores onde quer que fosse. Popularidade e influência tinham vindo a ele sem que fizesse esforço algum. Os anos de desemprego haviam minado sua confiança e gradualmente reduzido sua esfera de atividade social. Como ele me disse: "Foi só um pouco antes de você vir para cá que comecei a fazer ponto na Norton Street de novo. Agora não vou a nenhum outro lugar. Estou sempre naquela esquina. Ando desgostoso demais comigo mesmo para ir a qualquer outro lugar."

Para tornar-se bem-sucedido na política, o rapaz da esquina deve ser capaz de extrapolar os limites de sua gangue e ampliar continuamente sua esfera de influência social. Tem que conseguir encontrar novos grupos e participar de suas atividades. Doc caminhava exatamente na direção oposta, e sabia disso. Sua autoconfiança não havia desaparecido totalmente. Ele estava certo de que, se arrumasse um emprego estável, poderia reverter essa tendência em sua vida. Então teria dinheiro para gastar e poderia fazer as coisas que se esperava dele quando participava de atividades grupais. Ao perder a confiança de conseguir um emprego, viu que seu próprio rumo afastava-se cada vez mais do caminho do político bem-sucedido. Como não poderia trilhar os dois ao mesmo tempo, ficou com a única saída possível.

A notícia a respeito da desistência de Doc teve um efeito devastador sobre os Norton. Mike ficou terrivelmente chateado. Ao fazer de Doc seu campeão, era levado por seu próprio entusiasmo. Agora sua fé estava abalada. Doc ainda era seu amigo íntimo, mas ele começou a falar sobre as limitações do amigo como nunca havia feito antes. Doc era um cara legal — isso era sabido —, mas simplesmente lhe faltava perseverança para ter sucesso, e era preciso dar um desconto pela sua falta de ânimo. Mike era um "virador", tinha o que faltava em Doc. Este já não era o líder de Mike.

O impacto do comportamento de Doc sobre outros rapazes da gangue não foi menos perturbador. Quando um líder de rapazes da esquina mobiliza seus amigos, acende o entusiasmo da turma em apoio a um candidato. Se de repente o candidato se retira, o grupo sofre uma séria frustração. O líder havia comprometido seu grupo com o homem errado, e seu prestígio fica abalado. Surge a suspeita de que o candidato tenha negociado seus amigos, ou de que tenha feito uma barganha com outro político de modo a capitalizar em cima do apoio dado para ganhar alguma vantagem material.

A posição de Doc era suficientemente forte para que ele pudesse ter demandado algo dos políticos rivais que estavam interessados em sua retirada. Porém, quando saiu, fez isso incondicionalmente e por conta própria. Houve os rumores inevitáveis, mas como ninguém poderia provar nada contra ele, sua reputação não foi destruída.

No auge de sua campanha, Doc era o líder de um exército cada vez maior de simpatizantes. Como resultado de sua retirada, houve um realinhamento geral. As esquinas onde ele havia sido forte voltaram-se para outros candidatos. Mesmo os rapazes de sua própria clique tiveram participação ativa na campanha de outro candidato, Tom Marino, o maioral do Clube Taylor. Quando ambos ainda estavam na disputa, reconhecia-se informalmente que os membros dos dois grupos votariam nos dois candidatos. Com Doc fora, Tom passou a ser o homem mais importante da rua, e Doc tornou-se apenas "um dos rapazes".

Em anos anteriores, Doc assumira um papel de liderança nas discussões políticas entre os Norton. À medida que essa eleição se aproximava, ele tornou-se excessivamente silencioso. Não liderava ninguém. Apenas vagava por ali. Na maior parte do tempo, nem ao menos ficava com seu grupo. Por horas a fio, sentava-se sozinho no fundo da barbearia pouco iluminada do Stefani.

5. Desintegração

Se este fosse um trabalho de ficção, a história terminaria aqui. Doc, antes tão ativo, havia se afastado de seus rapazes; sem a sua liderança, os Norton começaram a se desintegrar. No entanto, a vida continuou para Doc e seus amigos, e aconteceram algumas coisas com eles que ilustram a natureza de suas relações pessoais.

Danny e Mike deixaram de ter uma participação ativa no grupo. Um interesse crescente por apostas em corridas de cavalos fez com que o jogo de dados deixasse de ser lucrativo. No outono de 1938, Danny conseguiu um emprego com Spongi, um gângster de Cornerville que operava uma casa de apostas em cavalos e um jogo de dados que atraía clientes muito maiores que os que costumavam participar do jogo no playground. O trabalho de Danny o mantinha ocupado todas as tardes e noites com os negócios de Spongi. Já não podia ficar na esquina.

O fim do jogo de dados desfez um dos principais laços de Mike com a Norton Street. Ele trabalhou na WPA durante algum tempo, mas, depois de ser despedido, passava o dia revirando a cidade em busca de trabalhos avulsos. Como dispunha de pouco dinheiro para suas despesas, raramente tinha condição de jogar boliche com os amigos.

Quando alguns dos rapazes estão quebrados, as atividades de grupo podem continuar se os outros puderem cobrir as despesas. Se não há dinheiro algum entre os integrantes do grupo, muitas atividades devem ser suspensas. Essa era a situação enfrentada pelos Norton no outono de 1938. Havia pouco a fazer, exceto ficar à-toa na esquina, e restavam poucos para isso. Carl e Tommy passavam a maior parte do tempo com um grupo mais jovem. Lou e Fred não vinham a Cornerville com a mesma freqüência de antes. Alec concentrava a atenção em sua futura esposa. Nutsy voltou a passar seu tempo na Norton Street, e seu primo, Chris Teludo, que sempre havia jogado boliche com a gangue, estava com ele ocasionalmente. Dos 13 partícipes originais, permaneceram apenas Nutsy, Long John, Frank, Joe Dodge e Angelo.

O Centro Comunitário de Cornerville recebeu uma doação para financiar, durante seis meses, seu projeto de centros de recreação. O senhor Smith planejara contratar assistentes sociais treinados, mas concordou em experimentar Doc em um dos três centros. Um dos assistentes do Centro Comunitário havia falado bem de Doc quando o senhor Smith perguntou a respeito dele. Ao saber da contratação, o senhor Bacon comentou: "Não é o tipo de homem que eu escolheria para este trabalho."

A partir do início de janeiro de 1939, Doc ficava ocupado no Centro durante todas as tardes e noites até as dez horas, exceto aos domingos, e não podia mais freqüentar a esquina. Os outros Norton reagiram passando algum tempo no Centro, mas isso mudou a natureza de suas atividades.

O novo emprego de Doc ajudou-o a recuperar a autoconfiança. O senhor Smith disse que, no início, temera que Doc não fizesse um bom trabalho, tão indolente havia sido na fase preparatória. Quando o centro recreativo abriu, Doc empenhou-se de corpo e alma. Tornou-se completamente responsável e em pouco tempo tudo funcionava de modo eficiente. Nos dois primeiros dias teve algum problema com roubos, mas antes que a semana terminasse as coisas roubadas haviam sido devolvidas. Depois disso, o problema assumiu uma direção bem diferente. Os jovens traziam para o Centro, como contribuição, coisas que, segundo eles, haviam encontrado ou lhes haviam sido dadas, mas Doc suspeitava que fossem roubadas. Qualquer que fosse a origem, essas contribuições indicavam que os garotos tinham aceitado o Centro como seu.

Os antecedentes de Doc davam-lhe vantagens importantes sobre os assistentes sociais. Embora não conhecesse os garotos mais jovens na área do centro recreativo onde trabalhava, conhecia alguns de seus irmãos mais velhos, primos ou parentes. Podia também recorrer a seus amigos para ajudá-lo. Durante algum tempo, Mike Giovanni deu uma aula semanal de boxe. A experiência de Doc também o capacitava a avaliar cada grupo de garotos de esquina após uma breve observação. Na noite após a abertura do centro recreativo, já podia apontar para mim os membros de cada gangue, identificar o lugar onde faziam ponto e dizer quem liderava o grupo. Valorizou o papel dos líderes, fazendo-os responsáveis por iniciativas em questões que envolviam seus grupos. Não havia problema sério de disciplina. Em pouco tempo, o centro de Doc estava organizado e funcionando perfeitamente, e ele ficava disponível para solucionar disputas, responder a perguntas e dar conselhos.

Um dos dois assistentes sociais teve tamanhas dificuldades com janelas quebradas, roubos e indisciplina generalizada que foi forçado a fechar seu centro recreativo poucas semanas depois da abertura. O segundo conseguiu, com grande dificuldade, prosseguir ao longo dos seis meses previstos, mas duvida-se que tivesse sido capaz de fazer isso sem a assistência de Doc. Este conhecia alguns dos rapazes de esquina que faziam ponto perto daquele centro. Os garotos mais jovens os respeitavam como "caras durões". Doc persuadiu-os a entrar e jogar baralho sem fazer algazarra, para dar bom exemplo. O assistente social reconheceu que isso tinha sido de grande ajuda. Em outros momentos, Frank, Joe e Long John foram ao centro para separar brigas e ajudar a manter a ordem.

Todas as pessoas envolvidas no projeto reconheceram que o centro de recreação de Doc foi o único realmente bem-sucedido entre os três. No entanto, o trabalho não ofereceu solução permanente para seu problema. Ao fim do período de seis meses, o projeto não pôde ser financiado, e Doc estava desempregado de novo. Embora o senhor Smith tivesse dito que gostaria de ajudá-lo a conseguir um emprego, não pensava em Doc no contexto do programa regular do Centro Comunitário. Naquele verão, tal como no anterior, o acampamento dos garotos empregou como conselheiros apenas rapazes universitários de fora de Cornerville.

Enquanto estava no centro de recreação, Doc continuou a ver Danny quando ambos haviam terminado o trabalho, à noite. Depois que ficou sem ocupação, começou a fazer ponto no Spongi com Danny. Quando seus negócios declinaram, Spongi já não tinha um emprego estável para Danny, mas gostava de sua companhia e assumiu muitos de seus gastos pessoais. Dentro de pouco tempo Spongi e Doc tornaram-se amigos íntimos, e o primeiro sempre queria a companhia de Doc onde quer que fosse.

Alguns dos Norton passavam seu tempo no Spongi, mas não reconheciam o lugar como seu ponto. Formou-se um novo grupo na esquina da Norton Street. Angelo, Nutsy, Frank, Joe, Phil Principio e Paul DiMatia passaram a andar juntos. Phil e Paul haviam terminado o curso universitário e tinham participado do Clube da Comunidade Italiana, mas transferiram sua lealdade para os rapazes da esquina. Eram particularmente próximos de Angelo, o líder da gangue, que tinha Nutsy como segundo em comando.

A separação dos Norton envolveu um considerável rearranjo das posições sociais individuais. Doc falou-me de sua relação com Spongi:

> Ele decide o que deve ser feito. Naturalmente. É seu lugar, e ele tem um monte de rapazes à sua volta para fazer as apostas. Mas não pode me dar ordens por aí. ... Às vezes, só para me enfurecer, Danny diz a Spongi para me mandar fazer alguma tarefa. Spongi chega perto de mim e começa a rir antes mesmo de dizer qualquer coisa, acha isso muito engraçado. Tenta me dar uma moeda e diz: "Ho-ho-ho, Doc, vai ali e compra uma coisa pra mim."
>
> Eu digo: "Vai você, cara!" Ele ri, acha que é a coisa mais engraçada do mundo. ... Digo a ele que não pode me comprar.
>
> Ele fala: "Ainda não te ofereci um Buick." Claro, um Buick é uma coisa grande. Ele diz que o único problema é que ainda não me ofereceu o suficiente. Digo que não poderia me comprar nem por um milhão de dólares. ... Ele sabe que há coisas que eu não faria. Não tenho nada a ver com seus negócios.

Embora Doc se orgulhasse de manter sua independência, ele não era mais um líder.

Long John dividia seu tempo entre o Spongi e a esquina da Norton Street. O rearranjo deixou-o numa posição vulnerável. Havia dois grupos que giravam em torno da "operação" de Spongi: o círculo interno e os agregados. Spongi incluía no círculo interno o seu irmão, e ainda Danny, Doc e dois outros. Quando saía para fazer um lanche, uma volta de carro ou para o cinema, convidava-os para irem junto. Seus convites não incluíam Long John, que, assim, foi excluído do circulo interno. Sem o apoio de Doc, Danny e Mike, ele não tinha uma posição perante os rapazes que permaneceram na Norton Street e não sabia aonde ir.

A direção tomada pelos acontecimentos no boliche mostrou claramente o que estava acontecendo com os Norton. Na temporada de 1937-38, os rapazes iam para as pistas todos os sábados logo após as oito da noite e jogavam um *strike* atrás do outro até a meia-noite, hora em que o boliche era fechado. Na temporada de 1938-39, o jogo só começava às nove horas ou mais tarde. Havia longas pausas entre os *strings*, e a noite terminava por volta das 11 horas. Em lugar de haver homens jogando e outros esperando a vez, apenas seis ou oito apareciam nas pistas. O centro de recreação de Doc mantinha-o ocupado até as dez, e Danny e Mike raramente iam até as pistas. Vários dos rapazes comentaram comigo que toda a graça do boliche parecia haver desaparecido.

No ano seguinte, as pistas estavam lotadas novamente, mas havia tantas caras novas que o grupo já não parecia mais com os Norton. Doc comentou uma vez:

Rico e Chick Morelli nunca estão conosco, exceto nas pistas de boliche. ... Uma noite dessas, tive uma discussão com Chick lá nas pistas. Ele estava absolutamente correto, mas eu fui muito chato e finalmente fiz com que pedisse desculpas pelo que havia dito. Lógico que os rapazes estavam todos comigo. ... Ele disse que éramos uma clique, que tínhamos favoritismos. É claro, é isso mesmo, nós somos uma clique. Mas, mesmo assim, fiz com que ele dissesse que não éramos.

Danny estava nas pistas naquela noite em que jogamos com o San Marcos. Perguntei se queriam jogar contra o primeiro time ou o meu. Eles disseram "O seu time", e então falei com Danny: "Se você quiser jogar, é só entrar." Disse que não queria. Estivera doente e ainda não se sentia completamente bom. Então não tivemos que deixar de fora Rico ou Chick por causa dele. Mas agora Danny e Mike querem jogar, e eu quero jogar com eles. Para mim, o boliche não é apenas um esporte. Faz um bocado de diferença com quem você joga. Quero jogar com meus amigos. Então disse a Danny e Mike que dessem uma chegada neste sábado para avaliar a situação. Se não houver espaço, eles irão para a próxima pista ou para o andar de cima. E eu falei pra eles: "Se fizerem isso, já me ganharam." Irei com eles, e quem quiser nos seguir pode vir. Desse jeito, realmente será nosso time de novo.

Como Danny e Mike não apareceram no sábado seguinte, nem de uma maneira regular depois disso, o corte decisivo não aconteceu. Os rapazes continuaram jogando num grupo misto.

Em outubro de 1939, Doc me disse: "Nutsy está planejando uma volta. Danny e eu não estamos muito por aqui recentemente, e ele está tentando assumir. Está botando fogo nos rapazes para nos desafiarem no boliche." Nutsy escolheu Frank, Carl e Tommy para jogar contra Doc, Danny, Chris e Long John. O time de Doc ganhou o primeiro jogo por uma margem muito pequena. Nutsy repetiu o desafio, e seu time equilibrou a pontuação. Os rapazes de Nutsy ficaram satisfeitos e nenhum desempate foi marcado.

Nesses dois jogos, Nutsy teve um desempenho notável. Antes disso, havia jogado boliche só raramente e era considerado um jogador fraco. Da primeira vez ele se saiu bem; da segunda, deixou todos os competidores muito para trás. Também dirigiu a torcida. Sempre bradava frases de encorajamento para seu time e provocava os oponentes. De tempos em tempos, gritava: "Quem é o melhor jogador de boliche que vocês já viram na vida?"

O time gritava de volta: "Nutsy!"

Diversas vezes Danny se juntava ao refrão, brincando. Quando o segundo jogo terminou, Nutsy me disse: "Eu não estava um líder inspirador, Bill?"

No sábado seguinte, Nutsy fez um desafio individual a seu primo, Chris Teludo, então considerado o melhor jogador de boliche entre os Norton. Chris venceu, mas Nutsy repetiu o desafio e o derrotou nos próximos dois *strings*.

Numa ocasião em que Doc, Long John, Chris, Chick e Rico jogaram uma partida contra o San Marcos e perderam por apenas um pino, Nutsy e Frank desertaram e foram jogar em pistas vizinhas. Os integrantes do time sentiram que os gritos de Nutsy poderiam ter levado o San Marco a perder pinos suficientes para uma virada, e Long John disse a Frank: "Vocês são umas drogas de jogadores. Fogem bem na hora em que precisamos de vocês pra torcer."

Frank respondeu: "Por que deveríamos torcer por você, se queremos jogar? Quem é você — o patrão?"

Enquanto os Norton eram um grupo, o segundo time nunca teve uma chance contra o primeiro. Quando o grupo se dividiu em dois, Doc, Danny e Mike não puderam mais manter os seguidores em seus lugares. Nutsy tinha uma chance de assumir a liderança entre seu grupo de jogadores e, apesar da falta de prática, mostrou um desempenho que correspondia à sua nova posição.

Enquanto Nutsy se destacava, Long John decaía. Já era evidente, na primavera de 1939, que ele estava patinhando. Seu jogo de boliche declinou e ele acabou em penúltimo lugar no campeonato individual que fechou a temporada. A primeira parte da temporada 1939-40 não trouxe qualquer melhora. Nos jogos contra o time de Nutsy, Long John teve um desempenho muito fraco. Doc e Danny diziam: "Bom, parece que você não é mais o mesmo homem. Este ano, talvez não seja bom o suficiente para estar no primeiro time."

Esses comentários, embora feitos de maneira jocosa, eram sintomas das mudanças ocorridas nas relações pessoais. Como se sentisse a posição indefesa de Long John, os integrantes do time de Nutsy redobraram seus ataques verbais a ele. Sempre o haviam atacado mais que a Doc, Danny ou Mike, mas agora, sob a liderança de Nutsy, eles o submetiam a uma avalanche implacável de ataques, calculada para destruir sua autoconfiança. Como jogava mal, havia pouco o que Long John pudesse dizer para se defender.

Numa tarde, Doc veio me consultar sobre Long John, que lhe havia confidenciado não dormir bem há várias semanas. Como contou Doc:

Conversei longamente com ele. ... Sempre que começa a adormecer e o lençol cobre seu rosto, acorda pensando que está morto. ... Eu disse: "John, deve ser alguma coisa que aconteceu no tempo em que você era criança. Talvez alguém tenha jogado um casaco em cima de você quando estavam brincando, e você pensou que estivesse sufocando." Mas não conseguiu se lembrar de nenhum caso assim. Fiz com que pensasse um pouco mais sobre quando era criança, e finalmente ele se lembrou. Tinha uns oito anos de idade. Estava muito doente, com pneumonia, e o médico disse à sua mãe que ele havia morrido. Puxaram o lençol sobre sua cabeça. Quando voltou a si, ouviu a mãe e os parentes chorando, lamentando sua morte. Então ele se mexeu um pouquinho, eles perceberam, tiraram o lençol e todo mundo se alegrou, mas isso deve ter deixado uma impressão profunda na mente de John. Quando me contou aquela história, expliquei como era estúpido deixar que uma coisa como aquela o incomodasse.

Eu disse a Doc que, para uma cura efetiva, seria necessário mais que aquilo. Sugeri que ele poderia conseguir desfazer as ansiedades de Long John se o levasse para o círculo interno do Spongi, e se ele e Danny começassem a defender o amigo no boliche e a encorajá-lo quando outros o atacassem. Doc ficou na dúvida, mas concordou em ver o que poderia ser feito. Dentro de pouco tempo havia encaixado Long John no círculo interno do Spongi. Como me explicou:

Eu não disse nada a Spongi, mas já integrei o John. Fiz um bocado de barulho sobre ele. Se não estava por perto, eu perguntava aos rapazes por ele. Quando ele chegava, eu dizia: "Olha aqui o Long John, o vagabundo", e perguntava onde ele tinha estado. Dei tanta atenção ao cara que ele acabou se encaixando direitinho. Spongi começou a chamá-lo para sair conosco. Agora, mesmo quando não estou por perto, Long John está lá.

Ao mesmo tempo, Doc e Danny começaram a apoiá-lo nas pistas de boliche. O jogo de Long John começou a melhorar. Em pouco tempo, estava jogando tão bem quanto na temporada de 1937-38. No campeonato individual que encerrou a temporada de 1939-40, ganhou o primeiro prêmio. Nunca mais consultou Doc sobre seus pesadelos.

A estrutura do novo grupo que cresceu na Norton Street pode ser representada no diagrama a seguir:

Como Angelo não jogava boliche, Nutsy pôde assumir a liderança nas pistas. Quando os rapazes estavam na esquina, ele não conseguia competir com Angelo. Carl e Tommy seguiam-no nas pistas, mas passavam pouco tempo na esquina. Frank era o único pessoalmente ligado a Nutsy. Phil e Paul haviam-se

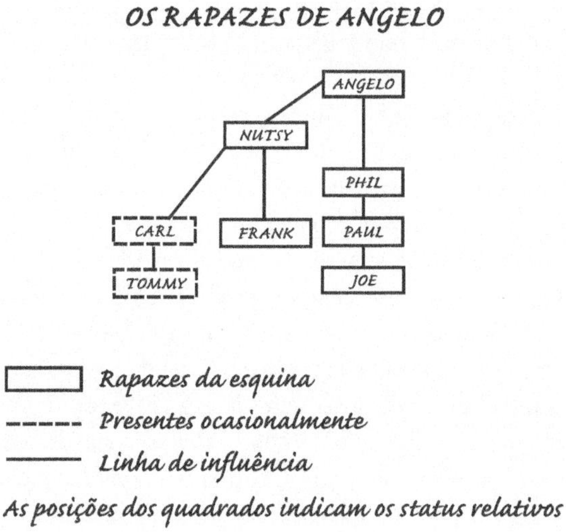

tornado amigos íntimos de Angelo pelo fato de pertencerem ao Clube da Comunidade Italiana, e Joe também se ligou a Angelo.

A força da posição de Angelo na esquina dependia em parte de suas atividades no Clube Dramático de Cornerville, do qual Nutsy não fazia parte. No final do inverno de 1939, os rapazes insistiam com Doc para achar uma sala de reuniões para manter os Norton juntos. Quando estava conferenciando com o senhor Smith sobre o projeto do centro de recreação, Doc perguntou se os rapazes poderiam usar uma sala no Centro Comunitário. O senhor Smith ofereceu a melhor sala do Centro, uma noite por semana. Doc reuniu Angelo, Joe, Frank e Long John, umas garotas do Afrodite e alguns outros rapazes e moças e fundou o Clube Dramático de Cornerville. Depois disso, estava tão ocupado com seu trabalho no centro de recreação que não tinha tempo para participar das reuniões, mas depositou sua confiança em Angelo, que o procurava para obter conselhos sobre questões de políticas do clube e assumia a liderança das reuniões caso Doc não estivesse presente. Isso fortaleceu a posição de Angelo na esquina.

Doc me explicou como as coisas aconteciam quando Angelo estava com os rapazes:

Numa noite da semana passada, parei no Stefani a caminho de uma festa. A clique inteira estava na barbearia. Perguntei ao Angelo: "O que você vai fazer hoje?"

Ele disse: "Não sei, ficar à-toa por aí, eu acho."

Convidei-o para vir à festa comigo. Disse que não podia, alguém já o havia chamado, e ele tinha dito que estava ocupado. ... Então me virei para Phil e perguntei o que ia fazer, e ele respondeu: “Não sei. O mesmo que os outros caras.” E então olhou para Angelo. Perguntei a Paul, e ele me deu a mesma resposta. Perguntei aos outros, um a um, Joe, Nutsy e Frank, e todos disseram exatamente a mesma coisa: “Não sei. O mesmo que os outros caras.”... E “os outros” significava Angelo. ... Eu disse: “Tudo bem, vejo vocês depois.” ... Mais tarde fomos para o Jennings, e a clique já estava toda lá numa mesa dos fundos. Sentei-me com os camaradas que tinham vindo comigo. Nenhum problema nisso. Mas depois de algum tempo o Angelo chegou e se sentou perto de mim. Queria me dizer alguma coisa. Imagino que havia planejado ficar só uns poucos minutos, mas ficou bastante. Paul puxou uma cadeira, e então Phil também veio. Um por um, chegaram todos, até ficarem os seis conosco. Tiveram que juntar outra mesa para se sentarem perto de nós. ... Agora, suponha que Paul tivesse tido alguma coisa para falar comigo. Ele poderia ter chegado e ficado o tempo que quisesse; desde que Angelo não chegasse, nenhum dos outros camaradas teria se mexido de onde estava.

Suponha que os cinco estejam no Stefani, uma noite, e o Angelo não tenha aparecido. Phil pode dizer: “Vamos a um show.” Nutsy diria: “Certo, mas vamos esperar o Angelo.” E esperariam. Se, depois de um tempo, ele não aparece, iriam procurá-lo. Vão até sua casa e tentam encontrá-lo. Só depois de esperar é que sentem que podem ir sem ele. Esperar pelo Angelo é como uma obrigação. ...

Suponha que o encontrem e o chamem para ir a um show. Se ele diz “tudo bem”, irão; se diz “não”, não irão.

Às vezes Frank e Nutsy falam mal do Angelo. Frank me diz: “Ele é um folgado. Me fala pra esperar por ele, e tenho que esperar uma hora antes que apareça. Eu, se me atraso cinco minutos, eles vão sem mim.” ... Nutsy diz: “Ontem à noite, o Angelo me disse para encontrá-lo no Jennings às dez e meia. Esperei até meia-noite e ele não apareceu!” ... Nessa noite de que Nutsy estava falando, o Angelo estava comigo. ... Eles arrasam o Angelo na minha frente e esperam que concorde com eles. Se dissesse que estavam certos, não sei o que teria acontecido. Mas eu disse: “Não, o Angelo é um bom rapaz.”

Não, o Angelo não sabe que é o líder deles. Se você lhe dissesse isso, ele estaria arruinado. Não saberia o que fazer.

Perguntei a Doc o que aconteceria se ele chegasse para os cinco, sem o Angelo, e os chamasse para ir a algum lugar.

Teriam que encontrar o Angelo primeiro. É como uma obrigação. Veja só, eu não sou realmente parte daquela clique agora. Não fico o bastante com eles. Não fariam nada, a menos que estivesse tudo certo com o Angelo. ... O Angelo e eu somos bons amigos. Ele sempre me pergunta o que estou fazendo, e sei que, se o chamasse para vir comigo, ele viria.

Uma noite dessas, vi Nutsy, Frank, Phil e Joe Dodge na esquina. Estavam esperando o Angelo e depois iam dar uma volta. Subi a rua e encontrei o Angelo descendo. Disse a ele — não porque quisesse mostrar que eu era um líder, mas porque queria que ele viesse comigo: "Angelo, espere por mim na esquina, e depois a gente vai junto para o Metropolitan Hotel. ..." Quando voltei, estavam todos esperando por mim. Começamos a caminhar juntos, e, depois de uns poucos quarteirões, Phil perguntou onde estávamos indo. Eu disse que o Angelo e eu íamos ao Metropolitan. Phil disse ao Angelo que tinham esperado a noite toda por ele, e agora ele ia deixá-los. Eu disse ao Angelo que não queria tomá-lo dos rapazes, podia ficar com eles, se quisesse. Mas veio comigo. Eles se separaram de nós numa esquina. Olhei para trás e vi por onde iam. Eles se dividiram. Frank e Nutsy tomaram uma direção, Phil e Joe foram noutra.

É o Angelo que está mantendo a clique junta agora. Se ele se afastasse durante um mês, eles se separariam.

No início da primavera de 1941, Angelo ainda liderava os rapazes. Embora freqüentemente expressassem insatisfação com suas decisões, sempre o seguiam. Doc vinha pouco à esquina, e Angelo sentia-se tão seguro que não se dava ao trabalho de procurá-lo para consultar sobre os projetos do grupo ou do clube. Então, uma noite, Doc apareceu numa reunião do Clube Dramático. Angelo propôs uma certa linha de ação. Doc achou que a idéia era insensata e disse isso. Quando Doc liderou a oposição, os seguidores de Angelo desertaram, e ele foi neutralizado. Ele achou difícil ajustar-se à nova situação. Retirou-se do Clube Dramático Sunset e durante algum tempo ficou sem falar com Doc. Esperava que os rapazes ficassem de seu lado, mas eles apoiaram Doc e falavam mal de Angelo à vontade. Doc defendeu Angelo. Depois de um tempo, Angelo voltou para o clube e se acertou com Doc, e a relação entre os dois voltou a ser muito do que era antes que Angelo se tornasse o líder dos rapazes da esquina. Quando o poder de Angelo no clube foi destruído, ele também perdeu seu controle sobre a esquina. Já não havia um líder para manter os rapazes unidos, e os últimos remanescentes da gangue de Doc desapareceram da Norton Street.

Capítulo II

Chick e seu clube

1. A história de Chick Morelli

Como Chick Morelli e alguns integrantes de seu Clube da Comunidade Italiana apareceram na história dos Norton, eles não exigem aqui uma introdução especial. No entanto, até agora foram vistos apenas porque afetavam um grupo de rapazes da esquina. A fim de entender quem eram aquelas pessoas e onde elas estavam indo, é necessário conhecer o clube por dentro, observar as ações de seus sócios e ouvir os relatos que fazem sobre si mesmos. Chick Morelli contou sua história assim:

Nasci na Itália. Só vim para cá quando tinha oito anos de idade. ... Nasci em Avellino, perto de Nápoles. Meu pai era um homem bastante poderoso lá. Criou um partido político, candidatou-se a prefeito e quase foi eleito. Imagino que a política esteja no sangue da família. ... Acho que meu intelectualismo vem de meu pai. Agora compreendo que as coisas que tenho feito são do tipo das que ele gostaria de fazer.

Meu pai chegou a Eastern City nove ou dez anos antes de minha mãe e eu virmos para cá. Abriu uma loja de frutas e verduras e também tinha uma pequena padaria. Fazia pouco tempo que estávamos aqui quando ele morreu, deixando minha mãe, minha irmã mais velha e a mim sozinhos para cuidarmos de nós mesmos. Vendemos seus bens e conseguimos um pouco de dinheiro, mas não durou muito.

Comecei a trabalhar vendendo papéis. No início, fazia cinco dólares por semana no meu negócio. Eu trabalhava duro, estava ansioso para avançar. Depois de pouco tempo, já fazia dois dólares aos sábados com os papéis e cerca de dez dólares por semana ao todo. Sempre levava para minha mãe cada centavo que ganhava, porque não sabia como gastá-lo. Ela tampouco sabia como gastar dinheiro neste país, e também economizava. ... Eu costumava sair para conseguir madeira. Fornecia toda a lenha para o fogão, exceto nos tempos mais frios, quando comprávamos um pouco de carvão. ... Então, consegui um emprego depois das aulas vendendo sorvete no balcão de uma sorveteria. Fazia dez dólares por semana com isso durante algum tempo. ... Quando estava no segundo grau, fui trabalhar com meu tio. Ele estava no negócio de bebidas ilegais. Tive que aceitar o emprego, não tinha escolha, porque precisava do dinheiro. Trabalhei lá por um tempo, misturando o concentrado e atendendo no balcão. Uma vez quase fui preso. Só não fui por pura sorte. ...

Quando estava trabalhando no negócio de bebidas ilegais, tinha muito dinheiro. Naquela época, era um gastador mão-aberta. Ia a muitos dancings e sempre que tinha comigo alguns companheiros eu os convidava para um café ou um drinque. Gastei um monte de dinheiro desse jeito, mas agora, quando olho para trás, parece-me que foi melhor para mim, aprendi minha lição cedo na vida, quando o dinheiro não contava tanto quanto agora. ... Num verão, eu ia a vários lugares com um amigo em particular. Durante todo o verão saíamos para dancings e festas três vezes por semana, e sempre pagava para ele. Outras vezes dava uns dólares a ele para não ficar embaraçado caso encontrasse uma garota. Nunca pensei que chegaria a hora em que eu pediria um trocado e ele não me daria, mas essa hora chegou. Foi logo antes de eu voltar para a escola. Nessa noite em particular, sabia que ele tinha acabado de receber seu salário. Veio e me chamou para ir a um dancing com ele. Eu disse que gostaria de ir, mas não tinha o suficiente para comprar o ingresso. Precisava de mais dez centavos.

Ele falou: "Bom, eu tenho 30, mas preciso deles pra mim."

"Não se preocupe, vou conseguir com outra pessoa", eu disse.

Aquilo me ensinou uma lição. A partir dali, nunca mais eu sairia tanto do meu caminho por ninguém. Sempre manteria uma certa reserva. ... Não sei se você descobriu isso também, mas minha experiência mostra que eu faço mais amigos e melhores amizades quando ajo com um pouco de reserva, em vez de sair correndo atrás da pessoa. ... Provavelmente fui um tanto influenciado por minha mãe. Ela sempre acreditou que você não devia confiar demais numa pessoa, devia manter algo na reserva, e freqüentemente me dizia isso.

Perguntei se tinha tido dificuldade em se ajustar quando veio da Itália.

Tive. Era ridicularizado por meus colegas de classe por causa do modo como falava. Mas eles não faziam por mal. Afinal, éramos todos italianos aqui. Ainda assim eu me ressentia facilmente quando se tratava de meu jeito de falar. Não acredito que tenha tido sotaque por muito tempo, mas faz pouco alguém me mostrou que nunca pronunciei os sons de *th*.

Fiz um bocado de coisas com os garotos. Jogava aquele jogo de bola de borracha que vocês jogam com as mãos. Eu era campeão naquilo. Não era tão bom no beisebol nem no futebol, talvez porque gastasse tanto tempo com o outro jogo.

Perguntei se houvera uma gangue de companheiros com quem tivesse se associado, e ele disse que sim. Quis saber se era o líder da gangue.

Não sei. Eu não diria bem assim. Sei que eles sempre costumavam me chamar, em vez de eu ir até eles. Costumava esperar por eles em minha casa. Não que eu quisesse que viessem me procurar. Passou a ser um hábito, simplesmente. Quando jogávamos baralho, era sempre na minha casa. Jogávamos lá à noite, e às vezes eu dizia: "Desculpem, companheiros, mas tenho que sair", e o jogo terminava.

Fiz um curso acadêmico quando estava no segundo grau. Não sei a razão, só sei que sempre gostei daquelas matérias. Naquela época não pensava que conseguiria entrar na faculdade, mas não sei o que teria feito se não pudesse ter ido. Queria sair pelo mundo, não estava satisfeito em apenas ficar onde estava. ... Quando trabalhava na loja do meu tio, fiquei ligado ao mais baixo do baixo, os mendigos e bêbados. Às vezes ficava pensando se iria acabar feito eles. ... Nós tínhamos alguns bons fregueses. Um deles era um juiz. Havia um outro homem muito bem-educado. Uma vez ele chegou e queria comprar bebida fiado. Eu não podia vender, não porque não quisesse, mas porque tinha ordens do meu tio. Entramos numa discussão e ele disse umas coisas que me doeram. Ele disse: "Chick, quero ver você na faculdade, vai parecer um idiota com esse seu jeito de falar e agir." ... Eu era muito suscetível a comentários assim, e aquilo me doeu. Logo depois, fui ao centro da cidade e comprei dois livros. Um de inglês e o outro de etiqueta. Não sei por que comprei aquele livro de etiqueta, mas quando cheguei em casa li do princípio ao fim. Queria saber tudo o que deveria fazer ou não fazer.

No verão do meu penúltimo ano no segundo grau, quando estava num dancing na praia, conheci uma garota chamada Edith Clark. Nos demos muito bem, e ela anotou meu telefone. Disse que procuraria por mim quando voltássemos para Eastern City. Passaram-se alguns meses e não tive notícias dela. Decidi esquecer a história. Mas um dia, no meu último ano, estava na biblioteca e um camarada me disse que uma garota chamada Edith havia ligado para a loja do meu tio. Já tinha até esquecido quem ela era, mas liguei, e depois disso ficamos juntos. Eu a via dia sim, dia não, por quase dois anos. Ela vivia com uma mulher chamada senhora Burroughs, que se deu bem comigo desde o começo e me apresentou a outras pessoas antes mesmo de me apresentar a seus filhos. Aprendi muita coisa com ela e com Edith. Comecei a conviver com pessoas diferentes. Sempre que saía com Edith, observava o que ela fazia, e fazia o mesmo. Às vezes notava que ela não seguia exatamente o que estava no livro de etiqueta, mas, é claro, não dizia nada. Aprendi muito com ela. ... Uma vez, perguntei se havia alguma coisa errada com minha maneira de falar, e ela disse que nunca havia percebido nada. Agora sei que não pronunciava os sons *th* naquela época, mas provavelmente ela não queria me magoar. ... Depois de algum tempo, comecei a notar que havia outras pessoas que não sabiam tanto quanto eu. Quando estava no elevador de um hotel com alguns companheiros e garotas, reparava que os outros não tiravam os chapéus. Ou quando estava numa mesa com um outro rapaz e chegava uma garota, eu me levantava, mas ele não. Comecei a achar que não estava tão mal assim. ...

Olha, Bill, se há uma coisa para a qual tenho talento, se é que tenho talento para alguma coisa, é para imitação. Quando alguém diz uma coisa de um certo jeito, em geral eu posso imitá-lo, não cem por cento, mas bastante bem. Quando estava na faculdade, costumava prestar atenção a tudo que o professor dizia, e assim podia aprender com o jeito como ele falava as coisas. E em casa, à noite, além do estudo regular, costumava colocar um livro de biografia de grandes homens na minha frente e um dicionário ao lado. Lia a biografia e, quando aparecia uma palavra que não soubesse, olhava no dicionário e escrevia num pedaço de papel. Depois, antes de ir para a cama, eu revia as palavras. E todas as noites eu lia alto por dez ou quinze minutos antes de me deitar. Não importava o que estivesse lendo. Queria que minha voz soasse melhor. Sempre tive aquele desejo de refinamento. Estava sempre buscando refinamento. ...

Quando minha mãe me disse que eu ia para a faculdade, fiquei surpreso. Mas ela havia economizado algum dinheiro, e sempre trabalhei durante os verões. Em alguns verões, não conseguia trabalho, então comecei a fazer transportes com um carrinho de mão, eu e Lou Danaro. Uma vez um amigo me perguntou se não tinha vergonha de trabalhar com um carrinho de mão. Eu disse: "Por que teria? Isso é o meu pão com manteiga."

No curso primário, éramos todos italianos. No curso secundário [em Welport], as raças estavam misturadas. Na Faculdade St. Patrick havia apenas uns cem italianos entre os 1.400 alunos. Uns 1.200 eram irlandeses e os outros cem eram de outras raças. Notei a diferença quando entrei na faculdade. Nós nos sentíamos discriminados. No começo eu era muito tímido. Às vezes, mesmo sabendo a resposta certa, não levantava a mão, com medo que as pessoas rissem da maneira como me expressava. Mas comecei a aparecer quando estava no segundo ano. Falava mais nas aulas. Lembro-me de uma aula de inglês, quando estávamos discutindo *Macbeth*. Eu disse alguma coisa sobre a peça e o professor discordou de mim; mas insisti, e ele me deu um bocado de crédito por aquilo. Ele se referiu à "teoria do senhor Morelli". Aquilo me deu muita confiança.

Em meu terceiro ano, alguns estudantes italianos vieram da Itália visitar várias faculdades. Fui indicado para chefiar um comitê de 30 na St. Patrick e mostrar a escola para eles. ... Naquela época, não se ensinava italiano lá. Isso não estava certo, ... que eles ensinassem espanhol em vez de italiano. Que contribuição deram os espanhóis para a literatura, comparada com as contribuições italianas? ... Organizei uma Academia Italiana na St. Patrick e fui o primeiro presidente. À minha própria custa, angariei assinaturas para o ensino da língua italiana. Falei com o padre Donnelly, diretor da faculdade. Não mostrou muita simpatia. Argumentei, perguntei se ele poderia dizer o nome de um poeta maior que Dante. Disse que não. Eu disse que, para cada irlandês que ele nomeasse, em qualquer área, eu poderia nomear um grande homem italiano ainda maior. Ele disse que talvez não houvesse número suficiente de alunos interessados. Respondi que haveria pelo menos 20, e que, se não houvesse, poderia cancelar o curso. ... Naquele outono, houve um curso de italiano e o professor Salerno veio para a faculdade. ... Havia 30 estudantes matriculados. Eu mesmo não pude fazer porque estava no último ano, mas a Academia Italiana se expandiu, apresentou peças teatrais e promoveu várias outras atividades.

A respeito de seus contatos pessoais, Chick me disse que valorizava especialmente sua amizade com Thomas L. Brown, um advogado proeminente de Eastern City. Disse que Brown teve forte influência sobre ele, muitas vezes corrigindo seus erros e dando conselhos. Uma vez, perguntou a Brown se achava que o povo italiano era discriminado. O advogado respondeu: "Não seja estúpido, Chick; só os idiotas discriminam o povo italiano. Ninguém inteligente faria isso."

Chick disse que aquilo o impressionou, e começou a achar que a culpa era dos próprios italianos.

Os rapazes italianos daqui têm aquele sentimento de inferioridade. Eu mesmo tenho. Estou falando sério! Quando ouço que algumas pessoas acham que sou bastante bom, fico pensando o que é que vêem em mim. Não consigo ver. Não estou fingindo quando digo que me sinto inferior. Essa é a verdade... Acho que a única maneira de superar essa inferioridade é sair e se misturar com outras pessoas. Se você não puder fazer isso, nunca vai superar esse sentimento.

Perguntei a Chick como aconteceu de ele ir para a Escola de Direito da Ivy University.

Fiz um curso de direito com o professor Martini na St. Patrick. Eu tinha orgulho de haver um italiano dando aquele curso. Perguntei a ele onde eu deveria estudar. Sugeriu a Escola de Direito da St. Patrick. Então fiz meu pedido de admissão, e estava indo para lá quando me encontrei com um advogado chamado Marino. Perguntou por que não ia para a Escola de Direito da Ivy University, e respondi: "Conheço minhas próprias limitações. Não conseguiria entrar num lugar como aquele. Vou estar satisfeito ficando no meu próprio nível."

Ele disse: "Chick, não seja um idiota. Se você conseguiu as notas necessárias, pode ir para a Ivy, e um diploma de lá significa muito mais para você do que um da St. Patrick."

Refleti sobre o assunto. Fui para casa e conversei com minha mãe. Ir para a Ivy iria me custar 420 dólares, sem contar livros e transporte; na St. Patrick, custaria apenas 250. Fiz um trato com minha mãe. Se ela pagasse minha matrícula, eu pagaria todo o resto. Perguntou como poderia ter certeza de que eu honraria o trato. Eu disse que, se não honrasse, simplesmente sairia da faculdade. Então ela concordou. E esse é o trato que estamos mantendo desde então. ... Eu estava ansioso para ser o primeiro italiano de Cornerville a entrar na Escola de Direito da Ivy. Fiz meu pedido de matrícula e mandei minhas notas e uma carta do senhor Brown. Ele me pôs lá nas alturas. Poucos dias depois soube que havia sido aceito.

A entrada de Chick na Escola de Direito da Ivy University constituiu um importante passo adiante em sua carreira social e profissional. Ainda havia uma dura batalha pela frente. Os próximos anos seriam decisivos para determinar sua posição na sociedade. Tendo em mente esse panorama, pode-se entender o que o Clube da Comunidade Italiana significava para Chick Morelli.

2. A ORGANIZAÇÃO DO CLUBE

As raízes do Clube da Comunidade Italiana podem ser encontradas no tempo em que Chick ainda estava no segundo grau. A professora da 9ª série tinha um sistema de sentar seus alunos de acordo com o que ela julgava ser o desempenho escolar de cada um. O reconhecimento especial que receberam levou-os à criação de uma clique formada pelos meninos da primeira coluna e os da frente da segunda coluna. Chegaram até a criar um clube que durou pouco. A clique da 9ª série incluía Chick Morelli, Pat Russo, Tony Cardio, Joe Gennusi, Paul DiMatia, Leo Marto e Jerry Merluzzo, com Phil Principio na periferia. Oito anos e meio depois, Chick chamou esses rapazes para formar o núcleo do Clube da Comunidade Italiana, e convidou cinco outros de Cornerville — Tom Scala, Mike Ferrara, Frank e Al Perino, e Jim Filippo — para serem sócios fundadores.

Pat Russo, o amigo mais próximo de Chick, havia começado o curso de serviço social na St. Patrick. Tony Cardio estava empregado num escritório e cursava a faculdade de direito à noite. Joe Gennusi vendia seguros e também fazia curso de direito à noite. Paul DiMatia completava o curso de administração no Eastern College. Leo Marto e Jerry Merluzzo estudavam medicina na recém-criada Meridian Medical School.

Tom Scala estava na Ivy University, a um ano de se formar em literatura inglesa. Mike Ferrara fazia o último ano na St. Patrick. Frank Perino, formado na St. Patrick, fazia o curso de medicina na Sheldon University, que, na região de Eastern City, tinha um status próximo ao da Ivy University nesse campo. Seu irmão mais novo, Al, estava no terceiro ano na St. Patrick. Jim Filippo estava no Eastern College, no último ano de contabilidade.

A reunião para a criação do clube foi feita no Centro Comunitário da Norton Street no início de janeiro de 1937. Chick Morelli foi eleito presidente; Leo Marto, vice-presidente; Tom Scala, secretário; e Frank Perino, tesoureiro.

Tom Scala registrou na ata esta descrição da reunião:

> O senhor Morelli explicou brevemente para o grupo reunido o propósito da assembléia. Afirmou que os italianos haviam criado uma reputação brilhante na civilização mundial e que, portanto, deveríamos nos considerar um elemento vital da raça americana.

Devemos criar vínculos sociais, principalmente com nossos iguais em termos intelectuais, pois é sobretudo entre estes que a influência da mente italiana nos campos das artes e das ciências pode ser plenamente exercida.

Nosso próximo objetivo é instruir nossa comunidade sobre suas obrigações relativas à melhoria de seus próprios interesses educacionais e locais.

O presidente [na segunda reunião] apresentou seu esboço das atividades a serem desenvolvidas durante o ano. O esboço propôs pontos de natureza tanto social quanto intelectual:

I. Palestras semanais feitas por sócios, de preferência em seus respectivos campos.
II. Artigos mensais para um jornal local, um artigo por mês de cada associado.
III. Um fórum mensal para pais italianos.
IV. Produção de uma peça de teatro.
V. Um debate.
VI. Concursos de oratória para não-sócios.

Programa social
I. Reuniões sociais mensais para os sócios.
II. Reuniões para homens, com a presença de intelectuais de extração italiana.
III. Bailes em benefício do Orfanato Italiano.
IV. Festas bimensais só para homens.
V. *Buttons* do clube

A segunda reunião também aprovou um estatuto que havia sido elaborado por Chick Morelli e Tony Cardio. Estavam previstas a eleição anual de integrantes da diretoria, taxas de associação, taxas regulares, multas e a nomeação de comitês, mas não havia qualquer descrição mais precisa das qualificações exigidas de alguém que quisesse se associar. Estava claro que o clube seria formado por uma classe superior de homens jovens, mas ficou para ser decidido o que exatamente seria essa superioridade.

O clube tinha dois objetivos: a ascensão social dos sócios e a melhoria de Cornerville. Quando foi organizado, parecia não haver conflito algum entre esses pontos, mas provou-se impossível perseguir ambos ao mesmo tempo. Conseqüentemente, quase todas as questões implicavam uma decisão sobre qual dos objetivos deveria ser enfatizado. Quando novos sócios eram admitidos e quando se planejavam novas atividades, os integrantes estavam de fato decidindo que tipo de clube iriam ter; e embora não expressassem isso nesses termos, sabiam o que estava envolvido.

O primeiro debate surgiu em torno da questão de saber se o clube admitiria homens que não tivessem uma educação universitária ou profissional. Embora alguns sócios temessem baixar o nível do clube, ainda assim tinham amigos entre os não-formados. Joe Gennusi argumentou que não seria democrático excluí-los, e, depois que a questão foi discutida durante várias reuniões, finalmente concordou-se que o comitê de admissão deliberaria sobre tais casos.

Quando o caminho foi aberto para os não-formados, Doc e Angelo Cucci foram admitidos, e, nos vários meses seguintes, Lou Danaro, Fred Mackey, Art Testa e Patsy Donato também foram aceitos. Art e Patsy tinham sido sócios do Clube Dramático Sunset. Art trabalhava num escritório e Patsy tinha uma pequena empreiteira.

Na mesma época, diversos outros rapazes formados entraram para o clube. Mike Ferrara apresentou um amigo que também cursava o último ano na St. Patrick. Chick trouxe Vincent Pelosi, um moço de Westland que, como o próprio Chick, estudava na Escola de Direito da Ivy University. Tony Cardio trouxe Ernest Daddio, que havia passado dois anos na St. Patrick e saído para um emprego num escritório.

Em abril, Doc me convidou para uma reunião do clube e me chamou para entrar. Ele disse que seria necessário mudar o estatuto para me admitir, já que a associação estava limitada aos ítalo-americanos. Na realidade, essa cláusula não existia, mas o estatuto escrito raramente era consultado, e todo mundo acreditou que havia necessidade de uma emenda. Doc submeteu meu nome ao comitê de admissão de Tony Cardio, Tom Scala e Phil Principio. Disse-me que quando entrou para o clube a maior parte dos sócios era formada por pessoas que conhecia, mas agora confiava nas manobras políticas necessárias para que eu pudesse entrar. Falei que não queria ver meu pedido se transformar num problema, mas Doc disse que, ao contrário, era o que ele queria.

Muito mais tarde ele me relatou o desenrolar do meu caso. Tony Cardio havia sido contra, mas Tom Scala e Phil Principio me deram maioria no comitê. No entanto, como vários outros também eram contra mim, o voto de Tony era necessário para aprovar a emenda. Foi finalmente persuadido a votar em mim. Como me disse Doc:

> Eu tinha tudo arranjado, Bill. O vice-presidente do clube [Leo Marto] era contra você; então, se fôssemos precisar de voto, eu ia fazer com que Chick não estivesse presente, e o vice teria que assumir o posto, e não votaria. Mas apenas três dos que estavam na reunião me haviam dito que estavam contra você, então eu disse a Chick para vir. Quando votamos — pelo sistema australiano*, houve cinco votos contra você. Eles me traíram, Bill.

---

* Sistema australiano: os estados australianos de Victoria e South Australia foram os primeiros a introduzir o voto secreto (1856), que, por isso, ficou conhecido como voto australiano. (N.T.)

Fiquei magoado. Acusei dois deles de votarem contra você, mas juraram que não. ... Não fazia qualquer diferença, Bill. Só fiquei magoado porque eles me traíram. ...

Doc e Chick pensaram que Tony Cardio havia faltado com a palavra votando contra mim, e embora Tony negasse, Chick disse, depois da reunião, que nunca mais confiaria nele. Na mesma reunião fui admitido com o recém-criado status de sócio-convidado. Na reunião seguinte, Tom Scala disse que tinha sido estúpido criar um status especial para mim e submeteu a proposta de que eu fosse transformado em sócio regular. Dessa vez a proposta foi aprovada.

Meu pedido de associação produziu a primeira divisão profunda de opiniões no clube, mas ela não coincidiu com a divisão entre formados e não-formados. Os rapazes da esquina queriam que eu entrasse, mas alguns dos rapazes formados também.

3. Atividades sociais

O programa esboçado pelo presidente Morelli era ambicioso o bastante para manter uma dezena de clubes ocupados. Logo ficou evidente que apenas parte de seu plano poderia ser implementada. Não se tomou providência alguma com relação aos artigos mensais, ao fórum de pais, ao debate, às reuniões para intelectuais, aos bailes beneficentes, às festas masculinas ou aos *buttons* do clube. Foi planejado e anunciado um concurso de oratória para não-sócios, mas não houve interesse suficiente, e o projeto foi cancelado. Os rapazes formados revezaram-se nas palestras, realizadas com alguma regularidade nas noites de reunião. Na primeira temporada, a produção de uma peça ocupou o centro dos interesses.

Chick Morelli assumiu a responsabilidade de selecionar a peça a ser apresentada. Escolheu *Noite de horror*, pois, segundo explicou, era divertida, empolgante e tinha a vantagem adicional de que os direitos autorais a serem pagos eram de apenas dez dólares. Doc foi admitido no clube quando a escolha já havia sido feita, mas me confidenciou que, em sua opinião, *Noite de horror* era uma peça ruim da qual Chick gostava apenas porque via nela um bom papel para si mesmo.

Um dos associados sugeriu que Doc fosse convidado para dirigir a peça, mas Chick disse: "Não, Doc seria tendencioso." Chick indicou um homem chamado Felix DiCarlo, que era seu vizinho. Nenhum dos outros sócios conhecia DiCarlo, mas todos aceitaram a sugestão de Chick.

Quando começaram os testes para seleção dos atores, Frank Perino, que tinha trabalhado no teatro amador da St. Patrick, sentou-se no fundo da sala e se recusou a participar. Ele disse a Doc: "Para que fazer testes? Chick vai tomar a frente de qualquer maneira." Pouco tempo depois Frank retirou-se do clube e seu irmão saiu com ele.

Doc e Chick foram testados para o papel principal e DiCarlo escolheu Chick. Alguns dos sócios foram tão explícitos na opinião de que Doc merecia o papel que Chick finalmente sugeriu que Doc o substituísse. No entanto, nem Doc nem DiCarlo aceitaram a mudança.

Havia quatro papéis femininos a preencher. Doc me disse que existia um grande interesse por teatro em Cornerville, e achava que dar às moças locais a oportunidade de aprenderem a se expressar no palco estaria de acordo com o objetivo do clube de melhorar as condições da comunidade. Mas Chick achou que essa era uma oportunidade para o clube fazer contatos sociais úteis. Propôs falar com a presidente da Liga Italiana Júnior para ver se poderia fornecer as atrizes necessárias. Isso ficou acertado.

Os resultados da abordagem de Chick Morelli à Liga Italiana foram registrados na ata do clube:

> O presidente resumiu os eventos que ocorreram durante seu encontro com a presidente da Liga e sua diretoria. Os resultados finais foram muito favoráveis. Elas concordaram em nos dar assistência em nossos empreendimentos de natureza social. Por nossa vez, daremos a elas nossa ajuda. Isso é considerado um acordo verbal reconhecido por ambas as partes.

A direção de Felix DiCarlo foi um espetáculo. Como comentou Doc: "Ele é mais dramático que qualquer um dos atores." As moças ficaram tão impressionadas que pediram a ele para dirigir a peça a ser apresentada pela Liga Italiana. No início a maior parte dos rapazes ficou impressionada, mas com o tempo se cansaram do temperamento de DiCarlo. Doc sentiu desde o começo que o diretor era um charlatão.

Doc e Angelo queriam que a peça fosse encenada no Centro Comunitário, como um ato de lealdade a Cornerville. Chick e Tony Cardio queriam um espaço maior e mais profissional, fora de Cornerville, e essa opinião prevaleceu.

Chick conseguiu que algumas das garotas da Liga Italiana servissem de guias no dia da apresentação, encaminhando os espectadores para seus assentos. Só depois lhe ocorreu que deveria ter convidado garotas do Clube Clarion, outra organização exclusivamente italiana, de modo que seu clube pudesse fazer contato com os dois grupos de moças.

A peça foi considerada um grande sucesso pelos sócios do clube. Chick, que fez o herói, e Tony Cardio, o vilão, estavam particularmente entusiasmados. Doc e Angelo foram os únicos que, privadamente, partilharam comigo suas opiniões contrárias.

Quaisquer que fossem os méritos de *Noite de horror* como drama, a peça abriu os canais de ascensão social para o Clube da Comunidade Italiana. As atrizes que participaram do espetáculo eram moças que trabalhavam, mas, diferentemente da maior parte das moças de Cornerville, trabalhavam em escritórios, e não em fábricas. Eram atraentes, bem-vestidas e tinham uma posição social reconhecida. Houve muitas atividades sociais em torno dos ensaios. Chick e Tony tomaram a si a tarefa de divertir as garotas, mas todos os associados sentiram-se obrigados a proporcionar bons momentos a elas.

A associação com as garotas da Liga Italiana resultou em duas crises relacionadas aos negócios do clube, uma menor e outra grave. Quando estava chegando ao fim a primeira reunião após a produção da peça, Ernest Daddio ficou de pé:

ERNEST: Um minuto. Tenho algo a dizer. ... Na noite da peça, eu estava duro, mas quando estava saindo encontrei cinco garotas do elenco meio perdidas e querendo ir a algum lugar. Então pensei que era minha obrigação com o clube gastar algum dinheiro com elas. Eu disse: "Não tenho nada comigo agora, mas se vierem até minha casa pego algum dinheiro." Então fui de táxi até em casa, peguei algum dinheiro e saímos, e gastei 4,35 com elas.

CHICK: Bom, e daí? O que você quer de nós?

ERNEST: Quero meu dinheiro de volta. ... Eu não agia como eu mesmo, Ernest Daddio, estava agindo como um grupo. ... Estava agindo pelo clube. (Risos.)

CHICK: Quem lhe disse que deveria agir pelo clube?

TONY: Ele tem razão, Chick. Estava cuidando dos interesses do clube.

JOE: Você acha que foi o único que gastou dinheiro com as garotas naquela noite?

CHICK: É isso mesmo. Nós todos gastamos dinheiro com elas, mas não estamos pedindo ao clube que nos reembolse.

TONY: Mas o caso do senhor Daddio é diferente. O clube tem mais responsabilidade aí porque ele estava gastando com integrantes do elenco.

JOE: Quantas eram?

ERNEST: Havia cinco moças do elenco.

CHICK: Duas delas não eram.

ERNEST: E que diabo então eram elas?

PAUL: Parasitas.

A discussão aconteceu no meio de risadas e Daddio foi o único que permaneceu completamente sério. Afinal, Doc disse: "Acho que o rapaz está sendo sincero. Deixem que ele receba seu dinheiro de volta." Propôs que a tesouraria pagasse três dólares (com o que Daddio concordou). A proposta foi aprovada por oito votos contra sete. Então Chick fez uma reprimenda irada aos sócios e a Daddio em particular.

Tom Scala anunciou que o procedimento havia sido inconstitucional. Para liberar recursos, o clube devia ter a autorização do presidente e do comitê executivo. Chick disse que não daria sua autorização. Pediu-se que Daddio devolvesse os três dólares. Ele disse: "Tudo bem, mas preciso deles amanhã. Tenho que pagar uma conta."

Concordou-se que ele poderia ficar devendo ao clube até a próxima reunião. Quando saíram, Daddio comentou com Doc: "Eu tinha que receber o dinheiro."

"Essa foi uma maneira desgraçada de conseguir, hein?", respondeu Doc.

Nunca mais Daddio participou de uma reunião. Depois de faltar a três consecutivas, foi automaticamente expulso. Ele ainda estava com os três dólares, mas todos os esforços do clube para reavê-los provaram-se inúteis.

O caso Daddio custou ao clube um sócio e três dólares. A associação com as moças criou uma perturbação muito mais séria. Após a peça, Chick estava ansioso para continuar os contatos sociais com a Liga Italiana. Quando o Clube da Comunidade Italiana planejou um evento social, ligou para a presidente da Liga e pediu a ela para convidar algumas das moças. Era costume em Cornerville que os rapazes e as garotas fossem dançar separadamente. As garotas da Liga Italiana não estavam acostumadas com esse sistema, e os rapazes formados tendiam a ignorá-lo, especialmente quando saíam com garotas de fora de Cornerville. Os arranjos de Chick eram um meio-termo. Ele pediu que as garotas viessem por conta própria, mas se cinco delas fossem convidadas ele pedia que cinco sócios se encarregassem de diverti-las. As garotas de Cornerville, especificamente as que participavam de reuniões do clube no Centro Comunitário, também foram convidadas, mas Chick estava em especial preocupado com que as garotas da Liga se divertissem. Ele e Tony Cardio haviam se proposto a dançar com cada uma delas. Os outros rapazes formados eram tímidos e se retraíram, exceto quando instigados por Chick e Tony. Paul DiMatia e Phil Principio eram particularmente arredios. Doc dividiu suas atenções entre os dois grupos de moças e era popular em ambos, mas não dançou nem uma vez. Os outros não-formados limitaram suas atenções sobretudo às garotas locais.

A divisão entre rapazes formados e não-formados mostrou-se mais claramente no último encontro social da primeira temporada. Fomos convidados para a casa de Patsy Donato em Dedfield. Chick Morelli, Tony Cardio, Leo Marto, Phil Principio, Joe Gennusi e Jim Filippo estavam com garotas da Liga Italiana. Doc, Angelo Cucci, Lou Danaro e Fred Mackey estavam com garotas de Cornerville.

Chick tinha se oferecido a todos os rapazes para conseguir encontros com garotas da Liga para esse evento, mas os não-formados declinaram. Fred Mackey me disse que tudo bem se Chick conseguia garotas para os que quisessem, mas se sentiria desleal com as garotas locais se as trocasse pelas da Liga.

Houve uma divisão semelhante entre os dois grupos de moças. Saí com uma garota chamada Mary, que crescera em Cornerville e depois se mudara para Dedfield, mas não era associado da Liga Italiana. Fomos de carro para a casa de Donato, com Joe Gennusi, Tony Cardio, um amigo de Tony e três garotas da Liga. Durante a viagem, as duas garotas que estavam com Tony e o amigo dele falaram sobre projetos de férias e eventos sociais, limitando a conversa a elas e aos dois rapazes. Mary tentou ser sociável, mas não lhe deram atenção alguma. Mais tarde, ela se regozijou, comentando comigo que as garotas da Liga não tinham boas maneiras e que haviam pronunciado errado algumas palavras. Ela disse que todas as garotas locais que estiveram na festa também não gostavam das meninas da Liga.

Aquelas que haviam se associado à Liga Italiana afastavam-se da sociedade de Cornerville. Alguns pensavam que o clube deveria ir mais rápido nessa direção, enquanto outros achavam que o movimento deveria ser sustado.

Felix DiCarlo estava entre os mais agressivos socialmente. Pouco depois da produção de *Noite de horror*, apresentou seu pedido de admissão. Após a aprovação apressada de uma regra estipulando que nenhum sócio do clube jamais poderia ser autorizado a dirigir uma peça, os rapazes votaram a favor de sua admissão. Quando se discutiu o programa social do clube, DiCarlo sugeriu um jantar dançante. Essa foi a mais dispendiosa proposta de natureza social a ser apresentada ao clube. Até Chick Morelli se opôs, dizendo que os rapazes não teriam condição de participar. A proposta foi retirada, e DiCarlo nunca mais participou de outra reunião.

Embora Chick não pensasse que era possível ir tão longe em tão pouco tempo, concordou com o que DiCarlo almejava para o clube. Doc analisou a atitude de Chick quando lhe pedi para comentar a meta do clube de melhoria da comunidade local:

... ! O propósito é melhorar a eles próprios. Não vê como Chick sempre fala de se envolver com uma classe melhor de garotas de fora de Cornerville? É certo que elas podem ser mais inteligentes e tudo isso, mas por que não ajudar a instruir as ignorantes daqui? ... Uma vez tivemos uma reunião do comitê executivo com Chick, Tony Cardio, Pat Russo, Joe Gennusi e eu. Chick propôs um grande baile para o qual seriam cobrados dois dólares por ingresso, de modo que os rapazes da esquina fossem mantidos fora. Argumentei contra isso durante uma hora. ... Finalmente a proposta foi adiada.

Embora essa não tenha sido implementada, houve outras propostas com o mesmo resultado. Se os sócios quisessem impressionar as garotas da Liga Italiana, não poderiam permitir que rapazes da esquina que não fossem sócios do clube entrassem, partilhassem a comida e a bebida e se misturassem com as garotas. Chick insistia na idéia de que apenas associados do clube e seus convidados tivessem permissão de participar nos eventos sociais. Essa política era aceita pelo clube. Chick não queria antagonizar os rapazes da esquina, mas, dado que seu principal interesse eram as garotas da Liga, perseguia uma política que não poderia ter outro efeito senão esse. Assim, nos primeiros meses de sua existência, o clube havia traçado uma linha de distinção social entre seus próprios integrantes e isolado os rapazes formados do corpo central da sociedade de Cornerville.

4. A oposição a Chick

Chick Morelli planejou um ritual de iniciação para todos que não eram sócios fundadores, embora já tivessem se tornado associados ativos do clube imediatamente após a admissão. O caso de Doc trouxe dificuldades especiais. Ele me disse: "Não acha que isso é um bocado de loucura, Bill? Por que eles têm que inventar esse negócio?" Ele tinha um encontro com uma garota na noite da iniciação, mas passou pelo Centro Comunitário às sete e meia para avisar Chick de que tinha uma meia-hora livre, de modo que os rapazes poderiam aproveitar esse tempo para a iniciação se quisessem se apressar. Chick disse que estaria ferrado se fizesse qualquer concessão a Doc.

A iniciação prosseguiu na ausência de Doc. Chick tentou passar para nós sua concepção de como devia ser uma iniciação numa fraternidade de universitários, mas não conseguiu dar alma à sua fala, e quando o ritual terminou tinha uma expressão muito sombria.

Na reunião seguinte, Doc foi mandado para fora da sala enquanto os sócios discutiam o que deveria ser feito para penalizá-lo. A proposta de cobrar uma multa de um dólar foi aprovada com a diferença de um voto. Lou Danaro e Fred Mackey tentaram votar contra a multa, mas Chick estabeleceu que, como não eram sócios do clube na época da iniciação, não tinham direito de voto.

Doc aceitou a decisão sem comentário, até que soube que Lou e Fred não haviam tido permissão para votar. Então disse a Chick que isso era simplesmente um litígio privado entre eles, e que Chick não sairia ileso por ter-lhe aplicado essa multa. Chick respondeu que apenas agia no melhor interesse do clube.

A questão da multa foi reaberta por Doc na reunião seguinte. A discussão revelou que ninguém mais estava a favor dela. Alguém pleiteou que não houvesse multa, mas a proposta foi derrubada pelo voto de desempate de Chick. Ele então sugeriu que houvesse uma iniciação mais estrita em alguma data futura. A idéia foi aprovada por unanimidade. Chick explicou a Doc que era necessário cobrar a multa a fim de manter o prestígio do clube. Chick ficou satisfeito e Doc também. Nunca houve outra iniciação.

Pouco tempo depois de resolvido o problema da iniciação, Chick enfrentou o mais sério desafio a sua liderança. Nem mesmo seus melhores amigos poderiam alegar que ele teve tato. Na verdade, ele nem pretendia ter tato. Uma vez disse-me que essa era uma maneira adequada de lidar com crianças, mas que quando estava com homens maduros dizia exatamente o que pensava deles, e esperava que tomassem aquilo como uma crítica construtiva. Em várias ocasiões, quando terminava a primeira temporada, ele disse aos sócios que estava fazendo todo o trabalho do clube e os acusou de preguiça e falta de espírito de equipe. Nas reuniões, ele estabelecia a lei. Certa vez tentou terminar uma discussão dizendo: "Afinal, sou o presidente, e vale o que eu digo."

Doc e seus rapazes não-formados nunca tinham se importado com a liderança de Chick, cuja posição estaria garantida caso tivesse tido o apoio conjunto dos rapazes formados. Mas ele evitou esse apoio de várias maneiras.

Num jogo de boliche contra outro clube, Chick jogou bem, e Joe Gennusi saiu-se mal. Chick disse que nos próximos jogos alguém deveria tomar o lugar de Joe. Doc protestou. Ele me disse que achava Joe tão bom jogador quanto Chick, e, além disso, ele não tinha autoridade alguma para decidir quem deveria jogar. Chick nunca mais levantou a questão, e então não houve um conflito aberto, embora Joe tenha se sentido muito mal com o incidente.

Várias reuniões após a produção de *Noite de horror*, Chick perguntou a Tony Cardio se havia pagado ao clube o que devia da venda de tíquetes. Tony disse que ia apresentar um relatório a Joe Gennusi, o coordenador do comitê da peça. Chick disse: "Faz tempo que apresentei meu relatório. Por que você tem que ficar protelando isso?" A observação causou um furor na reunião. Tony respondeu com raiva e acrescentou, em tom judicioso: "Acho que o presidente tem-se permitido muitos comentários pessoais ofensivos. Se isso continuar, será a ruína do clube."

"Ah, esqueça isso", disse Chick. Joe Gennusi também criticou Chick. No começo, Tom Scala era um leal colaborador de Chick, mas a amizade entre os dois foi esfriando gradualmente. Tom, que estava se formando em inglês, tinha uma paixão por palavras raras e arcaicas. Começou a escrever as atas de maneira simples, direta, mas em muito pouco tempo as reuniões "sobrevinham" ou "tiveram como ponto focal". O secretário viria a produzir sua obra-prima ao descrever a última reunião antes das férias de verão de 1937: "O sol havia cruzado o meridiano oito vezes quando a última assembléia pré-estival oficial do Clube da Comunidade Italiana uniu-se outra vez no Centro Comunitário da Norton Street às 20:30 em ponto."

Antes disso, Chick havia me dito:

Quando um homem usa uma fileira de palavras bombásticas, os companheiros pensam que ele é um gênio. Posso lhe dar o nome de cinco sócios do clube que vêem Tom Scala como gênio apenas porque usa palavras que nunca ouviram antes. Ao encorajá-lo, eles realmente o estragam para nosso clube. ... Não compro essa, Bill, estou lhe dizendo francamente. Não penso que isso seja arte. Acho que é podre. ... A verdadeira arte é simples. Li a *Odisséia* de Homero no original quando estava na St. Patrick e vou lhe dizer, não havia montes de palavras altissonantes ali. Tudo era dito de uma maneira muito simples; profunda e tocante, é claro, mas as palavras eram simples. ...

Chick não hesitava em expressar essa opinião nas reuniões. Tom gostava de entreter os sócios do clube e, ao mesmo tempo, orgulhava-se de seu estilo. Quando Chick tentou desencorajá-lo, Tom insistiu com obstinação e foi naturalmente atraído na direção dos rapazes não-formados, que mais apreciavam seus esforços.

Chick havia se antagonizado com Jerry Merluzzo, Leo Marto e Jim Filippo pela sua maneira de lidar com o caso da iniciação de Jerry. Este havia sido convidado para sócio fundador, mas como estava doente não pôde participar da reunião de organização do clube. Chick propôs que Jerry fosse isentado do pagamento da taxa de iniciação, mas que não deveria ser considerado um sócio fundador, e, portanto, teria que se submeter a uma iniciação. Em diversas reuniões Jerry insistia em sua demanda de ser sócio fundador, com vigoroso apoio de Leo e Jim. Embora a maioria dos integrantes votasse contra ele, Jerry e seus amigos continuaram a protestar. Chick provocou um conflito aberto com Jim ao anunciar que o afastava do comitê jurídico. Jim pediu uma explicação. Chick disse: "Não tenho que lhe dar uma resposta, sabe? Mas como você pediu, vou lhe dizer." As acusações eram de que Jim causava distúrbio nas reuniões e havia destruído a solenidade de iniciação gritando: "Acaba logo com essa ...!" Tom Scala protestou contra a repetição dessa linguagem na reunião. Jim ficou muito enfurecido e exigiu uma chance de se defender. Numa voz já quase fora de controle, sustentou que não tinha agido de maneira diferente da de muitos outros sócios. Quando Chick tentou discutir com ele, Jim gritou: "Proponho o impeachment do presidente!" Tom Scala o apoiou. Chick estava calmo. Propôs que a questão fosse discutida. Tony Cardio disse que o estatuto não previa o impeachment e sugeriu que se criasse uma cláusula. Chick disse que se deveriam fazer acusações sérias. Jim disse que fazia objeções aos comentários pessoais ofensivos que o presidente havia trazido para a reunião e à sua atitude diante dos sócios. Doc pediu a Jim para retirar sua proposta, de forma que se pudesse aprovar uma emenda constitucional sobre impeachment. Ele se recusou, dizendo que o voto da maioria simples deveria ser suficiente para depor um membro da diretoria. Tom Scala disse que seu apoio à proposta havia sido uma brincadeira que agora gostaria de retirar. Doc propôs que o voto de três quartos dos membros deveria ser suficiente para depor qualquer um. Paul DiMatia contestou, dizendo que isso significava que qualquer um poderia propor um impeachment quando quisesse. Sugeria que as acusações deveriam ser levadas ao comitê jurídico, que as apresentaria ao clube. Doc aceitou a emenda. Tony Cardio objetou, dizendo que qualquer sócio deveria ser capaz de apresentar uma proposta como essa a qualquer momento. A proposta aprovada foi a submetida por Doc e emendada por Paul.

A idéia de pedir o impeachment de Chick Morelli não era nova. Tony Cardio sondara privadamente alguns dos associados, embora não tivesse planejado ação alguma para aquela reunião. Se Doc estivesse estado inclinado a puxar os votos de seus não-formados a favor do impeachment, a manobra poderia ter sido obtida rapidamente, mas ele assumiu a posição contrária; disse-me que, embora não tivesse nenhum amor por Chick Morelli, não estava disposto a submetê-lo a tal humilhação.

Tony Cardio teve sua chance de se livrar de Chick e a perdeu. Quando a proposta do impeachment foi apresentada, seria necessário que Tony agisse com vigor para forçar uma votação. Em vez disso, estava ocupado com pensamentos legalistas quando a crise estourou. Se estivesse determinado a que tudo fosse feito legalmente, poderia ter encaminhado uma proposta de que o presidente apresentasse sua renúncia. Chick não poderia resistir a uma votação contrária a ele num tema como este. Ao sugerir um complicado processo de emenda ao estatuto, Tony derrotou a si mesmo. Quando Doc e Paul apresentaram a emenda, garantiu-se de novo a posição de Chick. Entre as reuniões, os proponentes do impeachment tentaram mobilizar apoio. Contudo, sem Doc e os rapazes não-formados, ficaram longe de obter os necessários três quartos de votos.

A punição de Chick durou algum tempo. Em vez de assumir uma posição afirmativa ou arrogante, ele dizia: "Afinal de contas, a decisão depende de vocês, companheiros. O que quer que decidam fazer. ..." No entanto, não levou muito tempo até que ele recuperar sua velha agressividade.

O clube suspendeu as reuniões durante o verão, de junho a agosto, e deveria reunir-se novamente em setembro. Em vista das tempestuosas sessões que fecharam a primeira temporada, muitos dos sócios ficaram imaginando se haveria uma segunda. Doc contou-me um incidente que houve perto do final do verão:

Nós tínhamos um jogo de morra* com três caras de cada lado. Eu era âncora do meu lado, contra Chick. O jogo era de 12 pontos, e, quando cheguei, o escore estava onze a três contra nós. Fiz nove pontos um atrás do outro e ganhei o jogo para nosso time. Chick ficou doente! Me xingava de todos os nomes. Mas eu só fazia rir. Pensei que era uma grande piada. ... Pouco depois, saí e me sentei no degrau de uma porta na Norton Street. Chick chegou e me deu um tapa na cara. Eu disse: "Se fizer isso de novo, você leva." Então ele me estapeou de novo. ... Na primeira vez não liguei muito, mas na segunda vi tudo vermelho. Corri atrás dele até o outro lado da rua. Ele encostou-se à parede. Acertei o ombro dele com um direto. Pode ser que, se ele estivesse no meio da rua, eu o tivesse acertado no queixo, mas, quando se encostou na parede, vi que poderia rachar sua cabeça se batesse direto. ... Ele ficou com uma mancha preto-azulada abaixo do ombro por um longo tempo. Não pôde ir trabalhar durante dois dias porque não conseguia mexer o braço. Fiquei preocupado. Pensei que poderia ficar aleijado. Me senti chateado por ter perdido a paciência, mas ele realmente me tirou do sério... Depois disso, ficou sem falar comigo durante três semanas.

5. A SEGUNDA TEMPORADA

Em setembro, quando o clube voltou a se reunir, o interesse estava em baixa. Apenas Chick Morelli, Pat Russo, Joe Gennusi, Phil Principio, Tom Scala e Lou Danaro participavam das reuniões regularmente. Paul DiMatia tinha um emprego noturno e recebeu uma licença do clube. Tony Cardio perdeu três reuniões sucessivas e recebeu uma licença porque estava "muito ocupado" para ir às reuniões. Angelo Cucci começou a perder reuniões alternadas porque não tinha

* Jogo de morra (pronuncia-se mórra): jogo popular no qual dois jogadores estendem alguns dedos da mão e gritam um número de dois a dez, tentando adivinhar a soma dos dedos mostrados pelos dois jogadores. (N.T.)

condição de pagar as taxas. Os outros associados apresentavam várias desculpas, todas indicando que o clube não era muito importante para eles.

Uma noite, Chick encontrou Doc no Jennings depois de uma reunião que Doc havia perdido.

CHICK: Onde você estava esta noite?

DOC: Eu tinha negócios importantes.

CHICK: Isso é o que você sempre diz. ... É melhor você vir às reuniões do clube, ou será expulso.

DOC: Vou pular duas reuniões e ir à terceira. E vocês não vão poder fazer nada.

CHICK: É o que você pensa.

DOC: Tudo bem. Se não acredita em mim, separa a grana da aposta, e veremos o que acontece. Você não pode me botar pra fora sem mudar o regulamento, e se tentar fazer isso, não vai ter nenhuma justificativa lógica.

CHICK: Você vai ver.

DOC: Quer apostar?

CHICK: Não. ... Mas é melhor você vir às reuniões.

Pouco depois disso, Doc deliberadamente perdeu três reuniões sucessivas e saiu do clube. Lou Danaro e Fred Mackey continuaram como sócios, mas eram críticos. Lou predisse que o clube seria transformado numa organização política quando um dos jovens advogados quisesse se candidatar a um cargo público. Fred disse: "Enquanto o clube tiver um propósito estritamente beneficente, será um bom clube. Não gosto desse negócio mercenário."

Chick empenhou todos os seus esforços para reinjetar vida no clube. Abriu a primeira reunião do outono com esta declaração:

Sei que não sou diplomático o tempo todo. Sei que tenho montes de inimigos no clube. ["São uma legião", falou Paul DiMatia entre dentes.] Estou satisfeito por ter inimigos no clube; isso o torna mais interessante. ... Mesmo os grandes diplomatas têm inimigos. Quem sou eu para não ter? ... Mas uma coisa eu quero dizer a vocês, companheiros: meus interesses sempre visam o bem do Clube da Comunidade Italiana. Não quero que esqueçam isso.

E então propôs que o clube patrocinasse um concurso de oratória para estudantes do curso secundário e oferecesse um prêmio, a ser pago por doações, que seria entregue ao vencedor quando (e apenas quando) fosse para a universidade. "Afinal, companheiros, é parte do propósito de nosso clube fazer algo pela comunidade. E penso que isso seria uma boa coisa, porque estimula a educação, e este é um de nossos propósitos."

Os associados ouviram sem entusiasmo, mas como não tinham nenhuma contraproposta, concordaram. Foram distribuídos três títulos aos oradores, como "temas preferidos": "A ascensão da juventude ítalo-americana", "A contribuição italiana à vida cívica americana" e "Um ítalo-americano famoso".

Chick nomeou Patsy Donato coordenador do comitê do concurso e indicou Joe Gennusi e Phil Principio para trabalhar com Patsy. Pouco tempo depois, Patsy renunciou, com a desculpa de que seus negócios não lhe deixavam tempo suficiente para se dedicar ao comitê, e Joe tomou seu lugar.

Apenas Chick e Joe fizeram alguma coisa para levantar dinheiro e divulgar o concurso, e finalmente Chick teve que anunciar que ele estava cancelado. Iniciou uma diatribe contra os sócios pela falta de ânimo e pela atitude não cooperativa. Paul DiMatia interrompeu para acusar Chick de ser ele o responsável pelo fracasso do concurso, já que tentara ser um ditador, e não um líder.

Essa foi a primeira vez que Paul saiu com um ataque direto ao presidente. Doc me disse que ele e seus amigos tinham "trabalhado" Paul.

Quando estávamos juntos, eu dizia a ele: "Olha isso que Chick fez, isso não está certo." E ele concordava. Então eu diria — ou um dos rapazes diria : "E olha essa outra coisa que Chick fez. Isso não está certo." E Paul concordava. ... Se ele faz todas essas coisas erradas, não pode ser um bom homem para liderar o clube. Depois de algum tempo, Paul teria que admitir aquilo. ... Um homem quer, naturalmente, as coisas que são certas — que ele pensa que são certas. Se você mostra a ele essas coisas que ele tem que achar que são certas — ou erradas —, ele tem que concordar com você. ... Não, eu não queria o impeachment de Chick. Um golpe como esse pode danificar toda a vida de um homem. Simplesmente me enfurecia ver como ele estava jogando os companheiros pra lá e pra cá. Não queria que saísse ileso.

Chick tinha sido particularmente severo com Tom Scala, e Doc e seus rapazes tinham conversado com ele também. Angelo e Doc tornaram-se os melhores amigos de Phil Principio. Desse modo, Paul, Tom e Phil foram persuadidos pela facção dos não-formados. Como Doc estava fora do clube, a oposição era desorganizada, mas evidenciava o crescente descontentamento com a liderança de Chick.

Sempre que Chick parecia estar balançando, vinha com uma idéia nova. Na reunião seguinte ao cancelamento do concurso de oratória, ele começou assim:

Não sei o que está errado com este clube, mas, se for o presidente, terei prazer em renunciar. Estou falando sério, senhores. Tenho pensado muito seriamente sobre o assunto. Eu renunciarei esta noite à presidência se for isso o que vocês querem. Não sairei do clube, a menos que queiram que faça isso.

Tom Scala pediu a Chick para dizer o que havia de errado em si mesmo. Chick disse: "Não posso responder a isso. Você sabe, a lei da autopreservação. Homem algum se condena." Quando viu que ninguém estava preparado para fazer nada a respeito de sua proposta de renunciar, Chick seguiu com os procedimentos rotineiros da reunião. Ao terminar, ficou de pé, tirou seu casaco e anunciou que ia dizer coisas que surpreenderiam a todos. "Como homens educados, penso que é nossa obrigação ter algum interesse nas questões de Estado. Não que devamos participar da política, mas acho que, como homens educados, devemos discutir as qualificações dos candidatos em nossas reuniões."

Tom Scala objetou, dizendo: "Pensei que nossas discussões seriam puramente intelectuais, e agora você está trazendo a política."

"Bem", contrapôs Chick, "é parte do propósito de nosso clube trabalhar pela melhoria de nossa comunidade. Devemos cuidar para que Cornerville esteja bem representada no governo local e no estadual."

Os sócios que estavam estudando Direito foram unânimes em apoiá-lo.

Chick sugeriu que o clube deveria escrever uma carta aberta aos candidatos, pedindo que tomassem posição a respeito de certas questões. O clube poderia fazer pressão sobre os políticos para conseguir um novo banho público e melhorar os parques da área.

Leo objetou: "Acho que devemos nos manter fora da política, porque cada um no clube tem idéias diferentes a respeito do tema. Cada um tem seu próprio candidato, e se começarmos a discutir política nunca iremos a lugar algum com este clube."

"Não vejo por que não podemos concordar a respeito de alguns dos temas sem endossar candidatos", replicou Joe.

No início, Tom Scala se opôs ao plano, mas foi convencido quando Chick prometeu que não se solicitaria ao clube que endossasse qualquer candidato. Chick acrescentou: "Mas se um político estiver enganando o povo, é nossa obrigação informar às pessoas."

Apenas Leo Marto, Jim Filippo e Art Testa votaram contra Chick. Quando os rapazes se juntaram no Jennings depois da reunião, Leo imprensou Tony:

LEO: Suponha que um amigo seu é candidato, você o esteja apoiando, e ele prometa que vai ajudar você se for eleito. ... Então, eu apareço e demonstro para você que meu amigo é uma pessoa melhor e deve ganhar a eleição. Você mudaria seu voto?

TONY (hesitando): ... Não. ... Claro que não.

LEO: E então?

Na reunião seguinte, era a vez de Vincent Pelosi fazer uma apresentação. Ele planejava concorrer a um cargo no distrito de Westland, onde morava, e devotou seu tempo à defesa das discussões políticas no clube. Depois que terminou, Chick abriu a discussão. Após breve silêncio, ele mesmo tomou a palavra e repetiu os argumentos que havia apresentado na reunião anterior. Uma vez que tinha começado, não permitiu interrupções, e quando terminou já era hora de encerrar. Lou Danaro e Angelo Cucci comentaram comigo que Chick havia condenado seu próprio projeto à morte. Depois disso, não se ouviu mais nada sobre discussões políticas. Dentro de pouco tempo Vincent Pelosi parou de freqüentar as reuniões.

Quando se aproximavam as eleições do clube, marcadas para janeiro de 1938, houve uma retomada do interesse. Talvez a possibilidade de eleger outro presidente tenha estimulado os sócios. Em dezembro, Doc retornou ao clube. Como me explicou:

Uma noite eu passeava de carro com Pat Russo, Joe Gennusi e Chick. Pat e Joe continuavam tentando me persuadir a voltar para o clube. Chick também me chamou para voltar. Não sei se ele queria dizer o que disse ou não. Quando os outros camaradas me chamaram, ele teve que fazer o mesmo. ... Tenho certeza de que Fred Mackey e Lou Danaro queriam que eu voltasse. ... Bom, eu decidi que era dar importância demais a Chick ficando fora do clube por causa dele. Decidi voltar.

Doc só foi readmitido depois de votada uma proposta de Leo Marto estipulando que teria que participar de oito reuniões consecutivas, sob pena de expulsão, e que não seria elegível para qualquer cargo antes de expirado o prazo de oito semanas. Isso o impedia de candidatar-se a qualquer posição nas eleições de janeiro.

Já em outubro, as manobras que precediam a eleição tinham sido iniciadas. Doc me disse que Tony Cardio tentava persuadir os associados de que Chick Morelli deveria ser reeleito. Desde a primavera anterior, quando tentara o impeachment de Chick, Tony virara casaca radicalmente. Não sei o que se passou entre eles. Quaisquer que fossem suas razões, Tony logo entendeu que não havia chance alguma de se reeleger o presidente.

Em dezembro, Doc me disse que Joe Gennusi, que esperava se candidatar a um cargo político no ano seguinte, queria ser presidente do clube e contava com o apoio de Chick. Lou, Fred, Art, Patsy e Tom haviam contado a Doc que queriam adiar a eleição até que ele se tornasse elegível para algum cargo, mas Doc não concordou que fizessem isso.

Uma semana antes da eleição, alguns dos sócios estavam no Jennings. Chick, Pat Russo e Joe Gennusi sentavam-se a uma mesa, e Doc, Angelo Cucci e Fred Mackey em outra. Como disse Doc:

> Pela primeira vez as cliques no clube foram abertamente reconhecidas. Chick me chamou e perguntou: "Quem vocês querem para presidente do clube?"
>
> Eu disse: "Nós não ligamos, mas queremos Art Testa para vice-presidente." ...
>
> Fechamos com um aperto de mãos, e Chick prometeu seu voto. ... Havíamos pensado que Joe Gennusi estaria ocupado com sua campanha no outono e teria que se ausentar muitas vezes, e então teríamos Art na direção com freqüência. Talvez eles tenham pensado o mesmo.

Na noite da eleição, todos os sócios estavam presentes, exceto Tom Scala, e havia um novo sócio, Al Marotta, um amigo íntimo de Joe Gennusi. Leo Marto indicou Joe para presidente e imediatamente foi proposto que as indicações fossem encerradas. A facção de Doc não fez qualquer protesto.

Chick pediu indicações para vide-presidente. Pat Russo indicou Tony Cardio. Doc e os outros associados de sua facção ficaram surpresos. Houve uma breve pausa e então Fred Mackey indicou Art Testa. Art disse algo sobre estar muito ocupado, não poder aceitar, mas Fred o convenceu. Os votos foram distribuídos, marcados e recolhidos. O presidente Morelli os contou diante de vários sócios. Chick anunciou um empate de oito a oito. Hesitou. Disse que poderia ser uma boa idéia fazer uma outra rodada de votos. Doc e seus amigos insistiram que era obrigação do presidente dar o voto de desempate. Finalmente, Chick pôs-se de pé. Anunciou que antes exporia as razões de sua decisão. Disse que os rapazes o haviam pressionado, mas que sempre agiria visando o melhor interesse do clube, e não escolheria um homem por qualquer razão pessoal. Daria seu voto ao homem mais bem qualificado para a posição, que mais tivesse feito pelo clube e faria o máximo no futuro — Tony Cardio. Doc e seus amigos ficaram atônitos. Pat Russo foi unanimemente reeleito tesoureiro. Eu fui eleito secretário.

A partir de minhas conversas com vários dos sócios, estou certo de que a seguinte lista dos votos para vice-presidente está correta:

Para Tony Cardio:	*Para Art Testa:*
Chick Morelli	Doc
Tony Cardio	Fred Mackey
Art Testa	Lou Danaro
Pat Russo	Angelo Cucci
Joe Gennusi	Patsy Donato
Leo Marto	Phil Principio
Jerry Merluzzo	Paul DiMatia
Jim Filippo	Bill Whyte
Al Marotta	

Art Testa teve a elegância de votar em seu oponente, criando assim o empate que resultou em sua derrota. Se o nome de Art for posto na outra coluna, a real divisão dentro do clube fica totalmente representada.

Vários meses mais tarde, Chick discutiu comigo sua escolha entre Tony e Art. Ele disse: "Não gosto de Tony. Eu o detesto. Mas não podia deixar que meus sentimentos pessoais influenciassem meu julgamento. Acho que ele é mais bem-educado e mais inteligente, e tem feito muito pelo clube."

Perguntei a Chick se não havia dito que apoiaria Art Testa.

Não, nunca disse isso. Uma vez eu disse que nunca votaria em Tony Cardio para qualquer cargo, mas mudei de opinião durante a reunião. ... Vi que havia um sócio insistindo que Art se candidatasse para derrotar Tony só porque Tony uma vez havia tomado uma namorada desse sócio. Isso não é correto, Bill. E uma outra coisa: o senhor Testa tentou declinar de sua indicação, ele não achava que podia fazer o trabalho. Levei suas palavras em consideração. ... Quando vi que estavam todos tão ansiosos para derrotar Tony, aquilo atiçou meu lado que gosta de desafios. Votei em Tony só para que eles não tivessem sucesso em seus planos.

Sim, conheço Tony desde que éramos crianças. ... Ele se provou não-confiável. Queria fazer amizade comigo. Eu disse a ele: "Você terá que vir atrás de mim.". ... Mas então eu não queria deixar meus sentimentos pessoais influenciarem quando votei. Estava buscando o melhor para o clube.

Perguntei a Doc por que Chick havia dito que não confiava em Tony. Ele explicou:

Tony foi um dos que se levantaram contra você quando eu estava tentando levá-lo para o clube. Uma noite, Chick e eu o pegamos no Jennings e discutimos com ele durante algumas horas. ... Finalmente, ele disse, "Bom, camaradas, se vocês se sentem assim a respeito do assunto, talvez eu esteja errado." E concordou em votar a seu favor. ... Então, na hora da reunião, Tony começou a fazer o relatório do comitê de admissão, e arrasou você. Eu disse que aquilo não estava de acordo com as regras, tudo que ele tinha a fazer era falar aos sócios o que o comitê havia decidido sobre seu caso. Não sei se eu estava certo em termos legais, mas Chick me apoiou e fizemos com que ele se calasse. Ele simplesmente disse que o comitê de admissão estava a seu favor. ... Mas então votou contra você, e aquele voto foi suficiente para mantê-lo fora no início. Mais tarde ele negou que tivesse votado contra, mas estava mentindo. Pensei em tudo, Bill. Eu tinha um dos meus homens sentado ao lado de Tony para ver como ele votava. Quando eu disse isso a ele, respondeu que primeiro escreveu "Não", e depois riscou e escreveu "Sim", mas ele não me engana. ... Depois daquilo, Chick ficou magoado. Ele disse: "Cardio não manteve sua palavra. Ele não é confiável." ... Relembrei isso a Chick depois da eleição.

Perguntei a Doc se tinha certeza de que Chick havia prometido seu voto para Art Testa. Ele disse:

Chick não manteve sua palavra. Isso é tudo que quero saber. ... Chequei com Angelo Cucci ontem para ver se ele se lembrava do que aconteceu no Jennings. Registrou a mesma história que eu. ... Chick deu sua palavra de que nunca votaria em Tony, isso apenas uma semana antes da eleição.

Como Pat Russo indicou o nome de Tony, Chick tinha de saber que Tony ia ser candidato. Pat era o amigo mais próximo de Chick e sempre o apoiava em tudo que fazia. Parece provável que Chick tenha se comprometido com os dois lados, na expectativa de que não fosse requisitado a levantar a mão. São muito significativas as razões que deu para a decisão que lhe pediam. Primeiro descontou os argumentos que considerava pessoais: que detestava Tony e que Tony não era confiável. Esses argumentos poderiam ser usados de maneira diferente para mostrar que era má política selecionar um vice-presidente que mobilizava o ódio e a desconfiança da metade dos sócios, em vez de preferir um que era mais ou menos popular com todos eles. Como razões impessoais, Chick citou a inteligência superior de Tony e seus serviços passados e presentes ao clube. Art não era sócio há tanto tempo quanto Tony, mas desde o início da segunda temporada até pouco antes da eleição Tony tivera tão pouco interesse pelo clube que nem participava das reuniões. Os amigos de Art tinham grande respeito por sua inteligência e nenhum deles concordaria que Tony fosse superior nesse aspecto. Mas Tony era um homem formado, e Art não. Doc expressou isso para mim da seguinte maneira:

Não se lembra daquele discurso de Chick? Ele pensava que o cargo deveria ir para o homem mais inteligente, para o homem formado. ... Quando dois homens aspiram ao mesmo cargo aqui, e um deles é formado e o outro um rapaz da esquina, o homem formado sempre votará no seu igual. ... Se não fizesse isso, poderia pensar que estava admitindo que uma educação superior não lhe havia servido para nada.

6. Desintegração

A eleição de Tony Cardio teve repercussões devastadoras sobre o clube. De acordo com a história de Doc:

Depois da fala de Chick, explicando por que havia votado em Tony, Art queria uma desculpa pública. Chick me disse que não via razão para aquilo, já que dissera apenas o que realmente pensava. Agora Art não fala mais com ele.

Peguei Chick depois da reunião e disse tudo que achava dele. Ele só disse: "Eu estava numa posição difícil." E eu respondi: "De agora em diante, nunca mais terá minha confiança. Vamos nos cumprimentar, diremos 'Alô' e 'Até logo', mas nunca seremos amigos." ... O cara deu pra trás em sua palavra, Bill. É só isso que me interessa.

Os amigos de Doc estavam igualmente perturbados. Patsy Donato, que era o amigo mais íntimo de Art Testa, saiu do clube pouco tempo depois da eleição.

Na reunião seguinte, Tony Cardio surpreendeu os associados ao tentar renunciar ao cargo. Quando pressionado para se explicar, disse que Chick dizia a todo mundo, inclusive às garotas da Liga Italiana, que ele havia feito Tony vice-presidente, e Tony se sentira sem qualquer valor. Chick falou que tinha sido uma brincadeira, e pediu desculpas. Tony foi persuadido a retirar seu pedido de renúncia, mas o incidente revelou que os dois estavam novamente em conflito.

Embora o presidente Gennusi fosse um homem formado, sua atitude diante dos rapazes da esquina era bem diferente da de Chick ou Tony. Numa conversa sobre os atritos entre os dois grupos, ele me disse:

Em Cornerville, o homem não-formado tem um complexo de inferioridade. Não recebeu muita educação, e tem aquele sentimento de inferioridade. ... Mas o homem formado sentia o mesmo antes de ir para a universidade. ... Só que, quando está lá, tenta jogar fora aquele sentimento. Tenta se afastar do complexo de inferioridade contando vantagem, impressionando as pessoas com o que aprendeu com sua educação. Naturalmente o não-formado fica ressentido com isso. ... Quer saber por que me dou bem com os dois grupos? Porque, quando estou com um homem não-formado, nunca falo de meus estudos e nem digo que um homem deve ter uma educação universitária para se qualificar para uma certa posição. ... Há alguns caras inteligentes na esquina, e há alguns cabeças-ocas na universidade.

Os primeiros atos oficiais do presidente Gennusi destinavam-se a conciliar a facção de Doc. Havia corrido um rumor de que Chick seria nomeado coordenador do comitê jurídico, em troca do apoio que dera à eleição de Joe para a presidência. Joe nomeou Chick e Tony para o comitê, mas escolheu Doc como coordenador. Nomeou Art Testa para coordenar o comitê de admissão e escolheu Fred Mackey, Tom Scala e Angelo Cucci para dar apoio ao comitê executivo. Doc e seus amigos ficaram muito bem impressionados.

Como *Noite de horror* havia sido o ponto alto da primeira temporada do clube, Joe decidiu que os sócios deveriam se preparar para apresentar outra peça. Indicou Doc, Fred Mackey e Art Testa para escolher um texto e planejar a produção.

Joe consultou cada sócio e descobriu que apenas Doc, Phil Principio, Pat Russo, Fred Mackey e Tony Cardio estavam dispostos a participar, e que Paul DiMatia poderia fazer um pequeno papel. Chick disse que também estava muito ocupado.

Quando estavam discutindo os papéis femininos para a peça, Chick argumentou:

> Não deveríamos trazer uma jovem qualquer, simplesmente. Queremos uma que tenha presença — quero dizer, presença de palco. Isso pode não agradar a alguns, mas acho que deveríamos conseguir uma jovem que tenha proeminência social. Isso aumentará o prestígio de nosso clube. Antes, tivemos moças de A e B [mencionando duas áreas de Eastern City]. Agora, vamos invadir X e Y [cidades de classe média vizinhas]. ... O senhor Cardio conhece a senhorita Masucci. Ele poderia conseguir que ela trouxesse duas moças do Clube Clarion.

Já se havia decidido, por iniciativa de Doc, que cada clube de moças que algum sócio conhecesse deveria ser convidado a enviar garotas que estivessem interessadas em fazer os testes. Chick não conseguiu persuadir o clube a mudar o plano. Esta foi, provavelmente, uma das principais razões para Chick, Tony e alguns dos outros formados demonstrarem tão pouco interesse pela peça.

Ao mesmo tempo, as garotas da Liga Italiana começaram a ensaiar uma peça dirigida por Felix DiCarlo. Pediram voluntários do Clube da Comunidade Italiana, mas os homens declinaram, para se concentrar em sua própria peça. Na reunião seguinte, Tony Cardio tentou se retirar do espetáculo do clube.

> TONY: Acabei de falar com Felix DiCarlo e ele me disse que tinha um pequeno papel no primeiro ato da peça da Liga Italiana que me cairia muito bem. Pelo menos, foi isso que

Felix pensou. Eles só precisam de um homem. ... Estou trazendo a questão porque o clube decidiu que não devemos participar, e não quero ir contra a decisão do clube.

CHICK: Não há necessidade do senhor Cardio trazer a questão. Isso é um assunto para o livre-arbítrio de um homem. Não podemos ditar a consciência de um homem.

DOC: O clube decidiu que deveríamos ficar fora da peça, e portanto acho que é um gesto delicado da parte do senhor Cardio trazer até nós a matéria. Penso que seria uma boa idéia mandar um homem, e acho que Tony deveria ir.

PAUL: A Liga Italiana nos ajudou muito com nossa peça, e estaríamos fazendo um papel de merdas se não as ajudássemos.

PRESIDENTE GENNUSI: Faço objeção a essa afirmação.

ART: Penso que ficaria bem mandar o senhor Cardio, porque isso não conflitaria com nossa peça.

PHIL: Acho que devemos retribuir de alguma maneira.

CHICK: É provável que tenha sido mal compreendido. Não objeto a que o senhor Cardio aceite o papel. Mas não digam que nós o mandamos. Quero dizer, não podemos ditar à consciência de um homem. Isso depende do senhor Cardio.

PRESIDENTE GENNUSI: Não penso que seja necessário votar. Só queremos saber o que pensam os sócios.

CHICK: Não sou contra a ida do senhor Cardio. Apenas tentava evitar imposições.

TONY: Então está tudo bem. Estou satisfeito por ter esclarecido o assunto, pois tem havido rumores de que, como assisti ao primeiro teste da Liga Italiana, eu iria participar da peça independentemente da decisão do clube.

PRESIDENTE GENNUSI: Não creio que deva mencionar rumores nas reuniões do clube, senhor Cardio.

Como Doc não conseguiu encontrar um diretor, passaram-se várias semanas sem progresso algum. Na reunião do final de fevereiro, Tony Cardio sugeriu que, como poucos sócios estavam interessados, o projeto fosse descartado.

TONY: O que quero saber é se o clube pode agüentar outros déficits. Quantos ingressos para essa peça nós podemos vender?

PRESIDENTE GENNUSI: Você está assumindo a perspectiva errada. Não é quantos podemos vender, é com quantos nós vamos sair e quantos venderemos.

FRED: Acho que cada sócio deveria ser capaz de vender dez bilhetes.

TONY: Teremos sorte se a metade de nossos sócios vender tantos assim.

PRESIDENTE GENNUSI: Você está vendo da perspectiva errada. Na sua opinião, não deveríamos promover qualquer atividade.

TONY: É isso mesmo. Não agora.

PRESIDENTE GENNUSI: O que quero saber é: por que teríamos um pior desempenho este ano que o do ano passado? ... Não gosto da maneira como o senhor Cardio está falando. Ele se opõe a tudo que o clube tenta fazer.

TONY: Isso não é justo. Você sabe que tenho sido sempre um sócio progressista deste clube.

PAUL: É verdade. Tony tem sido progressista, mas, nesse caso, você mostrou onde ele estava errado.

CHICK (ficando de pé): Sempre temos uma grande agitação neste clube antes de cada evento, mas, a menos que martelemos isso nos sócios e entreguemos dez bilhetes a cada um, não teremos sucesso. Não duvido de que teremos sucesso, mas é assim que encaro a situação. ... Há alguns poucos sócios agressivos neste clube, e, com todo o respeito, sou um deles. Mas você não pode se afastar dos princípios da natureza humana. Se os outros se encostam, os agressivos acabarão não trabalhando também.

A peça foi discutida durante várias das reuniões seguintes, mas apenas Joe Gennusi e a facção de Doc estavam interessados. Em março, quando o comitê ainda não conseguira encontrar um diretor, Doc sugeriu que o projeto fosse abandonado. Ninguém protestou.

Na reunião seguinte, o presidente Gennusi anunciou que as garotas da Liga Italiana haviam enviado convites aos associados do Clube da Comunidade Italiana para um jantar dançante. Os tíquetes custariam 4,50 dólares por casal. Quando o preço foi anunciado, alguns riram e outros balançaram a cabeça.

Como os sócios não tinham condição de promover as atividades recíprocas planejadas no "acordo mútuo verbal", o clube afastou-se da Liga Italiana e de tudo que ela representava.

Chick Morelli não podia continuar inativo enquanto via essa tendência avançar. Estava impaciente nas reuniões, desde a eleição do novo presidente. Uma vez, no meio de uma longa discussão da qual ele não participava, virou-se para mim e disse: "Vou enlouquecer aqui."

Quando a questão da peça foi finalmente resolvida, Chick pôs-se de pé e começou a falar:

Companheiros, vou falar muito a sério. Já faz um ano que nos organizamos, e não temos progredido com muita rapidez. ... Temos estado é ...! Perdoem-me, senhores. ... Quando vou para a faculdade todos os dias, aprendo alguma coisa. Mas aqui é sempre a mesma coisa. Nós queremos avançar. Não queremos ser como o homem comum, o trabalhador de 20 dólares por semana que não tem qualquer ambição. Queremos transformar nosso desejo em força. Precisamos avançar. Então, senhores, estou propondo algo radical, e quero lhes pedir que me permitam cuidar disso.

E propôs uma rifa para financiar elaboradas atividades sociais para garotas e estudantes italianos dos colégios vizinhos.

> Se promovermos encontros sociais para essas pessoas, elas se sentirão obrigadas perante nós. ... Não seremos acusados de mesquinharia como antes. ... Não me interpretem mal, senhores, penso que as garotas que disseram aquilo simplesmente mostraram sua ignorância, mas não queremos que aconteça de novo.

Após a reunião, ele me explicou do que estivera falando. No verão anterior, o clube havia dado uma festa para a qual algumas das garotas da Liga Italiana foram convidadas. Algumas delas saíram achando que os rapazes eram sovinas porque o programa tinha sido algo muito simples. "Pode imaginar isso? ... Eu estava só dizendo que deveríamos aproveitar o que elas têm de bom, por razões diplomáticas. Pessoalmente, não acho que aquelas garotas tenham muita inteligência. Não percebem que não temos muito dinheiro."

Quando o novo projeto foi aceito, Pat Russo pediu uma salva de palmas para Chick Morelli, por seu interesse no progresso do clube. Chick foi nomeado coordenador do comitê de rifa e escolheu Doc, Tony Cardio, Fred Mackey e Pat Russo para trabalhar com ele.

Chick e alguns dos sócios trabalharam duro o bastante para fazer da rifa um sucesso, embora a renda tenha ficado aquém da estimativa original. Doc contou-me sua história da rifa:

> Fui àquela reunião em que haveria o sorteio. Não queria ir, mas segui todos os movimentos deles por todo o Centro Comunitário só para ter certeza de que o sorteio seria honesto. Chick queria pôr na urna os tíquetes que não haviam sido vendidos, diminuindo as chances das pessoas que tinham comprado nossos tíquetes. Fiquei furioso, e disse: "As pessoas que compraram aqueles tíquetes são suas amigas. Você não pode enganá-las desse jeito." Chick disse: "Ah, caras honestos!"
>
> Eu falei: "É, caras honestos." Realmente me enfureci. Fui tão eloqüente que ninguém ousou me contestar.

Fred Mackey tinha cuidado dos eventos sociais regulares do clube, mas Chick sentia que, como iniciador do projeto da rifa, deveria ter também os eventos sociais em suas mãos. Joe concordou com a substituição. Chick organizou duas festas para as quais foram convidados estudantes universitários italianos e garotas da Liga e do Clube Afrodite. A maior parte dos sócios compareceu aos encontros, mas isso não reativou o interesse pelo clube.

Encorajado por seu sucesso com o projeto da rifa, Chick tornou-se cada vez mais ativo nas reuniões do clube, até que dominou completamente o presidente Gennusi. Numa ocasião, passou um sermão em Joe. Disse que todas as ações construtivas no Congresso eram iniciadas pelo presidente, e argumentou que Joe deveria atuar mais como um líder. Joe não respondeu.

Quando Paul DiMatia quis propor alguns novos candidatos à admissão, Chick comentou que Art Testa, coordenador do comitê de admissão, não estava presente, e acrescentou que o presidente Gennusi havia tomado uma decisão equivocada ao nomear um homem cuja participação era tão irregular. O presidente respondeu nomeando Chick coordenador do comitê de admissão.

Mas Chick ainda não estava satisfeito. Terminada a reunião, ele me chamou de lado e sugeriu que organizássemos um encontro para fechar nossas posições antes das reuniões. Então, quando ele propusesse algo numa reunião, Tony Cardio, Pat Russo e eu o apoiaríamos, e a medida seria aprovada. Curiosamente, também levou essa idéia a Doc. Quando Doc e eu não quisemos nos comprometer, não ouvimos mais falar sobre o tal encontro preparatório, mas Chick continuou a promover suas idéias tão ativamente como sempre.

Joe Gennusi sabia o que estava acontecendo e ficou preocupado. Como me disse Doc:

> Joe é um fraco. Não é líder nenhum. ... Faz poucos dias, ele me procurou e perguntou: "Por que vocês não pedem o impeachment de Chick? Ele está assumindo poderes demais." ... Pode imaginar isso, Bill? Eu disse a ele: "Faça você isso. Ponha o cara pra fora, se quiser." ... Ele quer que nós façamos o trabalho sujo para ele. ... Que tipo de líder é esse? Chick o bajula e se sai do jeito que quer. ... Que tipo de líder é ele, se até mesmo Chick pode manipulá-lo?

Joe Gennusi era muito apreciado pelos rapazes da esquina. Antes parecia que ele seria capaz de juntar os sócios do clube e reparar alguns dos danos causados pela eleição de Tony Cardio, mas fracassou porque não estava acostumado a agir com decisão e liderar um grupo de jovens. Era incapaz de lidar com Chick e Tony Cardio. Quando Chick tinha propostas a fazer, e ele não, Joe ficava em desvantagem. Chick e Tony falavam frivolamente mesmo quando não tinham nada a propor. Houve uma reunião em que Doc deixou que os dois prosseguissem até que todos os sócios ficassem impacientes, e então mostrou que eles simplesmente voltavam a questões que já haviam sido decididas. Aproveitando a iniciativa de Doc, Joe disse que estavam tratando de "tecnicidades". Chick admitiu que sim. "Tudo bem, estou tratando de tecnicidades, mas, se todo mundo está tratando de tecnicidades, também vou fazer o mesmo." Joe encerrou a discussão.

Incidentes semelhantes ocorreram várias vezes. Quando Doc fazia o primeiro movimento contra Chick ou Tony, Joe conseguia segui-lo e manter os dois sob controle. Era incapaz de tomar a iniciativa por si mesmo, de modo que, quando Doc não estava presente, Chick fazia o que queria.

Grande parte do que estava acontecendo com o clube podia ser explicado em termos de três homens — Chick Morelli, Joe Gennusi e Doc. Os esforços de Joe para contentar a facção de Doc desagradavam a Chick. Quando Doc foi coordenador do comitê de teatro, os rapazes formados podiam ter certeza de que não se faria qualquer concessão especial para ampliar as relações com garotas socialmente superiores. Por outro lado, Joe se aborrecia com Doc e seus amigos por sua própria falta de habilidade de se levantar contra Chick. Doc não tentou assumir a liderança do clube porque compreendeu que havia a intenção de que aquele fosse um clube de homens formados. Chick Morelli era impopular como sempre, mas tinha uma política clara e sempre tomava iniciativas. Quando chegou a primavera, restavam apenas uns poucos no Clube da Comunidade Italiana, mas Chick dominou os remanescentes.

Em meados de abril, Chick Morelli, Joe Gennusi, Phil Principio, Paul DiMatia, Pat Russo e eu éramos os únicos sócios ativos. O Clube da Comunidade Italiana estava morto, mas Chick não admitiria isso. Ele me disse:

Essa é a melhor coisa que poderia acontecer ao clube. Estávamos indo melhor no começo. Estaremos melhor com dez ou doze bons sócios. Trouxemos o tipo errado de associados. ... Você se lembra quando tínhamos palestras em todas as reuniões? Bom, quando chegava a vez de algum dos nossos sócios, eles vinham me pedir para não chamá-los para falar. ... Você sabe que isso é mau, Bill, mas o que eu poderia fazer? Se os expusesse, não iriam acreditar que eu havia feito isso no melhor interesse do clube. Eles tomavam tudo em termos pessoais.

De modo relutante, Joe Gennusi aceitou o diagnóstico de Chick. Um ano mais tarde, ele disse:

Acho que estávamos com o tipo errado de homens. ... No começo lutei contra termos apenas homens formados. Detesto qualquer tipo de discriminação. Mas pode ser que eu estivesse enganado. Acho que o problema com aquele clube foi que tínhamos dois tipos de sócios. Havia um grupo agressivo, sempre querendo fazer coisas, e havia o outro grupo, que estava sempre puxando para trás, e não parecia ter qualquer ambição. ...

Sabe quem era o melhor integrante do clube? Chick Morelli. Era sempre agressivo. É certo que Chick tem uma falha, falta-lhe tato. Ele dirá na cara do outro o que pensa a respeito dele. Tony Cardio também era um bom associado, mesmo que não fosse muito apreciado. ... No outro grupo, havia caras como Lou Danaro, Fred Mackey, Angelo Cucci e Art Testa. Angelo parece desgostoso com a vida. Parecia que nenhum deles queria que o clube fosse adiante e fizesse coisas. ... Doc era um bom sócio.

Quando o Clube da Comunidade Italiana se desfez, os sócios tiveram que decidir se sua lealdade estava com os rapazes formados ou com os rapazes da esquina. Para homens como Chick Morelli e Tony Cardio, de um lado, e Doc e Angelo Cucci, do outro, não havia qualquer decisão real envolvida nisso. Joe Gennusi identificou-se com os rapazes formados, e Paul DiMatia e Phil Principio foram aceitos pelos rapazes da esquina.

Paul me explicou: "Eu não tinha nada para fazer no verão, e Phil Principio estava desempregado, então a gente andava junto. Por intermédio de Phil, eu estava com Doc, Angelo e o resto dos rapazes." Mais tarde, quando Doc passou-se para Spongi, Paul e Phil permaneceram com os Norton, sob a liderança de Angelo Cucci.

Como Doc e Chick eram dois de seus amigos mais próximos, Lou Danaro teve que tomar uma decisão. Ainda durante o processo de desintegração, ele me disse:

Acho que as duas cliques estão se separando. Presume-se que os camaradas formados sejam mais inteligentes que nós, que são melhores que nós. Então, que façam como quiserem.

Acho que, em vários sentidos, são estúpidos. ... Chick ainda é meu amigo. Sabe, uma vez nós tivemos uma barraca de frutas, eu e ele. Trabalhamos juntos durante dois verões. Sempre defendi Chick. Ele tem uma porção de falhas, mas mesmo assim gosto dele. ... Costumávamos sair juntos muitas vezes, mas agora é diferente. Quando estou na esquina com Doc e Fred Mackey, ele chega e quer ir a algum lugar comigo. Quero que Doc e Mackey também venham junto, mas ele me diz: "Primeiro vamos a esse lugar, e depois voltamos para pegá-los." Então vou, mas não voltamos. Depois de algum tempo, fiquei esperto afinal. Sempre que Chick quer ir a um dancing, Doc quer ir a um show, então prefiro ir ao show com Doc. ... Tive que fazer minha escolha. Agora Chick não me procura mais. Ele só diz "Alô", e isso é tudo. ...

Acho que Chick gostava de sair comigo porque podia me dizer o que fazer. Sempre que entrávamos numa discussão, eu concordava com ele por algum tempo, e então ele começava a fazer citações de livros, e eu já não sabia mais do que ele estava falando. ... Então, o que posso fazer, Bill? Sempre tenho que concordar com ele. ... Esse é o jeito de Chick. Estava sempre tentando me moldar. Com Doc é diferente. Quando discute comigo, quer ter certeza de que entendi todos os pontos. Ele vai devagar para mim. Então, talvez uma semana depois, estamos na biblioteca e ele encontra algo sobre o assunto e mostra para mim: "Está vendo, Lou, lembra-se daquilo que estávamos conversando? Aqui está, em preto-e-branco." ... Chick não faz isso. Ele não quer me explicar as coisas. Só quer se dar bem na discussão.

7. A política republicana

Numa das últimas reuniões do Clube da Comunidade Italiana, Joe Gennusi nos disse que John Carrideo, um jovem advogado de Cornerville, estava organizando um Clube Republicano no distrito. O Clube das Mulheres Republicanas de Eastern City havia prometido seu apoio financeiro e convidado os sócios para uma reunião. Joe acrescentou:

É provável que seja eleito um governador republicano este outono, e, neste caso, se os republicanos de Cornerville fizerem bonito, os trabalhadores terão quem cuide deles. ... Afinal, vocês têm que considerar que a maior parte dos juízes italianos neste estado foi nomeada por republicanos. ... Tenho que pensar em minhas próprias aspirações políticas, mas se esse novo grupo for ajudar o distrito, eu me ligarei a ele, em vez de me candidatar neste outono.

Quarenta jovens de Cornerville, com representantes de outros grupos raciais, participaram da "All-American Night" no Clube das Mulheres Republicanas. Joe Gennusi, Paul DiMatia, Chick Morelli e Pat Russo estavam presentes. O programa da noite começou com um jantar servido pelas senhoras do clube. A senhora Dillingham, que havia tido um jardineiro italiano, estava encarregada de entreter os visitantes de Cornerville. Depois do jantar, ela nos mostrou as luxuosas salas do clube. "Vocês podem usar este salão a qualquer hora para suas reuniões. ... Este pode ser seu salão de fumar. ... Façam daqui a sua casa."

Houve música, um discurso do coordenador do comitê estadual e outro do candidato a governador, Percival Wickham. Quando terminou a reunião, Wickham apertou a mão de cada um dos homens de Cornerville.

Os sócios do Clube da Comunidade Italiana aceitaram essa hospitalidade com certas reservas. Durante o jantar, Chick despejou suas impressões em meus ouvidos:

Não gosto disto, Bill. ... Parece que estou sendo comprado. Deixe que me convençam com argumentos, não com comida. Afinal, tenho que pensar em minhas próprias ambições políticas. ... É tudo muito agradável e amigável aqui, mas o que aconteceria se eu fosse à casa de uma dessas senhoras? Vou lhe dizer — ela viria à porta e diria: "Receio que esteja com o endereço errado."

Enquanto a senhora Dillingham nos mostrava o clube, Paul DiMatia apontou um quadro na parede, com um búfalo, e me disse: "Deveriam ter um touro ali."

Quando caminhávamos de volta para casa, pedi a ele para resumir suas impressões. Sorriu e disse: "Foi um tanto condescendente."

Ainda assim a reunião atingiu seu propósito. Quando chegamos a Cornerville, o grupo se reuniu na calçada para decidir o que deveria ser feito em seguida. Tony Cardio juntou-se a nós. John Carrideo convidou Paul DiMatia para ser o coordenador da próxima reunião da unidade local. Paul concordou. Ele me disse:

> Não tenho nada a perder.
>
> "Estou convencido", disse Joe Gennusi.
>
> Tony Cardio disse: "No íntimo, sempre fui um republicano."

Chick Morelli declarou que preferia manter seu julgamento para si e Pat Russo o seguiu, como sempre fazia.

O dinheiro republicano correu em Cornerville logo que começou a campanha. Foi aberto um quartel-general local para reuniões do comitê e comícios políticos.

O núcleo do Clube Republicano local era constituído por homens formados. No início, havia alguns rapazes da esquina participando ativamente, mas muitos deles se retiraram mais tarde. Embora sendo formado, Paul DiMatia agora fazia ponto na Norton Street, e ele também se afastou, junto com os outros rapazes da esquina. Disse-me que a nova organização era composta inteiramente de homens que queriam ser líderes. Estavam todos preparados para dar ordens, mas não para executá-las. Em vez de arregaçar as mangas e ir cavar votos no distrito, preferiam ficar no quartel-general, onde podiam discutir o que deveria ser feito. Quando figuras importantes da organização estadual apareciam em Cornerville, os sócios do clube local tentavam diminuir os demais para se destacarem.

No meio da campanha, Tony Cardio venceu o Concurso de Oratória para Jovens Republicanos de Eastern City, com um discurso sobre "A Constituição como guardiã de nossas liberdades". Com base nisso, foi escolhido coordenador do maior comício realizado em Cornerville. Tony ganhou proeminência como orador, mas suas limitações pessoais eram reconhecidas no Clube Republicano e também na esquina. Como me disse Joe Gennusi:

> Estávamos fazendo uma reunião do comitê para discutir como conseguir outros homens para certas posições. Durante a reunião, Tony Cardio fez aquele discurso que sempre gosta de fazer. Disse que temos que conseguir um homem com formação universitária. Ele não acha que um homem sem formação universitária seja qualificado. ... Alguns dias depois, eu conversava com um dos rapazes que havia estado na reunião. Nunca tinha en-

contrado Tony antes, mas, com aquele único encontro, já o detestava. Ele disse: "Mas quem ele pensa que é?" ... Agora aquele cara não vai dar mais nenhuma chance a Tony.

Quando tivemos a eleição para os quadros do Clube Republicano, Tony foi indicado para presidente. John Carrideo foi eleito e Tony teve só dois votos, o dele e de outra pessoa. Nem mesmo o cara que fez sua indicação votou nele. Votei em branco, pois pensei: os dois são meus amigos. Sabia que de qualquer modo John iria ganhar. ... Depois da reunião, eu disse a Tony que o voto branco era meu. Ele começou a se enfurecer. Eu disse: "Por que você não recusou a indicação?"

Ele perguntou: "Por que eu deveria?"

Respondi: "Porque você não é muito benquisto." Isso o enfureceu.

Ele disse: "Agora sei quem são meus verdadeiros amigos." E não falou mais comigo depois daquela reunião. ... Deve ser chato para Tony saber que tem todas as qualificações e, ainda assim, não poder ser eleito para nada.

Wickham foi eleito governador naquele outono, mas Murphy arrastou Cornerville para os democratas por quase seis a um. Os republicanos tiveram uma votação um pouco maior em Cornerville do que tinham tido em 1936, mas o ganho não chegou nem perto de ser tão grande quanto se esperava, e não havia como dizer que proporção poderia ser atribuída aos esforços dos homens formados. Alguns dos mais proeminentes gângsteres de Cornerville também trabalhavam para Percival Wickham.

8. A carreira de Chick Morelli

Uma noite, na primavera de 1938, caminhávamos pela área do mercado, e Chick discutia suas ambições políticas. Dizia que já poderia contar com 500 votos caso se candidatasse ao Legislativo municipal, mas queria obter mais apoio antes de entrar nessa disputa. Quando passávamos pelas barracas de frutas, parou para pegar algumas maçãs, disse umas poucas palavras ao vendedor e saiu sem se oferecer para pagar. Enquanto mastigávamos nossas maçãs, ele explicou que todos esses homens alugam suas barracas de seu tio, e que se ele, Chick Morelli, se candidatasse a um cargo, teriam que trabalhar para ele ou perderiam as barracas. E acrescentou, pensativamente:

Se conseguisse um bom emprego, talvez não entrasse na disputa, mas a política parece estar em meu sangue. ...

Pat Russo diz que a caridade é importante. Está certo, mas, afinal, a autopreservação é a primeira lei do homem. ... Se for eleito, tentarei ajudar o distrito, mas primeiro vou me promover.

No outono de 1938, Chick ainda não estava preparado para juntar-se à campanha republicana. Isso teria significado sacrificar suas ambições na política do distrito, pois estas só poderiam ser realizadas pelo Partido Democrata. Chick procurou outra saída para sua atividade política e a encontrou na campanha de Charles Madden, candidato à indicação pelo Partido Democrata para procurador do distrito. Michael Flaherty, então ocupante do cargo, tinha o apoio de todas as organizações políticas locais. Se Madden se mostrasse um forte candidato, organizar sua campanha local poderia dar a uma pessoa de Cornerville que não ocupasse nenhum lugar nas organizações existentes uma oportunidade favorável para lançar sua própria carreira política.

Mas quando Chick decidiu apoiar Madden, um ex-sócio do Clube Dramático Sunset já estava encarregado da organização do candidato em Cornerville. Chick começou a formar uma organização por conta própria e se nomeou co-coordenador do distrito. Ele pôs garotos pequenos para distribuir folhetos, um grupo de rapazes e moças para cavar votos, e fez diversos discursos políticos.

Charles Madden foi derrotado, mas em Cornerville ele ganhou quase tantos votos quanto seu oponente. Encorajado por essa "vitória moral", Chick formou o Clube Alexander Hamilton, com 15 rapazes e moças que tinham trabalhado para Madden e vários antigos associados do Clube da Comunidade Italiana. Doc, Phil Principio, Paul DiMatia e Angelo Cucci aceitaram o convite de Chick para entrar no novo clube. Doc explicou sua associação da seguinte maneira:

> No último verão, quando eu ia concorrer para o Legislativo, Chick me procurou e prometeu seu apoio. ... Eu disse que ele deveria pensar em suas próprias ambições políticas. Não faria nenhum bem a ele me apoiar, pois eu não ia vencer. ... Mas ele disse: "Não, você é meu amigo, e vou apoiá-lo." ... Realmente aquilo significava alguma coisa para ele. Senti-me obrigado com ele, e, quando veio e me chamou para entrar em seu clube, deixei que registrasse meu nome.
>
> Nunca vou às reuniões. Sorte do Chick que eu não vá. Se fosse um sócio ativo do clube, não poderia deixar que ele se safasse com as coisas que faz. Não sei por que eles toleram isso.
>
> Acho que Chick está fazendo a coisa certa para ele, politicamente. Conseguiu levar um bando de caras jovens para aquele clube. Essas são as pessoas com as quais ele tem que contar. Com camaradas da minha idade, ele já se arruinou. Nós o conhecemos bem demais.

Em janeiro de 1939, Chick, Doc, Phil, Angelo e alguns dos outros associados do Clube Hamilton participaram de uma reunião em homenagem a Charles Madden. Foi isso o que Doc teve a dizer sobre o evento:

Anunciaram um baile em honra de Madden e pediram que todos na audiência que pudessem vender ingressos subissem ao palco para pegá-los. ... Chick foi ao palco sete vezes. Alguns outros voltaram mais de uma vez, mas — sete vezes! — isso é demais. ... Chick apenas queria as luzes da ribalta sobre si. Todos os rapazes notaram aquilo.

Mais tarde, Phil me disse:

Saí do clube. ... Você sabe, Chick nos convidou para aquela reunião para Madden. Quando chegamos lá, não nos deu atenção alguma. Estava ocupado demais se enturmando com as pessoas importantes para ter qualquer coisa a ver com os integrantes de seu clube. Isso é mau, Bill.

E esta foi a história de Angelo:

Também estou fora do clube. Depois da última reunião, conversei com Chick no saguão. Acho que ele só pensava em se promover, e eu disse isso bem na cara dele. ... Bom, ele falou que tinha que se cuidar, de modo que, quando conseguisse uma boa posição, pudesse ajudar todos os sócios. ... Isso foi o que disse, mas não acredito nele. Se conseguir um bom emprego, não penso que vá tentar nos ajudar. Eu realmente não acredito.

Quando chegou o verão de 1939, o Clube Alexander Hamilton estava morto. Chick ainda não havia achado a combinação certa. Naquele outono, ele me disse: "Se tiver os camaradas certos comigo, vamos chegar lá." A partir daí, ele começou a ressuscitar o Clube da Comunidade Italiana. Desta vez a associação estava limitada a homens formados. Joe Gennusi e vários outros sócios antigos entraram, mas os associados foram recrutados, na maior parte, entre aqueles que não tinham participado do clube antes.

A principal atração do programa do Clube da Comunidade Italiana para a temporada 1939-40 deveria ser a produção de uma peça escrita por Ed Preziosa, que, como me disseram, era um dos integrantes destacados do clube.

Os ensaios começaram com Chick no papel principal e Ed na direção, porém a peça não se desenrolou muito tranqüilamente. Doc me disse que vários sócios do Clube da Comunidade Italiana relataram sérios atritos entre Chick e Ed. "Parece que não se dão. Ed acha que Chick está tentando enrolá-lo. Ed também é um tipo que pensa por conta própria. Se alguém vai ser enrolado ali, é ele quem vai fazer o rolo."

Nas primeiras fases dos ensaios, Chick teve outra idéia. Propôs que o clube patrocinasse uma campanha de arrecadação de fundos para financiar o curso universitário de estudantes italianos necessitados e de mérito. A campanha deveria ser lançada com um banquete no salão de baile de um dos maiores hotéis de Eastern City. Os sócios votaram a favor do projeto, e Chick se ocupou dos arranjos necessários. Ficou tão preocupado com o projeto que decidiu abandonar seu papel na peça.

O conflito entre a campanha e a peça dividiu o clube em duas partes. Os que estavam mais interessados em Ed Preziosa e na peça saíram do Clube da Comunidade Italiana e formaram os Buskin Players. Preencheram o lugar de Chick com um dos associados e trouxeram Doc para substituir um dos seguidores de Chick. Angelo Cucci compôs a música para uma dança que seria usada na peça. Ed tornou-se grande amigo de Doc, e, depois que sua própria peça havia sido produzida, sugeriu que os Buskin Players se juntassem com o Clube Dramático Sunset. Doc não se comprometeu, mas a proposta mostrou o grande fosso existente entre Ed e seus amigos, de um lado, e Chick e seus amigos, de outro.

Chick entregou o primeiro convite para o banquete ao governador Percival Wickham. A secretária do governador disse a Chick que Sua Excelência estava muito interessada no projeto, mas não conseguiria encontrar tempo para comparecer. Sem se deixar desencorajar, Chick consultou Attilio Volpe, um banqueiro de Cornerville que tinha sido ativo na política republicana e conhecia a secretária. Volpe foi lá pessoalmente e conseguiu a promessa da presença do governador. Isso fez do banquete um acontecimento do qual, obviamente, todos os ítalo-americanos proeminentes deveriam participar. Mais de 500 pessoas pagaram dois dólares para lançar a campanha de arrecadação de fundos.

Percival Wickham esteve presente no início e foi chamado para dizer umas poucas palavras. Apertou a mão de algumas pessoas próximas da cabeceira da mesa, deu sua bênção oficial à campanha e pediu licença para se retirar. Depois do governador, houve um extenso programa de falas.

O juiz Genneli, da Suprema Corte, e vários outros integrantes da colônia italiana de Eastern City falaram palavras de elogio à campanha e a seus organizadores, e prometeram apoio. Attilio Volpe falou em nome dos curadores do fundo acadêmico que cuidariam do dinheiro e selecionariam os vencedores. Primeiro, leu a lista com os nomes dos curadores. Eram eles Maynard H. Atwater, coordenador da junta de curadores da Ivy University e membro da junta diretora do Centro Comunitário da Norton Street; a senhora J. Harrison Dunbar, também membro da junta do Centro; Thomas L. Brown, o proeminente procurador que escreveu a carta de recomendação para a admissão de Chick na Escola de Direito da Ivy University; John Ramsay, assistente social que trabalhava com os garotos no Centro Comunitário; e Attilio Volpe.

Na parte final do programa, Alfred Martini, o mestre-de-cerimônias que também havia sido um dos professores de Chick na St. Patrick, chamou Chick Morelli. Claramente, este era o grande momento na vida de Chick, e ele se superou. Falou dos italianos que tinham dado grandes contribuições à civilização, das dificuldades enfrentadas por imigrantes italianos em suas lutas por reconhecimento e propôs mais educação como solução dos problemas de seu povo. Chick recebeu uma ovação da audiência e, no dia seguinte, o comentarista de notícias italiano caracterizou sua fala como "*un'orazione veramente maravigliosa.*"

O Clube da Comunidade Italiana não inaugurou a campanha de arrecadação de fundos imediatamente após o banquete. O verão estava chegando, e os sócios votaram a favor do adiamento até o outono.

Quando veio o outono, a política ocupou o centro da cena. Chick trabalhou duro para a eleição de Willkie para presidente, Wickham para governador, Bingham para procurador-geral e para os outros candidatos republicanos. Cornerville permaneceu esmagadoramente democrata na eleição estadual, mas os republicanos levaram todos os cargos.

No inverno seguinte, Chick reativou a campanha da bolsa. Ampliou o comitê para incluir alguns homens e mulheres proeminentes na sociedade ítalo-americana.

O segundo banquete foi um evento ainda mais impressionante que o primeiro. Desta vez participaram o prefeito e também o governador. Anunciou-se que a campanha havia produzido algo acima de mil dólares. Embora isso estivesse longe da meta de dez mil dólares, esperava-se que a arrecadação continuasse de um ano para outro a fim de aumentar os recursos disponíveis.

No meio da campanha de levantamento de fundos, foi anunciado que o procurador-geral Bingham nomeara Chick Morelli para sua equipe. Era uma posição modesta, mas um começo na política. Chick havia feito um longo caminho desde o tempo em que criara o primeiro Clube da Comunidade Italiana.

Capítulo III

Estrutura e mobilidade social

1. A natureza dos grupos

Os Norton e o Clube da Comunidade Italiana funcionavam em níveis sociais diferentes e estavam organizados sobre bases fundamentalmente distintas. Ao mesmo tempo, eram representativos de uma grande parte da sociedade de Cornerville. A maioria das generalizações que se podem fazer sobre os Norton seria igualmente bem aplicada a um grande número de outras gangues de esquina, embora Doc considerasse seus rapazes "um grupo de gente mais fina". Os formados do Clube da Comunidade não tinham tantas contrapartidas locais, mas ocupavam a posição social antes preenchida pelo Clube Dramático Sunset. Socialmente, a correspondência era próxima o bastante para que alguns dos rapazes da esquina usassem os nomes dos clubes de maneira indiferenciada. Em outras palavras, havia uma mudança contínua dos indivíduos que ocupavam posições sociais particulares, mas as posições propriamente ditas permaneciam constantes. Além disso, quando vistas e comparadas por um longo período de tempo, as pessoas situadas num determinado nível social tinham grandes semelhanças umas com as outras.

Três níveis sociais encontravam-se representados nos Norton e no Clube da Comunidade Italiana no período mais antigo de sua história. Os rapazes da esquina estavam na base; os rapazes formados, no topo; e, entre eles, os intermediários, que podiam participar dos dois grupos. Essas distinções eram informalmente reconhecidas desde os primórdios das duas organizações. Numa noite do outono de 1937, eu estava na Norton Street conversando com Chick Morelli, Phil Principio, Fred Mackey e Lou Danaro quando Frank Bonelli e Nutsy chegaram e postaram-se perto de nós. Eu fiquei de pé entre os dois grupos. Falava com Chick, Phil, Fred e Lou e me virava para falar com Frank e Nutsy. Não havia uma conversa geral.

Então, Lou e Fred avançaram um pouco e se viraram, de modo a ficar diante dos outros e imediatamente à minha frente. Agora eu me via cercado por dois integrantes de cada grupo de cada lado. Nesse momento, o rumo da conversa mudou, de modo que, por exemplo, Nutsy disse algo para Fred, e este continuou a conversa com Chick e Phil; Chick disse algo para Lou, e este continuou a conversa com Nutsy e Frank. Em nenhum momento Chick ou Phil se comunicaram diretamente com Frank ou Nutsy. Pouco depois, Lou fez um convite geral para nos sentarmos em seu carro. Chick, Phil e Fred aceitaram. Nutsy foi até o carro e conversou com Lou por um instante pela janela. Então voltou para o ponto onde eu e Frank estávamos, e saímos andando.

Embora se encontrassem com freqüência na Norton Street, Chick e Phil, de um lado, e Nutsy e Frank, de outro, pertenciam a grupos sociais sem qualquer contato íntimo um com o outro. Lou, Fred e eu nos "encaixávamos" nos dois grupos e podíamos, portanto, servir de intermediários. Se estivessem presentes, Doc ou Angelo Cucci teriam assumido nossos papéis. Um ano mais tarde, Phil e Paul DiMatia seriam os intermediários. A situação pode ser representada por um diagrama.

CONVERSA DE ESQUINA

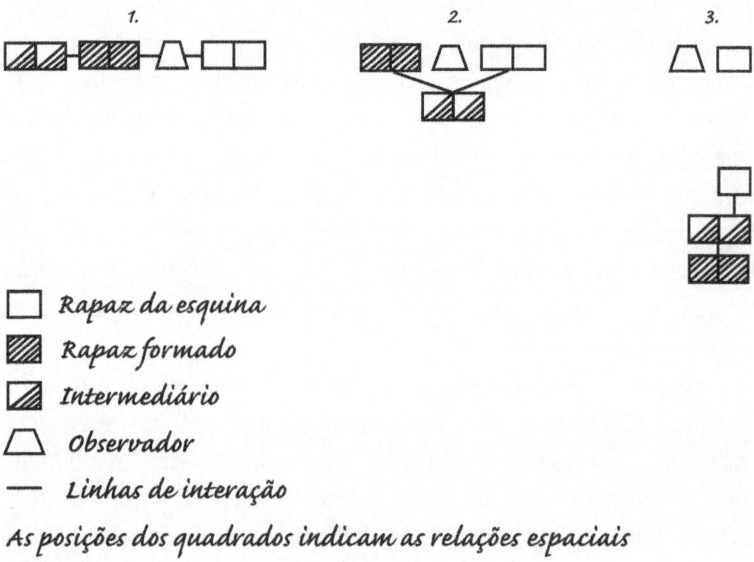

Os intermediários só funcionavam quando o hiato que separava os dois grupos era pequeno. Quando se ampliava além de certo ponto, já não existia alguém capaz de preenchê-lo. Foi o que aconteceu com o Clube da Comunidade Italiana.

A gangue da esquina formou-se na Norton Street. As atividades diárias dos rapazes da esquina determinavam as posições relativas dos integrantes e definiam responsabilidades e obrigações dentro do grupo. Eles julgavam as capacidades de um deles de acordo com a maneira de agir em suas relações pessoais.

A gangue informal não tinha, é claro, estatutos nem regulamento. Quando os rapazes da esquina formam clubes, às vezes têm estatutos, mas não recorrem a procedimentos parlamentares para tomar suas decisões. Estas se configuram por meio da associação informal, e, a menos que o clube inclua mais de um grupo de esquina, suas reuniões simplesmente ratificam o que já havia sido objeto de acordo. Doc comentou:

> É melhor não ter um estatuto que obrigue a votar todas essas coisas. Tão logo você comece a decidir questões pelo voto, vai ver que alguns camaradas estão a seu favor, e outros contra; desse modo criam-se facções. É melhor fazer com que todo mundo concorde primeiro, e então você não tem que votar.

Em contraste com a gangue da esquina, o núcleo do Clube da Comunidade Italiana foi formado por uma professora, que ordenou os alunos de acordo com sua avaliação do desempenho acadêmico de cada um. Desde o início os sócios do clube foram encorajados a se considerar indivíduos superiores. A afiliação ao grupo dependia não tanto da ação grupal, mas das realizações intelectuais do indivíduo e de sua habilidade em agradar às autoridades externas. Na universidade, a ênfase estava novamente no desempenho intelectual individual.

Os rapazes formados aprendiam que uma educação universitária era a principal qualificação para a liderança. Conseqüentemente, todos se sentiam qualificados para ocupar posições de chefia.

Fora das reuniões do clube, raramente os sócios estavam juntos, exceto quando em pares. Como não havia qualquer organização informal para manter unidos os rapazes, também não existia entendimento comum sobre questões de autoridade, responsabilidade e obrigação. Aqueles que haviam pertencido à clique do curso secundário reconheciam certas lealdades uns com os outros, mas havia integrantes como Ernest Daddio e Felix DiCarlo, que não partilhavam nem ao menos desses laços tênues.

Chick dependia dos procedimentos parlamentares para organizar tais indivíduos. Quando devia resolver questões controvertidas, ele primeiro discutia, e então convocava uma votação. Quando o voto tendia para a direção que ele aprovava, ficava satisfeito por ter alcançado seu objetivo. Se os associados "falhassem", repreendia-os pela atitude não-cooperativa.

Os rapazes formados aprenderam na escola e no Centro Comunitário que o procedimento parlamentar fornece o quadro de referência a partir do qual grupos de pessoas devem governar seus comportamentos. Quando aplicado literalmente, esse procedimento formal fornece os meios para destruir um clube. Se as questões importantes acabam decididas pelo processo de discussão e voto, o clube já começou a se desintegrar. As regras parlamentares são úteis para formalizar decisões que já tenham sido tomadas de maneira informal. No entanto, tais acordos só podem ser alcançados se o grupo formalmente organizado também tiver uma organização informal que funcione sem problemas. Em vez de tentar criar os laços pessoais necessários para o funcionamento de uma organização informal efetiva, Chick sempre levantava questões que demandavam a decisão formal do clube. Desse modo, trouxe à superfície e acentuou todas as diferenças latentes que dividiam os associados.

A história do clube demonstrou que seus dois objetivos — a ascensão social dos integrantes e a melhoria das condições em Cornerville — não poderiam ser alcançados pelas mesmas pessoas ao mesmo tempo. Os rapazes formados estavam interessados, acima de tudo, na ascensão social. Os rapazes da esquina preocupavam-se sobretudo com a comunidade local. Em torno dessa questão, o clube se dividiu e foi fechado.

Havia, é claro, um embate de personalidades no Clube da Comunidade Italiana, mas só é possível explicar a história da organização levando-se em conta as personalidades à luz do conflito social. A decisão de Chick Morelli sobre a eleição vice-presidencial de 1938 fornece um bom exemplo desse aspecto. Chick se embatera com Tony Cardio e não fez qualquer esforço para esconder que não gostava dele, não confiava nele. Reconheceu que a metade do clube odiava Tony, mas, ainda assim, de modo bastante significativo, sentiu que essas considerações não deveriam influenciá-lo. Tony era uma pessoa formada. Qualificava-se portanto para o cargo. Quando Tony estava sendo atacado pelos outros, Chick reconheceu sua afinidade com o candidato dos formados e esqueceu seu compromisso com os rapazes da esquina. Embora a principal divisão fosse entre rapazes formados e rapazes da esquina, havia também uma dissensão nas fileiras dos formados. Esta baseava-se principalmente nas diferenças entre eles quanto a seus desejos de participação social e suas capacidades para tanto. Na ocasião em que o Clube da Comunidade Italiana entretinha as garotas da Liga Italiana, Chick e Tony ficaram muito preocupados com o fato de que Paul, Phil e alguns outros rapazes formados não conseguiam desempenhar papéis ativos. Dois rapazes não poderiam dançar com todas as garotas ao mesmo tempo, e quando algumas delas ficaram abandonadas num canto, Chick e Tony sentiram que isso iria se refletir sobre eles mesmos e sobre o clube. Não poderiam deixar de se indagar se não conseguiriam avançar mais rapidamente como indivíduos se estivessem fora do grupo. Tony respondeu a essa questão por si mesmo quando aceitou o papel na peça da Liga Italiana e saiu do Clube da Comunidade Italiana. Chick preferiu basear suas operações num grupo, mas estava preparado para se livrar dele quando chegasse a ocasião de se promover individualmente. Um clube pode ser usado como veículo para a ascensão social, mas como a mobilidade depende quase inteiramente de atividades individualistas, a organização está destinada a ter uma existência extremamente instável.

2. O papel social do Centro Comunitário

Para completar o quadro das relações entre rapazes da esquina/rapazes formados, devemos observar o funcionamento do Centro Comunitário. Os assistentes sociais tinham papéis importantes na vida das pessoas dos dois grupos.

Os assistentes sociais cujas ações definiam o papel do Centro Comunitário eram pessoas de classe média de ascendência não-italiana (quase todos ianques). As juntas de diretores do Centro da Norton Street e do Centro de Cornerville eram compostas de pessoas de classe média alta e da classe alta com ascendência racial norte-americana. A junta do Centro da Norton Street representava a elite social de Eastern City. Até o verão de 1940, quando o Centro de Cornerville contratou uma jovem local para ocupar uma posição administrativa, os únicos italianos ligados aos centros comunitários faziam trabalhos subalternos, ensinando em cursos especiais ou trabalhando no escritório ou na zeladoria. Embora alguns dos assistentes sociais profissionais chegassem a ter 20 anos de trabalho no distrito, não havia um sequer que soubesse falar italiano, até que, em 1940, o Centro de Cornerville empregou um não-italiano fluente no idioma. Os que trabalhavam ali não tinham qualquer conhecimento sistemático dos antecedentes sociais daquelas pessoas em seu país de origem. Além disso, pouco se esforçavam para conhecer a organização social local, e só sabiam o que lhes chegava pelos contatos em suas instituições.

A concepção que os assistentes sociais tinham de suas funções era bastante evidente. Pensavam em termos de adaptação numa única direção. Considerando-se as origens da comunidade, embora o Centro Comunitário fosse uma instituição "de fora", ainda assim esperava-se que a comunidade se adaptasse aos padrões do Centro. Algumas pessoas passaram por essa adaptação; a maior parte não.

Nenhum dos homens da primeira geração de migrantes conheceu-se no Centro Comunitário. Cada centro tinha clubes de mães para as mulheres da primeira geração e para jovens casadas. Essas instituições abrigavam uma amostra representativa da população quanto aos meninos e meninas pequenos, mas à medida que se transitava para faixas de idade mais velhas, a seleção ficava menos diversificada. Inúmeros clubes de meninas mais velhas permaneceram abrigados no interior dos centros, mas eram formados por moças consideradas socialmente superiores ao nível médio de Cornerville. Entre os homens jovens, a situação era mais radical ainda. Apenas um grupo seleto continuava a participar. Na verdade, houve anos em que nem um único clube de rapazes acima de 18 anos se encontrava acolhido no Centro Comunitário da Norton Street.

Uma noite, eu estava no Centro com Joe Gennusi, Jerry Merluzzo e diversos outros rapazes formados. O senhor Ramsay, coordenador dos trabalhos com os meninos, falava sobre as políticas da instituição. Ele disse:

> Há uma coisa sobre este Centro que ninguém pode negar. Sempre fizemos tudo que pudemos para inspirar entre vocês a ambição de abrir seus caminhos na vida. Lembro-me de quando Jerry, este aqui, queria ser médico. Naquela época, parecia impossível para ele, mas eu lhe disse: "Jerry, outros conseguiram; por que você não seria capaz de fazer o mesmo?" E agora Jerry está quase alcançando o que ambicionava. ...
>
> Alguns acham que deveríamos fazer um esforço para trazer para cá os baderneiros que estão nas esquinas. Bom, fico pensando nisso. O que vocês, rapazes, achariam se tivessem de se relacionar com aqueles camaradas?"

Os rapazes formados concordaram que não gostariam daquilo.

Os "baderneiros" aos quais se referia o senhor Ramsay eram os rapazes da esquina. O que quer que se possa dizer a respeito deles, constituíam o povo. Na sua faixa de idade, representavam a esmagadora maioria da população masculina de Cornerville.

A campanha para governador disputada por Wickham e Murphy fornece um exemplo de como os assistentes sociais se colocavam à distância das pessoas de Cornerville. Wickham era rico por herança e de alta posição social. Murphy também era rico, mas havia feito fortuna na política. As pessoas de classe alta viam Wickham como um homem de excelente caráter e olhavam Murphy como um escroque. A maior parte da população de Cornerville encarava Wickham como um amigo dos ricos e privilegiados, e embora não defendessem a honestidade de Murphy, tinham-no como amigo dos trabalhadores.

Uma noite, eu estava na esquina com Nutsy e vários outros rapazes da gangue quando um jovem italiano que ensinava artes no Centro Comunitário da Norton Street aproximou-se de nós em seu caminho para o Centro. Os rapazes notaram que usava um *button* de Wickham na lapela e começaram a discutir com ele. O professor de arte ficou claramente na defensiva, e afirmava apenas que aquele era um país livre, que ele não estava criando problemas para os rapazes da esquina e tinha o direito de votar como quisesse. Ouvindo isso, Nutsy comentou com sarcasmo: "Você é apenas um pau-mandado!" "Claro, sou um pau-mandado", respondeu. "Tenho que ser. Meu pão depende disso."

Certamente o senhor Bacon ficaria chocado se alguém lhe dissesse que dessa forma ele coagia seus empregados. A regra geral para o Centro era manter-se politicamente neutro. Mas de alguma maneira essa campanha era vista como diferente das outras. Era uma luta entre o bem e o mal. Em tal disputa, não poderia haver neutralidade alguma, e os assistentes sociais assumiram o lado certo. Adesivos de Wickham foram pregados nas janelas dos prédios vizinhos, onde viviam alguns dos assistentes sociais, e, pelos corredores do Centro, Wickham era exaltado, e Murphy condenado. Como os que freqüentavam o Centro eram vistos como "um tipo melhor de pessoa", esperava-se que ficassem do lado de Wickham. Essa era a natureza da pressão informalmente exercida, eficaz para conquistar um pequeno número de adultos sobre os quais os assistentes sociais podiam exercer influência direta. Mas de outra forma servia para criar uma separação entre o Centro e os que aceitavam sua liderança, de um lado, e o corpo central da comunidade, de outro.

As clivagens sociais acentuavam-se de uma maneira menos óbvia, mas igualmente importante, por meio dos indivíduos que os assistentes sociais consideravam merecedores de atenção especial e ajuda. A história de Lou Danaro é um exemplo ilustrativo. Como me disse Lou:

O senhor Bacon arrasou comigo, Bill. Ele realmente me arrasou. Eu idolatrava o cara, e então ele me abandonou. ... Um dia, eu estava na igreja rezando por um emprego. Precisava desesperadamente de um emprego. Então, quando saí, o senhor Bacon me parou na rua e perguntou se eu queria trabalhar. ... Ele me levou para trabalhar na sua loja de antigüidades com alguns dos outros rapazes do Centro. Eu ganhava 12 dólares por semana, mas vivia no mesmo quarto que ele. Onde quer que fosse, eu era o seu chofer. Ele me dava ternos. Comprava dois ingressos para os shows e íamos juntos. Ele me dava dinheiro para minhas despesas pessoais, me levava para jogar tênis, golfe e andar a cavalo com ele. ... À noite, eu ficava sentado em seu escritório durante duas ou três horas até que ele estivesse pronto para ir dormir. Eu me sentava e lia. Preferia fazer isso a ficar na esquina com os rapazes. ... Quando ele queria jogar bridge à noite, eu saia e conseguia alguns parceiros. Trazia Ted Costa e Frank Perino, ou algum outro, e jogávamos. ... Quando ele ia a algum lugar à noite, eu o levava e depois podia ficar com o carro e passear com os rapazes até a hora de buscá-lo.

Eu idolatrava o cara, Bill. Tive muitas oportunidades de conseguir empregos melhores, mas não queria deixar o senhor Bacon. Preferia sair com ele a sair com uma garota. Ele sempre dizia coisas para mim, para me educar. ... Tentou fazer uma porção de coisas por mim. Ele me pôs na escola preparatória de ... e me fez entrar na faculdade. Mas nunca tive muita inclinação para os livros, Bill. ... Acho que não era suficientemente ambicioso. Quer dizer, era ambicioso, mas jamais quis me empenhar muito. ... Ele tentou fazer uma porção de coisas por mim, mas no fim foi sujo comigo. Eu estava saindo com Josie Cutler, uma garota nova que trabalhava na nossa loja de antiguidades. Agradava a moça, não fazia nada errado. Mas alguns dos camaradas devem ter ficado com ciúme e contaram para o senhor Bacon. Ele me disse para deixá-la em paz. Naquela época, aquilo não era nada muito especial, mas depois comecei a vê-la escondido. ... Então, um dia, ele me despediu. Essa era a última coisa que eu podia pensar que ia me acontecer, Bill. ... Não, não acho que foi por causa da garota. Acho que ele pensou que eu estava ficando muito dependente dele, então me chutou. ... Fui direto para casa, empacotei minhas coisas e saí de seu quarto para sempre. Nunca mais voltei lá. Sempre que me vê, pergunta como vão as coisas, e eu conto, mas isso é tudo. ... Ele me arrasou, Bill. Passei todos aqueles anos com ele, na expectativa de que fosse sair algo dali. Acabei gostando de jogar golfe e tênis com ele. No verão, eu andava de carro com ele todas as manhãs. Gostava de estar com ele. ... e então me dispensou. Durante aqueles anos, eu poderia ter aprendido um ofício ou uma profissão, e estaria em situação muito melhor hoje. Sei que estaria melhor. Poderia ter começado alguma coisa. Agora não sei o que vou fazer da minha vida. ...

Os únicos atributos que podem ter qualificado Lou para receber a consideração especial do senhor Bacon eram sua personalidade atraente e sua docilidade. Ele idolatrava o assistente social, e foi premiado por isso.

Se Lou tivesse inteligência para estudar ou alguma habilidade na área do comércio, poderia ter sido capaz de capitalizar a partir do apoio do senhor Bacon para melhorar sua posição social e econômica. Como lhe faltavam tais talentos, não teve alternativa senão retornar aos rapazes da esquina quando o assistente social o dispensou.

O senhor Bacon afastou Lou de seus companheiros da esquina e tornou extremamente difícil para ele reintegrar-se ao grupo. Quando lidam com os rapazes da esquina, é isso, na realidade, o que os assistentes sociais procuram fazer. Doc me disse que muitas vezes os assistentes da Norton Street tinham tentado persuadi-lo a parar de ficar na esquina e a afastar-se de seus velhos amigos. Se seguisse esses conselhos, teria se subordinado aos assistentes sociais e perdido sua posição na comunidade.

A história de Lou Danaro é um caso excepcional, mas há diversos outros que ilustram o mesmo aspecto. A situação era tão generalizada que os rapazes da esquina viam os que eram muito identificados com o Centro como "marionetes" ou "lacaios" dos assistentes sociais.

Mesmo dentro do pequeno grupo de homens formados, a respeito dos quais os assistentes sociais sentiam-se particularmente orgulhosos, havia aqueles cuja lealdade deixava a desejar. Phil Principio uma vez me disse: "Eles acham que somos a escória. ... Mesmo nós, os caras formados. Os assistentes falam conosco com a maior consideração, mas por trás nos vêem como a escória."

Paul DiMatia observou que nunca havia se sentido confortável no Centro Comunitário. Como Phil e Paul acabaram se juntando aos rapazes da esquina, seria natural que partilhassem as atitudes da esquina. Mas uma noite Chick Morelli me confidenciou que não gostava dos assistentes sociais porque achava que eles menosprezavam todos os italianos, fossem rapazes da esquina ou formados. Havia outros que expressavam sentimentos semelhantes a esses. Até os rapazes formados são pessoas de classe baixa enquanto não progridem em suas carreiras, e são para sempre italianos. Os assistentes sociais podem ter acreditado sinceramente que não tinham preconceitos contra os italianos de classe baixa, mas suas ações os traíam.

O relato de Doc sobre a história dos Vagabundos da Esquina no Centro Comunitário da Norton Street mostra que os assistentes sociais eram totalmente incapazes de lidar com os rapazes. A linguagem obscena que os Vagabundos da Esquina usavam contra o senhor Ramsay e a senhorita Baldwin não indicava que fossem incorrigíveis por natureza. Os rapazes nunca usavam essa linguagem quando falavam com pessoas que se encaixavam em sua sociedade e mereciam seu respeito. As obscenidades eram simplesmente uma forma de agressão contra forças estranhas a Cornerville. É significativo que nenhuma gangue de esquina tenha se identificado com o Centro da Norton Street depois que os Vagabundos saíram de lá para criar seu próprio clube.

Além das posições sociais e das atitudes dos assistentes sociais, havia outros aspectos do Centro Comunitário aos quais os rapazes da esquina também faziam objeções. A maior parte dos assistentes sociais era formada por mulheres, e, entre os grupos mais velhos, predominavam as jovens. Isso criava uma atmosfera feminina incompatível com homens acostumados a passar a maior parte do tempo em grupos exclusivamente masculinos. Além disso, pelas limitações de espaço, nenhum clube tinha sua própria sala no Centro para usar todas as noites da semana. Isso era uma desvantagem para os rapazes da esquina, que dependiam de uma rotina social fixa. O Centro também impunha certas normas de conduta, envolvendo maneiras e decoro, bastante estranhas aos rapazes da esquina.

Caso não esteja disposto a lidar com a organização social existente, o assistente social só tem uma alternativa: ocupar-se com os que não se encaixam nela. Atualmente é isso que faz o Centro Comunitário. Aceita aqueles que já estão desajustados segundo os termos da sociedade local; recompensa-os por romperem os laços com Cornerville e os encoraja a melhorar suas posições sociais e econômicas. Em certa medida, essa é uma política consciente. Os assistentes sociais querem lidar com "os melhores elementos".

A principal função do Centro Comunitário é estimular a mobilidade social, acenando com a possibilidade de padrões e recompensas de classe média para pessoas de classe baixa. Como a mobilidade ascendente quase sempre envolve um movimento para fora da área pobre, o Centro Comunitário constantemente lida com pessoas em vias de sair de Cornerville. Isso aliena a lealdade da grande maioria das pessoas que vêem a área como sua residência permanente.

Ao estimular a mobilidade social, o Centro da Norton Street ampliou a brecha entre os Norton e o Clube da Comunidade Italiana, desempenhando assim um papel significativo no aumento dos atritos entre os dois grupos e no fechamento do clube.

3. Lealdade e mobilidade social

Doc e seus rapazes da esquina não têm progredido, e parece haver pouca perspectiva de que venham a fazê-lo. Por outro lado, os rapazes formados avançam. Da última vez que soube deles, antes da entrada dos Estados Unidos na guerra, Leo Marto e Jerry Merluzzo haviam se formado em medicina. Jim Filippo era contador público. Joe Gennusi abrira um escritório de advocacia com um amigo e ia bem. Tom Scala fizera mestrado em literatura inglesa pela Ivy University e era professor universitário. Paul DiMatia e Phil Principio, os dois que haviam sido bem recebidos pela turma da esquina, encontraram dificuldade maior. Paul esteve desempregado por um longo período até que finalmente conseguiu um trabalho como contador numa grande organização industrial, como resultado de seu desempenho num concurso. Em 1937, depois de se formar, Phil não conseguiu nada além de empregos temporários e mal pagos que não utilizavam seu treinamento como engenheiro. Seu primeiro trabalho de engenharia veio com a prosperidade da indústria de armamentos, e Phil estava nele apenas há um mês quando foi convocado.

Aqueles que galgaram maior número de degraus foram os mesmos que tinham sido mais agressivos socialmente. Tony Cardio conseguira uma posição de executivo na filial de uma das maiores lojas de departamento de Eastern City. Um ano depois de se formar na Escola de Direito da Ivy University — algo que, por si só, traz grande prestigio —, Chick conseguira se fazer notar pelo mais importante político republicano do estado e garantira seu primeiro emprego político. Ele segue o caminho de vários outros que começaram suas carreiras em Cornerville e ganharam proeminência na política republicana. Até o momento, o desempenho de Chick indica que — a menos que a guerra interfira — seu progresso está apenas começando. É provável que saia de Cornerville dentro de pouco tempo. Se permanecer solteiro, poderá continuar lá com a mãe enquanto ela viver. Casando-se, certamente se mudará. Chick não gostaria de se casar com uma moça que quisesse viver em Cornerville.

À medida que subir na escala social, Chick Morelli será citado por pessoas da classe alta como um exemplo do que pode conseguir um homem de origem humilde que tenha capacidade. Sua história será contada como prova da vitalidade de nossa sociedade democrática. E, à proporção que ascender, contará às pessoas da classe alta — como contaram outros antes dele — que os rapazes da esquina são preguiçosos e não querem cooperar, que não vale a pena lidar com eles como grupo. As pessoas da classe alta irão acreditar nele porque ouviram a mesma história contada por assistentes sociais e porque, afinal, Chick Morelli aprendeu com sua própria experiência.

Uma das mais valiosas crenças democráticas é a de que nossa sociedade funciona de modo a promover até o topo a inteligência e a habilidade. A dessemelhança em inteligência e habilidade evidentemente não explica as diferentes carreiras de Chick e Doc. Deve haver alguma outra maneira de explicar por que alguns rapazes de Cornerville subiram, enquanto outros permanecem estacionados.

A explicação mais óbvia é que, em Cornerville, uma educação universitária é extremamente importante para o progresso social e econômico. No entanto, este é apenas um pedaço da história. A maior parte dos rapazes formados foi separada de seus companheiros já a partir da nona série. Quando ainda eram crianças, ajustaram-se a um padrão de atividade que conduzia à mobilidade social. A educação universitária era simplesmente uma parte do mesmo padrão.

Pode-se entender melhor o padrão de mobilidade social em Cornerville contrastando-o com o padrão de atividade dos rapazes da esquina. Uma das mais importantes divergências surge nas questões que envolvem o gasto de dinheiro. Os rapazes formados encaixam-se numa economia de poupança e investimento.

Os da esquina, numa economia de consumo. O rapaz que está na universidade tem que economizar seu dinheiro a fim de financiar sua educação e dar início a um negócio ou à sua carreira profissional. Assim, ele cultiva a parcimônia, uma das virtudes da classe média. A fim de participar das atividades de grupo, o rapaz da esquina deve partilhar seu dinheiro com os outros. Se ele tem dinheiro, e seu amigo não, espera-se que gaste por ambos. É possível economizar e continuar a ser um rapaz da esquina, mas não é possível ser parcimonioso e, ainda assim, manter uma alta posição na gangue da esquina. O prestígio e a influência dependem em parte de se ser um gastador. Como regra, o rapaz da esquina não gasta dinheiro com a intenção consciente de ganhar influência sobre seus companheiros. Ele se ajusta ao padrão de seu grupo, e seu comportamento tem o efeito de aumentar sua influência.

Chick e Doc ilustram as duas atitudes conflituosas a respeito de dinheiro. Em sua história de vida, Chick disse que havia sido um gastador, mas aprendera sua lição quando um amigo recusou-se a retribuir da mesma forma. Doc me disse:

> Eu tenho dinheiro agora, Bill, mas se todos os que me devem algum pagassem, aí sim, teria um monte de dinheiro. Nunca economizei. Nunca tive conta em banco. ... Se os rapazes vão a um show e esse cara não pode porque está duro, eu me pergunto: "Por que ele deveria ser privado desse luxo?" Então dou o dinheiro a ele. ... E nunca falo sobre o assunto.

Tanto Chick quanto Doc reconhecem que o gastador não recebe um retorno financeiro equivalente, mas tiraram conclusões diferentes a partir dessa observação. Embora Doc às vezes desejasse receber de volta uma parte do dinheiro que havia gastado e emprestado, pensava o gasto em termos de relações pessoais, e não de lucros, perdas e economias.

Chick precisava economizar a fim de progredir. Doc precisava gastar para manter sua posição em Cornerville. Se Doc tivesse 100 ou 200 dólares de economia no verão de 1938, não precisaria se retirar da campanha política; mas, para acumular tais recursos, teria de alienar seus amigos e destruir sua base política.

Chick e Doc também assumiam atitudes conflituosas a respeito da mobilidade social. O primeiro julgava os homens de acordo com a capacidade que tinham de se promover. Doc julgava-os segundo a lealdade para com os amigos e o comportamento nas relações pessoais.

Ao discutir a diferença entre rapazes formados e rapazes da esquina, Doc declarou o seguinte:

> Chick diz que a autopreservação é a primeira lei da natureza. Acho que isso é correto até um certo ponto. Você tem que se cuidar primeiro. Mas Chick pisaria no pescoço de seu

melhor amigo se isso lhe rendesse um emprego melhor. ... Numa noite dessas, conversávamos sobre isso na esquina, e eu provocava ele. Fiz com que admitisse que se voltaria contra seu melhor amigo se pudesse lucrar com a história. ... Eu nunca faria isso, Bill. Nunca passaria por cima de Danny, mesmo que fosse para conseguir um emprego de 50 dólares por semana. Nenhum dos meus rapazes faria isso.

Tanto o rapaz formado quanto o rapaz da esquina querem vencer na vida. A diferença é que o rapaz formado não se liga a um grupo de amigos próximos, ou então está disposto a sacrificar sua amizade com aqueles que não avançam tão rapidamente quanto ele. O rapaz da esquina liga-se a seu grupo por uma rede de obrigações recíprocas das quais não quer se afastar, ou não consegue.

Às vezes o líder dos rapazes da esquina reclama e ameaça abandonar seu papel. Uma vez, quando Doc encontrava-se esmagado sob a tensão de sua campanha política, me disse, bastante comovido: "Agora vou atrás da grana. ... Antes era tudo idealismo. Agora, que vá tudo pro inferno! Pro inferno! ... Por que tenho sempre que cuidar dos outros? Ninguém se preocupa comigo."

Apesar disso, continuou a agir em favor das outras pessoas do mesmo jeito que fazia antes. Era impotente para mudar.

É um equívoco contrastar Chick e Doc em termos de egoísmo versus altruísmo, pois isso implicaria que cada um deles era livre para decidir o curso de sua ação. Doc não teria sido ele se tivesse agido apenas no sentido de satisfazer seus interesses materiais; e Chick jamais teria sido Chick caso se preocupasse com os outros antes de cuidar de si mesmo. Padrões consistentes de ação não podem ser alterados por um mero ato da vontade.

Doc percebeu que meios usar de maneira mais eficaz para se promover, e poderia até indicá-los para os outros. Mas ele mesmo não os poderia empregar. Uma vez, me disse:

Acho que meus rapazes me impediram de ir adiante. ... Mas, se tivesse que começar de novo, se Deus me dissesse, "Olha aqui, Doc, você vai começar de novo e pode escolher seus amigos antes", ainda assim eu ia garantir que meus rapazes estivessem entre os escolhidos — mesmo que pudesse pegar Rockefeller e Carnegie. ... Muitas vezes as pessoas no Centro e alguns dos Sunset me disseram: "Por que você anda com esses caras?" Eu respondia: "Por que não? São meus amigos."

Olha, Bill, na noite passada, em casa, meu cunhado estava ouvindo seu programa italiano favorito quando meu sobrinho chegou. O garoto quer ouvir outra coisa, então vai e roda o dial — sem pedir a ninguém. ... Fico numa situação difícil aqui, Bill. Eles querem fazer tudo por aquelas crianças, e, se tento corrigi-las, saltam em cima de mim. ... Mas aquilo foi demais. Tirei o menino dali e passei um sermão nele. Fui mesmo muito eloqüente, Bill. Mas, então, no fim, eu disse: "Não mude demais, garoto. Continue a ser do jeito que é, que assim você vai se dar bem no mundo."

Gângsteres e Políticos

PARTE II

Capítulo IV

A estrutura social do gangsterismo

1. A história das organizações mafiosas

O contrabando de bebidas alcoólicas na época da Lei Seca foi o que proporcionou a muitos dos mais destacados gângsteres atuais a experiência com os negócios e os recursos financeiros. Nos primeiros anos da proibição, havia um grande número de pequenos distribuidores de bebidas em acirrada competição. Os preços oscilavam, e as áreas de operação de cada qual não eram claramente definidas. Essa concorrência freqüentemente levava à violência.

Com o passar do tempo, alguns dos comerciantes mais ativos, habilidosos e audazes adquiriram poder e status financeiro suficientes para quebrar os concorrentes menores, aumentando assim sua influência sobre os outros. Esse movimento de cartelização cresceu sistematicamente e atingiu o ápice em Eastern City, pouco antes da revogação da lei, sob o comando de um homem que ficou conhecido como "o Chefe".

A Depressão atingiu em cheio a indústria de bebidas. Com as melhoras na produção e distribuição, a oferta vinha aumentando de forma constante, justamente quando a demanda caiu. Muitos contrabandistas perderam a liquidez e se afundaram em dívidas com os produtores. Isso deu ao Chefe a oportunidade de que precisava. Organizou um cartel com cerca de dez dos maiores atacadistas, (líderes de gangues) com o propósito de controlar todas as importações de bebidas alcoólicas vindas do Canadá para essa região do país. Assinou um acordo comprometendo-se a pagar as dívidas dos contrabandistas falidos, e em troca recebeu o controle exclusivo sobre todas as bebidas produzidas pelas destilarias para o mercado americano na região onde o cartel operava. Os integrantes do grupo também faziam funcionar suas próprias destilarias, e perto do final de

1932 o cartel detinha controle total sobre a distribuição de bebidas alcoólicas na região de Eastern City.

E então o Chefe foi assassinado. Sua morte, consumada por alguns gângsteres relativamente pouco poderosos, parece ter sido resultado de uma disputa não relacionada com o monopólio de bebidas; mas, mesmo com o Chefe vivo, teria sido difícil manter o controle unificado das atividades ilegais numa época tão conturbada como a que se seguiu à revogação da Lei Seca, em 1933. Os integrantes do cartel não conseguiram chegar a um acordo quanto ao sucessor. Em vez disso, dividiram o mercado que o Chefe havia controlado.

Os membros do cartel tinham aprendido a lição de como trabalhar em grupo, e ela viria a ter forte influência nas organizações dedicadas a atividades ilegais nas redondezas de Cornerville. Com a iminência do fim da proibição, os gângsteres precisavam encontrar um segmento alternativo para expandir suas atividades. Os jogos de azar pareciam oferecer essa ocasião. Como eram aceitas apostas de dez, cinco e mesmo de um centavo, o jogo era tentador, em especial para as pessoas pobres. No auge da era do lucro proporcionado pela Lei Seca, poucos dos principais gângsteres haviam dado atenção ao jogo; agora, porém, muitos percebiam que valeria a pena receber quantias pequenas se elas entrassem em grande quantidade.

Certa noite, convocou-se uma reunião dos principais gângsteres da região num hotel de Eastern City. Nesse encontro, formou-se a organização que controlaria o jogo e estabeleceram-se as regras para administrar o negócio.

Essa foi uma reunião histórica. Dizem até que um alto oficial da polícia esteve presente. Mas um dos participantes negou que isso fosse verdade: o oficial teria mandado um representante em seu lugar. Ele tinha certos interesses financeiros em comum com um sócio de T.S., que controlava os jogos em Cornerville. Além disso, era natural que a polícia se interessasse por essas negociações. Se fosse alcançado o propósito da reunião — a eliminação da competição e o fim da violência —, o trabalho do departamento de polícia se tornaria consideravelmente mais simples.

Os negócios reorganizados prosperaram nos anos seguintes. Em lugar da bebida, os jogos de azar e outras formas de jogo passaram a ser a espinha dorsal e o principal sustentáculo das atividades ilegais em Eastern City.

Antes da proibição, os negócios ilegais em Cornerville eram relativamente desorganizados. Havia pequenas gangues que praticavam extorsão (versões locais da Máfia italiana e da Camorra) e costumavam perseguir trabalhadores. Ficavam de olho nos que tinham algum dinheiro guardado e depois os achacavam sob ameaça de violência. No início dos anos 1920, essas gangues foram eliminadas por um conjunto de operação policial e vingança por parte de amigos e parentes das vítimas. Existiam também pequenos grupos de assaltantes e ladrões, como em qualquer cidade, mas as organizações criminosas de grande porte surgiram junto com o contrabando de bebidas.

A história de Mario Serrechia é um bom exemplo do período da Lei Seca. Mario, filho de esforçados trabalhadores sicilianos, nasceu em Cornerville logo após a virada do século XX. Era o garoto durão de sua gangue e, quando jovem, foi considerado um dos melhores lutadores de rua num distrito que produziu vários outros pretendentes a essa honra. As histórias de sua generosidade tornaram-se quase lenda em Cornerville.

Mario começou sua carreira como assaltante. Certa vez roubou um grande local de jogo de dados e feriu um homem durante a fuga. Em outra ocasião, foi preso por assaltar a mão armada um caixa, num dia de pagamento. Já fora preso diversas vezes com acusações que iam de infração no trânsito a homicídio, mas passou apenas seis meses de sua vida na cadeia. Mario descobriu várias formas ilegais de se sustentar e sempre teve dinheiro e contatos.

Logo depois do início de sua carreira, o assalto deixou de ser a principal atividade de Mario. Contrabandeava bebidas, envolveu-se na implantação dos jogos de números e extorquia os outros gângsteres cobrando uma taxa de proteção. Contava com uma pequena gangue de seguidores fiéis e também com inimigos poderosos. Não tinha tino suficiente para os negócios a ponto de montar uma organização. Era um rústico individualista no negócio de jogos. Enquanto vivo, foi uma ameaça a qualquer organização mais abrangente que se buscasse criar.

Em 1930, Mario tentou interromper um grande jogo de dados numa cidade vizinha. O resultado foi um tiroteio em que o segurança do local foi morto e Mario atingido seis vezes. Não se esperava que sobrevivesse, mas ele se recuperou, foi julgado e absolvido. Estava claro agora que suas atitudes indisciplinadas constituíam ameaça para muita gente. Poucos meses depois do tiroteio no jogo de dados, um dos integrantes de sua gangue foi morto, e outro alvejado. Assassinaram Mario a tiros num dia em que saía da loja de um amigo.

Mario foi o último de sua espécie em Cornerville. Uma nova era de organizações mafiosas surgiu com sua morte. A história desse novo período pode ser ilustrada com a carreira de um homem que ficou conhecido em Cornerville como T.S. De acordo com uma pessoa familiarizada com sua vida, T.S. não cresceu no local:

T.S. veio de ... para tomar conta da loteria italiana [baseada na arrecadação semanal de várias províncias italianas.] A loteria começava a crescer na cidade, e a gangue X, que estava no comando, precisava de alguém aqui para tomar conta de sua parte no negócio. Então T.S. chegou e começou a fazer grandes negócios desde o início. ... No entanto, os homens que comandavam os outros esquemas queriam suas fatias. Então T.S. falou pra eles: "Que diabos, vocês já têm os jogos de números, as corridas de cavalos e o contrabando de bebidas." Como não lhes deu comissão alguma, houve bastante confusão por aqui — tiroteios rua acima e rua abaixo, homens atirando dos estribos de carros. Foi um período um bocado quente.

Naquela época não havia indício de que T.S. fosse diferente de Mario Serrechia. No entanto, demonstrava habilidade superior de organização e negócios. Em poucos anos, havia-se estabelecido como líder de uma poderosa gangue de Cornerville envolvida com o contrabando de bebidas e outras operações ilícitas. Quando Mario Serrechia foi morto, no início de 1931, T.S. tornou-se a figura mais poderosa do submundo de Cornerville, embora ainda existisse alguma concorrência no distrito.

Foi o tiroteio envolvendo O'Malley que deu a T.S. sua reputação. Os O'Malley eram uma gangue irlandesa violenta, de outra área da cidade. Já há algum tempo queriam expandir suas operações e vinham "seqüestrando" os carregamentos de bebidas de T.S. Uma vez, quando este precisava muito das bebidas, os O'Malley abordaram um de seus caminhões com uma carga avaliada em muitos milhares de dólares. O motorista argumentou com eles que seria mais lucrativo não seqüestrar a carga e, em vez disso, se encontrar com T.S. O'Malley telefonou para ele e marcou um encontro para discutirem o assunto. Quando os O'Malley chegaram lá, foram dizimados pelo fogo das metralhadoras.

T.S. esteve foragido por um breve período após o tiroteio com O'Malley. Embora a polícia fizesse o que o delegado chamou de "a maior caçada humana da história de Eastern City", T.S. permaneceu em sua casa numa cidade vizinha. Quando se rendeu e foi preso, a principal testemunha de acusação mudou sua versão da história, e T.S. não foi a julgamento.

Parece pouco provável que se efetivasse algum tipo de acordo com os O'Malley. Faziam parte da inconseqüente e indisciplinada escola do crime exemplificada por Mario Serrechia. Depois que eles foram eliminados, T.S. estabeleceu seu domínio inquestionável sobre Cornerville e conquistou uma posição de destaque nos círculos de gângsteres da cidade. Foi um dos dez homens que, sob o comando do Chefe, organizaram o monopólio das bebidas um ano depois.

Pouco após se liberar da acusação no tiroteio dos O'Malley, T.S. aumentou seu campo de operações em Cornerville. Tony Cataldo e Sully Defeo, dois homens de Cornerville que financiavam os jogos de azar, não conseguiram pagar grandes "acertos" (prêmios) e concordaram em dar 50% do lucro a T.S. se este desse apoio financeiro ao negócio. Como outros logo seguiram pelo mesmo caminho, T.S. passou a dominar os jogos na maior parte de Cornerville e se tornou membro da organização criada para controlar os negócios em toda a cidade e nas vizinhanças.

A organização trouxe um clima de paz e ordem às operações ilegais de Cornerville, e isso dura até os dias de hoje. Embora tenha havido episódios esporádicos de violência em outras áreas, já faz uma década que os negócios no local vêm sendo tocados com tranqüilidade.

O contraste entre Mario Serrechia e T.S. ilustra o desenvolvimento dos esquemas criminosos. Mario era uma figura alegre e romântica; para Cornerville, ele era "o Grande Gângster". T.S. trabalha nos bastidores, por isso poucas pessoas do lugar podem descrever sua personalidade de forma precisa. Mario era encorpado e resolvia seus próprios problemas com punhos ou armas. T.S. brigava quando era preciso, mas montou uma organização que reduziu a violência ao mínimo. Mario era o pirata; T.S. é um homem de negócios.

2. A ORGANIZAÇÃO DO JOGO DE NÚMEROS

Doc comentou comigo certa vez:

> Estou quebrado. Tão quebrado que não tive cinco centavos para jogar nos números hoje. Quando um camarada de Cornerville não tem dinheiro para apostar nos números, aí você sabe que ele está realmente quebrado. Escreve isso no seu livro.

Tanto homens quanto mulheres jogam nos números. Quando uma mãe manda seu filho até a esquina para comprar leite, ela diz para apostar o troco em um número. Os próprios gângsteres apostam nos números. Tony Cataldo me disse certa feita: "Jogo um dólar todo dia num jogo de três números, e 25 centavos num jogo de quatro. Se acertar os quatro números, ganho mil dólares. Então, uma vez por mês, aposto 20 dólares num número. Penso: se esse número sair, eu realmente vou ter algum dinheiro."

Depois que terminam as corridas de cavalos, cujos resultados determinam o número do dia, as pessoas se debruçam às janelas de suas casas à procura de um agente que lhes diga o resultado. Os rapazes da esquina se juntam e perguntam: "Que número deu?"

Se o homem de Cornerville não consegue a informação pelos amigos, pode procurar nos jornais. Todas as noites, um tablóide local aparece nas ruas com um encarte "pirata" trazendo não apenas os resultados das corridas, mas também uma tabela conveniente, como a do exemplo a seguir. Os jornais da manhã também imprimem essa tabela em suas páginas de esportes.

1-2-7 páreos	US$ 145,20
1-2-3-5-7 páreos	US$ 209,80
[Todos] 7 páreos	US$ 323,60

A tabela é feita com os prêmios pagos a apostas de dois dólares nos cavalos que chegaram em primeiro, segundo e terceiros lugares nos páreos indicados, em uma determinada pista. Os dígitos na tabela não têm qualquer significado, exceto para as pessoas interessadas em jogo de números. Descobre-se o resultado lendo-se na tabela o primeiro dígito à esquerda da vírgula, de cima para baixo. Neste caso, seria 5-9-3. O vencedor dos "quatro números" é determinado da mesma forma, com a adição do segundo dígito à esquerda da vírgula no número de baixo. Além dos números, todos os gângsteres importantes se interessam por outras atividades legais e ilegais, porém, irei me concentrar na descrição da organização desse jogo, porque ele parece fornecer um marco de referência para as outras atividades. Também farei um detalhamento mais completo das relações entre os homens envolvidos nos vários níveis dessa estrutura.

Quando os homens de Cornerville tentam explicar o jogo de números, sempre começam dizendo: "É tocado feito qualquer negócio." A analogia serve para indicar algumas características distintivas da operação dos números. Ela funciona dia após dia segundo rotinas muito bem organizadas. A violência é mantida no nível mínimo, e outros controles, incluindo pressão financeira, são usados para regular o esquema. A organização que controla os números faz acordos para regularizar a competição entre seus integrantes e eliminar a concorrência de fora. As principais figuras da operação mantêm organizações eficientes e a boa disciplina entre seus subordinados. Fizeram arranjos que lhes permitem lidar facilmente com seus problemas legais.

No nível inferior da organização que comanda os números estão os agentes que recebem as apostas. Alguns deles têm rotas regulares de clientes a serem visitados, outros são donos de lojas ou empregados que "anotam os números" para clientes que entram no local. O agente escreve as apostas num papel, dá uma cópia carbono para o cliente e entrega a outra para seu empregador, junto com a coleta do dia. Ele pode aceitar apostas de qualquer valor, a partir de um centavo.

O cliente que "acerta" tem um retorno de 600 por 1 num jogo de três números, 4.000 por 1 num jogo de quatro números, 80 por 1 em uma jogada de dois dígitos, e oito por 1, de um dígito.

O agente recebe uma percentagem calculada sobre a parcela de sua arrecadação total que exceder o número de prêmios a serem pagos a seus clientes. Sua participação pode ir de 10% a 40%, dependendo do valor de suas coletas diárias e também de sua relação com o empregador. Além disso, quando um de seus clientes acerta um jogo de três números (o tipo mais popular), o agente recebe da companhia (por meio de seu empregador) 10% do total do prêmio. Alguns dos agentes maiores têm outros menores trabalhando para si. Se as arrecadações de um agente são suficientemente grandes (50 dólares ou mais por dia), ele pode entregar as apostas diretamente ao "escritório", e sua participação é aumentada: ele se torna um "homem cinqüenta por cento".

Todos os números coletados pelo agente são passados para seu homem cinqüenta por cento (exceto no caso do agente pequeno que trabalha para o maior, quando a coleta passa por uma etapa intermediária antes de chegar ao homem cinqüenta por cento.) Se tanto empregados quanto empregador trabalham no mesmo distrito, o agente entrega a coleta; mas se o homem cinqüenta por cento tem vários agentes em operação muito longe de seu escritório, ele manda um coletor trazer os números anotados pelos agentes. O coletor recebe um pequeno salário. Alguns homens cinqüenta por cento anotam, eles próprios, os números e têm apenas poucos agentes trabalhando para si. Há outros que comandam um grande número de homens e nunca escrevem uma aposta.

O homem cinqüenta por cento entrega toda a sua arrecadação ao "escritório" ou à "companhia", como são conhecidos. A companhia banca os números. Depois que chegam todas as coletas e o número já "saiu", os funcionários do escritório da companhia calculam o total de vencedores a serem pagos a partir dos números entregues pelos homens cinqüenta por cento. Essa soma é passada aos homens cinqüenta por cento, que a transferem a seus agentes, e estes pagam os clientes.

Os ganhos do agente estão sujeitos a grandes flutuações, já que dependem basicamente dos lucros de suas arrecadações particulares. Quando os prêmios a serem pagos excedem a coleta, o agente fica em débito com seu empregador. Entende-se em Cornerville que um agente pode sair do negócio a qualquer momento, e diversos agentes pequenos podem se retirar em vez de enfrentar a perspectiva de trabalhar durante meses sem receber comissão. Nessas circunstâncias, é importante para a organização dar algum prêmio de consolação ao agente quando sai um prêmio muito alto, criando a maior ilusão possível de que ele se beneficia com os acertos. Da perspectiva do agente, que deve esperar até o fim do mês por sua comissão regular, é muito prazeroso receber em dinheiro os 10% dos ganhos de seus clientes na época em que os prêmios são pagos.

Como as rendas da maior parte dos homens cinqüenta por cento dependem das arrecadações de diversos agentes, elas não estão sujeitas a variações tão grandes. Dado que a companhia tem um volume muito maior de coletas, seus ganhos, em média, estarão ainda menos sujeitos a tais revezes. É evidente que há ocasiões em que é premiado um número no qual havia sido feita uma quantidade excepcionalmente grande de apostas, e toda a organização sofrerá um duro golpe; por algum tempo, a companhia irá operar com déficit, tendo que gastar suas reservas ou tomar dinheiro emprestado.

Sempre há momentos em que a sorte vai contra o agente, e sua renda proveniente dos números fica temporariamente suspensa. Com freqüência ele procura seu empregador para um empréstimo, ou o empregador oferece ajuda. Desse modo, o agente depende do empregador tanto em termos pessoais quanto de negócios. As flutuações das atividades contribuem para aumentar o controle do empregador sobre o empregado. Se o agente está insatisfeito com o tratamento que recebe de seu homem cinqüenta por cento e deseja mudar de empregador, deve receber permissão do chefe da companhia para a qual trabalha seu homem cinqüenta por cento. Essas mudanças são excepcionais. De hábito o chefe da companhia não permite uma troca que signifique ofensa para o homem cinqüenta por cento a quem o agente estava subordinado. Em geral as relações entre o agente e o homem cinqüenta por cento são de tal natureza que o primeiro não considera possível qualquer outro arranjo.

No início o agente tinha maior grau de independência. Os primeiros dois dígitos do jogo de três números baseavam-se nos totais dos primeiros páreos, e apenas o terceiro dígito vinha de números que incluíam os totais do sétimo páreo. Nesse sistema, o primeiro e segundo dígitos saíam antes do terceiro. Embora se presumisse que os agentes deviam entregar todos os seus números antes da divulgação do primeiro dígito, eles podiam correr o risco de segurar algumas apostas. Então, por exemplo, se os dois primeiros dígitos fossem 1-6, o agente iria conferir os volantes das apostas para ver se havia guardado algum com 1-6 como primeiros dígitos. Se tivesse uma aposta 1-6-5, imediatamente faria um jogo que tivesse o 5 como terceiro dígito e apostaria uma quantia suficientemente grande para cobrir a soma que teria que pagar se desse 1-6-5. Se não saísse esse número, perderia a quantia que havia apostado no 5, mas teria se protegido da insolvência. Algumas vezes, nenhum dos volantes teria os dois primeiros dígitos, e, nesse caso, ele teria lucro certo. Como me explicou Tony Cataldo:

Esta é uma das razões para terem mudado o sistema. Havia um número excessivo de pequenos agentes que seguravam os números. Todos eles [os líderes da companhia] se reuniram e decidiram que o número passaria a vir do total dos diferentes páreos, como é hoje. Agora você não pode mais segurar as apostas. O novo sistema tornou isso impossível para os camaradas que estavam segurando os números.

Por meio de tais arranjos financeiros e influências pessoais, os superiores estabeleceram e mantiveram o controle sobre seus subordinados.

O sindicato do jogo de números também determina as esferas de operação e as linhas gerais do jogo. O cabeça de cada companhia que opera os números pertence ao sindicato, e nele há um homem que serve como presidente ou principal dirigente. Suas funções e até sua identidade são conhecidas apenas por umas poucas pessoas em Cornerville. Cada um dos dez ou doze membros do sindicato tem áreas particulares nas quais realiza seus negócios e concorda em não entrar no território do outro.

O sindicato determina os prêmios pagos aos números, como Tony Cataldo explicou:

Antes, era 730 por 1, mas tivemos que baixar. Quando os prêmios mudaram, todas essas diversas organizações grandes se juntaram e fizeram um acordo. Agora, alguns dos números pagam apenas a metade. Chegou-se a um acordo sobre isso porque seriam tantas as pessoas a jogar num mesmo número que, se ele saísse alguma vez, não seríamos capazes de pagar. Agora, damos 600 por 1. Em X, eles só pagam 500 por 1, e também em Y. Nós realmente deveríamos pagar apenas 500 por 1, mas as pessoas em Eastern City são muito espertas. Tal como é agora, depois de descontar as comissões dos agentes e a taxa de administração, nosso lucro é de apenas 3% ou 4%. É como em qualquer outro negócio.

Todas as mudanças relativas ao pagamento de prêmios são feitas simultaneamente em toda Eastern City e nos territórios vizinhos. Quando certos números pagam apenas a metade do valor, os clientes são notificados por meio de folhetos impressos distribuídos aos agentes. Desse modo, foi removido do setor um sério componente de instabilidade.

O sindicato atua para eliminar a competição de fora. De acordo com um homem que assistiu ao crescimento do monopólio,

... eles organizaram os números como um grande empreendimento. Estabeleceram o escritório em Eastern City e controlam o jogo de números em todos os estados do ... . Têm um representante em todas as cidades, e você não pode anotar números se não pertencer à organização. Ela é montada e realizada exatamente como um grande negócio. Todo mundo tem seu próprio trabalho a fazer. Há os trapaceiros, os enroladores — podem convencer você de que preto é branco. E também os fortões. Eles usam a força pra tomar um negócio. Não tem muito trabalho para eles agora. Existem os seguranças que protegem o funcionamento do negócio; os matadores; e os contadores, porque há uma grande quantidade de contas a fazer diariamente. Todos esses homens recebem pagamento semanal. Para alguns deles, talvez não haja trabalho durante 51 semanas por ano, mas nas outras eles têm muito que fazer. Como vê, não é como aparece no cinema. Só alguns deles são assassinos.

Suponha que você comece a anotar números e você mesmo banque tudo. Quando o escritório descobre, eles mandam um dos enroladores para dar uma olhada. Da maneira como ele fala, pode fazer você acreditar em qualquer coisa. Diz que seria um bom negócio para você juntar-se à associação, pois ela daria proteção ao negócio e você poderia se tornar um homem cinqüenta por cento se suas arrecadações fossem suficientemente grandes. Eles o protegeriam em caso de uma batida da polícia. Você se encarregaria de sua própria proteção policial, mas se não conseguisse acesso ao tira de sua área, o escritório cuidaria disso para você. Ele fala das vantagens de pertencer à organização e o convence de que o melhor a fazer é se associar. Se você não ouve a razão, recebe um aviso. Se, mesmo assim, não se associa, recebe uma surra. Mas de qualquer modo ninguém vai resistir a eles. Suponha agora que você pertence à associação de proteção, e eu chego pra você e peço dinheiro. Você procura o escritório e diz: "X está tentando me chantagear." Eles mandam um homem pra falar comigo. Ele diz: "Que negócio é esse de querer chantagear o Bill Whyte? É melhor você parar com isso." Então eu paro.

As transações ilegais não motivam os homens que respeitam os direitos de propriedade, nem têm a mesma proteção legal que os negócios legítimos. Alguns acham que os frutos das atividades ilegais pertencem ao homem que é esperto ou fortes o bastante para conduzi-las. A menos que sejam bem defendidas, as organizações ilegais cairiam vitimadas por essas pessoas irresponsáveis. Ainda assim, embora seja necessário contar com o uso da força, a política do sindicato é usá-la o mínimo possível. Como me explicou uma figura proeminente na organização, a coerção física não é o único meio empregado para controlar o negócio:

Antes os números costumavam ser controlados pelos contrabandistas de bebidas. Era realmente uma organização da pesada. Agora está tudo nas mãos de homens de negócios — alguns desses caras têm participação em duas pistas de corridas de cavalos. Ganharam um bocado de dinheiro, então você pode estar seguro de que tudo é claro e honesto. ... Você estava aqui quando deu 1-2-3? Este era um número muito popular. Deve ter saído faz uns dois anos. Sei que meu escritório levou um tranco de 150 mil dólares. Naquela época havia um bocado de gente que trabalhava com os números sem ter muito dinheiro por trás. Quando esse número saiu, ele realmente limpou a situação. Os pequenos não puderam pagar e saíram direto do negócio. Em muitos casos, os caras mais poderosos pagam as apostas do que faliu e ficam com sua parte. É exatamente igual a qualquer outra atividade. Se um homem quebra, você pode assumir as dívidas e continuar tocando o negócio. Foi assim que aconteceu. Agora tudo funciona muito mais tranqüilamente.

Embora haja homens cinqüenta por cento que são de uma geração mais jovem, cujas carreiras começaram nas organizações que controlam os jogos de azar, T.S. e a maioria de seus poderosos colegas eram contrabandistas de bebidas e líderes de gangues antes de se voltarem para o jogo de números. Os homens de negócio não suplantaram os líderes de gangues. Foram os líderes de gangues que se tornaram homens de negócio, embora alguns tenham sido incapazes de realizar a passagem, perdendo suas posições quando as operações mafiosas se reorganizaram.

Como nos negócios legítimos, as companhias que operam os números cumprem suas obrigações com os clientes. Nunca ouvi falar de um homem de Cornerville que acertou um número nos anos recentes e não tenha sido integralmente remunerado. Os clientes são pagos mesmo quando os agentes se provaram não-confiáveis. Como me contou um agente:

Uma vez um camarada ganhou quatro mil dólares. O agente foi até o escritório e pegou o dinheiro para o pagamento do prêmio. Então desapareceu da cidade. Quando o camarada não conseguiu receber, procurou T.S., que disse: "Espere um pouco, talvez ele apareça mais tarde." Depois de alguns dias, o homem voltou a T.S., pedindo seus quatro mil. A essa altura T.S. já sabia que o agente havia escapado de fato, e então ele próprio pagou os quatro mil. Se algum dia eles encontrarem aquele homem que fugiu com o dinheiro, sua vida não valerá um centavo.

Para manter suas próprias posições, é claramente do interesse das companhias cooperar umas com as outras — e elas fazem isso. Talvez a forma mais comum de cooperação seja a conhecida como "aparar". Quando os agentes entregam seus volantes de apostas, escrevem por fora dos envelopes os números daqueles em que há apostas totalizando um dólar ou mais. Os contadores podem dizer, só numa olhada, se houve tantas apostas em alguns números que a companhia não conseguiria pagar os possíveis ganhadores. Assim explicou Tony Cataldo: "Então as grandes companhias se juntam. Eu pagarei a você cinco dólares no 6-4-3. Você me pergunta se posso pagar cinco no 4-1-1, e digo que não, que já tenho muito nesse número. Assim, temos uma chance de fazer as trocas antes que saia o número."

Essa maneira de diluir os riscos é um fator importante para a estabilidade do negócio.

Uma das mais importantes funções dos cabeças das companhias é o estabelecimento e manutenção de relações próximas com políticos e altos oficiais da polícia. É em particular importante para eles ter "conexões" no escritório do procurador do distrito, e, a esse respeito, às vezes têm sido muito bem-sucedidos. Obviamente o chefe da polícia é um homem-chave para a operação de seus negócios, e no passado eles tiveram conexões com pelo menos uma pessoa que ocupava aquela posição. Mesmo que tal conexão não esteja disponível, o negócio pode florescer com base em ligações com o capitão de polícia encarregado dos distritos onde a organização atua. Se houver um distrito em que o jogo de números prospera, pode-se presumir com segurança que o capitão é subornado. As conexões políticas são importantes pela influência que os políticos exercem sobre todas as agências de aplicação da lei. A chefia da polícia é um cargo de nomeação política. Se o chefe de polícia não é "alcançável" diretamente, a pessoa que o nomeou pode fazer pressão sobre ele.

Uma conexão nem sempre significa suborno, no sentido estritamente financeiro da palavra. Por exemplo, há um proeminente agente da lei que não recebe dinheiro algum dos gângsteres, mas gosta de apostar nos cavalos. Cruzadas contra o jogo não o atraem. Os gângsteres sempre deram seu apoio político a esse homem e têm conseguido receber dele inúmeros favores.

A aposta em corridas de cavalos é controlada pela mesma organização que opera o jogo de números. Embora as maiores casas de apostas em cavalos sejam dirigidas pelos cabeças do sindicato, alguns dos homens cinqüenta por cento têm suas próprias lojas. Eles entregam todas as apostas à companhia e recebem 50% dos lucros. O sistema de proteção está organizado da mesma forma que no jogo de números.

3. As relações com a polícia

É função do homem cinqüenta por cento fornecer proteção policial para seus agentes. Como me explicou um homem vinte e cinco por cento:

> Os tiras são subornados. Eles chamam isso de "salário sindical". O patrulheiro recebe cinco dólares por mês de cada loja que vende jogos de números em sua área de ronda. Os policiais civis recebem o mesmo, mas podem andar em qualquer lugar de Cornerville. Eles dividem o território entre si. Entram em diferentes folhas de pagamento e dividem o suborno, mas, mesmo assim, um civil pode fazer mais que um patrulheiro. O sargento recebe dez dólares de cada loja. Os homens no carro-patrulha recebem dois dólares e meio

cada — alguns homens se vendem por muito pouco. É claro que têm um bocado de território pra cobrir.

Dizem que os tenentes e os capitães da delegacia local recebem pagamentos mais altos, de acordo com seu nível, mas quem cuida disso é o "escritório", que está acima do nível do homem cinqüenta por cento. Segundo relatos locais, o capitão não recebe seu dinheiro diretamente. Ele vai para as mãos de um patrulheiro ou sargento em quem confia. Assim, o capitão fica protegido no caso de algum descuido, desde que seu subordinado não deponha contra ele; se o subordinado for acusado de receber propina, o capitão faz tudo a seu alcance para livrá-lo da acusação. O suborno do policial não se limita a pagamentos em dinheiro, como o homem vinte e cinco por cento explicou:

Existem muitos extras. No Natal e na Páscoa, meu patrão faz uma grande cesta de mantimentos de sua loja para todos os tiras que recebem pagamento dele, e entrego na casa de cada um. Os tiras também nunca pagam nada. Entram na loja, pegam os mantimentos e saem direto, sem ao menos se oferecer para pagar. Essa é a desvantagem de ter um armazém. Num certo sentido, um homem que não tem um negócio como este está numa situação melhor. Se um tira paga alguma coisa, recebe um desconto que nem eu nem você conseguiríamos. Vendo cigarros pra eles por dez centavos. Perco dois centavos em cada maço. Os tiras levam todos os mantimentos de graça nos dias de feira — e em outras ocasiões também. Alguns fazem tudo escancarado. Se você vier aqui num sábado, eu lhe mostro um tira. Ele estaciona o carro — um carro grande, um Packard — na King Street e aí carrega. Estou dizendo que ele realmente carrega! Enche o porta-malas até o teto. Uma família não consegue comer tanto, ele deve abastecer todos os seus parentes com aquilo.

Não é só dos que trabalham com os números que essas vantagens são extraídas. Existe todo tipo de legislação municipal que pode ser invocada contra o vendedor ambulante e o pequeno lojista se o policial tiver interesse em fazer isso. Uma regulamentação adequada a outras partes da cidade pode ser usada como arma para forçar o homem de Cornerville a "tomar conta" da polícia. Se uma pessoa estiver totalmente familiarizada com seus direitos legais, vai descobrir que pode se recusar, sem risco algum, a dar qualquer coisa aos policiais, mas poucos conhecem a lei o suficiente para se arriscarem. Há muitos pequenos negociantes que se sentem amparados pela lei em suas posições, porém, mesmo assim, dão mercadorias de graça para os policiais. Explicam que é sempre vantajoso ter um amigo na força policial e pode chegar a hora de receber o favor de volta. Pagar o suborno é algo natural para homens que lidam com o jogo de números. Contudo, mesmo fora dele, nem sempre a propina é paga com relutância.

Não é necessário ter conexões com todos os integrantes do departamento de polícia. Se o policial de um distrito estiver disposto a moralizar o jogo de números, isso pode causar um problema considerável. Porém, nesses casos, os gângsteres pressionam os políticos e os oficiais superiores para que o homem seja transferido para outra área. Às vezes ouvem-se comentários como este:

> Houve um tira que criou um bocado de caso quando estava aqui, mas eles o transferiram. Agora está patrulhando o cemitério em ..., e como gostaria de voltar para Cornerville! É muito solitário no cemitério, nunca acontece nada por lá.

Há outras armas com as quais os superiores na polícia podem disciplinar seus subordinados. O capitão pode atribuir uma tarefa extra para um policial e não dar uma compensação financeira por isso. O departamento sabe que há dois tipos de tarefas extras. Quando há parada, convenção, concerto de banda ou algo desse tipo, que obviamente requer um número maior de policiais que o de hábito na área, os escalados não consideram isso um castigo. Em outras vezes, a atribuição de tarefas extras é reconhecida pelo capitão e seus subordinados como medida disciplinar. Isso é totalmente não-oficial. Se o capitão anuncia que a tarefa extra é uma punição, o subordinado tem o direito de apelar da decisão a uma junta de justiça do departamento de polícia. Naturalmente a maior parte dessas penalidades é feita simplesmente "a bem do serviço", e o capitão não tem que dar qualquer outra explicação.

Alguns policiais detestam o trabalho noturno; já outros o preferem. Alguns não gostam de atuar no trânsito; outros gostam. O capitão que conhece as preferências de seus homens pode penalizar os subordinados dando-lhes trabalhos que detestam. Isso também não é oficialmente reconhecido como punição, mas assim é entendido pelos homens envolvidos, e, portanto, atinge seu objetivo.

A concessão ou a protelação de promoções também é usada como recompensa ou punição. Durante os últimos anos, o chefe de polícia podia promover, para ocupar vagas existentes, qualquer policial que tivesse sido aprovado nos exames para o posto. Eram tantos os poderes discricionários em suas mãos que havia a crença generalizada de que os empregos eram passíveis de compra por qualquer dos aprovados que tivesse as conexões políticas corretas. Os requisitos políticos serviam como forte incentivo para que os aspirantes se abstivessem de perturbar os gângsteres que tinham amigos políticos influentes. Atualmente o chefe deve se ater aos primeiros três nomes da lista quando há uma vaga a preencher, aos quatro primeiros, quando há duas vagas etc. Contudo, ainda se acredita, em geral, que a carreira de um policial é ajudada por suas conexões.

A ameaça de transferência é particularmente eficaz no caso daqueles policiais que se apegam ao distrito no qual trabalham, e isso vale para muitos dos policiais de Cornerville. Um deles me disse:

Você sabe, Bill, conheci tiras que choraram quando foram transferidos de Cornerville. Todos querem ficar aqui. Há uma grande quantidade de suborno, e aqui eles não têm que trabalhar. Tem um tira que entra na minha loja logo que abro de manhã e fica lá até o meio-dia, quando eu saio. Ele se senta no fundo da loja, lê os jornais da manhã e joga baralho. Sai na hora de bater o ponto. Mas fora isso só quer moleza o tempo todo. Não dá pra fazer isso em algumas outras áreas. Conheço um tira de Cornerville que costumava trabalhar em ... . Lá ele não ficava cinco minutos numa loja sem que alguém chamasse a delegacia, e eles tinham que mandar alguém atrás pra fazer ele sair da loja. Um tira num distrito como aquele realmente deve gastar sola de sapato. Não pode ficar sentado à-toa como faz aqui. Há tanto jogo e tanta aposta de cavalos aqui que quanto menos o pessoal vê os tiras mais satisfeito fica. Além disso, em outros distritos, as pessoas têm telefone em casa, ligam de lá para a delegacia pra reclamar de um tira. Aqui, quantas pessoas têm telefone em casa? Não chega a uma em cada 20 famílias — menos que isso. E quantos vão sair de casa e gastar uma moeda num telefone público pra chamar a delegacia? E tem mais: aqui as pessoas não reclamam. Das que se deram bem, a maior parte se mudou daqui. As que ficaram — elas simplesmente não ligam. Deixam rolar.

As pessoas de Cornerville vêm os policiais locais como parasitas e sentem que a escória do departamento lhes foi impingida. Não é incomum saber de um policial bêbado ou que dorme no horário de trabalho. Embora isso não gere respeito, é conveniente para os gângsteres, que acham mais fácil lidar com a força local que com os policiais de outras seções.

Quando lê nos jornais que a polícia invadiu um cassino clandestino, a pessoa não-iniciada pode ter a impressão de que, após uma busca cuidadosa nos recantos escondidos da cidade, os policiais descobriram os violadores da lei e caíram em cima deles. Um operador de jogo de dados comentou:

Você não acha que um tira que faz a ronda sabe praticamente tudo que está acontecendo na sua área? Pega nossa operação, por exemplo: tem homem entrando e saindo daquele prédio a noite inteira. Quando um tira vê isso, sabe que deve ser uma entre três opções: um bar clandestino, um bordel ou um cassino clandestino. Então, na mesma hora, ele entra para investigar e quer descobrir quem está por trás de tudo. Daí, ou ele fecha o lugar, ou negocia com os homens que levam aquilo. Claro, é assim que funciona. Mas você não pode deixar as pessoas saberem disso. Os cidadãos vão dizer: se você sabia que aquele negócio estava lá desde o ano passado, por que não estourou antes?

É claro que, se os policiais que dão a batida são de outra parte da cidade, o cassino clandestino pode ser novo para eles.

Como os policiais podem fazer prisões a qualquer momento, mas agir apenas em determinadas horas e em situações particulares, é importante distinguir entre vários tipos de prisão, em termos dos objetivos e das condições que motivam a ação.

Os gângsteres contam com um certo número de prisões como parte da rotina de seus negócios. Algumas batidas são comandadas diretamente da delegacia de Cornerville. Às vezes chega a queixa de uma esposa cujo marido perdeu seu salário da semana no jogo, e a polícia deve demonstrar pelo menos algum movimento. Embora as relações entre polícia local e gângsteres sejam de tal natureza que os últimos provavelmente são informados das batidas com antecedência, nem sempre isso acontece. Quando a queixa chega, pode não haver na delegacia alguém que esteja na folha de pagamento daquele jogo específico. Embora o capitão de Cornerville tenha relações de amizade e negócios com a organização, não lhe interessa que o gângster esteja alertado em todas as batidas. Diligências infrutíferas podem ser vistas como evidência de ineficácia, e não de corrupção. Os estabelecimentos maiores e os gângsteres mais importantes, que têm conexões diretas com o capitão, serão poupados, enquanto o peixe miúdo é sacrificado quando for necessário dar batidas.

O reclamante que conhece a natureza das relações locais entre a polícia e a organização que controla o jogo levará sua reclamação diretamente ao quartel de polícia de Eastern City. Algumas batidas são coordenadas diretamente pelo quartel, e o capitão local as ignora até que tenham acontecido. Esse método pode ser usado de modo eficiente, criando embaraços para o capitão e mostrando que ele não faz seu trabalho. Diligências comandadas do quartel central são impopulares com os capitães locais, e um chefe de polícia que tenha consideração pelos sentimentos de seus capitães não deve promovê-las com muita freqüência.

Algumas prisões resultam da iniciativa pessoal de policiais que querem garantir para si relações financeiras mais favoráveis com os gângsteres. Recentemente, num mesmo dia, um detetive prendeu dois agentes do jogo de números em Cornerville. Uma pessoa que conhece bem os policiais me explicou a conduta não-usual do agente. Ele havia sido detetive e estivera na folha de pagamento de um homem cinqüenta por cento. Então, foi "mandado de volta ao uniforme", e isso implicou um corte considerável em sua renda proveniente do jogo. Mais tarde voltou a trabalhar como detetive, mas não conseguiu de imediato garantir sua antiga posição na folha de pagamento. Ao prender os dois agentes, sua intenção era persuadir o homem cinqüenta por cento a reintegrá-lo. Conseguiu ser posto de novo na folha e, a partir daí, parou de fazer prisões. Na linguagem da esquina, o policial tentava "dar uma sacudida" no gângster.

A seguinte história indica a natureza do problema da "sacudida" entre polícia e gângster, embora faça parte das experiências paralelas de um operador de jogo de dados:

> Neste jogo a gente tem que tomar conta de um tira na rua X e outro na rua Y, dos dois tiras que patrulham de carro e do sargento. Depois tem um tira que costumava fazer a ronda nesta área. Ele aparecia sempre que eu tinha um cassino clandestino, e eu sempre dava alguma coisa pra ele. Por direito, não tinha que dar nem um centavo durante todo o verão, porque ele não fazia a ronda aqui, mas, quando estava aqui, era um bom camarada, me tratava legal. Dessa vez, porém, ele chegou já um tanto bêbado. E diz: "Quero dez dólares." Dez dólares!
>
> Eu digo: "Escuta, George, você já tomou umas se outras. Volte mais tarde pra falar comigo." Mas ele não ia embora.
>
> Ele pergunta: "Qual é o problema? Você tá pagando os outros, será que não sou bom feito eles?"
>
> Eu falo: "Claro, você é um camarada legal. Pode ser até melhor que eles, mas você não tá nesta ronda e eu não tenho que te dar nem um centavo." Então ele ameaça, e, se você não der os dez paus, ele vai e estoura o jogo. Me dá vontade de dar um chute na bunda dele. Eu digo: "Então vai, seu ..., vê se tem coragem. Vai e acaba com o jogo, mas vai se arrepender se fizer isso." Ele já caminhava na direção do jogo quando eu digo que vai se arrepender. Ele pára, porque sabe o que eu quero dizer. E aí se vira e vai embora. Depois que foi embora, falei com um dos tiras da ronda sobre o caso. Ele disse: "Vou falar com aquele desgraçado quando encontrar com ele."

Perguntei o que teria acontecido se o policial tivesse "estourado o jogo".

> Os tiras que trabalham nesta área podiam tornar as coisas um bocado difíceis pra ele. Podiam dar uma batida nos lugares de onde ele está recebendo dinheiro de "proteção". E um dos tiras aqui é um sargento. Ele podia ir falar com o capitão, e talvez o capitão transferisse o homem.

O gângster tem problemas mais sérios nas áreas onde não tem relações tão firmemente estabelecidas com a polícia. Por exemplo, há alguns homens cinqüenta por cento em Cornerville que têm agentes em cidades vizinhas. Pagam a polícia nos territórios específicos em que seus agentes operam, mas todo dia mandam coletores que, para chegar aos agentes, devem passar por áreas onde não pagaram por proteção. Mesmo nos territórios em que os agentes atuam, o negócio pode não ter uma escala suficiente para permitir que o homem cinqüenta por cento estabeleça amplas conexões com a polícia, como as que existem em Cornerville. Nessas áreas, há vários policiais que aprendem a reconhecer os carros dos gângsteres e os fazem parar para pedir dinheiro de proteção. Um agente que cubra um território muito amplo vendendo seus jogos pode enfrentar a mesma dificuldade. Seu patrão não tem como subornar todos os policiais com os quais cada agente pode vir a entrar em contato.

Nessa situação, o chefe reclama com alguns dos policiais que estão na sua folha de pagamento e talvez ameacem deixar de atuar nesta área a menos que cessem os embaraços. Os policiais tentam persuadir seus colegas a "aliviar a barra". Se a persuasão não funcionar, eles retaliam: fazem prisões ou dão uma sacudida nas fontes de suborno dos policiais que estão perturbando. Está bem estabelecido em Cornerville que um policial não interfere no suborno de outro. Eu soube que em outras áreas essas relações financeiras e pessoais não têm funcionado tão sistematicamente. Os gângsteres ainda devem lidar com o problema do policial ganancioso que não segue as regras do negócio.

Algumas prisões são feitas a pedido das próprias organizações, como indica esta história:

> Conheço um camarada que tinha algum dinheiro e abriu um ponto de jogo na rua X. Gastou um bocado de dinheiro naquele ponto. Depois de algum tempo, um dos "peixes graúdos" o procurou e disse: "É melhor você fechar este negócio." E o cara fala: "Não fecho, nem por sua causa e nem por causa de ninguém." Então o graúdo diz: "Estou só te avisando, é melhor fechar isso. Se não fechar, vai se arrepender." O homem se recusou, e então, depois de poucos dias, houve uma batida comandada direto do quartel. Eles vieram e destruíram todos os móveis, chegaram até a quebrar as paredes. Aquele cara perdeu muito dinheiro com a batida. Depois disso teve que sair do negócio.

Chamar a polícia para expulsar competidores tornou-se comum nos últimos anos. Tem vantagens óbvias. A competição é eliminada de uma forma legal, e a organização não precisa usar violência. Nos primeiros tempos dos jogos de números, "dedurar" alguém à polícia era considerado a mais abjeta traição, mesmo que fosse um inimigo. Isso é feito cada vez mais freqüentemente, e constitui outro sinal de que o antigo código do submundo está sendo suplantado pelos atuais métodos de operação.

Os gângsteres têm procedimentos bem definidos para lidar com as prisões que acontecem no curso rotineiro do negócio. A lei prevê penalidades de até 500 dólares ou um ano de prisão para acusados de envolvimento com jogos de azar. A penalidade usual para um acusado primário é uma multa de 50 dólares. O reincidente tende a receber punição um pouco mais severa, mas é comum a suspensão das sentenças.

Com freqüência os gângsteres conseguem que seus casos sejam encaminhados a juízes conhecidos por sua tolerância. Mesmo a suspensão de uma sentença deve ser evitada sempre que possível, pois, se houver uma condenação subseqüente, o acusado é mandado à prisão para cumprir a pena estabelecida na sentença suspensa, sem importar quão leve seja a penalidade imposta no segundo caso. Muitos agentes de pequeno porte se retiram do negócio quando recebem suspensão de sentença, mas alguns correm o risco, e uns poucos vão para a prisão.

Existe uma forma conveniente de proteger um reincidente: quando ele é preso e fichado, dá um nome falso. Por dez dólares, o empregador contrata um substituto para responder por aquele nome no tribunal. Também é conveniente ter substitutos para homens que se consideram cidadãos tão respeitáveis que não gostariam de aparecer no tribunal ou ter seus nomes nos registros policiais. É claro que seria impossível usar um nome falso se a polícia se preocupasse em investigar.

Quando um agente do jogo é preso, manda avisar a seu empregador. O homem cinqüenta por cento aparece na delegacia de polícia com um advogado e paga a fiança. Quando o caso vai a juízo, o homem cinqüenta por cento fornece o advogado. Em quase todos os casos, o acusado declara-se culpado. É considerado mau negócio fazer o contrário, mesmo quando existe uma chance de "derrubar" o caso. As acusações que não se sustentam no tribunal são pontos negativos anotados na ficha do policial que fez a prisão, e ele pode resolver se vingar tornando as coisas difíceis para o gângster no futuro. Os próprios gângsteres compreendem que a polícia deve fazer algumas prisões, e tentam colaborar quando lidam com policiais com os quais é possível estabelecer alguma base de cooperação.

Embora o sistema esteja organizado para se ajustar a uma certa quota de prisões, crises periódicas de aplicação exemplar da lei envolvem sérios transtornos para a organização do jogo de números. As crises surgem quando algum evento espetacular, como um ato de violência, chama a atenção pública para condições que sempre existiram. Conforme comentou um agente: "Você se lembra daquele tiroteio em Maxton? Depois daquilo, todas as lojas de apostas em cavalos e cassinos clandestinos foram fechados em todo o condado. E depois daquele assassinato em Crighton tudo ficou completamente fechado durante algumas semanas." Em tempos de crise como estes, estouram-se realmente poucos lugares, mas os gângsteres são instruídos por seus amigos no departamento a fechar seus estabelecimentos, e eles obedecem — enquanto durar a crise.

A possibilidade de ações policiais como esta tem efeitos importantes sobre a operação dos jogos, como indica a seguinte história:

> Sabe o que aconteceu faz uns poucos meses nas lojas de apostas em cavalos de Tony Cataldo? Esses três caras chegaram e bateram na porta. Deram o nome de um camarada que era conhecido ali. Quando entraram, mandaram todo mundo levantar as mãos. Usavam máscaras e tinham três revólveres. Levaram 1.500 dólares.
>
> Hoje em dia ninguém faz outra dessas, não. O lugar é bem guardado. Uma coisa dessas é mesmo uma vergonha. É claro que o negócio é contra a lei, mas, mesmo assim, é honesto, e não estamos perturbando ninguém. Tony sempre paga o que tem que pagar. Ele cuida de seus clientes, não quer machucar ninguém. Mas o que se pode fazer num caso feito esse? Você não pode chamar os tiras. A gente manteve tudo abafado. Até hoje ninguém sabe disso. Se uma coisa dessas se espalhasse, ia arrasar o negócio. Você sabe o que aconteceu depois daquela morte em Crighton: a polícia botou a maior repressão em cima de todos os cassinos clandestinos. A gente não pode correr esse risco. Foi por isso que Tony não atirou quando os homens estavam dando o fora. Ele se debruçou na janela e viu que eles corriam rua acima. Podia acertar neles fácil, mas se tivesse feito isso Cornerville inteira seria fechada da noite para o dia. Não vale a pena atirar num caso como esse.

Depois do assalto, Tony Cataldo e seus homens caçaram os assaltantes fora de Cornerville, mas em vão.

Interessa tanto aos gângsteres quanto aos policiais que os jogos ilegais sejam conduzidos tão pacificamente quanto possível. Quando há uma onda de violência, os jornais e as "pessoas de bem" da cidade demandam que o chefe de polícia tome medidas vigorosas contra os violadores da lei. Numa situação assim, o chefe se sente impelido a convocar um tipo de policial conhecido nos jornais como "intocável", e em Cornerville como um "tira cem por cento." Esse tipo apresenta problemas especiais para as duas organizações, a dos jogos e a polícia.

Recentemente o chefe de polícia demonstrou a dificuldade de encontrar intocáveis disponíveis quando criou um esquadrão especializado em jogos ilegais; o grupo era chefiado por um tenente, mas o resto todo se compunha de novatos, patrulheiros que tinham acabado de entrar na força policial. Falou-se claramente nos jornais da época que o chefe parecia considerar que falta de experiência era seu mais importante recurso. Mas os que entendiam de relações policiais me disseram que a análise da situação feita pelo chefe havia sido válida. Os gângsteres têm medo dos novatos. É difícil fazer negócio com eles. Suas ações são imprevisíveis. É claro que, com o passar do tempo, eles se familiarizam com o sistema de operação do departamento, e a maior parte acaba se ajustando a ele.

O intocável mais conhecido em Eastern City é o capitão O'Leary. Uma vez ele e um certo subordinado receberam carta branca para limpar Cornerville. Como me disse Tony Cataldo: "Quando O'Leary andou por aqui, a gente não fez nenhum dinheiro durante seis meses. Que inferno de seis meses aqueles! Nem um centavo de lucro. Tivemos que gastar todos os lucros para pagar subornos e parar com as batidas." Finalmente O'Leary foi transferido, e durante algum tempo não se ouviu nada sobre a relação dele com prisões e números. Então foi assassinado um famoso gângster de Crighton, uma cidade vizinha, e estourou um escândalo nos jornais sobre subornos em grande escala, envolvendo políticos e policiais em Crighton. A polícia estadual foi mobilizada. Flaherty, o procurador do distrito, pediu que o capitão O'Leary fosse mandado a Crighton com um esquadrão de intocáveis para ajudá-lo a fazer a investigação para o condado. Enquanto o esquadrão cumpria a tarefa, um jornal publicou os seguintes parágrafos:

Há uma nota irônica associada às operações desses destacados policiais em Eastern City conhecidos como "intocáveis". Após suas atividades na área, há alguns meses, quando limparam aquele lado da cidade, esses voltaram a seus postos e, em vez de serem recebidos mais ou menos como heróis, foram na realidade penalizados, segundo os relatos.

Há comentários de que têm sido "estigmatizados" por certos oficiais sob o comando dos quais foram obrigados a continuar trabalhando como policiais comuns, e, em alguns casos, designados para a ronda noturna.

Quando a limpeza de Crighton tiver terminado, e eles provavelmente se encontrarem de volta em suas antigas delegacias de polícia, serão tratados da mesma maneira. Foi o que certos policiais admitiram reservadamente na noite passada.

Dentro de pouco tempo o capitão O'Leary e seu esquadrão foram retirados de Crighton e devolvidos a suas atribuições anteriores. A última coisa que ouvi falar foi que o capitão encarregava-se da divisão de trânsito da cidade. É uma posição importante, de modo que não se pode dizer que esteja "estigmatizado". Por outro lado, O'Leary não ocupa posição na qual perturbe as relações gângster/polícia.

Um agente que trabalhava numa loja discutiu comigo o caso de um intocável de Cornerville:

Só existe um tira honesto aqui, um homem que eles não podem subornar. É o sargento Clancy. Eu sei. Ofereceram a ele centenas, até milhares, e ele não aceitou o dinheiro.

Tem uma coisa engraçada sobre ele; me contaram que aceita uma penca de bananas, mantimentos, coisas assim, mas não aceita dinheiro.

A gente tem que tomar cuidado com Clancy. Quando ele é designado para ficar na delegacia, os tiras nos dizem: "Tudo limpo, rapazes, podem fazer o que quiserem." Quando sai, eles vêm e nos dizem: "Cuidado, caras, Clancy está à solta de novo." A notícia se espalha feito rastilho de pólvora. Quando Clancy prende alguém, a gente fica sabendo: "Clancy acabou de agarrar um na praça ...," "Clancy prendeu alguém na rua ... ." O rumor se espalha igual fogo em capim seco.

Os outros tiras tentam mantê-lo na delegacia o máximo que podem. Quando o capitão estava doente e de licença, o tenente assumiu, e quando saía deixava Clancy encarregado do serviço interno durante a maior parte do dia. Mas quando Clancy saía na hora do almoço, ele dava uma batida. Pode imaginar uma coisa dessas? Eu acho que o cara prende gente até quando está dormindo.

Não acho Clancy muito esperto. Às vezes ele faz o trabalho sujo para os outros tiras. Se um cara não acha que está bem posicionado na folha de pagamento, dá uma gorjeta pra Clancy fazer uma batida. Desse modo o tira não suja sua imagem e, mesmo assim, consegue a vingança. Não acho que Clancy saiba o que está acontecendo.

Faz umas poucas semanas, ele veio à mercearia e foi entrando direto, já ia pra trás do balcão. Meu patrão não deixou: "Você não pode entrar aqui sem um mandado de busca." Clancy ficou chateado, mas não havia nada a fazer. E disse: "Vou conseguir um mandado e ainda te pego."

Se ele tivesse passado pra trás daquele balcão, ia encontrar um bocado de coisa. Se ele te pega no ato de anotar uma aposta, não precisa de mandado de busca. Mas fora isso tem que ter. É claro que, se ele consegue o mandado, o lugar vai ser alertado antes que comece a batida.

Clancy não entra na sua loja feito os outros tiras. Quando vai dar uma incerta em você, começa a três quarteirões de distância, e então sai correndo direto até sua loja, antes que você tenha a chance de fazer qualquer coisa.

Clancy quase sempre anda sozinho. Os outros tiras se escondem quando o vêem. Suponha que você está sendo subornado por mim. Clancy pode chegar perto de você e dizer: "Você é um tira, vamos entrar e dar uma batida." Naturalmente você não ia gostar disso. Uma vez o sargento Kelly estava na ronda com Clancy. Ele diz pro capitão que vai fazer umas batidas e quer outro sargento com ele. O capitão manda Kelly. Antes que comecem, Kelly telefona pra todos os lugares, e quando chegam lá é claro que não encontram nada. Clancy diz: "Sei que foram avisados, mas pego vocês da próxima." É engraçado que o homem não saque o que está acontecendo. Ele tem que saber alguma coisa, mas parece que não se liga.

Clancy estava andando um dia com um patrulheiro em frente à loja ... . Tem uma vitrine grande que dá para a calçada, você pode ver lá dentro. Quando passam, o tira olha pela vitrine e vê X anotando uma aposta à vista de todo mundo. Tenta impedir que Clancy veja, apontando alguma coisa do outro lado da rua, mas aí já é tarde. Clancy agarra o tira e diz: "Vamos lá, vamos dar uma batida." Então o tira teve que ir junto. Eles entraram correndo e prenderam alguém. Acha que o tira gostou de fazer aquilo? Mas o que ele poderia dizer? Não podia contar pra Clancy que recebia da loja.

Todos os tiras daqui odeiam Clancy. Não querem nada com ele, pois torna as coisas difíceis pra todos. Não ficaria bem lá no quartel se Clancy fosse o único sargento a prender gente. O quartel também é subornado, mas há alguns tiras honestos lá, e você deve ter cuidado com eles. Por causa de Clancy, os outros sargentos têm que fazer algumas prisões também.

Um sargento chega pro meu patrão e fala: "Vou ter que prender um dos seus homens."

Então meu patrão diz: "Tudo bem", e vem falar comigo: "Você tem que segurar uma prisão pra mim. Vou te pagar cinco dólares por isso. Você simplesmente dá um nome falso e não vai ter que aparecer no tribunal."

Os tiras não querem nem saber que nome você dá, só querem fazer uma prisão. Mesmo pagando suborno, a gente deve aceitar ser preso também. A cada dois meses mais ou menos um sargento tem que fazer uma prisão por causa de jogo.

Todo mundo quer ver Clancy fora daqui do pior jeito possível, mas por alguma razão eles não conseguem. Ele entrou na força por intermédio de Matt Kelliher [antigo chefe do Distrito 4]. Kelliher fez mais policiais que qualquer outro homem nesta cidade. Tá certo, agora ele está morto, mas deve ter alguém por trás de Clancy, porque já faz quatro anos que está aqui e ninguém conseguiu mexer com ele.

Embora seja necessário comprar a polícia, a tolerância aos jogos de números não depende exclusivamente de suborno. Mesmo um policial tão obcecado como Clancy é influenciado por suas relações pessoais, e os que criam laços mais próximos têm suas ações mais determinadas ainda por considerações sociais. Um barbeiro de Cornerville comentou comigo:

O sargento Clancy é legal se você falar direito com ele, mas se responder mal vai estar sempre a fim de te pegar. Meu patrão [que atua no jogo dos números e em apostas de cavalos] sempre responde mal, e já teve que mudar sua loja de apostas algumas vezes por causa de Clancy.

Um dia Clancy chegou quando cinco dos rapazes estavam sentados na frente da loja. Ele me disse que não gostava da cara das coisas e ia me denunciar à Saúde Pública. Eu respondi direto: "Você não pode fazer isso, tenho uma licença do estado e não estou fazendo nada errado. Esses são meus fregueses." Argumentei com ele, e eu estava certo, mas mesmo assim fui bobo de dizer qualquer coisa, porque depois disso ele vinha na minha loja todos os dias pra dar uma olhada e me perturbar. Isso estava ficando mal demais, então, uma tarde, fui à delegacia e perguntei pelo sargento Clancy. Quando soube que eu queria falar com ele, ficou enfezado: "Tá querendo o quê comigo?"

Eu digo: "Sargento, vim aqui pedir desculpas. Daquela vez que eu contestei você, eu não estava me sentindo bem, tinha tido uma discussão em casa antes de vir pro trabalho e realmente não sabia o que estava falando." Depois disso ele sempre fala legal comigo.

Eu falo pra ele: "Você entende, sargento, faço umas coisinhas na sala dos fundos, mas tenho mulher e filhos. A gente não poderia viver com o que eu faço na barbearia."

Ele responde: "Entendo, mas é claro que é contra a lei, e eu sou cem por cento pela lei. Se eu chegar aqui e te pegar, vou ter que te levar em cana."

Eu falo: "Claro, sargento, você pode chegar na hora que quiser, mas eu só queria te pedir um favor. Por gentileza, não venha aos sábados, porque é meu dia mais apertado na barbearia. Ia pegar mal." Ele dá sua palavra de que não virá aos sábados. ... Já faz dois meses que não o vejo. Disse que ia voltar a qualquer hora, mas não tenho visto. É por isso que gostei de ter uma discussão com ele, me deu a chance de me aproximar. Depois me contaram lá da delegacia que, quando saí, ele disse: "Sempre gostei desse camarada. É por isso que não entendi o jeito como ele falou comigo na barbearia, porque sempre pensei que fosse um cavalheiro. Fico contente de ver que ele foi homem bastante pra se desculpar."

Você tem que procurar se dar bem com os tiras. Veja o sargento Kelly. Ele recebia suborno e tudo o mais, mas era um bom camarada. Nunca tive nenhum problema com ele. Quando veio aqui pela primeira vez, eu cortei o cabelo dele. Desde então a gente tem sido amigável. Ele sabe o que está acontecendo aqui, mas nunca me perturba. Também não tenho que suborná-lo. Ele nunca pede dinheiro.

Você sabe, Bill, esses tiras têm seus favoritos. São tendenciosos. O sargento Kelly faz uma porção de batidas em outros lugares de Cornerville, mas chega a vir até aqui pra me avisar quando corro o risco de receber uma batida. E então há outros tiras com quem devo ter cuidado, mas sei de alguns lugares em Cornerville que eles não tocariam. Eles têm preferências.

Outro homem de Cornerville conversou comigo sobre um aspecto relativo à proteção policial:

Você e eu, nós podemos comprar um patrulheiro e talvez um sargento, mas não poderíamos comprar um tenente ou um capitão, nem mesmo se tivéssemos dinheiro para isso. Suponha que algum vagabundo desse dinheiro pro capitão e saísse por aí se vangloriando, contando pra todo mundo: "Eu comprei o capitão." Isso ia soar mal. Não podem permitir que isso aconteça. Eles só querem lidar com pessoas confiáveis, que possam fazer as coisas do jeito certo.

Para lidar bem com a polícia, dinheiro é importante, mas posição e relações pessoais também. Nenhum desses elementos é eficaz sem os outros.

Prevalecem na sociedade duas concepções gerais sobre as obrigações de um policial. As pessoas da classe média sentem que ele deve aplicar a lei sem medo ou favorecimentos. As pessoas de Cornerville, e muitos dos próprios policiais, acreditam que o agente de polícia deve ter a confiança do povo em sua área, de modo que possa resolver muitas dificuldades de forma pessoal, sem fazer prisões. Essas duas concepções são em grande parte contraditórias. O policial que assume uma perspectiva estritamente legalista de suas obrigações afasta-se das relações pessoais necessárias para que possa atuar como mediador de disputas em sua área. E o policial que cria laços próximos com as pessoas locais é incapaz de agir contra elas com o vigor prescrito pela lei.

Os habitantes do local não sabem o que fazer com um "tira cem por cento" como o sargento Clancy. Seu comportamento não-ortodoxo leva alguns a considerá-lo louco, e outros a admirá-lo. Um gângster me disse: "Sabe, Bill, eu respeito um homem daqueles, embora prejudique meu negócio. Se todos os tiras fossem como ele, teríamos lei e ordem em todas as cidades do país."

No entanto esse respeito não conduz à amizade. Apesar da atitude hostil prevalecente com relação à polícia, todos os outros policiais têm pelo menos uns poucos amigos no distrito. Mas não Clancy. Como não se conforma ao padrão de comportamento corrente, tornou-se socialmente isolado de seus colegas e do povo de Cornerville. Ao mesmo tempo, porque cumpre sua obrigação de acordo com as exigências *legais* de sua posição, o sargento Clancy força os outros policiais a simularem adequação a seu comportamento.

Não apenas os policiais que estão na folha dos gângsteres enfatizam a importância de usar prudência na aplicação da lei. Um capitão de polícia muito conhecido por sua incorruptibilidade disse-me uma vez:

> Nós não julgamos a eficiência de um policial pelo número de prisões que faz. Existem tantos delitos que poderiam levar à prisão cometidos até pelo cidadão cumpridor da lei que se um policial fizesse todas as prisões que pudesse, ele seria um homem muito, muito ocupado. Se um homem efetua muitas prisões, não faz seu trabalho direito. É claro que, se não faz nenhuma, sabemos que algo está errado. Classificamos a eficiência do homem como uma variável, considerando o caráter de sua rota e quanto de calma ele mantém ali. Se um homem faz ronda numa área difícil e conserva a paz no local, se não há muita violência, os lugares não são assaltados e as mulheres não são molestadas, então sabemos que faz um bom trabalho.

Comentei que, de acordo com essa classificação, um policial poderia fazer um bom trabalho enquanto as apostas nos números estivessem sendo vendidas em toda a sua área, desde que o negócio fosse feito de maneira organizada.

> Exatamente. Há tantos milhões de pessoas neste país, e cerca da metade delas joga nos jogos de azar. Nós sabemos que é assim. Puxa! Um dos três homens na sala de espera ao

lado da minha pode jogar um número para você a qualquer hora! Ele só tem que ligar para o escritório. O jogo de números não é considerado algo assim tão sério. A única coisa ruim é que é operado por homens que não querem trabalhar. Desde que seja mantido quieto, o tira não deve reclamar. Nós podemos dizer: "Pelo amor de Deus, não vem fazer apostas debaixo do meu nariz. Vai pro beco dos fundos." O policial tem que cuidar pra que a coisa não fique muito explícita. É claro que se um policial aceita dinheiro para deixar que façam seus negócios, isso é uma coisa muito séria.

As observações do capitão são representativas da atitude da polícia a respeito do jogo. Muitos policiais cresceram no mesmo ambiente que os gângsteres, onde o jogo é considerado um fato consumado. Alguns deles também gostam de jogar. Houve época em que as apostas eram anotadas no quartel da polícia, e, segundo me disseram, o negócio era tocado por um policial. O jogo envolve relações pessoais bastante diferentes das encontradas em outras atividades ilegais. Enquanto o jogador sente que está sendo tratado de maneira justa e honesta, não pensa em reclamar com a polícia quando perde dinheiro. Ele participa por sua própria vontade. Mas quando um homem é assaltado com uma arma ou tem sua casa ou loja roubadas, ele reclama com a polícia. Assaltantes e ladrões não estabelecem com a polícia as relações rotineiras, cotidianas, que caracterizam a organização dos números; suas violações da lei, de caráter mais espetacular, recebem maior publicidade e demandam uma ação policial mais enérgica.

A observação da situação em Cornerville indica que a principal função do departamento de polícia não é fazer cumprir a lei, mas regular as atividades ilegais. O policial está sujeito a pressões sociais altamente conflitivas. De um lado estão as "pessoas de bem" de Eastern City, que inscreveram seus julgamentos morais nas leis e exigem, por meio de seus jornais, que a lei seja cumprida. Do outro estão as pessoas de Cornerville, que têm padrões diferentes e construíram uma organização cuja perpetuação depende da liberdade de violar a lei. Socialmente o policial do lugar tem mais em comum com o povo de Cornerville que com os que demandam a aplicação da lei, e os incentivos financeiros oferecidos pelos gângsteres têm um peso cuja importância é óbvia.

O cumprimento da lei tem um efeito direto sobre as pessoas de Cornerville, enquanto afeta apenas indiretamente as "pessoas de bem" da cidade. Nessas circunstâncias, o caminho mais fácil para o policial é agir de acordo com a organização social com a qual está em contato direto e, ao mesmo tempo, tentar dar ao mundo exterior a impressão de que faz cumprir a lei. Ele tem que desempenhar um elaborado papel de faz-de-conta, e, ao fazê-lo, funciona como um amortecedor entre organizações sociais divergentes, com seus padrões de conduta conflituosos.

Em tempos de crise, o policial tem dificuldade de desempenhar esse duplo papel. Uma onda de violência estimula as "pessoas de bem" a fazer demandas de aplicação da lei que devem ser atendidas em certo grau, mesmo quando perturbam as relações polícia/gângster. Portanto, é do interesse do departamento de polícia ajudar a manter em paz uma organização de jogos de azar. Como a competição em atividades ilegais leva à violência, também interessa ao departamento cooperar com a organização ilegal para eliminar a competição. Ao regular o jogo organizado e manter a paz, o policial pode satisfazer as demandas por aplicação da lei com um certo número de prisões meramente simbólicas e ficar livre para se ajustar à situação local.

Crises periódicas na aplicação da lei exigem alto grau de flexibilidade da parte do departamento de polícia. A fim de desempenhar o papel duplo, a organização policial deve ser capaz de se movimentar em direções opostas, de acordo com as exigências da situação. O "tira cem por cento" ajuda a manter a necessária flexibilidade. Quando estoura um escândalo relacionado com o jogo, ele tem toda a liberdade para cuidar do caso. Sua reputação de incorruptibilidade é aceita pelo público como um sinal de que a polícia está levando o caso a sério. Quando o furor diminui, ele é mandando para os bastidores. Um homem tão notável como o capitão O'Leary não pode ser muito obviamente penalizado ou colocado na prateleira, mas, caso sejam mantidas dentro de certos limites, suas ações servem para fortalecer a organização policial. Se não houvesse intocáveis na força, as relações polícia/gângster, conhecidas como de corrupção, se desenvolveriam a tal ponto que, quando finalmente surgisse uma crise que trouxesse a situação a público, o departamento não teria os homens necessários para produzir uma aparente reversão de sua política. O escândalo resultante poderia assumir tais proporções que ameaçaria destruir o sistema prevalecente da organização policial. Então, presumivelmente, haveria um período de confusão enquanto um novo (ou similar) sistema social se desenvolvesse. Assim, o policial intocável ajuda a manter a organização policial num estado de equilíbrio entre as pressões que recebe dos dois lados.

Essas generalizações não significam que o departamento de polícia e a organização ilegal entram numa grande conspiração e concordam a respeito de uma política comum. As relações entre eles são estabelecidas não no nível agregado, mas entre indivíduos dos dois grupos, e as ações de ambos os lados tornam-se uma questão de hábito e costume, tal como acontece entre outras pessoas e outros grupos. Embora um estudo possa revelar certos padrões consistentes nas ações das pessoas, não é correto presumir que alguém as tenha planejado para serem como são.

4. O GÂNGSTER EM SEU CONTEXTO SOCIAL

O poder do gângster baseia-se sobretudo em seu controle das atividades de jogo. Em nossa sociedade de classe média, o jogo é uma atividade não respeitável. Na Itália, bem como em muitos países europeus, é tomado como um fato, e o Estado promove suas próprias loterias. Os protestantes tendem a identificar lei e moralidade e, portanto, a considerar atos ilegais como imorais. A igreja católica não faz essa identificação. O jogo é uma questão temporal. O Estado tem o direito de proibi-lo, mas a proibição legal não torna o jogo imoral. De acordo com a igreja, o jogo é imoral apenas quando o jogador trapaceia, usa dinheiro que não é seu ou priva seus dependentes do que necessitam para sua manutenção. Ao reconhecer que o jogo muitas vezes envolve essa privação e que tende a estar associado a atividades imorais, a igreja o vê com suspeita, mas isso é bastante diferente de um absoluto banimento moral.

A atitude comum em Cornerville a respeito do jogo foi explicitada assim por um rapaz da esquina:

> Suponha que eu seja um homem rico e goste de apostar em cavalos. Quando eles estão correndo em Crighton, posso ir lá e apostar meu dinheiro. Quando estão na Flórida durante o inverno, posso ir lá e jogar neles. Tudo isso é legal. Mas suponha que eu seja um homem pobre. No verão, vou a Crighton. No inverno, não tenho como ir para a Flórida, mas continuo querendo jogar. Não perco o interesse só porque estão na Flórida. É imoral para mim apostar neles numa casa de apostas? Por que deveria ser imoral para mim, se não é para o homem rico?

As pessoas de Cornerville têm uma atitude bastante diferente quando se trata de roubo e assassinato. Elas traçam uma clara linha divisória entre as atividades ilegais respeitáveis e as não respeitáveis. O jogo é respeitável. Ele tem um papel importante na vida das pessoas de Cornerville. Seja o que for que joguem, os rapazes da esquina quase sempre apostam no resultado. Quando não há nada em disputa, o jogo não é considerado uma rivalidade real. Isso não significa que o elemento financeiro seja mais importante que tudo. Freqüentemente ouvi as pessoas dizerem que a honra de vencer era muito mais importante que o dinheiro em questão. Os rapazes da esquina consideram jogar por dinheiro o verdadeiro teste de habilidade, e, a menos que um homem se saia bem quando há dinheiro na disputa, não será considerado um bom competidor. Isso ajuda a determinar a posição de indivíduos e grupos uns em relação aos outros.

Suponha que o time X desafie o time Y, que, de modo geral, é considerado o melhor. O time Y aceita, com a condição de que uma determinada quantia seja apostada. Se a quantia é alta e os membros do time X não têm certeza do resultado, eles podem se recusar a comparecer com sua parte. Nesse caso, a disputa não acontecerá, e o time Y continuará a ser visto como o melhor.

Em competições individuais e entre times, os rapazes da esquina organizam seu próprio jogo. Mas se desejam jogar em corridas de cavalos ou cachorros, ou nos números, não podem lidar com a situação de uma maneira assim informal. E aqui entra o gângster. Para ele, organizar jogos é um negócio.

O rapaz da esquina sabe muito bem que, ao jogar nos números ou apostar em cavalos, ele na média perderá. Para ele, o incentivo financeiro não é o único. Gosta de estudar o folclore das corridas de cavalos e comparar com seus amigos a habilidade de selecionar vencedores. Não há qualquer habilidade envolvida no jogo de números, mas, ainda assim, as pessoas desenvolvem apego aos seus "números da sorte" e gostam de discutir suas experiências sobre esses números.

Um rapaz da esquina que economizasse suas moedas de cinco e dez centavos teria mais dinheiro, a longo prazo, do que se as apostasse nos números, mas ele não poderia seguir esse caminho sem sofrer conseqüências sociais desagradáveis. Espera-se que o rapaz com dinheiro ajude seus amigos. O gastador é popular e respeitado. Economizar, portanto, não é uma alternativa lícita para jogar nos números. Os trocados seriam dissipados de uma maneira ou de outra, enquanto as grandes quantias ganhas ocasionalmente têm real significado para o rapaz da esquina. Os 60 dólares ganhos numa aposta de dez centavos num jogo de três números são usados para pagar débitos, comprar algumas roupas, agradar os amigos, dar algum dinheiro para os pais e ir jogar de novo.

O gângster dirige atividades que se prestam particularmente à ampliação de sua influência social. No comércio a varejo, o preço e a qualidade dos bens têm alguma influência sobre as vendas, mas os prêmios pagos aos números premiados e aos cavalos vencedores são exatamente os mesmos em toda Cornerville. Laços pessoais e confiança pessoal são, assim, os únicos fatores que influenciam o freguês a fazer suas apostas com um agente, e não com outro. O rapaz da esquina quer fazer negócio com um amigo, e assim se formam laços de proximidade entre o agente e seus clientes. Os que estão num nível mais alto na organização conquistaram suas posições criando o mesmo tipo de relações de amizade e confiança com as pessoas de Cornerville. Essas relações continuam a existir, embora de uma forma um pouco modificada. T.S., por exemplo, não pode ter laços próximos com todos aqueles que fazem negócios com sua organização, mas passa muito de seu tempo em Cornerville, e quando está ali fica numa determinada esquina ou em certa barbearia, e faz seus lanches em um determinado restaurante, como qualquer um dos rapazes da esquina. Embora viva fora do distrito, não se afastou socialmente dos rapazes, ao contrário do que fez a maior parte dos empresários e profissionais de sucesso.

As atividades do jogo organizado tendem a colocar inúmeros rapazes da esquina numa posição de dependência frente aos gângsteres. Está previsto no código da pessoa que se dedica profissionalmente ao jogo que ela devolva parte de seus ganhos aos perdedores que são "limpados". Conheço o dono de um jogo de dados que costumava levar para sua mãe, todos os dias, tudo o que ganhava. Passou a ser visto como um camarada pão-duro, e se seus associados no jogo não aplicassem o código de uma maneira bastante liberal, ele teria perdido seus clientes.

Em Cornerville, os gângsteres são conhecidos como gastadores e patrocinadores liberais dos empreendimentos locais. Gastam seu dinheiro nos estabelecimentos locais. Patrocinam as atividades dos rapazes da esquina comprando blocos de ingressos para bailes e fazendo outras contribuições.

Um jovem num negócio legítimo disse a respeito de T.S. e seus associados:

> Esses gângsteres são os caras mais finos que você pode encontrar. Eles farão um bocado por você, Bill. Você vai até eles e diz: "Faz quatro dias que não como e não tenho onde dormir", e lhe darão alguma coisa. Agora, vá você a um empresário, um dos membros respeitáveis da comunidade, e peça o mesmo a ele. O cara põe você direto porta afora.

Essa norma de ação é substancialmente a mesma para todos os gângsteres. Embora a generosidade dos fora-da-lei seja um tema tão velho quanto o tempo, é importante compreendê-la, neste caso, não como um traço de personalidade peculiar, mas como um aspecto importante da adaptação do gângster à sua sociedade.

A generosidade cria obrigações que são reconhecidas pelos beneficiados. Além do grupo de "parasitas" completamente dependentes de seu apoio, existe um grande número de rapazes da esquina que, num momento ou outro, ficam em débito com o gângster por dinheiro emprestado a eles ou gasto com eles.

O poder do gângster é visto de uma perspectiva mais clara quando comparado com alguns dos que podem competir com ele por influência. Empresários e profissionais legítimos são usualmente considerados as lideranças da comunidade. Formam um grupo de homens prósperos que cresceram no distrito e ainda têm suas lojas ou escritórios em Cornerville, mas a maior parte deles vive em áreas menos congestionadas e mais bem cotadas socialmente. Passam muitas de suas horas de trabalho em Cornerville, mas têm pouco tempo e em geral pouca inclinação para "andar por aí com os rapazes". Mesmo os poucos que continuaram a viver em Cornerville tendem a ser socialmente limitados pela natureza de suas atividades. O dono de uma loja deve permanecer em seu estabelecimento e esperar que os clientes venham a ele. Precisa contar com um fluxo contínuo de seu círculo de amigos e conhecidos, mas, ainda assim, não pode correr o risco de ficar muito íntimo dos rapazes da esquina. Na verdade, às vezes se ouve dizer que um homem se deu mal no seu negócio porque tinha amigos demais — ou seja, porque muitas das transações com esses amigos eram a crédito. Se um homem tem laços muito íntimos com os rapazes da esquina, terá dificuldade de negar crédito a eles, mas se evitar se envolver com eles ainda pode fazer negócio se seus produtos forem bons, os preços razoáveis e a localização importante para as atividades dos rapazes. No entanto, no último caso, não terá a mesma influência do homem que é "um dos rapazes".

Muitas lojas dependem dos jogos de azar, e os lojistas se tornam uma parte da organização ilegal. Os jogos são vendidos em todos os tipos de lojas, mas são mais comumente encontrados em pequenos bazares, barbearias, lanchonetes e bilhares. É significativo que estes sejam os lugares onde os rapazes da esquina fazem ponto. Eles são amigáveis com o dono da loja, e muito da renda do dono depende do jogo. Em tais circunstâncias, a influência do gângster não exige qualquer explicação adicional.

Embora os interesses ilegítimos em Cornerville estejam organizados em torno do jogo, os gângsteres locais têm vários outros negócios. Alguns ainda lidam com bebidas alcoólicas, podendo vender a preços mais baixos porque não pagam os impostos devidos. No entanto, esse negócio é insignificante quando comparado com o tráfico durante a Lei Seca, e há muitos gângsteres que não têm nada a ver com ele. Houve épocas em que os homens na organização forneciam furadores de greve para as indústrias, mas esse trabalho tem sido esporádico. No momento, não existem casas de prostituição em Cornerville. O tráfico de entorpecentes tem pouca evidência no distrito, embora alguns homens locais tenham sido presos e condenados por isso. Talvez exista uma relação de negócios entre a organização mafiosa e essas atividades. O Chefe, aquele que organizou o monopólio de bebidas, também controlava o tráfico de entorpecentes em Eastern City. No entanto, não há evidência de que qualquer gângster em Cornerville, incluindo até o nível dos homens cinqüenta por cento, tenha interesses envolvidos em prostituição ou entorpecentes.

Existem em Cornerville algumas pequenas gangues que se dedicam a assaltos e roubos. Embora certos gângsteres conhecidos tenham começado suas carreiras nessas áreas, não deram continuidade a tais atividades desde que se estabeleceram no campo mais seguro e respeitável do jogo. Alguns agentes participam esporadicamente de assaltos, mas isso é desencorajado pelos maiores na organização. É um mau negócio para os gângsteres ter seus subordinados metidos em outras encrencas com a polícia além das que são inevitáveis na operação usual dos números. De modo geral, os assaltantes atuam de maneira independente, com poucos sócios. Alguns deles têm relações amistosas com gângsteres e buscam sua ajuda quando têm problemas com a lei. Embora estes últimos menosprezem assaltantes, existem relações informais entre eles.

Se é que existem, as organizações de proteção que vivem de extorquir os negócios legítimos em Eastern City certamente não estão estruturadas no mesmo nível que o encontrado em outras cidades. Há alguns anos os gângsteres em Cornerville forçaram todas as padarias a pagar proteção a eles, mas o esquema durou pouco. Em outra ocasião, numa cidade vizinha, os gângsteres tentaram controlar o mercado de frangos, mas o assassinato de um comerciante local conhecido e integrante da Legião Americana atrapalhou os planos ainda no começo.

Em todas as suas atividades, sejam legais ou ilegais, os gângsteres desempenham a importante função de prover emprego para um grande número de homens. A maior parte dos empregados não tem experiência nem capacitação que os habilitem para empregos no setor privado. Além disso, existe em Cornerville uma crença disseminada, e não sem considerável respaldo nas evidências, de que um italiano do local é discriminado quando se candidata a um emprego. Os rapazes da esquina não se ajustam à organização econômica socialmente aprovada, e, durante a Depressão, os gângsteres propiciavam a eles empregos que dificilmente encontrariam de outra forma.

Os gângsteres também fornecem capital de risco para novos empreendimentos. Uma história servirá de exemplo. Tom Leonardi era um jovem de Cornerville que trabalhava para uma grande corporação. Tom aprendeu bem seu ofício e viu oportunidades de lucro se começasse seu próprio comércio. Não dispondo de qualquer capital, principiou vendendo para seus amigos. Montou um pequeno comércio, mas precisava de capital para expandir as operações. Os bancos de investimento da cidade dificilmente estariam interessados em apoiar um jovem italiano que não conheciam e que estava entrando numa competição com corporações firmemente estabelecidas. Tom buscou diversos gângsteres italianos, e eles concordaram em investir. Com capital emprestado, conseguiu comprar as instalações e os equipamentos necessários para a expansão de seu negócio. Ao mesmo tempo, sua diretoria promovia as vendas com entusiasmo — o que às vezes resultava em coerção. Atualmente o negócio está solidamente implantado, e certos métodos "grosseiros" de venda dos primeiros tempos estão em declínio. A companhia tem um produto de excelente qualidade, e parece ter a probabilidade de uma longa e próspera existência.

A evidência indica que Tom Leonardi tinha uma habilidade excepcional para os negócios. Mesmo assim, se não contasse com o apoio dos amigos gângsteres, ainda estaria lutando para progredir. Este não é um exemplo isolado. O apoio de capital mafioso tem ajudado inúmeras pessoas competentes a se elevar a posições que, de outra forma, seriam inalcançáveis.

O capital mafioso em Eastern City tem sido investido num grande número de empreendimentos legítimos. Ele é mais evidente na produção e venda de bebidas, em companhias financeiras, boates e restaurantes, corridas de cavalos e promoção de esportes.

Da perspectiva dos gângsteres, existem diversas vantagens em ter negócios legítimos. Investimentos rentáveis são bem-vindos por razões óbvias. Mas mesmo os interesses não rentáveis servem de fachada conveniente para atividades ilegais.

A promoção de lutas de boxe é um negócio incerto e freqüentemente não lucrativo. Soube que o gângster mais conhecido nessa atividade teve um lucro de menos de cem dólares nas operações de poucos anos atrás. Ainda assim ele e seus associados consideraram que o negócio valeu a pena.

> Eles distribuem os ingressos para certos policiais e homens de negócio. Suponha que mandem dez ingressos para um certo policial toda vez que há uma luta. Ele usa alguns e distribui o resto entre amigos. Às vezes, se os promotores precisam de um favor do policial, espera-se que ele os atenda. É por isso que é um bom negócio... E depois eles passam os ingressos para todos os seus apontadores de números, para mostrar sua gratidão.

Parece que um dos principais incentivos para entrar em negócios legítimos é a esperança de se tornar "respeitável", como indica a seguinte história. Joe, o Lobo, começou como guarda-costas de um proeminente líder de gangue. Ele tinha freqüentes embates com a lei. Uma vez, quando um gângster foi baleado, prenderam Joe, o Lobo, fugindo da cena do crime. Foi julgado por assassinato, mas retiraram a acusação. Durante algum tempo depois disso, Joe era pego pela polícia sempre que havia um assassinato numa gangue. Ele reclamava que estava sendo caçado. Suas atividades mudaram. Fez dinheiro nos números e adquiriu alguns negócios legítimos. Ativou o lado respeitável de sua carreira e desencorajou o uso de seu apelido. Recusava-se a deixar que sua filha saísse com gângsteres. Ela se casou com um homem de uma família respeitável que trabalhava num negócio legítimo. A sofisticada recepção do casamento reuniu uma grande quantidade de pessoas, incluindo muitos empresários locais e políticos de renome. As matérias de jornal sobre o evento descreveram o pai da noiva como "um conhecido homem dos esportes". Embora Joseph Lupo ainda seja conhecido entre os rapazes da esquina como Joe, o Lobo, ele avançou muito no caminho da respeitabilidade desde o início de sua carreira.

As organizações mafiosas funcionam em Cornerville como os negócios legítimos operam em outras partes. O gângster molda sua atividade copiando o homem de negócios, e até se esforça para ganhar respeitabilidade a fim de ser aceito pela sociedade de fora do mesmo modo como é aceito em Cornerville.

Capítulo V

O gângster no Clube Social e Atlético Cornerville

1. Tony Cataldo e os rapazes da Shelby Street

Esta é a história da luta entre Tony Cataldo, o gângster, e Carlo Tedesco, o rapaz da esquina, pelo controle do Clube Social e Atlético Cornerville. O conflito tornou-se aparente apenas em duas ocasiões, mas os dois pretendentes tinham consciência do que estava em jogo e, entre crises, manobravam visando sua posição e influência sobre os companheiros do clube. O poder de Tony e Carlo dependia da natureza de suas relações pessoais. Portanto, para compreender a luta, é necessário observar cada qual em ação junto com os sócios seus aliados ao longo da história das atividades do clube.

Tony Cataldo e seu sócio Sully Defeo eram os homens mais importantes na Shelby Street. Na divisão de trabalho entre os parceiros, a função de Tony era cuidar das relações pessoais naquela área.

Tony nasceu em 1912, o caçula da família. Seu pai havia imigrado para Cornerville dez anos antes. Em seus primeiros anos na cidade, os Cataldo viviam na miséria, mas quando Tony nasceu seu pai conseguira montar um negócio como vendedor ambulante, à semelhança do que fazia na área rural da Sicília. A prosperidade trazida pela guerra permitiu que a família vivesse confortavelmente e investisse suas economias em imóveis no local, e Tony conheceu poucas dificuldades na infância.

Ele era inteligente e popular entre seus colegas, porém não tinha ambições acadêmicas. Após terminar o curso secundário, saiu da escola para juntar-se a Sully Defeo na venda de bilhetes da loteria estadual. Dali eles passaram para o jogo de números, que então se expandia em Cornerville. No início trabalhavam por conta própria, mas quando não conseguiram pagar um prêmio de 23 mil dólares, foram forçados a recorrer ao financiamento de T.S. e se subordinar, como homens cinqüenta por cento, ao principal gângster de Cornerville. Nessa posição, desenvolveram um próspero negócio, com cerca de 300 agentes trabalhando para eles no local e outras partes do estado. Além da loteria, Tony e Sully dirigiam uma grande loja de apostas em corridas de cavalos e um jogo de bingo em outra cidade. Suas atividades no jogo às vezes os levavam a fazer promoções em outros estados. Também tinham alguns interesses legais não relacionados ao jogo.

Tony era extremamente talentoso em suas relações pessoais. Quando ainda menino, aprendeu muitos dos dialetos italianos então correntes em Cornerville, de modo que podia se integrar rapidamente a qualquer grupo social. Seu futuro sogro era de Abruzzi e "queria acabar com a raça dos sicilianos", mas Tony falava aquele dialeto, e sua origem siciliana só foi descoberta depois que havia se tornado o principal candidato à mão da filha.

Tony e sua esposa viviam num dos edifícios de propriedade da família, em um apartamento que ele havia reformado. Falava que deviam ter-se mudado de Cornerville, mas ficaram para atender ao desejo de sua mãe e de seu pai.

Tony tinha um filho pequeno do qual se orgulhava muito. Não permitia que o garoto brincasse com as crianças vizinhas por medo de que aprendesse "coisas feias". Em sua devoção à esposa, ao filho e aos pais, Tony Cataldo era um respeitável homem de família.

Carlo Tedesco mudou-se de Nápoles para Cornerville em 1927, quando tinha 17 anos. Tendo se estabelecido no mesmo ramo do pai, casou-se e se instalou num apartamento na Shelby Street. Durante parte do período da Depressão, Carlo teve que recorrer à WPA para sustentar sua família, mas com o final da crise conseguiu pelo menos um emprego sazonal na indústria privada.

Carlo me disse que lamentava muito não ter podido freqüentar a escola nos Estados Unidos. Embora soubesse ler e escrever em inglês mais fluentemente que muitos rapazes da esquina nativos, ainda falava com um forte sotaque italiano e sentia que isso fora uma desvantagem em seus contatos sociais e de emprego. No entanto, teria sido muito mais sério em outras partes de Cornerville do que na Shelby Street, onde os sotaques eram comuns.

Dono de uma fala brilhante e divertida, e cheio de energia, Carlo não permitia que seu sotaque o intimidasse. Era extremamente ativo na vida social da Shelby Street e bem conhecido de todos os rapazes da esquina.

Carlo e seus amigos mais chegados faziam ponto na loja de um barbeiro de meia-idade chamado Joe Palermo. Na época da fundação do Clube Social e

Atlético Cornerville, Carlo dividia a posição de maior influência nesse grupo com Mike Costa, um homem de seus 40 anos que trabalhava em tempo parcial na barbearia de Palermo.

Havia três outros grupos na Shelby Street que desempenham um papel nessa história. Um deles centrava suas atividades em torno da lanchonete de Dom Romano e seu sócio, Jim Rizzo. Dom nascera em Cornerville em 1914, de pais oriundos do Norte da Itália. Havia se formado em mecânica de automóveis numa escola técnica. Não encontrando futuro algum nessa área, passou para a lanchonete. Após uma dificuldade inicial, conseguiu fortalecer o negócio a ponto de ele e seu sócio poderem ter uma vida confortável, segundo os padrões de Cornerville. Ao lado de Dom, Salvy Bellino era o integrante mais famosos da clique. Havia terminado o segundo grau e tinha um emprego em tempo parcial num atacadista próximo. Podia se expressar por escrito melhor que qualquer um dos outros rapazes de sua turma. Salvy era um atleta versátil.

O Clube dos Dez Amigos, sob a liderança de Tom Reppucci, incluía um grupo de homens de vinte e poucos anos, a maior parte dos quais com empregos de tempo parcial em atacadistas. Como a organização fora fundada dois anos antes que o Clube Social e Atlético Cornerville, e como nenhum dos participantes falava com sotaque, consideravam-se superiores aos outros grupos da Shelby Street.

Matteo Firrera, um homem gordo e jovial em seus 40, que falava com forte sotaque, dirigia o pequeno Clube Marconi como uma organização pessoal. Matteo sustentava seu clube da venda de vinho para os outros sócios e de uma percentagem sobre os jogos de cartas. A maior parte dos homens falava inglês com certa dificuldade, e por isso eram chamados de *greasers* pelos rapazes da esquina.

Embora a influência de Tony Cataldo se estendesse por toda a área da Shelby Street, ele mantinha relações particularmente íntimas com alguns dos integrantes das gangues da barbearia e da lanchonete. Os proprietários dos dois pontos entregavam suas apostas a ele. Dom recebia 20% e Joe, o Barbeiro, 25%. Chichi e Lefty, da gangue da barbearia, também anotavam apostas. Chichi entregava seus envelopes diretamente a Tony, e Lefty era um subagente de Joe Palermo. Embora Tony estivesse acostumado a lidar com a maior parte dos homens na Shelby Street, ele não conhecia Carlo Tedesco quando o Clube Social e Atlético Cornerville foi fundado.

2. A ORGANIZAÇÃO DO CLUBE

O Clube Social e Atlético Cornerville originou-se da gangue da barbearia. Uma bela manhã, Mike, Joe, Dick, Guy e Chichi foram até a casa de Carlo para tomar café com ele. Ao perceber que as freqüentes visitas dessa natureza aumentariam muito as responsabilidades de dona-de-casa de sua esposa, Carlo sugeriu que os rapazes alugassem uma sala e criassem um clube. Combinaram uma reunião naquela noite, na barbearia, para discutir os planos. Na ocasião, Mike propôs seu projeto de organização. Queria ter dez sócios originais e regulares, que pagariam uma taxa de associação de três dólares, uma contribuição de 25 centavos por semana, e teriam controle total do clube. Todos os outros seriam membros associados, pagando um dólar por ano e sem qualquer poder. Os sócios originais cuidariam da venda de vinho e cerveja no clube e coletariam uma pequena taxa dos jogos de cartas dos membros associados. Como Mike me explicou mais tarde: "Queria conseguir cerca de 200 associados para aquele clube. Então a gente poderia procurar algum político e arranjar alguma coisa — talvez favores, ou talvez nos desse dinheiro. Minha idéia era só isso."

Carlo protestou, dizendo que os rapazes não deveriam lucrar em cima de seus amigos, e argumentou que todos os sócios deveriam possuir direitos iguais. Quando saiu para o trabalho, entendeu que haviam concordado com ele. No dia seguinte, descobriu que Mike prosseguira em seu argumento e conseguira que todos apoiassem seu projeto. Após isso, Carlo os chamou de "bando de traidores sujos", disse que o clube nunca poderia ter sucesso com aquele tipo de plano de organização e recusou-se a ter qualquer relação com ele.

Para começar, Mike conquistou Joe, Chichi, Dick e Dodo, da gangue da barbearia, e eles chamaram outros cinco, incluindo Salvy, da gangue da lanchonete, e Tony Cataldo. Com esse núcleo, Mike alugou uma loja desocupada perto da barbearia e persuadiu um grande número de pessoas, entre elas Dom Romano e Jim Rizzo, a se tornarem membros associados.

Houve uma profunda dissensão no clube praticamente desde o começo. Os rapazes da lanchonete protestaram, alegando que Mike queria ser um ditador. Dom Romano não tomou partido nas discussões, mas Salvy chocou-se com Mike desde o início e continuou a fazer oposição a ele. Até mesmo alguns dos integrantes da clique da barbearia estavam insatisfeitos com a liderança de Mike. Guy disse a Carlo que os rapazes queriam que ele voltasse e desse um jeito nas coisas, mas Carlo falou que só voltaria quando o clube fosse reorganizado, com direitos iguais para todos os sócios.

Tony Cataldo não tomou partido. Achou uma boa idéia os rapazes criarem uma organização. Poderiam conduzi-la como quisessem e ele tentaria ajudá-los, embora não pudesse dedicar muito tempo a isso.

Quando havia alguma discórdia entre as facções, os rapazes pareciam esperar que Tony tomasse providências. Ele também fez outras coisas pelo clube. Uma vez, naquela primavera, comprou dois barris de cerveja e alguns sanduíches e ofereceu uma festa para os rapazes. Quando os sócios pensaram em obter uma licença para o clube, Tony contribuiu com 25 dólares de seu próprio bolso para pagar a taxa.

Como Chichi me explicou:

> Quando você pode pendurar uma licença no seu clube, as pessoas que passam vêem que você tem um clube registrado. Elas verão que é mais como um clube organizado. Vão saber que é uma organização verdadeira. ... Então, quando você consegue uma licença, pode ter bebidas no clube. Claro, espera-se que você as guarde em armários individuais, mas, quem liga pra isso? Quando você tem um clube licenciado, os tiras não podem entrar sem um mandado de busca. Se tentarem entrar, você tem todo o direito de botá-los pra fora. Sem uma licença, eles podem chegar a qualquer momento e ficar fuçando. Não é fácil conseguir uma licença. Você tem que pagar 25 dólares por ela, essa é a taxa regular, e então tem que pagar outros 25 para um advogado conseguir uma pra você. Esse homem deve fazer contatos para conseguir a licença. Você sabe, eles são muito rigorosos, querem saber pra quê você vai usar a licença. Você deve ter alguém com conexões realmente muito boas pra fazer a coisa andar.

Tony deu 25 dólares a Mike para tirar a licença, e este entrou num jogo de dados e perdeu o dinheiro. Diversos integrantes de cada uma das cliques me contaram a história, e é claro que esta foi uma revelação chocante para o clube.

No final da primavera, o Clube Social e Atlético Cornerville se desfez. Os membros associados, e até alguns dos originais, se retiraram, até que sobraram apenas Mike, Joe, Dick, Chichi e Tony Cataldo.

Para fazer do clube um sucesso, Mike devia ter integrado as cliques da lanchonete e da barbearia. Elas diferiam em diversas características significativas. A clique da lanchonete era considerada mais americanizada e, na média, seus rapazes tinham prosseguido nos estudos. Apenas um dos rapazes da lanchonete falava inglês com sotaque e ocupava a última posição em seu grupo. Por outro lado, Carlo, Mike e Joe — os mais conhecidos dos rapazes da barbearia — falavam com sotaque pronunciado. Os rapazes da lanchonete eram mais ativos nos esportes; os únicos jogadores de beisebol e os melhores jogadores de boliche estavam entre eles. Nenhuma das cliques era próspera, mas os rapazes da lanchonete tinham uma ligeira vantagem em termos de regularidade de empregos. Os únicos sócios que possuíam carro eram Dom, Mac, Mario e um outro membro da clique.

Sob a liderança de Mike, essas distinções foram acentuadas, até que a organização se desfez. Num último esforço para salvar o clube, Mike insistiu com Carlo para que se tornasse sócio. Este se recusou, a menos que o clube fosse reorganizado. Os sócios restantes, com exceção de Tony Cataldo, que não estava presente, concordaram que reorganizariam o clube de acordo com a proposta de Carlo caso ele voltasse. Ele concordou, mas no dia seguinte descobriu que Tony havia persuadido os rapazes a passarem o clube para sua administração durante o verão. Tony pagaria o aluguel e as contas de luz em troca de operar jogos de cartas e anotar apostas nas corridas de cachorros. Quando Carlo soube desse acordo, mais uma vez chamou os rapazes de "bando de traidores sujos".

Tony Cataldo estabeleceu seu negócio na sala dos fundos. Seu irmão, Joe, assumia a direção quando ele não estava. Dois dos empregados ajudavam com as apostas nos cachorros e com os jogos de cartas, e três outros ficavam a maior parte do tempo no clube.

A abertura do ponto de jogo no clube colocou os rapazes da esquina em contato mais próximo com Tony Cataldo e sua organização. Antes, Tony passava grande parte do dia dirigindo seu carro por Eastern City ou pelas cidades vizinhas e tinha pouco tempo para ficar no clube. Como seus negócios funcionavam ali, tornou-se de fato o chefe do clube. Ganhou muito mais visibilidade, e, quando não estava presente, outros participantes de sua organização misturavam-se aos rapazes da esquina.

Esse novo arranjo fez com que os rapazes dependessem mais dos gângsteres. Embora Mike Costa e muitos outros anotassem apostas quando perdiam todo seu dinheiro no jogo, a maior parte dos integrantes influentes dos grupos de rapazes da esquina considerava que isso os rebaixaria. O resultado desse comportamento foi aumentar a influência dos gângsteres sobre os seguidores das gangues e, assim, enfraquecer a influência dos líderes dos rapazes da esquina.

Carlo nem mesmo jogava na loteria. Durante o verão, só jogou duas ou três vezes na sala dos fundos, e assim me disse:

> Nunca peço nada pra eles. Se vou lá e perco 15 ou 20 dólares, que diferença vai me fazer um dólar a menos? Não sou nenhum miserável.
>
> Às vezes, durante o verão, eles faziam cem dólares numa noite e mandavam buscar umas caixas de cerveja. Custavam três dólares pra eles, então ainda ganhavam 97. Mas, desse jeito, ficavam sendo os camaradas legais — com o nosso dinheiro. É isso que eu digo pros rapazes. Digo isso até pra Tony Cataldo. É claro, Tony leva na esportiva. Você se encontra com ele no centro da cidade e ele paga um drinque pra você, ou alguma coisa assim. É uma boa companhia — com nosso dinheiro.

3. A reorganização do clube

Quando terminou a temporada de corrida de cachorros e Tony Cataldo liberou as salas do clube, Mike pediu outra vez a ajuda de Carlo. Entendendo que o clube continuaria o mesmo, só que todos os homens teriam direitos iguais, Carlo começou a registrar novamente os antigos sócios.

Na primeira reunião do clube reorganizado, Dick, Chichi e Joe, da clique da barbearia, foram eleitos presidente, segundo secretário e tesoureiro. Mario, um membro da gangue da lanchonete que estudava na Meridian Medical School, tornou-se vice-presidente, e Salvy foi eleito secretário.

Carlo me disse que alguns de seus amigos quiseram que se candidatasse para presidente, mas ele havia declinado porque trabalhava à noite e não poderia participar da maior parte das reuniões. Dom não desempenhava um papel ativo nas atividades do clube. Ele me disse que, em seu tipo de negócio, não podia se dar ao luxo de entrar em discussões.

Nessa reunião, fui admitido no clube por votação, o que me permitiu ter contato direto com os acontecimentos.

A primeira controvérsia que surgiu após a reorganização mostrou claramente a força das organizações informais dentro do clube. Mike propôs que o clube pagasse um pequeno salário a um faxineiro para limpar as salas. Salvy sugeriu que os sócios fizessem um rodízio e eles mesmos executassem o serviço. Carlo chegou na metade da reunião e apoiou Mike. Houve uma longa e acalorada discussão e, em seguida, uma votação que dividiu o clube nitidamente em duas cliques. Todos os rapazes da barbearia apoiaram Carlo e Mike, e os da lanchonete ficaram com Salvy. Nessa ocasião, a barbearia ganhou com uma margem de dois votos.

Os encontros revelaram claramente a posição do presidente. Dick era popular entre todos os rapazes, mas mostrava-se incapaz de manter a ordem. As usuais regras parlamentares de procedimento não se impunham. Qualquer sócio tinha permissão para apresentar uma moção, mesmo quando outra já estava sendo discutida. Em algumas reuniões, chegava a haver três moções sendo discutidas simultaneamente. Isso deixava o presidente na difícil posição de decidir como deveriam ser votadas as propostas. Dick hesitava nessas situações, geralmente seguindo o conselho de Salvy ou de Carlo. Sua indecisão era um fator importante na desorganização das reuniões. Quando começava uma discussão, os dois lados entravam na disputa sem esperar a autorização do presidente. Às vezes, Dick socava a mesa pedindo ordem, mas isso só tinha algum resultado se um rapaz de maior peso o apoiasse.

No auge da discussão sobre o faxineiro, quando a reunião saíra totalmente de seu controle, ele ficou de pé e disse: “Renuncio à presidência. Ainda estou com o clube, mas quem quiser que continue a encaminhar a reunião.” E saiu da mesa.

Carlo chamou em voz alta: "Senhor presidente, volte para sua cadeira!" Imediatamente Dick deu meia volta, foi para sua cadeira e continuou a reunião.

O diagrama a seguir apresenta um quadro da organização informal do clube naquela época. Os nomes dos sócios que não figuram na história foram omitidos. Embora não seja necessário que o leitor decore todos os nomes que aparecem aqui, a comparação deste quadro com os dois seguintes pode ajudá-lo a visualizar a evolução das relações pessoais dentro do clube.

Uma controvérsia muito mais séria surgiu na reunião que se seguiu à da decisão sobre o faxineiro. Salvy lia sua versão do regulamento proposto. Quando chegou à cláusula que afirmava que o clube havia sido fundado em agosto, Mike interrompeu-os. Argumentou que fora fundado em janeiro, e, portanto, os nomes dos dez sócios originais deveriam aparecer no estatuto. Outros membros da gangue da lanchonete objetaram, dizendo que os políticos que vissem os nomes iriam pensar que "os originais" eram os únicos sócios de importância. Carlo liderou os rapazes da barbearia em apoio a Mike.

A discussão tornou-se mais acalorada. Os rapazes da lanchonete concentraram fogo sobre Mike, que, com seu pouco domínio do inglês, era incapaz de responder efetivamente. De repente perdeu a paciência e disse que o proprietário havia alugado as salas para ele, que era o dono da maior parte dos móveis do clube e que, se quisesse, poderia tirar tudo dali. Na realidade, as cadeiras de dobrar, a mesa, o sofá, a poltrona e o rádio também pertenciam a Tony, Joe, Chichi, Dick e Mike, os únicos sócios em dia quando o clube foi cedido a Tony. Mike freqüentemente falava como se tivesse sido o dono do clube original.

Quando fez sua ameaça, perdeu o apoio de Carlo. Os rapazes da lanchonete exigiram que o clube decidisse se iria comprar os móveis ou jogá-los fora. Joe e Chichi disseram que não tinham nenhum desejo de vender, mas não repudiaram Mike abertamente. A discussão continuou. Dick balançou a cabeça e disse: "Sabem qual é o problema deste clube? As cliques que existem aqui."

Finalmente, Mike chamou Joe e Chichi até a sala dos fundos, para uma consulta. Quando voltaram pouco depois, anunciou que aceitariam 40 dólares pelos móveis; também pediu os 15 dólares que estavam na tesouraria quando passaram tudo para o novo clube. Os rapazes da lanchonete disseram que o preço estava ridiculamente alto e que a mobília podia ser jogada fora. A reunião foi encerrada em meio a uma confusão.

Na manhã seguinte, discuti a situação com Carlo, Joe e Dodo. Carlo disse: "Aquilo foi péssimo. Mike se exaltou. Ele realmente não queria dizer o que disse. Eu conheço ele. Sei o que está pensando melhor que ele mesmo. Ele não queria seus nomes no estatuto. Só queria vê-los pendurados em algum lugar da parede."

A ORGANIZAÇÃO INFORMAL DO CLUBE SOCIAL E ATLÉTICO CORNERVILLE

Início de setembro de 1939

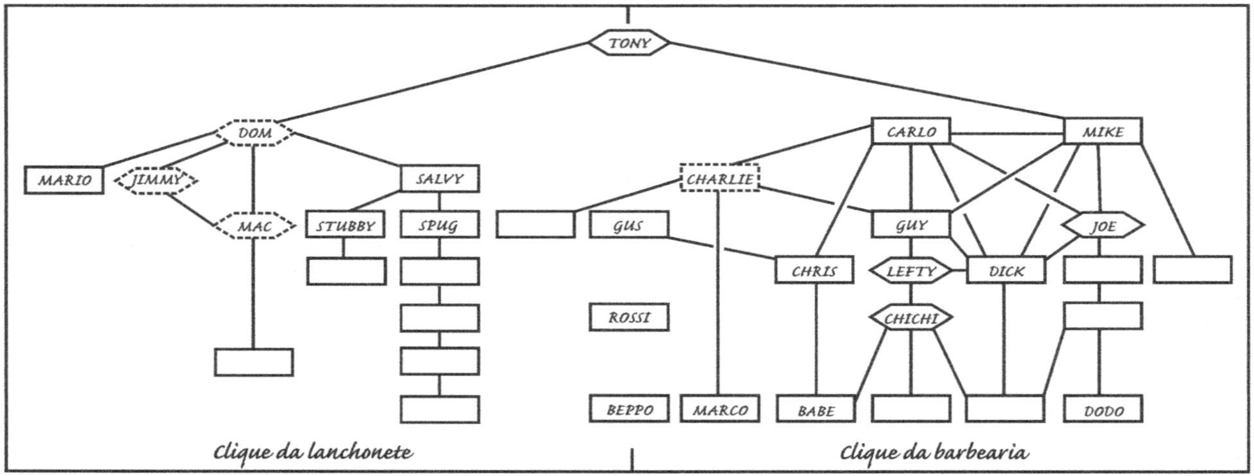

Rapaz da esquina

Integrante de organização mafiosa

Presenças ocasionais

Linha de influência

As posições dos quadrados indicam os status relativos

Dodo disse que Mike queria os nomes no estatuto sim. Carlo replicou:

> Bom, então ele estava errado. Pôr os nomes na parede seria diferente. Isso seria legal. No começo, eu estava cem por cento com Mike porque, quando nos reorganizamos, ficou combinado que continuava a ser o mesmo clube. O acordo foi quebrado, não posso negar isso. Mas, quando Mike começou a falar sobre os móveis, tive de ir contra, porque estava errado. Ele não sabia do que estava falando.

Joe concordou.

Agora os sócios não sabiam quem tinha o direito de permanecer nas salas do clube. Várias noites depois, o senhor Baccala, o proprietário, foi convidado a resolver a questão. Estava totalmente confuso com a situação e não queria se comprometer, porém Mike afinal o persuadiu a dizer que havia alugado as salas diretamente para ele, Mike, e que portanto ele era o responsável.

O problema imediato parecia estar resolvido, mas não estava. Alguns acharam que aquela questão não podia ser decidida sem a intervenção de um homem que ainda não havia entrado na controvérsia. Chichi me disse:

> Fui ver aquele outro que controla a mobília — Tony Cataldo. Contei pra ele a história. Ficou furioso porque a gente estava deixando uma única pessoa destruir o clube. Ele me disse que ia vir uma noite dessas pra esclarecer as coisas. Só tem um homem criando problemas. Nós três estamos dispostos a deixar nossa mobília lá. Agora Mike pode levar a parte dele, se quiser — vamos deixar ele levar três ou quatro cadeiras —, e o resto das nossas coisas fica. Acho que Tony Cataldo vai esclarecer tudo. Ele me disse: "Mike ainda me deve os 25 dólares que dei a ele para a licença." Ele tem isso contra Mike, então, se vier, Mike não vai poder dizer nada. Meu Deus! A gente tem que botar as coisas pra rolar naquele clube. As eleições estão chegando e ainda não foi nenhum político lá. É bom a gente começar a se mexer.

Depois de uma reunião com Tony, Mike me disse que os arranjos financeiros tinham funcionado e agradado a ele e aos outros proprietários dos móveis. Carlo me contou um incidente que ocorreu na mesma noite. Estava jogando baralho quando Mike pediu que pagasse cinco centavos pelo privilégio, já que o clube estava sob sua administração. Carlo se recusou, dizendo que essas regras só poderiam ser estabelecidas numa reunião especial do clube. Finalmente chamou a si a tarefa de resolver a questão. Fez com que cada proprietário dos móveis (exceto Tony, que não estava presente) explicitasse suas demandas individuais perante testemunhas e marcou uma reunião especial à qual ele pudesse comparecer para se chegar a uma decisão final.

Dick abriu a reunião solicitando a Mike que explicasse sua posição. Mike começou a falar algo por conta própria, mas então disse que Carlo explicaria tudo melhor. Chichi e Joe também concordaram que Carlo falasse por eles.

Carlo postou-se no centro da sala e assumiu a reunião. Disse que Mike era um de seus melhores amigos, mas que quase tinha brigado com ele por causa da questão dos móveis. O maior problema, disse, era que Chichi e Joe, o Barbeiro, diziam uma coisa quando estavam com Mike e outra quando falavam com outra pessoa. Por isso tinha feito com que eles se comprometessem diante de testemunhas. Agora Tony Cataldo estava disposto a tomar qualquer atitude em benefício do clube, desde que a maioria dos donos dos móveis concordasse. Tony era muito legal nisso. Mike receberia 7,50 dólares em dinheiro e Tony, Joe e Chichi teriam suas partes deduzidas de suas taxas. Isso seria um bom arranjo para o clube. Não tiraria muito da tesouraria e "manteria fechada a matraca de Mike".

Ninguém questionou a exatidão da fala de Carlo. Salvy disse que estava tudo muito bem, mas a questão dos nomes dos sócios originais não havia sido resolvida. Carlo falou que o problema dos móveis devia ser resolvido primeiro, e então Mike não teria mais autoridade alguma. Mike ficou agitado e disse que Chichi e Joe o haviam traído quando decidiram a questão dos móveis sem que houvesse um acordo a respeito dos nomes. Durante a discussão, Carlo se adiantou até a mesa do presidente e se colocou em posição de responder a perguntas e argumentos de todas as partes. Mario indagou ao presidente por que havia permitido que Carlo se encarregasse de toda a fala. Dick respondeu: "Porque é o homem mais inteligente aqui."

Carlo finalmente submeteu a voto seu acordo sobre os móveis, que foi aceito sem oposição. Mike conseguiu parte do dinheiro que havia pedido, mas, ao fazer isso, capitulou perante Carlo, que assumiu a liderança da clique da barbearia. Quando me encontrei com Tony Cataldo na manhã seguinte, ele disse:

> É isso aí, esclareci tudo com eles. Esperava-se que aquele clube chegasse a algum lugar, mas não sei não. Eu poderia controlar o clube, mas prefiro deixar que os sócios cuidem dele. No começo, havia dez homens no controle, e então deixamos os sócios fazerem o que quisessem [quando o clube foi organizado]. Pra mim, está bem qualquer coisa que façam.

Carlo também pediu o crédito pelo acordo final. É difícil dizer qual deles prestou o melhor serviço. Ambos agiram por conta própria, mas seguindo a mesma linha.

4. A QUESTÃO POLÍTICA

No outono de 1939, houve uma cisão no Clube Cleveland, e o deputado Michael Kelly entrou na disputa para vereador, contra o *boss* Joseph Maloney. Cinco candidatos italianos preencheram fichas de inscrição, mas quatro deles foram persuadidos a se retirar em benefício de Angelo Fiumara, que, na eleição anterior, havia conseguido mais votos que qualquer outro candidato de oposição a Maloney. Finalmente a situação fora revertida no Clube Cleveland: um italiano disputava com dois irlandeses.

O campo parecia definido em Cornerville. Fiumara tinha o apoio de Andy Costillo, que construíra um clube forte, mas Costillo era o único político italiano importante que o apoiava. Todos os gângsteres proeminentes em Cornerville, com uma exceção, estavam com Kelly. Fiumara tinha como seu trunfo mais importante o fato de ser o único candidato italiano. Originário da Sicília, era particularmente popular na seção da Shelby Street.

No início do outono, antes da retirada dos outros candidatos italianos em benefício de Fiumara, ouvi vários sócios do Clube Social e Atlético Cornerville discutirem os objetivos políticos do clube. Carlo me disse:

> Não adianta nada tentar conseguir favores de um político quando ele ganha. Vai prometer qualquer coisa antes, mas você não consegue nenhum favor dele depois; então, esquece os favores. Se tivéssemos cem sócios no clube e pudéssemos conseguir dois dólares para cada um em troca do apoio a algum candidato, isso seria diferente. Não queremos saber se ele ganha ou perde, desde que a gente consiga o dinheiro. Mas não gastamos o dinheiro. Guardamos na tesouraria e economizamos para podermos apoiar algum sócio do nosso próprio clube da próxima vez.

Os rapazes da esquina concordavam que, como regra geral, o dinheiro adiantado era melhor que favores prometidos.

A posição política do clube foi discutida na primeira reunião de setembro, mas não se tomou qualquer iniciativa. E então a política ficou no segundo plano, superada pela questão dos móveis.

Finalmente, oito dias antes da eleição, cartazes com "Angelo Fiumara para vereador" apareceram nas janelas do clube. Tinham sido postos por Mike. Ele me disse que, duas noites depois, haveria um encontro aberto com Fiumara no clube. Ele próprio conseguira do político a promessa de que compareceria, e seus amigos especiais deram uma colaboração para comprar caixas de cerveja para o evento. Fiquei sabendo que, embora não tivesse havido uma reunião para apoiar Fiumara, ele era "o candidato lógico", e todos os rapazes estavam com ele.

Na noite do encontro, Mike era pura atividade. Cuidou da encomenda da cerveja. Quando Andy Cotillo chegou ao clube para os arranjos finais, falou com Mike. Enquanto isso, Carlo conversava com Dick e o encorajava a dirigir o encontro.

Tony Cataldo chegou na companhia de Bozo, um de seus empregados. Aquela era a primeira vez que vinha ao clube desde o verão, exceto para discutir a questão dos móveis. Tony foi direto até Mike, que estava conversando em pé com Carlo. Dom Romano e Salvy Bellino se juntaram ao diálogo que se segue.

TONY: O que está acontecendo aqui, caras? Pensei que vocês não estavam interessados em política. Se soubesse que queriam apoiar alguém, podia ter arrumado pra vocês umas centenas de dólares ou um ano de aluguel, coisa assim. Agora apóiam Fiumara e ganham o quê com isso? Por que vocês não fazem as coisas direito? Tem ditadores neste clube. Como vocês podem apoiar um homem sem convocar uma reunião e fazer uma votação?

CARLO: Você está certo, Tony. Não foi feito como devia, mas agora está feito. Tarde demais para mudar.

Mike explicou que, como a campanha já ia muito adiantada e nada tinha sido feito, no último domingo de manhã, quando um bando de sócios estava no clube, ele perguntara se concordavam que procurasse Fiumara e prometesse apoio. Os associados concordaram, então Mike chamou Dick e mais alguns outros e foram no carro de Mario até o quartel-general de Fiumara.

TONY: O problema é: vocês estão tentando dirigir este clube e vão acabar com ele.

DOM: Tony, todos os rapazes estão com Fiumara. Quando eu entrar na cabine, ponho uma cruz nos nomes de todos os carcamanos. Por que não dar uma chance a um patrício?

TONY: Não quero saber em quem vocês votam, mas por que não conseguem alguma coisa em troca?

DOM: Pra mim, basta que o carcamano chegue lá.

TONY: E o que ele vai fazer pra você quando chegar? Escuta, tenho tido experiências com políticos e sei mais sobre política que o resto de vocês todos juntos. Eles te prometem uns favores, mas, depois que ganham, é adeus, fecham a porta na sua cara. Então, por que não conseguir alguma coisa antes de eles ganharem? É a única hora. Por que ficar com a conversa fiada, em vez de conseguir o dinheiro?

DOM: O dinheiro não é tudo, Tony.

TONY: Você pode dizer isso porque tem seu próprio negócio. Você tá levando uma vida boa. Mas, e os outros sócios do clube?

DOM: E o dinheiro vai trazer o que de bom pra nós? [Tony sorriu e não respondeu.]

BOZO: Este é o único clube na cidade que não tá ganhando uns trocados pra apoiar um candidato. Olha aquele clube na rua ... . Fiumara está pagando eles pelo apoio.

SALVY: Não me importa que candidato o clube apóie. Por mim, estou com Fiumara, mas isso tudo foi feito do modo errado. Que direito tem o Mike de falar pelo clube?

DOM: Tudo bem, mas ninguém protestou antes.

SALVY: Você é um mentiroso. Eu protestei.

DOM: Tudo bem, mas essa não é a questão do Tony. Tony Cataldo é um homem do Kelly. Tony quer dirigir o clube. [Tony, que estivera examinando em volta da sala, agora volta a atenção para Dom.]

TONY: Você sabe que isso não é verdade. Alguma vez eu interferi no clube?

DOM: Não.

TONY: Sempre deixei o clube sozinho pra que vocês pudessem fazer qualquer coisa que quisessem. Mas também sou sócio. Tenho algum direito de cuidar pras coisas serem feitas do jeito certo. Eu tinha um político na sacola. Conheço ele. Podia ter trazido ele aqui e vocês iam ouvir ele, e ele nos dava a grana. Vocês nem vão ter que apoiar ele ou votar nele. Eu não acredito em apoiar candidatos. Suponha que seu candidato perca, como você vai conseguir algum favor? Não apóie ninguém, mas diga a todos os candidatos que você está com eles. É nisso que eu acredito. Então, depois, você pode ir até ele e conseguir um favor. [Tony se voltou para mim para elaborar sua opinião.] Eu não ganhei toda essa experiência com a política pra nada. Aprendi algumas coisas. Quantos favores um político pode fazer quando ele assume? Não pode fazer favor pra todo mundo. Então, é melhor você garantir o dinheiro antes, e aí você sabe que conseguiu alguma coisa. Não vou atrás desse negócio de política racial. Vou com o melhor homem, qualquer que seja a raça dele. Escolho o homem que eu acho que vai fazer o melhor para o distrito. Mas não apóio ele abertamente. Não compensa. Vou contar pra você privadamente: eu estou com Kelly. Ele é um camarada inteligente, conheço bem ele. Faz anos que conheço. Realmente pode fazer alguma coisa pra você. [Volta a atenção para o grupo e continua.] Sei quem vai vencer esta briga. Se vocês querem estar com o vencedor, posso pôr vocês no lado certo. Mas se vão ficar com o perdedor, o que eu posso fazer por vocês depois da eleição?

Tony se virou para Carlo e Mike e disse que queria trazer um candidato para falar para o clube na noite seguinte.

MIKE: Amanhã à noite temos a reunião do clube, Tony.

CARLO: Já é tarde demais agora.

TONY: Tarde nada. O clube pode fazer reuniões até a última noite. Vocês podem ouvir todos os candidatos e não apoiar nenhum. ... Vou trazer ele aqui, por minha própria conta, e se vocês não deixam ele entrar — tudo bem.

CARLO: Supondo que a gente não deixe...

TONY: Tudo bem, então eu sou um merda e vocês uns caras fantásticos.

Quando Andy Cotillo voltou com alguns dos oradores de Fiumara, Tony se retirou para uma cadeira no canto, acendeu um cigarro, encostou a cadeira inclinada contra a parede e esperou a atividade começar. Andy disse a Mike que o candidato Fiumara chegaria em pouco tempo e que os primeiros oradores deveriam começar logo. A essa altura, a sala estava cheia, e havia uma multidão do lado de fora para ouvir pelos alto-falantes de um carro de som.

Mike disse para Dick abrir a reunião, e este ficou parado diante da multidão; tentou falar alguma coisa, mas as palavras não lhe vieram à mente. Então saiu e deixou que o primeiro orador assumisse a coordenação. Vários oradores mais ou menos proeminentes na política local precederam a fala do candidato Fiumara. As amostras seguintes darão uma idéia da natureza dos apelos:

Eles dizem que nós levantamos a questão racial. Eles é que fizeram isso, e nós tivemos que lutar com eles em autodefesa. Eles criaram essa questão há 50 anos. Nos chamavam de raça inferior. Cuspiram na nossa cara. Agora, finalmente, temos uma chance de dar nossa resposta elegendo Angelo Fiumara. Temos que eleger Fiumara ou vamos ficar humilhados para sempre em nosso distrito. ...

Aqui em Cornerville, temos alguns jovens com inteligência e formação igual a qualquer outro, mas mesmo assim eles não recebem um aperto de mão condescendente dos poderes políticos. Elegendo Angelo Fiumara para a Câmara de Vereadores, podemos assegurar para nós honra, dignidade, respeito e — sejamos práticos — o apoio político que é direito nosso. ...

Agora eles vão mostrar a vocês um monte de notas de cinco, dez e 20 dólares. Eu digo pra vocês, não sejam panacas. Peguem a grana deles. Vocês podem usar ela. Mas depois vão lá e votam em Fiumara. [Risos e vivas.] Se fizerem isso, nós vamos enterrar e esquecer o Clube Cleveland e eleger o primeiro vereador italiano deste distrito.

As falas foram recebidas com grande entusiasmo.

Quando acabou a reunião, Carlo disse a Mike que ele tinha errado ao fazer tudo por conta própria, e que ia usar isso contra ele na reunião, embora fosse seu melhor amigo. Ainda assim, achava que o clube deveria dar todo apoio a Fiumara. Ele me disse que não concordava com Tony Cataldo, e o contestaria abertamente na reunião da noite seguinte.

Tony chegou ao clube exatamente às oito horas da noite seguinte. Os sócios estavam sentados por ali, jogando baralho. Tony gritou: "E aí, ô caras, vamos lá! Vamos começar esta reunião."

Dick não estava presente, então o vice-presidente Mario assumiu a direção. Dom Romano também não tinha chegado.

Após Mario abrir a sessão, Salvy leu a ata da reunião anterior. Quando terminou, Tony pediu que repetisse uma das frases. Era esta: "Foi discutida a questão de selecionar o melhor candidato e com as maiores chances de vencer, mas não se tomou qualquer iniciativa."

Salvy perguntou: "Você tem algum comentário a fazer sobre isso?" Tony balançou os ombros e disse: "Não quero levantar nada não. Se estiver tudo bem com os sócios, não quero interferir."

Um dos rapazes da lanchonete continuou a discussão: "Quero saber que direito têm uns poucos sócios de apoiar Fiumara e trazê-lo aqui. Qual é o caso por trás disso?"

Mike disse que explicaria, e contou basicamente a mesma história que havia contado a Tony na noite anterior.

Tony falou: "Tudo bem, ele fez a coisa errada e está assumindo a responsabilidade. O negócio está feito. É só isso."

Salvy se dirigiu a Mike, inflamado: "Será que você é a maioria do clube? Que direito tem de decidir o que nós fazemos?"

Outro sócio disse ter ouvido que Mike recebera uma carta de Fiumara e que o clube nada sabia a respeito. Salvy disse que isso era verdade. Carlo explicou que a carta, escrita em italiano, havia sido recebida por Mike há algum tempo; e que ele, Carlo, tinha lido e traduzido para os rapazes antes de uma das reuniões. Tony falou: "Isso não conta. Se não foi lida na reunião, não era oficial."

Quando Carlo continuou, Tony tentou interrompê-lo. Salvy disse que deveríamos nos ater aos aspectos relativos às reuniões. Com isso, Carlo encerrou a discussão sobre a carta e declarou que concordava que Mike estava totalmente errado, mas agora era tarde demais, e o clube teria que se responsabilizar pelas ações dele.

Mike ficou agitado e disse que os sócios também eram culpados. Por que não tinham retirado logo os cartazes de Fiumara que havia colocado? Tony respondeu rispidamente: "Você está cem por cento errado, e agora tenta responsabilizar os sócios pelo que fez. Por que deveriam ter arrancado os cartazes? Eles têm que esperar até uma reunião regular para descobrir por que os cartazes estão lá, e então seguir os procedimentos regulamentares e arrancar tudo."

Em outro momento, Mike começou a se defender, e Carlo gritou uma praga italiana que o fez calar. Tony mostrou os dentes numa careta.

Carlo disse que quase todos os sócios estavam com Fiumara, e então o clube faria bem em apoiá-lo. Tony contestou: "Não estou dizendo que não devem votar em Fiumara. Podem votar em quem quiserem — mas, senhor 'sequetário', leia aquela frase de novo."

Salvy releu a frase da ata. Tony fez com que repetisse isso quatro ou cinco vezes durante a reunião. Tony continuou:

Vocês são cabeças-duras demais, caras. Ouviram o que aquilo diz? Devem escolher o melhor candidato. Melhor significa melhor pra sua comunidade — o homem que vai fazer o máximo pro seu clube. Não quer dizer que vocês têm que escolher um candidato italiano. Isto aqui é a América. Nós temos uma nova geração aqui. Supostamente, todos somos iguais. Se o melhor candidato é um irlandês, um alemão, um judeu ou um chinês, vocês têm que votar nele. Esse é o homem que vai ser melhor pra vocês. E o candidato vencedor — vocês fizeram algum cálculo pra saber quem ia ser o vencedor?

Carlo disse que estava com Fiumara, ganhasse ele ou perdesse; que preferia ver Fiumara vencedor e nada fazer por eles do que receber algum benefício pessoal de outro candidato. Tony respondeu:

Tou vendo que as coisas que eu digo vão produzir alguns ressentimentos. Quero deixar claro que eu não disse que vocês não devem votar em Fiumara. Vocês podem fazer o que quiserem. Só estou levantando uma questão, dizendo que deviam tentar escolher o melhor candidato e o mais provável vencedor.

Pouco depois ele estava de pé de novo. Disse que, na primavera anterior, haviam-no levado a entender que o clube não estava interessado em política. Perguntou a Chichi se era ou não verdade, e Chichi confirmou com a cabeça. Mario disse que poderia explicar a mudança. Este era um clube novo, e as decisões da primavera passada já não prevaleciam. Tony continuou:

Tudo bem; se vocês vão se misturar com coisas da política, devem ir do jeito certo. Estou sabendo, por experiência, como eles fazem isso em todos os clubes da cidade. Ou fazem uma proposta de negócio, ou convidam todos os candidatos pra falar e, na noite anterior à eleição, fazem uma votação secreta com os sócios. Então vão ao candidato que ganhou nessa eleição secreta e dizem que podem garantir tal quantidade de votos pra ele. Você simplesmente diz a ele: "Nós lamentamos, não podemos apoiar nenhum candidato porque não queremos fazer inimigos, mas estamos garantindo esses votos pra você." Então o candidato sabe que conseguiu os votos, e você não faz inimigos. Na política, você deve tentar estabelecer laços mútuos com todos os candidatos.

Um dos rapazes da lanchonete disse que essa era uma boa idéia. Será que Tony poderia apresentá-la como uma proposta? Tony apresentou.

Então Carlo sugeriu que o clube apoiasse Fiumara abertamente. Tony se aborreceu e falou: "Já há uma proposta com relação à questão, e considero que apresentar uma segunda é um insulto ao homem que apresentou a primeira."

Carlo disse que não pretendia insultar ninguém. Duas propostas podiam ser consideradas ao mesmo tempo, e os sócios deviam decidir qual preferiam. Salvy falou que os associados teriam que votar a proposta de Tony primeiro. Carlo esclareceu que as duas posições não estavam em conflito, pois a proposta de Tony poderia ser aplicada a procedimentos futuros, enquanto a sua referia-se apenas ao presente. Mario disse que não havia razão para decidir sobre procedimentos futuros no momento, porque sempre poderíamos mudar nossas políticas quando chegasse a hora. Perguntou se a proposta de Tony aplicava-se ou não ao presente. Tony disse que se aplicava.

A essa altura, eu me levantei. Tony falou: "Deixem Bill Whyte dizer alguma coisa. Ele é realmente uma pessoa de fora, então pode ser neutro nessa questão."

Eu disse saber que quase todos éramos a favor de Fiumara. Eu mesmo iria votar nele. Mas não via mal algum em ouvir o que os outros políticos tinham a dizer. O encontro aberto com cada candidato parecia uma boa idéia.

Logo depois de minha fala, a questão foi submetida a voto. Tony venceu por 11 a sete. Ele teve os votos de todos os rapazes da lanchonete, com uma exceção, e havia rachado a clique da barbearia.

Depois da votação, Carlo se levantou e disse: "Até logo, rapazes. Estou indo ao comício de Fiumara no saguão da escola."

Um dos rapazes da barbearia foi com ele. Mais tarde, Carlo me disse que tinha sido um erro sair do clube daquele jeito. "Fiz uma coisa errada. Foi um insulto pessoal a Tony. Percebi isso quando cheguei lá fora, mas aí já era tarde demais."

No fim da reunião, Tony se dirigiu aos sócios mais uma vez:

> Se algum de vocês quiser ficar por aqui esta noite e encontrar Mike Kelly, vou trazer ele entre nove e nove e meia. Ele me disse que essa é a única hora em que pode vir. Não me importo se houver só quatro ou cinco sócios aqui. Ele sabe que esse distrito é 90 ou 95% Fiumara, e vai ficar satisfeito se conseguir apenas alguns votos aqui. Não estou dizendo isso porque estou com Mike Kelly, mas porque será bom para o clube encontrar com o homem. Pelo menos ele vai saber quem são vocês, e se vencer é possível eu conseguir alguns favores pra vocês.

E então Tony começou a agir. Puxou um grosso maço de notas, passou algumas para Dodo, da gangue da barbearia, e disse para ir comprar cinco caixas de cerveja. Dodo saiu voando. Quando um de seus empregados entrou, Tony sacou mais notas e mandou comprar oito pães grandes, um pouco de presunto e outras provisões. Voltou-se para Beppo, um sócio que às vezes participava das reuniões, e perguntou se seu carro de som estava disponível. Beppo disse que trabalhava para o candidato Ciampa, no Distrito 5, e tinha receio de que este não o pagasse se descobrisse que estava trabalhando para outra pessoa, em vez de correr as ruas do Distrito dele. Tony falou: "Não se preocupe com isso. Eu cuido de você com o Ciampa. Posso te conseguir alguns trabalhos pro carro de som. Você pega por cinco paus?"

Beppo concordou, com a condição de que o carro estivesse completamente coberto com cartazes de Kelly, de modo que não fosse reconhecido como seu. Tony mandou um de seus agregados buscar os cartazes.

Quando o carro de som chegou, começou a se formar uma multidão. Dick, Chichi, Dodo, Guy, Lefty, Marco, Charlie e Babe, todos eles membros da gangue da barbearia, foram os únicos que ficaram para o encontro com Kelly. Os outros tinham ido para o comício de Fiumara. Os empregados de Tony, seus amigos e o público em geral encheram a sala principal. Tony comentou comigo: "Viu? eu te falei que podia ter uma multidão aqui em dez minutos."

Correu a notícia de que Mike Kelly estava a caminho, e logo depois ele chegou, cercado por uma multidão de seguidores que o acompanhavam onde quer que fosse. Sully Defeo segurou Kelly pelo braço e o guiou pela multidão até Tony. Este o apresentou a vários sócios do clube e o levou à sala dos fundos para planejar o que seria feito. Quando Kelly se colocou no degrau entre as duas salas para começar a falar, Marco, da gangue da barbearia, se esgueirou a seu lado e gritou: "Atenção, todo mundo! Nosso futuro vereador, Mike Kelly!" Gritaram vivas. Antes que Marco tivesse a chance de falar qualquer outra coisa, um dos agregados de Kelly pediu três vivas. Foram dados e, então, sem esmorecer, Marco pediu três vivas por sua própria conta. Quando terminou toda a gritaria, Kelly falou.

> Não quero fazer um discurso aqui esta noite. Apenas quero agradecer ao presidente, à diretoria e aos sócios do Clube Social e Atlético Cornerville por me convidarem para encontrar os rapazes. Agradeço muito este privilégio. E quero dizer a vocês, do fundo de meu coração, que, se quiserem dar seu voto a Mike Kelly na próxima terça-feira, eu gostaria muito de recebê-lo.

Isso foi tudo. Quando Kelly saiu, foram com ele Tony Cataldo, Sully Defeo e seus puxa-sacos, e todos os agregados. De repente, o clube ficou quase vazio, e os poucos sócios presentes ficaram discutindo os acontecimentos e terminando sua cerveja. Mais tarde, vários outros que tinham ido ao comício de Fiumara foram chegando aos poucos.

A discussão que se seguiu ilustra o conflito existente na atitude dos rapazes da esquina com relação aos gângsteres. Embora tivesse votado com Tony e saído para comprar coisas para ele, Dodo comentou: "Ele é um cara esperto, o Tony Cataldo. Viu como junta a multidão? Nós não vamos ganhar nada com isso. É tudo pra seu próprio benefício."

Salvy disse que era interessante ver como os gângsteres "afinavam" com os candidatos. Ele preferia ver "um homem independente" ganhar a eleição, e ia votar em Fiumara. Ainda assim, pensava que Tony Cataldo estava certo a respeito da proposta dos encontros abertos.

Carlo não voltou ao clube naquela noite.

Na noite anterior à eleição, apenas 16 sócios apareceram no clube. Carlo, Mike e Dom estavam ausentes. A reunião começou logo que Tony terminou de fazer a barba na barbearia de Joe.

Tony dirigiu-se aos associados dizendo ter ouvido que alguns homens haviam se retirado do clube porque Kelly tivera permissão para falar ali. Como a maioria do clube votara a favor de um encontro aberto, ele achava que esses sócios não sabiam aceitar a decisão na esportiva.

Dick anunciou que o clube avaliava a possibilidade de apoiar um candidato. Tony apresentou a proposta de que não se desse apoio algum, já que apenas alguns sócios estavam presentes. Argumentou que o clube faria péssimo papel se prometesse apenas dez ou doze votos a um candidato. Ele disse: "Não estou pensando em mim mesmo. Estou pensando no interesse do clube. Posso conseguir um favor do Kelly e também um favor do Maloney. Posso ir até Fiumara e conseguir um favor." A proposta de Tony foi aprovada sem oposição.

Chichi perguntou quem tinha saído do clube. Salvy leu os nome de Mike e dois outros da gangue da barbearia. Alguns pensavam que Carlo também havia saído, mas isso foi negado. Salvy disse que, de acordo com as regras de não pagamento das mensalidades, Mike estava fora de qualquer jeito, quisesse ou não. Acrescentou que ele era um criador de casos e deveria ser afastado definitivamente. Tony disse: "Senhor 'sequetário', acho que está sendo muito severo. Devemos ter um pouco de indulgência. Afinal, o homem é meu pior inimigo, mas não quero jogar ele pra fora do clube."

Depois dessa rápida reunião, alguns de nós acompanhamos Tony Cataldo até o comício de Kelly no saguão da escola. Enquanto caminhávamos, Tony disse que ia tentar conseguir que alguns dos rapazes trabalhassem na boca de urna no dia da eleição, por cinco dólares cada. Se soubesse antes que estavam interessados, poderia ter conseguido isso até para sete rapazes. Agora, faria o possível. E acrescentou: "Isso não me ajuda em nada. Sempre posso conseguir um favor."

Durante o comício, os rapazes se alternavam, ora no fundo do auditório para ouvir as falas, ora saindo para discutir a questão do trabalho no dia da eleição. A opinião geral era que tínhamos sido idiotas ao deixar que Mike nos comprometesse, em vez de esperar para ver que tipo de barganha poderíamos fazer com os candidatos.

No dia da eleição, Guy, Chichi, Babe, Chris e Dodo, da gangue da barbearia, conseguiram trabalhos de cinco dólares para Kelly nas duas zonas eleitorais que estavam sob os cuidados de Tony Cataldo e Sully Defeo. Passaram o dia todo na calçada distribuindo panfletos com "Vote em Kelly". Mike fez o mesmo trabalho para Fiumara, mas disse que era sua contribuição voluntária. Carlo tinha que estar em seu emprego regular, e não o vi durante o dia.

Enquanto usava um *button* de Kelly e distribuía os panfletos, ouvi Dodo dizer a seus amigos: "Não se esqueça. O primeiro nome na cédula." O nome de Fiumara era o primeiro. Dodo me falou que precisava dos cinco dólares para pagar a prestação dos móveis, e repetiu o conselho dado por um dos oradores de Fiumara: "Não sejam panacas. Peguem a grana deles." Guy me disse: "Votei em Kelly. Realmente acho que é o homem melhor. Ouvi os dois falarem, e decidi que Kelly era o homem."

Mike se queixou: "Tony fez daquele clube um bando de desclassificados. Não tou pensando em mim. Não recebo nem um centavo de Fiumara. Depois da eleição, qualquer sócio que queira um favor, tenho o prazer de pegar ele e encontrar com Fiumara. Tou pensando em todos os sócios."

Tenho certeza de que poucos dos associados votaram em Kelly. Tony não tentou persuadi-los a fazer isso. Suas ações conquistaram Guy e provavelmente muitos outros, mas sua principal preocupação era apresentar um belo espetáculo para Kelly. Nisso teve sucesso total. Kelly entrou num clube comprometido com outra candidatura, impedido de dar apoio oficial àquele pretendente; e, no entanto, arrastara os sócios na direção de seu próprio candidato até o ponto que queria. Foi uma vitória notável.

5. A crise e Tony Cataldo

Angelo Fiumara ganhou a eleição com uma confortável margem de 600 votos sobre Michael Kelly. Joseph Maloney ficou num distante terceiro lugar. Fiumara conseguiu uma esmagadora liderança em Cornerville.

Na manhã seguinte à da eleição, alguns dos rapazes discutiam os resultados na barbearia. Os membros dos Dez Amigos, que tinham apoiado Fiumara, estavam muito satisfeitos com a situação e expressavam livremente suas opiniões de que os sócios do Clube Social e Atlético Cornerville "haviam se passado por um bando de idiotas" ao deixar que Kelly fosse ao clube depois de terem se comprometido com Fiumara. Carlo estava num humor sombrio. Disse que muita gente da Shelby Street o havia culpado pelo que acontecera, e estava ficando cheio disso. Acrescentou:

Sei que é contra as regras falar mal do clube, mas vou dizer o que quero, de qualquer jeito. Podem me multar se quiserem. Vou dizer a eles o que acho deles e depois eu saio do clube. Vou dizer que eles deviam estar envergonhados. Eu culpo três homens. E como não tenho medo de falar com eles, vou dizer já os nomes. O segundo homem — não vou dizer que foi o primeiro — foi Tony Cataldo. O primeiro foi nosso secretário [Salvy]. Ele levantou a questão unicamente por um ressentimento pessoal. E o terceiro homem foi Bill Whyte.

Perguntei o que eu havia feito.

Olha, Bill, quando alguém se levanta para falar, eu apuro meus ouvidos para escutar o que aquele homem diz. Olho e escuto, e não perco nada. Quando você se levantou, Tony Cataldo disse: "Aí está o Bill Whyte, ele é neutro, pode nos dizer alguma coisa." Ele fez você parecer legal. E então você disse que não via por que a gente não pudesse ouvir todo mundo; você é que estava muito contente de ouvir todos. Mas tem uma porção de sócios naquele clube que respeita você e ouve o que tem a dizer, pois acham que você é um cara inteligente. Quando disse aquilo, você os influenciou a votarem com Tony Cataldo.

Declarei-me culpado e não me justifiquei, e então Carlo disse que não havia nada pessoal em seus comentários, e Mike concordou que não havia nenhum ressentimento. Carlo me disse mais tarde que alguns de seus amigos estavam me criticando asperamente, mas ele me defendera dizendo que eu tinha agido errado porque não havia percebido o que estava em jogo.

Carlo estava de pé no fundo da loja quando Chichi entrou e ficou perto da porta, com ar embaraçado. Carlo o chamou de traidor sujo, e concluiu dizendo que não conseguia encontrar uma palavra suficientemente baixa para expressar seu desprezo. Então Guy chegou e ocupou sua posição perto de Chichi. Carlo abriu fogo contra ele. "Eles compraram o clube por um copo de cerveja e cinco dólares no dia da eleição. Onde estão aqueles cinco dólares agora?"

Guy falou que, mesmo que os cinco dólares tivessem durado só um minuto, ainda assim seriam dinheiro no bolso. No entanto estava claramente na defensiva. Não respondeu, como me havia dito no dia da eleição, que Kelly era o melhor homem.

Carlo declarou que eram todos traidores.

Na primeira vez que vocês têm só um candidato italiano, têm que derrubar o homem. Vocês fazem do clube todo um bando de idiotas. Agora, se eu procuro Fiumara, não vou dizer pra ele que sou um sócio do Clube Social e Atlético Cornerville. Por que ele haveria de fazer qualquer coisa por nós, quando nós o traímos?

Durante vários dias Carlo continuou a falar no mesmo tom. Ele me contou seu encontro com Spug, da clique da lanchonete. Spug tinha vindo até ele, na barbearia, e dito que não estava presente quando votaram que Kelly poderia se apresentar no clube, mas que não via nada errado no procedimento dos sócios.

Eu disse a ele: "Quer realmente saber? Tudo bem, então, vamos lá fora." Ele não sabia por que eu queria sair com ele. Estava frio. Então saímos e ficamos parados ali na frente da barbearia. Não falei muito.

Enquanto estavam lá, vários homens que não eram ligados ao clube vieram até Carlo e o criticaram pelas ações do clube. Carlo não se defendeu. Finalmente ele disse a Spug:

"Vamos entrar, está frio."

Spug concorda: "Claro, eu disse que estava frio."

Então eu falo pra ele: "Agora você vê o que eu quis dizer? Eles acham que somos um bando de babacas pelo que a gente fez."

Ele diz: "Nossa, Carlo, não percebi as coisas desse jeito!"

Uma noite, Carlo encurralou Salvy, segundo ele mesmo contou: "A gente tava jogando baralho e pouco a pouco fui esfregando tudo na cara dele. Finalmente, ele diz: 'Por que você não me larga? Sei que foi um erro. Fiz aquilo porque estava chateado com o Mike.'"

Era exatamente isso que Carlo queria ouvir. Censurou Salvy por permitir que uma animosidade pessoal distorcesse seu julgamento.

Os efeitos da crise política sobre o clube mostraram-se na noite seguinte à eleição. Estava jogando fan-tan com Carlo e Charlie, da barbearia, e Dom e Stubby, da lanchonete. Às oito e meia, éramos os únicos que ainda restavam. Então chegou o filho de Matteo Firrera e disse a Carlo que Mike queria vê-lo no Clube Marconi. Carlo disse para continuarmos sem ele, até que voltasse. Pouco depois, o filho de Matteo voltou e chamou Charlie, que saiu quando terminou a partida. Stubby comentou: "Vê como Mike chama seus amigos particulares? Pelo amor de Deus, aquele homem devia ficar fora do clube! Nós todos estaríamos melhor."

Poucos minutos depois, Carlo voltou e disse: "Sinto muito, rapazes, mas há uma verdadeira celebração do Fiumara lá no Matteo, boa demais pra ser perdida. Se quiserem, são todos bem-vindos."

Stubby e Dom não responderam. Eu disse que talvez fosse mais tarde. Jogamos mais duas partidas e, por sugestão de Dom, paramos e fechamos o clube. Ainda não eram nove horas.

Quando cheguei ao Clube Marconi de Matteo, encontrei Carlo, Mike, Charlie, Dodo e Marco, mais os homens de meia-idade que freqüentavam o estabelecimento. Um dos homens havia contribuído com uma grande quantidade de vinho. Os rapazes começaram a abrir as garrafas de cerveja. Três amigos de Matteo tocavam músicas italianas ao bandolim, violão e tambores, enquanto Carlo, Charlie e Matteo comandavam o canto. Carlo se encarregou da noite.

Certa hora vi Carlo conversando seriamente com Mike e Matteo. Este falava sobre criar seu clube e dizia que ele e Carlo poderiam fazer algo de grande com ele. Carlo respondeu: "Está bem, Matteo, vamos chegar a um acordo."

Quando a cerveja acabou no clube de Matteo, Carlo levou a turma para um salão de dança próximo, freqüentado pelo Clube dos Dez Amigos. A celebração continuou. Carlo ofereceu cerveja para seu grupo e para o Clube dos Dez, ao qual fez um brinde. O presidente Tom Reppucci retribuiu com um brinde ao Clube Social e Atlético Cornerville. Houve um brinde ao clube de Matteo. Charlie e Carlo cantaram, e bebemos até que o salão fechou.

Quando encontrei com Carlo dois dias depois, ele decidira seu curso de ação. Disse que, se saísse do clube, vários outros sócios fariam o mesmo, embora não fosse dizer a eles que saíssem, e então o clube acabaria. "Mas não quero fazer as coisas assim."

Ele pretendia continuar como sócio ativo. Não mencionou o Clube Marconi de Matteo. O fato de que os associados do Marconi fossem *greasers* teve provavelmente um grande peso na decisão de Carlo de não se juntar a Matteo.

Carlo sentia que o Clube Social e Atlético Cornerville estava em sérias dificuldades. Os rapazes da barbearia eram aceitos no clube de Matteo Firrera, e os da lanchonete se passavam para o Clube dos Dez Amigos.

Ele disse que, a fim de reativar o Clube Social e Atlético Cornerville, poderia persuadir Dick a renunciar à presidência e depois fazer com que os amigos de

Salvy o forçassem a renunciar também. "Mas não quero fazer isso. Não quero ferir os sentimentos do homem. Isso realmente seria um insulto a ele."

Carlo me propôs a indicação de um comitê de cinco, que decidiria todas as questões controvertidas até a eleição da nova diretoria, em fevereiro. Também tentaria trazer de volta ao clube os sócios extraviados. Dessa forma, poderiam se evitar discussões ásperas nas reuniões, embora os associados tivessem a chance de votar as decisões do comitê.

Eu gostaria de estar nesse comitê, e queria que Tony Cataldo também estivesse. Eu disse que não culpo ele pelo que fez. Não falo de um homem pelas costas. Mas quero ter uma boa conversa com ele, e vou dizer o que penso dele. É um cara esperto, mas, quando fala no clube, você tem que ter cuidado com o que ele diz. Quero fazer dele um bom sócio do clube.

Carlo me pediu para propor esse plano e prometeu que haveria alguém preparado para me apoiar. Eu disse que, como minhas ações anteriores haviam sido parcialmente responsáveis pelas dificuldades presentes, faria o que pudesse para ajudar.

Um dos resultados mais notáveis das dificuldades enfrentadas pelo Clube Social e Atlético Cornerville por causa da eleição foi a mudança nas relações entre Tony Cataldo e Carlo Tedesco. Desde o momento em que discordaram a respeito das reuniões abertas com os políticos, eu não havia observado uma única instância de contato direto entre os dois.

Carlo me contou uma conversa que tivera com Tony logo depois da eleição.

Fui direto a ele e disse o que achava dele. Não sou do tipo que fala por trás. Eu disse pro Tony: "Você pode dizer que o que fez no clube foi pra ajudar os rapazes, mas você e eu sabemos que foi unicamente em seu próprio interesse." Ele admitiu que sim. Falou que eu estava certo e pediu desculpas. Depois, ele disse: "A qualquer momento que você precisar de um trabalho, me procure, e eu te consigo um de 30 a 35 dólares por semana."

"Pra quê?", perguntei.

"Pra te sossegar", ele respondeu.

Veja bem, os outros rapazes não respondem a um gângster. Mas eu respondo a ele a qualquer hora, se acho que está errado. Naquela noite, ele me convidou para uma boate e gastou 25 dólares. Não me custou nem um centavo. Desde então, sempre vem me procurar. Um dia ele me perguntou: "Qual é o problema, Carlo, quebrou a perna? Por que não vem ao clube de vez em quando?"

"Claro, eu vou", respondi.

Ele sempre tenta ficar bem comigo pra que eu concorde com tudo que ele disser no clube, e repita o mesmo. Mas não faço isso. Vou contra ele sempre que achar que está indo contra os rapazes. É assim que eu sou.

Algumas semanas depois, Carlo me contou essa história:

Você perdeu umas conversas importantes ontem à noite, Bill. Tony Cataldo estava aqui com alguns dos rapazes, Guy, Lefty, Chichi, Dodo e Chris. A gente tava na sala dos fundos tomando vinho e conversando sobre o que Tony tinha feito na eleição. Eu digo pros rapazes: "Afinal, a gente não devia culpar Tony pelo que fez, porque ele tava metido numa certa confusão e precisava dos rapazes pra ajudar ele. A única coisa é que ele devia ter feito de outro jeito. Se tivesse falado pros rapazes que precisava da ajuda deles, então a gente teria tido o maior prazer de ajudar."

Aí os rapazes quiseram saber em que é que Tony estava metido. "Bom", eu falei, "não faz mais nenhuma diferença agora. É tudo passado e esquecido." Mas eles continuavam querendo saber qual era o problema, e então eu disse: "Bom, não gosto de estar falando nisso, então, por que você não conta pros rapazes, Tony? Afinal, já passou tudo e não ficou ressentimento nenhum."

Então Tony falou: "Tudo bem, vou contar." E contou pra gente. Naquela semana antes da eleição, dez dos seus homens tinham sido fisgados, e ele ficou sabendo que, na próxima semana, iam ser 20. Isso significa 50 dólares por cabeça. Se acontecesse aquilo, ia ser falência na certa. Então ele procurou Mike Kelly pra resolver o caso, e Kelly falou com o procurador do distrito. As prisões foram resolvidas e os tiras não prenderam os 20 na outra semana. É por isso que Tony tinha que estar com Kelly. Era por ele mesmo, não pelo clube. Quando ouvi aquilo, eu ri, e os rapazes também riram, porque, quando tinha falado sobre o problema de Tony, eu realmente não sabia o que era. Quando Tony descobriu que eu tinha arrancado tudo dele sem nem saber do que se tratava, ficou sentido, e me chamou de um puta traidor sujo.

Eu disse: "Tony, como você pode me chamar de traidor? Não falo pelas suas costas. O que eu tiver que falar, falo na sua cara."

Depois ele se acalmou, e disse: "Vou pagar um filé-mignon pra vocês." E levou nós todos pra um lugar perto de ... e pagou um filé pra cada um. Depois, levou a gente pra uma boate em ..., e deve ter gastado uns 15 dólares lá.

Falo pra ele: "Tony, se a coisa é limpa, eu estou cem por cento contigo, mas se for algum negócio enrolado, você não pode me comprar."

Ele ri e diz: "Seu traidor sujo."

Eu digo: "Tony, não sou traidor. Tou só te dizendo." Ele sabe que não tenho medo de dizer pra ele o que eu penso. Se eu não estivesse naquele clube, eles iam fazer tudo que ele manda fazer. ... É por isso que venho a todas as reuniões. Nunca perco. ... Ele gostaria de me comprar inteiro e da pior maneira. Você lembra a vez que eu te contei que ele tinha falado que me daria 35 dólares por semana só pra me acalmar?

Carlo pode ter elaborado um pouco as histórias para me agradar, mas eventos subseqüentes deram evidências do mesmo tipo de relação entre os dois homens.

A reunião na qual eu deveria propor o plano de Carlo foi uma semana depois da eleição (no intervalo de tempo entre os eventos relatados nas duas histórias acima.) Quando a reunião começou, Carlo não estava presente. Tony Cataldo e Dom Romano resolveram as questões de rotina que surgiram no começo da reunião. Então Carlo chegou. Ele me disse que ainda queria que seu plano fosse apresentado e sugeriu que eu falasse quando houvesse uma oportunidade.

Quando Carlo entrou na discussão, o curso da ação mudou. Dom tinha expressado suas idéias, e Tony as tinha posto em votação; foram apoiadas e passaram. Carlo foi até Tony e falou com ele. Em seguida, Tony propôs uma emenda à sua própria proposta. Carlo falou a favor da emenda, que também passou sem oposição.

Dodo apresentou uma proposta para vender cerveja no clube. Tony persuadiu Dodo a aceitar algumas emendas, e então recomendou que o plano fosse aceito. Carlo falou com Tony, e este imediatamente apresentou uma nova proposta. Ambos falaram a favor dela, que foi aceita por unanimidade.

Antes que eu tivesse uma chance de falar, alguém perguntou ao presidente quais os sócios que integravam o comitê de compras. Dick respondeu que Tony e Guy eram os únicos no momento, já que alguns que integravam o comitê haviam saído do clube. Carlo perguntou se o comitê era só para lidar com as compras. Dick disse que sim. Então Carlo dirigiu-se aos sócios: "Senhor presidente, tenho uma sugestão. É claro que todo mundo tem o direito de fazer uma sugestão, e você pode não gostar da minha, mas é isso que eu penso. Por que não podemos ampliar aquele comitê, para cuidar de outras questões que estão surgindo no clube?"

E prosseguiu dizendo que alguns sócios estavam saindo e que não achava que estivéssemos em condição de perder outras pessoas. Pensava que se deveria escolher um comitê para cuidar dessas coisas e "resolver todas as questões relativas ao bem-estar do clube. Esse comitê deveria ser formado por homens razoáveis que pudessem sempre falar pelo clube, e não em termos pessoais. Não diria que me considero razoável, mas gostaria de estar nesse comitê. E gostaria que Tony Cataldo também estivesse. Poderíamos ter cinco sócios".

Tony ficou de pé imediatamente:

Acho que isso foi tratado na última reunião, quando sugeri que alguém investigasse o caso dos sócios que estão saindo. Seria melhor que houvesse cinco. Afinal, não queremos ter apenas 50 sócios. Gostaria de ver este clube com 200 associados. Não podemos ter isso se as pessoas continuarem a sair.

Salvy balançou a cabeça. "É isso mesmo, deveríamos ter um tipo de junta de conciliação para resolver os conflitos."

Falei brevemente a favor do plano, e então Tony propôs que o presidente escolhesse o comitê de cinco. A proposta passou por unanimidade. Dick olhou em volta e escolheu Spug, Salvy e a mim. Então Tony disse: "Senhor presidente, faço uma objeção. Não quero nenhum membro da diretoria neste comitê." Salvy concordou com a cabeça. Dick escolheu Tony, Carlo e fez uma pausa antes de escolher o quinto homem. Alguém sugeriu Rossi, e Dick o escolheu. Rossi era um dos poucos comunistas de Cornerville. Tinha muito a dizer nas reuniões, mas os rapazes não o levavam a sério, e ele não se encaixava em nenhuma das cliques.

Um dos rapazes da lanchonete disse que deveria ficar claro que esse comitê não ia trazer de volta para o clube nenhum daqueles sócios que já tinham saído. Salvy o apoiou. Carlo disse:

Você não entende. Não há ninguém fora do clube. De acordo com o estatuto, você está fora se atrasar mais de quatro semanas o pagamento das mensalidades, mas está previsto que, antes disso, seu caso seja discutido. Até agora a gente não tinha um comitê pra considerar os casos desses sócios, então, como eles podem estar fora?

Salvy discordou de Carlo, que tirou um postal do bolso e pôs diante dele. Era o cartão que Salvy lhe havia mandado há um mês, informando que estava com quatro semanas de atraso e seria expulso se não pagasse antes da próxima semana. Carlo ficara furioso com isso. Tinha reclamado que Salvy não tinha direito algum de mandar o cartão para ele sem "discussão", e que era especialmente ruim mandar um cartão-postal, que poderia ser lido por qualquer pessoa que espiasse em sua caixa de correio.

Salvy olhou o cartão e perguntou: "Bom, e então?"

Carlo repetiu seus argumentos. Salvy não tinha nada a acrescentar. Tony concordou com Carlo: "Por que temos que tentar nos livrar dos sócios? Acho que temos 90% de bons sócios aqui. Os outros 10% vão ser vencidos no voto e na fala o tempo todo."

Com esses comentários, o assunto deu-se por encerrado. Depois da reunião, Tony comprou sanduíches e cerveja para os rapazes.

Uma semana depois, foi realizada a reunião regular do clube. Carlo não estava na cidade. Sem ele, o comitê de cinco não se reuniu.

Dom começara a participar das reuniões com maior regularidade e, na ausência de Tony e Carlo, assumiu a liderança do encontro. Foi anunciado que Mike e vários outros sócios antigos queriam voltar ao clube. Salvy argumentou que, antes, seus nomes deveriam ser apresentados ao comitê. Alguns o apoiaram e outros se opuseram, até que Dom encerrou a reunião com este comentário:

> É assim que eles fazem em outros clubes. Se ficam sabendo que um ex-sócio quer volta, votam o assunto antes. Se o voto for a favor, então vão atrás dele e o convidam. Não faz sentido encaminhar isso ao comitê antes. Suponha que eles convidem o homem para voltar, e então o clube vote contra ele. Primeiro, devemos votar se queremos ou não o cara.

Fez disso uma proposta, que foi aprovada com pouca oposição. Depois que os casos de Mike e de outros candidatos foram examinados, Dom anunciou que dependia do comitê determinar os termos de suas readmissões.

Quando Carlo voltou, chamou a mim e Spug ao clube para uma reunião do comitê. Disse que Tony Cataldo não poderia se juntar a nós: "Falei com Tony, e ele disse pra mim que não tem tempo nem paciência pra isso. Ele disse: 'Carlo, qualquer coisa que você decida está bom pra mim.' É claro, ele sabe que sou cem por cento pelo clube.'"

Carlo pediu a Salvy uma informação sobre a reunião anterior, e então, junto comigo e Spug, examinou a lista de 13 homens, inclusive Mike, que tinham perdido a condição de sócios e estavam com as mensalidades atrasadas entre sete e 12 semanas. Propôs que a política do comitê fosse tolerante, de modo a aumentar o número de sócios, e sugeriu que todos fossem readmitidos mediante pagamento de 50 centavos de taxa de admissão e 15 centavos a cada semana de atraso. No início, Spug achou que os associados nunca concordariam com tal tolerância, mas finalmente disse que achava justo, desde que Carlo apresentasse a questão a eles tal como havia feito conosco.

Dois dias antes do Dia de Ação de Graças, o clube rifou um peru, uma garrafa de uísque e uma caixa de espaguete. Todos os que eram integrantes do clube quando a rifa foi planejada, no início do outono, viram-se obrigados a vender dez bilhetes, a dez centavos cada. Embora o clube tenha lucrado com os bilhetes vendidos, a rifa foi motivo de um desentendimento que veio à tona na primeira reunião de dezembro.

Carlo, Rossi e eu éramos os únicos membros do comitê presentes a essa reunião. Spug e Tony Cataldo estavam ausentes, e também Dom Romano.

Antes do encontro, Carlo deu conhecimento a Rossi da decisão do comitê, e Rossi expressou sua concordância. Quando o presidente solicitou um relatório do comitê, Carlo leu os nomes dos ex-sócios, apresentou seu argumento a favor da tolerância e trouxe a proposta do comitê. Rossi disse que havia acabado de falar com Tony Cataldo na barbearia, e Tony sugerira a mesma coisa. Salvy disse que o plano poderia ser bom para alguns dos ex-sócios, mas não para aqueles que não tinham vendido bilhetes da rifa como o combinado. Mike havia sido "o instigador" da rifa, mas não vendera sua quota.

Isso levou Rossi a mudar de posição. Depois da reunião, disse ele, havia dito a Mike: "Os rapazes querem você de volta no clube", e Mike respondera: "Quem é você?"

Quando Carlo objetou, dizendo que ele estava levando para o lado pessoal, Rossi continuou: "Não quero contradizer o comitê. Nós concordamos a respeito dos 50 centavos, mas não votamos a questão da rifa porque não estava previsto que discutíssemos isso."

Carlo balançou a cabeça e me falou: "Quando soube que Rossi estava no comitê, eu disse: 'Estamos fritos.' Primeiro ele defende um lado; depois o outro."

Apesar dos esforços de Carlo, o clube votou a favor de que Mike fosse obrigado a pagar os bilhetes da rifa e também a taxa de associação e os atrasados. Carlo comentou comigo que essa decisão era melhor que nada, porque, embora Mike não fosse aceitar esses termos, o clube seguramente recuperaria os outros sócios antigos.

Nas semanas subseqüentes, o número de sócios realmente cresceu, e o clube funcionou dentro da normalidade. Era evidente que o Clube Social e Atlético Cornerville sobrevivera à crise, embora o comitê não tivesse sido capaz de fazer valer todas as suas recomendações.

6. Tony e a festa no Bingo

Tony Cataldo e Sully Defeo administravam um jogo semanal de bingo numa cidade vizinha, pequena e afluente. Todos os sábados à noite, seus ônibus partiam de Cornerville levando os jogadores para o bingo, mas até meado de dezembro os rapazes do Clube Social e Atlético Cornerville nunca haviam ido a um jogo.

Uma noite, Carlo, Salvy e vários outros estavam no boliche quando Tony chegou. Terminado o jogo, Tony foi com Carlo ao Clube Marconi, onde se juntaram a Mike e Matteo, beberam vinho e comeram sanduíches e pimentões. Tony convidou Carlo, Mike e um ou dois outros para irem visitar alguns amigos seus em outro bairro. Carlo concordou. Pouco depois de chegarem, sentiu-se mal, com tonteira e enjôo. Tony imediatamente se despediu dos amigos, pôs Carlo e os rapazes no carro e passou duas horas, de meia-noite e meia às duas e meia da madrugada, dirigindo e passeando com Carlo no ar fresco. Carlo comentou isso comigo:

Você acha que ele se importou? Não, estava feliz da vida por ter podido fazer alguma coisa pelo Carlo. E na manhã seguinte veio me procurar no clube. Eu ainda não havia chegado, então foi até a minha casa com os rapazes pra ver como eu estava, e me trouxe uma garrafa de uísque. ... Quando viu que eu estava bem, me disse: "Carlo, você tem que me ajudar, tenho que me livrar de 500 ingressos para o bingo de Natal até sábado à noite." Então entendi por que ele estava tão satisfeito de poder fazer alguma coisa por mim na noite anterior, sem importar por que; eu sabia que se fizesse alguma coisa pra ele podia procurá-lo da próxima vez. Os rapazes estavam todos no clube. Era domingo. Eu disse pro Tony: "Claro, vou ao bingo. Você conhece Carlo — qualquer lugar é uma diversão." Então, peguei uma pilha de cartões-ingressos e passei para os rapazes. Eu via umas caras feias, mas dizia: "Vamos fazer disso um grande lance pro clube. Vamos pôr no ônibus uma faixa anunciando o Clube Social e Atlético Cornerville, e aí ganhamos alguma publicidade." Tony disse que tudo bem pra ele. Então vi Salvy olhar os cartões e resmungar.

Ele disse: "Que diabo é isso?"

Tony começou a explicar, mas eu interrompi e falei: "Tony, deixa comigo. Quando você quiser alguma coisa neste clube, fala comigo. Salvy e eu, nós sempre discutimos no clube, mas fora das reuniões ele é um dos meus melhores amigos. Sei que será o primeiro a pagar um dólar, porque é um cara razoável e leva tudo na esportiva." Aquilo fez Salvy se sentir bem, e pagou na mesma hora.

Os irmãos Callahan [novos sócios, os únicos irlandeses no clube] vieram me procurar depois e disseram: "Por que diabos você fez isso? A gente tem que trabalhar um ano pra ganhar um dólar!" Expliquei que a gente ia se divertir, e podiam ganhar alguns dos prêmios.

Então Tom Reppucci chegou, e dei cinco cartões pra ele. Hesitou um pouco, mas pegou. Falei pra ele que a gente ia ter um ônibus para o Clube dos Dez Amigos, com uma faixa do lado. Sempre posso dar pro Tom umas cartelas de rifa ou uns tíquetes pra vender no clube. Ele pode dizer pros rapazes: "Carlo sempre tem sido legal com a gente, então vamos ajudar ele agora." Você sabe, eu instalei pra eles o aquecedor a óleo do clube, e conserto sempre que tem algum problema. Nunca recebo nada. Querem me pagar um ou dois dólares, mas eu falo: "Esquece isso."

Devo ter feito eles venderem uns 60 cartões do Tony só naquele dia. Ele queria que a gente fosse a um outro clube, mas eu disse que não. Queria saber como me livrei dos cartões. Ele disse: "Eu notei umas tantas caras feias lá, e então?"

Eu falei: "Tudo bem, deixa por minha conta; vão reclamar comigo e eu saio fora. Você só está interessado em vender os cartões, né não? Então, tudo bem."

Perguntei a Carlo por que havia feito isso por Tony. Explicou que eu tinha uma parte na história. Quando a organização do Fundo Beneficente Comunitário me pediu para recomendar pessoas de Cornerville capazes de angariar recursos no distrito, eu havia perguntado a Carlo se queria se encarregar da seção da Shelby Street. Ele concordou. E agora me dizia:

Desde que você me falou sobre esse Fundo Beneficente Comunitário, ele não me saiu da cabeça. Tony Cataldo conhece todos os clubes aqui em volta. Quando chegar a hora, posso conseguir pra ele falar sobre o Fundo em todos os clubes. Os caras mais antigos, eles pensam que um gângster é um professor. Acham que um cara que acabou de sair da cadeia é um graduado no Ivy College. Quando eu vou lá, eles falam, "Oi, Carlo", mas, quando Tony chega, eles falam, "Alô, senhor Cataldo". Pra conseguir dinheiro, você tem que dançar conforme a música por aqui.

Você não pode ser honesto demais, ou as pessoas não vão te respeitar. Você tem que usar um pouco de esperteza. Tem que navegar como um bote, inclina pra um lado, inclina pro outro, mas no final você pode chegar e mostrar pra elas que o tempo todo, você tava no controle — que foi para o maior bem de todos que você fez o que fez.

Os ônibus para a festa do bingo estavam marcados para sair às sete e meia do sábado, mas não apareceram na hora. Quando já eram quase oito horas, Tom Reppucci veio ao clube consultar Carlo a respeito dos ônibus. Carlo saiu várias vezes para ver Tony Cataldo, que disse a ele ter pedido três ônibus. Um já havia partido, o segundo sofreu um acidente quando saía da garagem, e o terceiro fora mandado para uma cidade vizinha por engano.

Tony chegou ao clube às oito e meia para discutir a situação com Carlo. Disse que estava tentando conseguir transporte, mas, mesmo que arranjasse alguma coisa nos próximos minutos, já estava tão tarde que os rapazes perderiam uma boa parte da noite. Se alguém quisesse o dinheiro de volta ou um cartão para o próximo bingo, ele daria. Carlo explicou a situação aos rapazes, e então disse a Tony que achava melhor irmos em outra ocasião. Tony concordou. Disse que Carlo podia recolher os cartões mais tarde e que, quando se encontrassem, trocaria por outros ou daria o dinheiro de volta.

Na reunião seguinte, Tony pediu desculpas aos sócios pela dificuldade com os ônibus. Ofereceu-se de novo para devolver o dinheiro dos ingressos. Um dos homens havia rasgado seu tíquete, mas Carlo falou com Tony, que devolveu o dinheiro mesmo assim.

Embora a festa do bingo do Clube Social e Atlético Cornerville não tenha acontecido, Carlo fez um serviço importante para Tony ao persuadir os sócios a comprarem os ingressos e cuidar de todos os arranjos no clube. Um mês e pouco depois, começou a arrecadação de recursos para o Fundo Comunitário. Carlo havia dito que Tony concordara em fazer algo por ele, embora fosse uma tarefa difícil. Quando terminou a arrecadação, perguntei a Carlo qual tinha sido a participação de Tony. Contou que havia pedido uma contribuição, e ele dissera que sentia muito, mas tinha dado cinco dólares para seu próprio cunhado, que também estava trabalhando na coleta. Carlo não disse se Tony havia falado com algum clube para ele — o que significa, é claro, que não havia. Carlo parecia relutante em conversar sobre sua relação com Tony no que se referia a esse assunto.

7. A nova administração

Lá pelo final de novembro, o primo de Tony Cataldo e três de seus empregados entraram no clube. Tony pagou as taxas de associação e as semanais. Vários outros também haviam se associado. Embora essas novas pessoas tenham aumentado para 55 o número de associados, os antigos integrantes continuavam a ser os mais ativos. Com a proximidade da eleição de fevereiro para a diretoria, as disputas entre as cliques continuaram.

Tony não participou da reunião da eleição, e apenas um de seus empregados estava presente. Dick agora tinha um trabalho que o mantinha ocupado à noite, então o vice-presidente assumiu a direção.

Quando Mario convocou a eleição para presidente, um dos rapazes da lanchonete indicou Dom Romano, e um dos da barbearia indicou Carlo Tedesco. Houve um empate na primeira votação: 14 a 14, com um voto escrito "neutro". Mario ficou indeciso sobre o que fazer. Alguns disseram que deveria dar o voto de desempate; outros queriam uma segunda votação. Mario resolveu fazer outra rodada, que resultou no mesmo empate. Então votou a favor de Dom.

Não houve uma verdadeira disputa pelos outros cargos. Carlo, Salvy, Chichi e Joe foram eleitos vice-presidente, secretário, subsecretário e tesoureiro, respectivamente.

A eleição presidencial não passou de uma contagem do poder de voto das duas cliques. Mais tarde, Carlo comentou comigo:

> Dom é um bom rapaz. Tudo bem ser ele. A única razão pela qual eu queria vencer era para quebrar aquela clique. Uma clique grande como aquela agindo unida é ruim para o clube. Não, só há mesmo uns poucos companheiros com os quais eu realmente posso contar — Dodo, Guy, Chichi, Lefty e Joe, o Barbeiro. É, Marco também me apoiaria. Não poderia contar com Chris. Ele só vota no que acha certo. Eu só tinha uns poucos comigo, e eles tinham uma clique grande, mas mesmo assim empatou.

A ORGANIZAÇÃO INFORMAL DO CLUBE S. & A. CORNERVILLE
Fevereiro de 1940

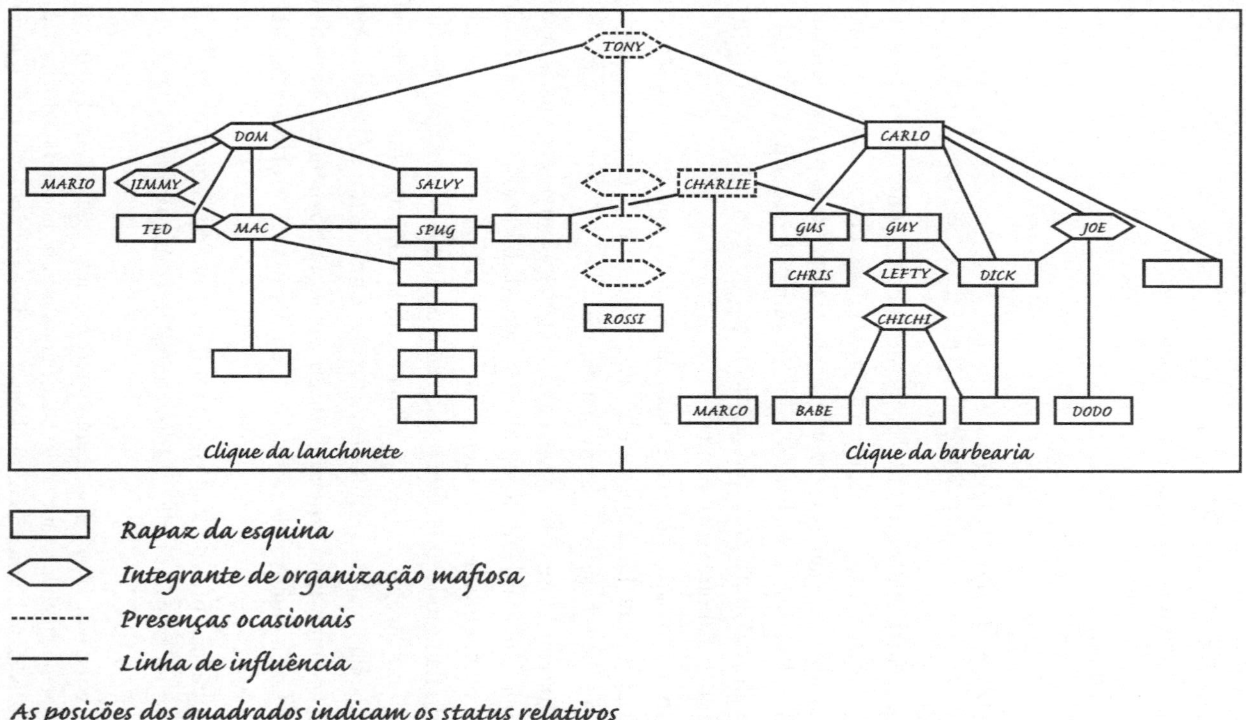

Dom me disse: "Você sabe, aquele cargo foi jogado em cima de mim. Eu não queria ser presidente, mas Salvy me disse: 'Queremos que você seja presidente para quebrar aquela clique.'"

O diagrama apresenta um quadro da organização informal do clube na época da eleição. Vemos Carlo inquestionavelmente controlar a gangue da barbearia, mas ainda incapaz de controlar os rapazes da lanchonete.

Para Carlo, a derrota na eleição presidencial provou-se um impedimento apenas temporário. Dentro de pouco tempo, estava numa situação mais forte que nunca. No primeiro encontro que se seguiu à eleição, propôs que o recém-eleito "comitê de assuntos gerais", formado por Chris e Ted (um novo sócio), fosse ampliado para incluir Gus e a mim. Fomos eleitos sem oposição. Muitos anos antes, Gus havia sido presidente de um pequeno clube do qual eram membros Chris e Babe. Quando o Clube Social e Atlético Cornerville foi organizado, Chis e Babe haviam claramente se aliado à gangue da barbearia, mas Gus continuou independente. Ficou de maneira entusiástica do lado dos rapazes da lanchonete na questão do faxineiro, e saiu do clube quando o resultado foi contra sua preferência. Carlo o havia persuadido a voltar depois da controvérsia política.

Tendo proposto Gus para o comitê, Carlo em seguida discutiu com ele vários planos para o clube, e Gus definitivamente se alinhou com Carlo. Eu tinha pouco tempo para as reuniões do comitê ou do clube, e disse a Carlo que concordaria com qualquer coisa que ele decidisse. Como Chris era seguidor de Gus, e Ted tinha pouco interesse no comitê, a reorganização deixou Carlo em posição de determinar o que o colegiado deveria fazer, embora naquela época não integrasse o comitê.

Na reunião de abril, Carlo propôs que o comitê tivesse seus poderes ampliados, de modo a fazer despesas em benefício do clube sem autorização prévia; e que se aceitassem provisoriamente novos sócios, até que eles fossem confirmados em reunião. Isso provocou uma discussão acalorada. Carlo argumentou que muitas atividades não podiam esperar até a reunião mensal: às vezes a pessoa apresentava seu pedido de associação e perdia o interesse quando descobria que devia esperar várias semanas para ser admitida; e por vezes o clube tinha uma chance de comprar coisas úteis, mas só se agisse com presteza. Ele disse que o comitê cuidaria sempre de sondar a reação dos sócios antes de fazer uma compra ou de aceitar um novo associado, e que seus atos seriam submetidos a revisão em todas as reuniões do clube. Finalmente seus argumentos prevaleceram e, ao mesmo tempo, ele foi eleito para integrar o comitê. Carlo me disse mais tarde que tentara declinar da indicação, mas os sócios acharam que, já que ele pedira os novos poderes, e ninguém mais sabia para que seriam, deveria ser posto na posição de usá-los. Concordou em permanecer no cargo durante um mês.

A primeira providência de Carlo foi comprar um conjunto de bolas para jogar bocha, jogo italiano disputado em canchas ao ar livre. Desde que foram adquiridas, as bolas eram usadas praticamente todos os dias, no final da tarde e no início da noite. Não-associados juntavam-se aos sócios para jogar, e como as apostas eram sempre de cerveja vendida no clube, isso gerou uma fonte de renda. Antes da compra das bolas de bocha, a renda com a venda de cerveja havia sido pouco mais que o suficiente para pagar o custo de manter as garrafas no gelo. No primeiro mês de jogo de bocha, o lucro líquido com a cerveja ultrapassou os 19 dólares.

A próxima medida do comitê foi promover a primeira festa anual do Clube Social e Atlético Cornerville. Depois de consultar alguns sócios que tinham experiências com festas, Carlo tomou todas as providências, e o evento resultou em sucesso social e financeiro.

Carlo começou a ver como se poderia conseguir uma licença para o clube. Na reunião de junho, relatou que havia persuadido o ex-deputado Art Porcella a obter a licença por apenas 25 dólares — o valor cobrado pelo estado. E disse: "Vocês vão querer saber o que prometi a ele. Nada! Eu apenas disse: 'Se você concorrer a algum cargo, ou se estiver interessado em algum candidato, teremos prazer em deixar que venha ao nosso clube e converse com os rapazes. Se conseguir convencê-los, então boa sorte!'"

Carlo também relatou que o senador estadual George Ravello havia dado uma contribuição de cinco dólares para a taxa da licença. Embora esse esforço tenha resultado em nada, Carlo deu a impressão de que conseguia coisas para o clube.

Os registros da última reunião da qual participei fornecem ampla evidência da mudança na posição de Carlo. A agenda da reunião incluía relatos sobre a compra das bolas de bocha, o licenciamento, a festa e a admissão de novos associados. O presidente Dom Romano pediu a Carlo para falar em nome do comitê sobre todos esses assuntos. Como havia pouco a ser discutido além disso, Carlo passou a maior parte do tempo de pé, relatando ou respondendo a perguntas. Não houve oposição grave a qualquer de seus relatos. Esporadicamente, um dos rapazes fazia uma gozação mais ou menos séria dirigida a Carlo, mas ele foi sempre habilmente defendido. Era interessante observar de que lado vinha a defesa. Uma vez Salvy falou a seu favor, e em várias outras Dom o apoiou. O desafio mais direto veio de Mike, que fora recém-admitido. Os dois já não eram amigos, e quando Mike expressou o desejo de voltar, Carlo submeteu seu nome na reunião, sem comentários. Mike alegou que Carlo havia prometido deixar o comitê após um mês de serviço, mas se recusara a fazê-lo, e agora tentava dirigir o clube. Carlo não se defendeu. Dom disse que, enquanto continuasse a fazer um trabalho tão bom como o que vinha fazendo, Carlo poderia permanecer no cargo o quanto quisesse.

Ao longo da primavera e no início do verão, o fosso entre a barbearia e a lanchonete foi diminuindo. O Clube Social e Atlético Cornerville havia se tornado uma organização mais coesa e com um funcionamento mais tranqüilo. Carlo, que participou de modo destacado nesses processos, havia assumido o controle. Já não era apenas o líder de uma clique; havia se tornado o cabeça do clube — se não contarmos Tony Cataldo. Nesse meio tempo Tony apareceu poucas vezes no clube, mas estava ativo nos bastidores. Durante a primavera, seu sócio Sully Defeo e outros quatro empregados seus foram admitidos no clube. Contando apenas os integrantes de sua organização, Tony e Sully tinham controle inquestionável sobre um bloco de dez votos. Poucos desses homens participavam das reuniões, mas como suas taxas eram pagas regularmente, podiam estar presentes a qualquer momento para votar.

Perguntei a Carlo por que não havia feito alguma coisa para manter os empregados de Tony fora do clube. Ele disse que sabia o que estava acontecendo e que encontraria uma maneira de lidar com a situação. Desde o começo, o objetivo dos rapazes havia sido conseguir o maior número possível de sócios a fim de ter caixa e melhorar a posição política do clube. Mesmo alguém como Mike, que dera um jeito de se tornar tão impopular, fora admitido em duas ocasiões. Nessas circunstâncias, Carlo não poderia, subitamente, adotar uma medida que excluísse os amigos de Tony.

Na reunião de junho, foram apresentados os nomes dos dez candidatos à associação. Sete deles já haviam sido provisoriamente aceitos pelo comitê. Carlo me disse que eram todos bons amigos seus, e acrescentou: "Estou criando minha própria gangue aqui." O fortalecimento crescente da posição de Carlo está indicado neste diagrama simplificado:

Deixei Cornerville em julho de 1940. Mas quando voltei para uma visita, em maio de 1941, as histórias que ouvi indicavam que a tendência à unificação do clube e ao crescimento do poder de Carlo haviam continuado. No outono de 1940, Carlo e Tony estavam mais uma vez em discordância a respeito do apoio a candidatos a cargos políticos. Dessa vez, Carlo tinha as duas cliques do seu lado e não teve que argumentar sozinho. Spug disse na cara de Tony: "Não queremos passar por gângsteres."

A ORGANIZAÇÃO INFORMAL DO CLUBE S. & A. CORNERVILLE
Verão de 1940

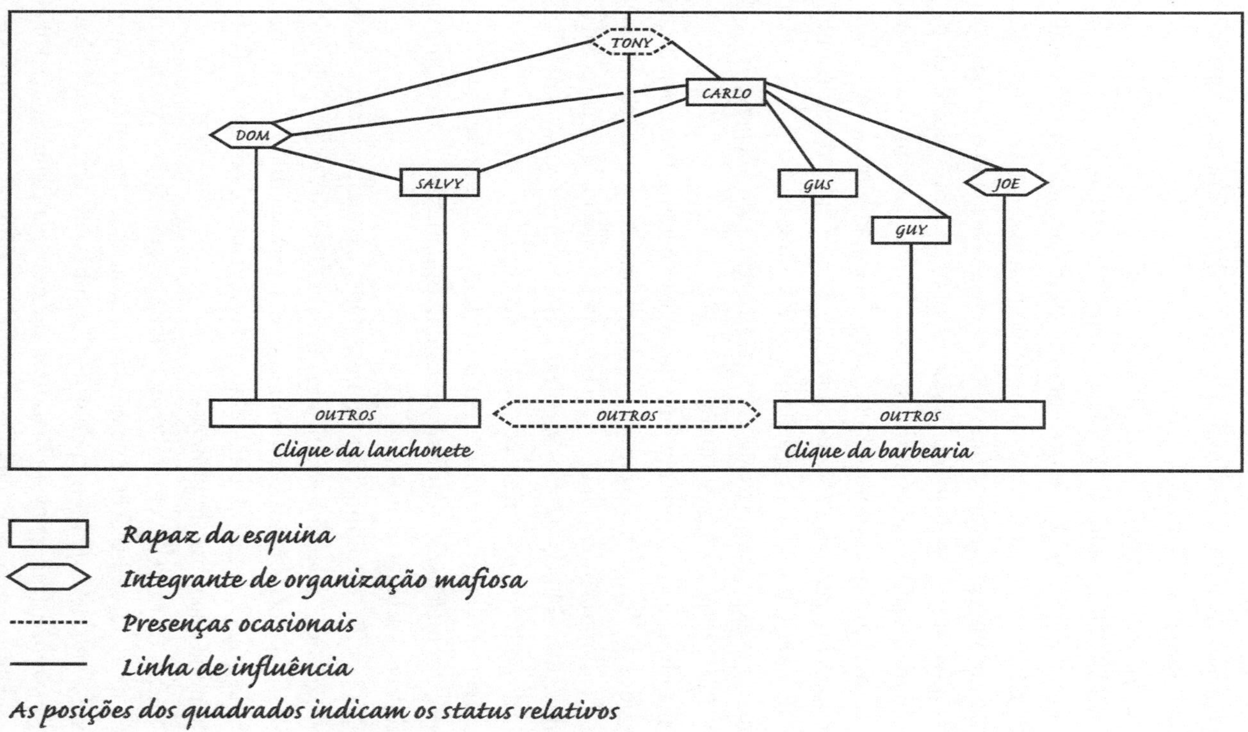

Tony tinha seus seguidores, mas, na questão do apoio, o clube foi decisivamente contra ele. Carlo comentou comigo: "Os rapazes viram que não ganharam nada com a última eleição."

Na votação de fevereiro de 1941, Carlo foi eleito presidente do clube e Salvy tornou-se vice-presidente. Logo depois disso Salvy foi convocado, e só ocasionalmente aparecia em Cornerville. Mesmo que tivesse continuado ativo no clube, é improvável que se opusesse à liderança de Carlo, pois as relações entre os dois haviam mudado. Ao procurar por Salvy e Carlo em minha visita a Cornerville, soube que o primeiro passava a manhã de domingo na casa de Carlo. Quando vi Carlo mais tarde, perguntei se ele e Salvy ainda tinham discordâncias. Respondeu: "Nós nos entendemos. É claro que ainda temos brigas, mas isso é só para lembrar os bons velhos tempos." Spug, que também se tornara amigo íntimo de Carlo, confirmou a história.

Tony Cataldo ainda era o homem mais importante da Shelby Street, mas o Clube Social e Atlético Cornerville havia se tornado o clube de Carlo Tedesco.

8. Carlo e Tony

A história detalhada do Clube Social e Atlético Cornerville indica que os eventos no clube devem ser explicados em termos da ascensão de Carlo Tedesco e dos altos e baixos do poder de Tony Cataldo. Uma análise minuciosa dos acontecimentos nos dará uma perspectiva mais clara dos eventos.

Carlo perdeu para Mike na fundação do clube, mas quando os rapazes ficaram insatisfeitos com a liderança de Mike, e seu poder começou a declinar, Carlo assumiu a liderança da reorganização. Forçou Joe e Chichi a abandonarem Mike na controvérsia sobre a mobília, e agiu de maneira tão efetiva que conseguiu falar por eles e também por Mike.

Ao comprometer o clube com Fiumara, embora sem voto formal de apoio, Mike agiu de forma indefensável do ponto de vista estatutário. Os rapazes da lanchonete sentiram que ele simplesmente cuidava de seu interesse pessoal. Embora Mike insistisse em que não ganharia nada com o comprometimento e que intercederia por eles junto a Fiumara, isso teria significado subordinar os rapazes a ele, Mike, algo a que nenhum deles estava disposto naquele momento.

Embora tivesse pouco tempo para ficar no clube, Tony mantivera sua posição com visitas ocasionais e favores financeiros. Quando foi chamado para resolver o conflito em torno dos móveis, sua posição saiu fortalecida. Tomou a iniciativa na questão política, desbancando Mike, e explorou astutamente as divisões dentro do clube. Ao assumir a atitude de quem se preparava para aceitar o que havia sido feito, desde que Mike reconhecesse seu erro, forneceu aos rapazes da lanchonete a munição que usaram num ataque a Mike. Tony não se contentava apenas em persuadir os rapazes a aceitar suas opiniões. Queria comprometê-los consigo, convencendo-os de que lhes fazia um favor ao apresentá-los a Kelly e conseguir-lhes trabalho no dia da eleição.

A questão política, que culminou com a eleição de Fiumara, quase destruiu o clube. Muitos sócios se perguntaram se valeria a pena tentar continuar. Carlo decidiu que valia, e tomou providências para que se escolhesse o comitê de cinco. Embora a maior parte das políticas propostas pelo comitê não tenha sido aceita, seria um equivoco concluir que, por isso, ele não tivesse importância. A posição equivocada do clube a respeito da eleição foi reconhecida como um grande erro. Nada conseguiria apagá-lo, mas, ainda assim, todos entenderam que algo deveria ser feito. Se os sócios tivessem simplesmente esperado que surgisse uma outra questão importante, o clube teria morrido. A principal necessidade era de que houvesse atividades — muitas atividades. A política finalmente adotada não era tão importante quanto as atividades que se foram realizando. Isso deu aos rapazes a impressão de que seu clube, apesar de tudo, ainda funcionava. No meio de todas aquelas programações, a crise simplesmente desapareceu.

Carlo havia sido derrotado por Tony, mas a eleição de Fiumara aumentara seu prestígio à custa de Tony. Ele se aproveitou da situação para melhorar sua posição. Mostrava aos membros da clique da lanchonete, em todas as oportunidades, que havia agido certo, enquanto eles estavam errados. Com essa tática, Carlo minou a posição de Salvy, levou adiante seu ataque a Tony e recebeu o reconhecimento de sua própria liderança entre os rapazes. O comitê de cinco serviu como importante instrumento para Carlo, pois forneceu canais legítimos por meio dos quais podia continuar desenvolvendo suas atividades e dar início a propostas de ação para os sócios.

A reação de Tony diante dessa situação foi reveladora. Quando Carlo o acusou de sacrificar os interesses do clube e o induziu a contar por que havia apoiado Kelly, Tony respondeu — em todas as ocasiões — gastando dinheiro com Carlo e seus amigos. Isso era característico de Tony: quando enfrentava oposição, tentava agir de maneira a criar uma obrigação de seus oponentes com relação a ele.

Foi no meio da controvérsia política que Tony reconheceu Carlo como o homem-chave do clube. Aí já era tarde demais para ganhar seu apoio no problema da eleição. Mas quando a vitória de Fiumara aumentou a importância de Carlo, tornou-se ainda mais necessário que Tony chegasse a um acordo com ele. A partir do dia da eleição, Tony passou a lidar com o clube por intermédio de Carlo, a decidir as políticas do clube com ele e a agir de acordo com suas sugestões durante as reuniões, empenhando-se também em beneficiar Carlo, tanto em termos sociais quanto financeiros.

Tony não poderia ter mantido sua posição apenas com idas ocasionais ao clube. Depois de sofrer as conseqüências de terem seguido seus conselhos, os rapazes, por conta própria, poderiam ter descoberto que podiam se sair muito bem sem ele. Envolvendo-se ativamente nos assuntos do clube, Tony não deu chance alguma de que fizessem essa descoberta. Durante as seis semanas seguintes à eleição, participou de todas as discussões e de todos os planos de ação para o clube. Foi tão bem-sucedido em restabelecer sua posição que, por intermédio de Carlo, conseguiu programar uma grande excursão ao seu jogo de bingo. Então, depois de ter alguns empregados seus admitidos no clube, Tony voltou sua atenção para outros temas.

Como não tenho acesso à mente de Tony, não posso dizer em que medida suas ações resultavam de cálculos sobre obrigações pessoais, ou se eram respostas não planejadas a uma determinada situação. Não resta dúvida de que ambos os fatores estavam presentes em graus variados, mas o importante não é determinar os motivos de Tony. É suficiente observar que, usualmente, ele agia de uma maneira que tendia a criar uma obrigação dos rapazes da esquina com relação a ele; e quando esse esquema parou de funcionar, continuou a agir da mesma forma, contudo com maior freqüência, de modo a restabelecer com isso as obrigações.

Quando se aproximavam as eleições para a diretoria, a posição de Salvy estava tão precária que não tinha chance de conquistar a presidência, e persuadiu Dom a ser o candidato da clique da lanchonete. Este vinha tendo uma participação cada vez mais ativa nas questões do clube e era popular entre os rapazes. Era inteligente e bastante independente em seus pensamentos e ações, embora não pudesse se dar ao luxo de ir muito longe em sua oposição a Tony. Apesar de sua indicação ter sido orquestrada por Salvy, tudo que antecedeu a eleição indicava que Dom não recebia ordens de Salvy. Dadas essas circunstâncias, poder-se-ia esperar que Dom tomasse a liderança de Carlo. Em vez disso, Carlo continuou a tomar iniciativas em benefício dos sócios, e cada vez mais freqüentemente. Como suas ações produziram os resultados esperados, cada novo associado que entrava no clube fortalecia sua posição, até que sua dominação das duas cliques tornou-se firmemente estabelecida.

Como a história do Clube Social e Atlético Cornerville tem dois personagens principais, é natural comparar um ao outro. Carlo e Tony tinham dois tipos diferentes de poder. Carlo era um rapaz da esquina que passava todo o seu tempo com os outros rapazes da esquina. Estava constantemente na posição de iniciar ações para seus amigos. As atividades que deram a Tony uma posição superior em Cornerville tornavam impossível que passasse muito tempo com qualquer grupo de rapazes da esquina. Só ia ao clube com freqüência quando o que acontecia afetava seus interesses. Depois da eleição de Fiumara, quando Tony e Carlo estavam ambos ativos no clube, teria sido impossível dizer, apenas observando suas ações, qual dos dois detinha a posição superior em Cornerville. Tony iniciava ações para Carlo, mas, com a mesma freqüência, Carlo iniciava ações para Tony. No entanto, Carlo não teve sucesso quando tentou fazer com que Tony agisse na arrecadação de recursos para o Fundo Comunitário. Nas questões do clube, Carlo podia iniciar ações para Tony; fora do clube, não. Ele tinha a iniciativa das ações numa pequena esfera das atividades de Tony. Este iniciava ações na principal área de atividade de Carlo. Fora do clube, Tony iniciava ações para um grande número de homens sobre os quais Carlo não podia agir, e Tony tinha "conexões" com pessoas em posições superiores fora do alcance de Carlo.

Quando o Clube Social e Atlético Cornerville foi dividido, Tony pôde jogar com as rivalidades entre as facções e com as obrigações que alguns sócios lhe deviam a fim de liderar o clube. Quando o clube foi unificado sob a liderança de Carlo, Tony conseguia o que queria apenas quando tratava pessoalmente com Carlo. Fez isso com bastante sucesso quando passava seu tempo no clube, porém, quando estava ocupado com outros negócios não poderia ter certeza do apoio de Carlo. Este cuidou de manter sua independência. Uma vez, ele me disse:

> Você procura Tony e pede dois paus emprestados, e ele tem o maior prazer em lhe dar pra você. Mas espera 200 dólares de volta, não em dinheiro, mas em favores. Ele não liga se você devolve ou não os dois paus. Se devolver, ele aceita, mas não se importa. É assim que compra as pessoas. ... Quando Mike está quebrado, vai lá e pega emprestado com Tony. A mesma coisa com um monte de outros rapazes. Mas não vou fazer isso. Nunca! Nem que esteja desesperado pelo dinheiro. Vou conseguir de outra pessoa. Ele ficaria felicíssimo de me emprestar, mas não vou dar essa chance a ele.

Tony tinha conexões, mas carecia de intimidade com os rapazes. Além disso, seu negócio exigia que ele tentasse persuadi-los a adotar políticas com as quais não tinham nada a ganhar. Carlo tinha contatos íntimos típicos de rapazes da esquina, mas lhe faltavam as conexões políticas importantes. Percebia as limitações de sua posição, mas não estava disposto a deixar que Tony dominasse o clube. Ele me disse:

Suponha que Tony fosse o chefe daquele clube. Na época de eleição, ele poderia procurar Mike Kelly e dizer: "Mike, tem 75 sócios no meu clube, o que significa de 200 a 300 votos. Dez dos meus rapazes foram em cana porque estavam vendendo apostas nos números, 50 dólares de multa cada. Você pode resolver?" E Mike Kelly resolve. E depois um dos rapazes do clube vai pedir um favor a Kelly, e recebe um belo sorriso, e Kelly diz pra ele: "Por que você não veio antes? Acabei de resolver o caso dos rapazes. Sinto muito, não posso fazer nada por você neste momento." Então Kelly vai até Tony e diz: "Tony, não deixe os caras ficarem me procurando. Acabei de cuidar de dez pra você. Não posso fazer tudo." É isso que aconteceria. Tony consegue proteção pro seu negócio, e nós ficamos sem nada.

Capítulo VI

A política e a estrutura social

1. A NATUREZA CAMBIANTE DA ORGANIZAÇÃO POLÍTICA

QUANDO O *BOSS* Joseph Maloney perdeu a eleição para vereador em 1939, o Clube Cleveland se viu privado do pequeno domínio que ainda exercia sobre os votos de Cornerville, South Side e Welport. O poder da organização já vinha se deteriorando há anos, e, quando chegou o colapso final, não havia nada que Maloney pudesse fazer, exceto olhar com nostalgia para aqueles tempos mais felizes, desde a década de 1890 até os anos 1920, quando o Clube Cleveland dominava o Distrito 4 sob a presidência de seu fundador, Matt Kelliher. Assim me contou Maloney a história do clube:

Nós tínhamos um capitão em todas as zonas eleitorais. Era o homem que conhecia todo mundo em sua zona e podia praticamente dizer como cada um ia votar. Tínhamos uma grande variedade de zonas. Bem depois da rua ... havia uma rua de classe alta. Você devia ter um homem educado cuidando daquela área. E também tínhamos uma zona onde vivia a maior parte dos carregadores. Esse era um trabalho para outro tipo de homem.

Quando as pessoas precisavam de ajuda da organização, vinham direto ao escritório [do clube]. Matt estava aqui todas as manhãs, das nove às 11. Se não estivesse, poderia ser encontrado no Distrito, onde passava praticamente todo o resto do dia. Se um cara viesse pedir um emprego, Matt ouvia e dizia que ia ver o que podia fazer, e que voltasse dentro de uns dias. Isso era o tempo de Matt entrar em contato com o capitão da zona e descobrir tudo sobre o cara. Se não tivesse votado na última eleição, estava fora. Matt não faria nada por ele — isto é, a menos que provasse estar tão doente que não pudera votar. Depois de descobrir que tipo de homem era aquele, Matt resolvia tentar alguma coisa em seu benefício.

Quando um homem conseguia um emprego por influência nossa, continuávamos a pagar suas taxas [no clube] e, na época da eleição, esperávamos que desse algum tipo de contribuição para apoiar a campanha. Nunca aceitávamos dinheiro para apoiar um candidato. Desse modo, mantínhamos nossa independência. ... Na primeira vez em que me candidatei ao Legislativo — isso foi contra a minha vontade, fui escolhido pela organização —, dei 150 dólares para as despesas, e a organização pagou o resto.

Naquele tempo, ocupávamos cargos políticos para ajudar o povo. É claro que se Kelliher achasse que a cidade ia comprar uma certa propriedade, e se tivesse a chance de comprá-la primeiro, tudo bem, isso era assunto dele. Estava no ramo imobiliário, e havia um bocado de dinheiro nesse ramo quando a cidade estava se expandindo. Mas, para ele, servir ao povo sempre veio em primeiro lugar. Nunca recebeu um centavo pelos favores que fazia. Matt e eu nunca vendíamos nossos empregos nem cobrávamos por um favor.

Naquela época, a gente realmente controlava. Podíamos antecipar, com uma margem de 50 votos, como o Distrito se sairia em qualquer eleição. Uma vez, mudamos o Distrito, que era democrata, para republicano da noite para o dia. Foi na eleição para prefeito de 1905. Na véspera da eleição, houve uma reunião no clube que foi até as três da manhã. Imprimimos a chapa que estávamos apoiando e fizemos a maior distribuição possível no tempo de que dispúnhamos. Quando as pessoas vinham votar, o capitão perguntava: "Vocês têm a chapa?" Se não tinham, passava para elas, que entravam e votavam. Quando os votos foram contados, tínhamos transferido o Distrito para os republicanos, do mesmo jeito que o havíamos passado para os democratas. Uma vez um companheiro disse a Matt: "Desta vez não vou votar na chapa." Houve 13 votos contra nós em sua zona eleitoral, e Matt teria dado qualquer coisa para saber quem eram os outros 12.

Maloney explicou o colapso da organização em termos das mudanças na população, do New Deal e do crescimento do "elemento mafioso":

Hoje está tudo mudado. Temos uma população flutuante no South Side agora. As pessoas se mudam de lá o tempo todo. Você não pode esperar que um capitão de zona ainda conheça todo mundo. Só em Cornerville as pessoas ficam no mesmo lugar.

Então, os italianos sempre votarão num dos seus. Nós demos reconhecimento a eles quando não precisávamos fazer isso. Eles não tinham muitos votos, e poderíamos tê-los derrotado todas as vezes, mas lhes demos representantes italianos. Fizemos isso por causa da organização. Mas não nos apoiavam. Os italianos não são nada confiáveis. Você não pode contar com eles de jeito nenhum. Além disso, jogam sujo. Calculo que atualmente existam uns 800 ou mil "repetidores" [pessoas que votam mais de uma vez numa mesma eleição] em Cornerville em todas as eleições. Tentei acabar com isso, mas não é possível. Você não consegue distinguir um italiano de outro.

Ao falar da deslealdade dos italianos, Maloney se referia, na verdade, a um conflito de lealdades. Desde a época em que os imigrantes italianos entravam em lutas de rua com os irlandeses que os antecederam, sempre houve ressentimentos entre as raças. Como os irlandeses tinham o controle político do Distrito, os italianos, que eram minoria, eram obrigados a seguir o Clube Cleveland a fim de ganhar alguns benefícios políticos. Nos anos recentes, os italianos que tinham o apoio político do clube eram vistos como desleais — traidores da causa da unidade italiana. À medida que os votos italianos no Distrito cresceram gradualmente, era de se esperar que eles rompessem com o Clube Cleveland.

À acusação de Maloney a respeito da "repetição" em Cornerville — que é exagerada, mas verdadeira — as pessoas de Cornerville respondem com incriminações de que o Clube Cleveland teria falido muitos anos antes se permitisse eleições honestas. Minhas próprias observações e o testemunho unânime de pessoas de Cornerville indicam que o clube usava repetidores sempre que necessário. Maloney admitiu espontaneamente que muitos de seus eleitores moravam fora do Distrito. "Um homem tem o direito constitucional de escolher seu próprio domicílio. Desde que não esteja registrado em dois lugares, tudo bem." E continuou sua história:

> Nos velhos tempos, era diferente. O New Deal mudou totalmente a política. Com o programa de assistência social e a WPA, o político já não é mais necessário num distrito como este. Anos atrás, um homem sem emprego nos procuraria para ver o que poderíamos fazer por ele. Agora, entra no programa de assistência e depois pode entrar na WPA. Isso é tudo que ele quer. Essa assistência é uma tremenda organização mafiosa.

Perguntei se um homem não precisava de apoio político para entrar na WPA, e Maloney disse que não. Levei essa questão a Carrie Ravello, esposa do senador do estado, e ela respondeu assim:

> É verdade. Se você for qualificado, pode entrar sem recorrer a um político. Mas levará quatro semanas até que receba o certificado, e posso apressar as coisas de modo que você consiga em uma semana. E posso ver também se você consegue um trabalho melhor — se for qualificado. Se quiser ser supervisor de uma obra, não posso dizer: "Ponha Billy Whyte como supervisor", porque você não está qualificado para aquele trabalho. Não tem experiência. Só posso fazer alguma coisa por você se for qualificado.

Os rapazes da esquina corroboraram algumas dessas afirmações, mas acrescentaram que muitos homens sem qualificação, mas com forte apoio político, haviam conseguido bons empregos na WPA.

Havia inúmeros políticos em Eastern City. A questão essencial tornava-se: era importante conseguir apoio político de quem para lidar com a WPA? Perguntei à senhora Ravello como ela conseguia ajudar seus eleitores nesse aspecto. Ela explicou: "Conheço Dave Collins. É o administrador estadual, chefe de todos os projetos no estado. Posso ir direto a seu escritório. Ele conhece minhas conexões com o senador Corcoran em Washington."

Perguntei como Collins havia chegado àquela posição. "Foi nomeado há seis meses pelo administrador regional, que o escolheu porque tinha o apoio do senador Corcoran. Billy, não me importa o que você diga, atualmente o que conta não é o que você sabe, mas quem você conhece."

Ela acrescentou que a conexão mais importante que alguém podia ter para entrar na WPA era com o senador Corcoran. As ligações com deputados no Congresso vinham em segundo lugar.

Aconteceram mudanças importantes na administração federal do programa de assistência social depois dos primeiros tempos do New Deal. No começo houve uma enorme demanda de empregos, e não existia qualquer forma reconhecida de distribuí-los a não ser pelos canais políticos usuais. Paul Ferrante, secretário do senador estadual, disse-me que os Ravello obtinham de um alto funcionário estadual diversos formulários de concessão de emprego; assim, quando desejavam incluir um homem num projeto, bastava preencher um formulário. À medida que o esquema federal de assistência se desenvolveu e consolidou em base permanente, os poderes dos políticos locais para lidar com o programa foram progressivamente reduzidos.

Isso não quer dizer que a assistência tenha sido retirada da política. Significa que a pressão teria que vir de um nível mais alto da hierarquia. Como observou Carrie Ravello, ela conseguia lidar efetivamente com os que administravam a WPA graças a suas conexões com o senador Corcoran em Washington. Se não tivesse essas relações, poderia fazer muito pouco. Isso foi confirmado pelas histórias de muitas outras pessoas em Cornerville. Elas não falaram de procurar o senador Corcoran. Da perspectiva dos rapazes da esquina, este político estava numa posição tão elevada que não conseguiam nem enxergá-lo. Falaram de solicitar a ajuda do congressista Branagan, que possuía diversos secretários, um deles um jovem italiano que vivia no Distrito. Por seu intermédio muitas pessoas de Cornerville conseguiram contratos de trabalho na WPA.

O senador Corcoran não se subordinava a qualquer chefe estadual. Numa escala menor, Branagan ocupava posição semelhante. Tinha sua própria organização e, como representava diversos Distritos no Congresso, não se submetia a algum político em nenhum deles. Já não havia um chefe do feitio de Matt Kelliher em qualquer desses Distritos. Isso não significava que Corcoran e Branagan fossem independentes de todos os outros políticos. Deviam fazer trabalhos para eles e selar alianças informais a fim de perpetuar seu poder. O aspecto importante é que lidavam com outros políticos em seus próprios termos, e não se submetiam à direção de ninguém nas áreas que representavam. Com o imenso poder da patronagem federal em suas mãos, haviam alcançado posições de tamanha autoridade que outros políticos eram forçados a vir até eles para garantir a seus eleitores uma parcela dos benefícios do New Deal. Se contasse apenas com sua própria organização, o político do Distrito tinha poderes limitados, como indica a história de Joseph Maloney. Não podia evitar subordinar-se a seu congressista ou a um senador em Washington a fim de atender às demandas dos eleitores.

Assim, parece que o New Deal ajudou a produzir uma reorganização política na qual as entidades locais comandadas por chefes de Distritos foram suplantadas, em grande medida, por uma organização política mais centralizada encabeçada pelo senador em Washington, com o congressista vindo em seguida, e os políticos do Distrito assumindo posições mais subordinadas.

Maloney concluiu sua história com uma discussão sobre o elemento mafioso:

Kelliher nunca teria nada a ver com prostituição ou com aqueles tipos. ... Durante a Lei Seca, os contraventores não se misturavam tanto com a política. Sim, deviam ter proteção, porém estavam mais envolvidos com seus próprios negócios. Então, depois da revogação, as mesmas pessoas que tinham feito contrabando conseguiram licença para vender bebidas e entraram no negócio de corridas de cavalos e cachorros, quando estas foram legalizadas. Eles vêm ampliando sua ação o tempo todo e tentam assumir o controle político. Foi em 1933 que percebi quão fortes realmente eram. Ganharam um monte de votos contra mim naquela época. Você sabe, homens como Bob Madigan e Red O'Donnell podem comprar muitos votos mesmo.

Madigan é dono daquele ponto de venda de bebidas na rua ..., e O'Donnell controla diversas lojas de apostas em cavalos neste Distrito e também tem alguns pontos de bebidas. Possuem uma porção de camaradas girando em torno deles e distribuem muita bebida de graça, especialmente em época de eleição. Aí aqueles caras que vendem jogos de azar vão direto à casa das pessoas e controlam um bocado o pessoal. Eles têm espalhado boatos contra mim. Por exemplo, um agente deixa de entregar suas apostas e não quer pagar um prêmio. Aí diz ao ganhador: "Sinto muito, Joe Maloney mandou me prender, e os tiras ficaram com todas as apostas, por isso não posso te pagar." As pessoas guardam isso contra mim, mas não é verdade. Não me intrometo no negócio deles.

Fazia tempo que aquela turma andava atrás de mim. Ficavam com as lojas de bebida abertas depois da hora, e eu não gostava disso. Também não acho que seja certo abrir as lojas no Dia do Senhor. E eu sabia que as pessoas eram roubadas no Café ..., e reclamei com a polícia. Veja bem, o coração da cidade fica exatamente nesse Distrito. À noite acontece de tudo bem aqui.

Querem me tirar daqui. Já por três vezes fui ameaçado com uma arma neste escritório, e uma vez um camarada puxou uma faca pra mim. T.S. queria me expulsar da política.

Nós poderíamos ser fortes até hoje se não tivéssemos escolhido o homem errado. Elegemos Art Porcella para deputado, e ele se virou contra nós e se passou para aquele bando de mafiosos. Mike Kelly — foi um erro meu.

Eu realmente o trouxe para cá contra a vontade da maioria da organização. Ele havia se candidatado a um cargo político três vezes sem chegar a lugar algum. Às vezes, quando um homem se candidatava contra a gente, nós o reconhecíamos e trazíamos para a organização. Algumas vezes aquela política funcionava, outras não. Mulrooney, um sócio do clube, era amigo de Kelly e me disse: "Por que não dá uma chance ao Kelly?" Então nós conversamos com Kelly e ele prometeu ser fiel à organização. Nós o apoiamos, mas quando a campanha deslanchou, começamos a ouvir relatos incômodos de que era um candidato fraco. Mandamos nossos homens investigar e concluímos que os relatos eram verdadeiros. Parecia que dois candidatos italianos seriam eleitos. Para impedir isso, tivemos que fazer algo que nunca tínhamos feito antes, apoiar só um candidato. Foi assim que conseguimos empurrar Kelly, e ele chegou lá.

Quando entrou no Legislativo, Kelly não queria nada com comitês que lidassem especificamente com as questões da cidade. Queria entrar na comissão de assuntos jurídicos. Com minha influência, eu o coloquei lá. Aquilo foi no tempo em que toda essa nova legislação sobre licenciamento de bebidas e sobre corridas de cavalos e cachorros tinha que passar pelo comitê. Com o seu cargo, ele fez sua carreira de advogado e conseguiu se tornar conselheiro da Associação dos Vendedores de Bebidas Alcoólicas. Fui pego cochilando. Enquanto o elemento mafioso estava lutando conosco de fora, ele se roia por dentro, e fez um baita de estrago na organização. ... Kelly se dá perfeitamente bem com esse elemento. É por isso que a polícia inteira estava contra mim nessa última briga.

O Clube Cleveland foi organizado sobretudo para obter benefícios políticos — tanto empregos quanto favores — para seus sócios, mas seu sucesso dependia também das relações com atividades legítimas e das atividades de suas principais figuras. Tanto Matt Kelliher quanto Joseph Maloney se sustentavam com suas próprias transações imobiliárias. Isso significava que nenhum dos dois dependia de qualquer grupo de eleitores ou de qualquer interesse de empresários locais. Quando a cidade parou de crescer e veio a Depressão, essa fonte de renda secou. Maloney não foi imediatamente ameaçado, já que havia se tornado um homem rico no período anterior, mas a mudança na situação significou que já não seria possível criar ou manter uma organização política sobre as mesmas bases que haviam servido no Clube Cleveland.

Quando Matt Kelliher estava no auge de seu poder, as indústrias no estado se expandiam rapidamente. Os serviços de utilidade pública dependiam particularmente de franquias e outras concessões de poder dadas pela cidade e pelo estado. Quando Kelliher buscou empregos para alguns de seus eleitores, as companhias de estrada de ferro e de telefonia não tiveram como recusar isso. O velho chefe do Distrito devia muito de seu poder à habilidade, tanto de colocar pessoas na indústria privada quanto de conseguir empregos públicos.

Então a situação mudou completamente. Os negócios já não buscavam novos privilégios; tratava-se agora de manter as posições. Quando os políticos introduziram uma legislação que retirava certos privilégios do setor privado, os empresários tiveram que defender seus interesses; mas podiam oferecer mais dinheiro quando se tratava de ganhar novas oportunidades de lucros do que quando se devia manter uma posição já estabelecida; de qualquer modo, havia mesmo poucos empregos disponíveis numa época de crise. George Ravello foi eleito para o senado estadual em 1932. Sua esposa me disse que nem ela nem seu marido jamais haviam conseguido empregos para seus eleitores nos serviços públicos ou em grandes corporações. Ela revelou: "Eles não me devem obrigação alguma. Por que deveriam me fazer um favor?" O homem de negócios já não está tão intimamente interessado na política estadual e local. Hoje, quando se refere ao governo, tem em mente o governo federal.

Os gângsteres fizeram dinheiro durante toda a Depressão e expandiam suas atividades ao mesmo tempo que os negócios encolhiam. Na época da Lei Seca, os fabricantes de bebidas deviam ter conexões políticas e com a polícia, mas seus problemas eram relativamente simples. Uma carga de bebida engarrafada podia passar ou então ser parada. Não estava sujeita a todo tipo de regulamentação. Depois que grande parte de suas atividades havia sido legalizada, os gângsteres passaram a ter que solicitar aos governos estadual e local o privilégio de continuar suas operações e expandi-las, tal como o empresário legítimo já havia feito, e desenvolveram uma organização monopolista eficiente para representar seus interesses. Em relação à política, as organizações mafiosas tomaram o lugar do negociante legítimo.

O Clube Cleveland não conseguiu fazer o ajuste apropriado a essa nova realidade. Joseph Maloney não tinha escrúpulo algum contra o jogo ou os gângsteres como tal. Dirigindo-se a seu clube às vésperas da eleição para vereador em 1939, disse ele:

> A política é um negócio. Você deve manter a organização. Qualquer um que tenha tido uma atitude favorável à organização, eu tento ajudá-lo. Não me importa se vende jogos de azar ou bilhetes de loteria, desde que pague às pessoas quando elas acertam. Ninguém pode dizer que me pagou algum tributo para fazer negócios nesse Distrito. Desde que você cuide do seu próprio negócio e não se envolva em encrencas, não vou te incomodar. É claro que, se são amigos da organização nós tentamos ajudar. Mas não acreditamos em violência, assalto a mão armada e esse tipo de coisa. Queremos lei e ordem no Distrito.

O Clube Cleveland foi organizado para servir a seus sócios, e não podia cuidar primariamente dos interesses de outra organização local sem destruir suas próprias bases. Conseqüentemente, Maloney lutou contra o crescimento do poder político dos gângsteres. E lutou em vão.

O jovem político de Cornerville cresceu com a expansão das atividades ilegais organizadas. O advogado que entra na política não teve condição de pagar pelo melhor curso de direito e não fez as conexões sociais necessárias à pratica do direito corporativo. Para ele, o direito criminal é o campo mais rentável em Cornerville, e, dentro desse campo, as causas dos gângsteres são as que mais rendem. Contudo, nem mesmo essas causas fornecem uma renda significativa, pois um político pequeno recebe apenas causas pequenas. Para financiar suas campanhas, ele precisa da ajuda de seus clientes nos negócios, e, entre estes, os gângsteres são os mais dispostos a ajudar.

Se o jovem político tiver um negócio rentável, pode conseguir financiar suas próprias campanhas, mas tudo indica que a pessoa tende a se afastar da carreira política quando tem sucesso na maior parte dos outros ramos. Parece haver apenas um tipo de negócio que se ajusta bem à política em Eastern City: é a agência funerária. O senador Ravello e o vereador Fiumara eram agentes funerários.

Na comunidade italiana, as pessoas em geral escolhem um agente funerário que seja "um dos seus", um homem da mesma parte da Itália. Em Cornerville e nas vizinhanças, existe pelo menos um agente funerário correspondente a cada região da qual vieram muitos imigrantes. O agente deve manter relações sociais ativas e se estabelecer como uma figura proeminente, em especial entre seus *paesani*. O funeral italiano é um espetáculo elaborado do qual participam todos os parentes e amigos da família. O desempenho do agente funerário na preparação e direção do evento fortalece sua posição na sociedade.

Se tiver um negócio bem estabelecido, o agente será conhecido e possuirá boa quantidade de contatos pessoais antes de entrar na política. Conta com seus iguais como um núcleo de apoio político. Quer ampliar seus contatos tanto como agente funerário quanto como político, e as duas atividades se reforçam mutuamente. Uma campanha política faz propaganda da agência funerária, e a agência amplia os contatos políticos. Os que não têm compromisso com um agente funerário específico inclinam-se a entregar o funeral de alguém da família a um político a fim de estabelecer uma conexão com ele. Ao fazer um serviço ao político, aumentando sua exposição aos eleitores, uma pessoa fica na posição de pedir um favor de volta. Caso as pessoas não possam arcar com as despesas, o político se encarrega do enterro sem cobrar nada. O morto não vota, mas seus parentes e amigos sim.

Embora alguns políticos dependam mais do gângster, mesmo o agente funerário-político deve se ajustar de alguma forma ao poder da organização. Não existe uma maneira única de se fazer esse ajuste. Em Cornerville há uma ampla variedade de relações entre políticos e gângsteres, e os exemplos a seguir demonstram isso.

Tom Marino, o chefe do Clube Taylor, era um "homem cinqüenta por cento" nos jogos de azar muito antes de entrar na política. Candidatou-se ao Legislativo duas vezes e ao mesmo tempo continuou o negócio de jogos em sua loja da esquina. Era uma figura de importância moderada, tanto na política como entre os gângsteres. Marino era o único gângster em Cornerville que tinha realmente se candidatado a um cargo público, até que Sully Defeo entrou na política.

Um dos políticos locais era conhecido como o candidato do gângster, dado que devia sua eleição ao apoio que dele recebera. Serviu lealmente aos gângsteres em tudo que dissesse respeito à legislação relativa a bebidas e corridas, e foi premiado com auxílio financeiro e diversos empregos nas corridas de cavalo para seus eleitores. Ouvi rapazes da esquina reclamando que a única maneira de conseguir qualquer coisa desse político era chegar a ele com o apoio de algum membro proeminente da organização mafiosa de T.S. Numa campanha, tive uma oportunidade de observá-lo receber ordens do chefe da organização.

As histórias publicadas no jornal de Eastern City sobre George Ravello apresentam o quadro de um político completamente identificado com os interesses mafiosos. Isso não era exato, mas, ainda assim, é fácil ver como surgiu essa impressão. Quando balearam Joe Kenney, um gângster famoso e exuberante de Welport, Ravello correu para o leito de morte. Os jornais puseram essa visita nas manchetes. Dois dias depois, Carrie Ravello tinha o seguinte para me dizer a respeito de Kenney e de seu marido:

Eu gostava de Joe Kenney porque era tão correto! Ele tinha muita classe. Sempre ajudava as pessoas pobres de seu distrito. Se você não tivesse onde cair morto, podia procurá-lo e dizer: "Você é Joe Kenney? Ouvi falar que é um camarada correto." E ele lhe daria algo e diria para não se preocupar. Era muito popular lá em Welport. Podia mobilizar todos os mendigos e bêbados a qualquer hora. Você simplesmente chegava a uma casa, batia na porta e dizia: "Joe Kenney me mandou", e a pessoa se vestia e vinha com você para votar e "repetir" para Joe Kenney. Havia muita classe em Joe. Era um camarada correto. Ele sabia seu lugar na sociedade.

Foi um grande choque para mim quando soube que havia sido assassinado. Eu realmente gostava dele, não nego. Quando estava morrendo, George era o único político que estava ao lado dele. ... Todos os outros [diversos políticos de destaque] deveriam ter ido lá nessa hora de necessidade. Mas estavam todos com medo, exceto George. George me disse: "Não ligo para o que falam dele, sempre foi correto comigo."

Pouco depois da revogação da Lei Seca, Kenney pedira a Ravello para que tentasse conseguir para ele uma licença para vender bebidas numa boate. Ravello era novo no cargo, e não conseguiu. Kenney deu um jeito de obter a licença por intermédio de outra pessoa com melhores conexões. Porém sabia que Ravello havia feito o possível, e ficaram amigos desde então. Kenney apoiou Ravello em suas campanhas políticas. Este gostava da companhia de rapazes valentes, e apreciava o apoio político que recebia deles.

Embora Ravello tenha feito favores aos gângsteres de Cornerville, nunca foi conhecido como o candidato particular deles. Com uma exceção. T.S. fez oposição a Ravello em todas as campanhas. O político estava no mesmo nível do chefe mafioso e não obedecia às suas ordens. Não tinha nada contra os gângsteres, mas não dependia deles para apoio financeiro e se recusava a aceitar dinheiro deles ou de quem quer que fosse como pagamento de favores.

Andy Cotillo teve que lutar contra a influência dos gângsteres para poder começar sua carreira política. Art Porcella era seu rival italiano mais forte, e uma vez o derrotou numa eleição muito apertada recorrendo ao apoio de gângsteres e aos votos dos repetidores. Cotillo partiu para organizar o distrito contra esse controle, ao mesmo tempo que lutava contra o Clube Cleveland. Ele e sua organização apoiaram um candidato azarão para prefeito quando todas as outras organizações políticas em Cornerville se declaravam favoráveis a outros nomes. No dia da eleição, Cotillo entrou numa discussão com Len Cardullo, um proeminente gângster amigo íntimo de Porcella. Cotillo disse que, se seu candidato a prefeito fosse eleito, levaria os gângsteres de Cornerville à falência. Cardullo respondeu dando-lhe um tapa na cara. Cotillo era muito maior e mais forte que Cardullo, mas foi suficientemente discreto para se conter e não retribuir o tapa. A história desse encontro espalhou-se por todo o distrito em poucas horas.

O candidato de Cotillo ganhou a eleição e se tornou o único político de Cornerville a ter uma conexão com o novo prefeito. De imediato, novos sócios começaram a se filiar ao seu Clube Vitória, e, dentro de poucos meses Cotillo tinha a maior organização política do lugar. Ele próprio conseguiu um emprego no gabinete do prefeito. Apenas um ano depois de sua briga com Cardullo, fez com que seu clube apoiasse um dos associados, Al Macarella, para deputado, e conseguiu garantir o apoio de diversos outros clubes para seu candidato, e, assim, tinha uma excelente chance de vencer. Até então Cotillo havia reclamado das eleições que lhe tinham sido roubadas. Agora ele espalhava que, por meio de suas conexões com o prefeito e a junta eleitoral, teria seus homens no controle das seções eleitorais em Cornerville. Ainda assim, necessitava de mais votos. Juntou-se então a Len Cardullo e fez um acerto. Os homens de Cardullo foram instruídos a votar em Macarella para deputado, e os de Cotillo a votar no candidato de Cardullo para o senado estadual.

Embora Cotillo tivesse começado suas campanhas com o propósito explícito de pôr um fim ao poder político dos gângsteres e do Clube Cleveland, ele teve que fazer o acordo com um grupo a fim de derrotar o outro. O pacto era uma questão de vantagem mútua temporária, e não necessariamente significava que Cotillo seria incapaz de manter uma posição de relativa independência.

Nunca soube de político algum de Cornerville, exceto Andy Cotillo, que tivesse feito um desafio direto aos gângsteres. Nunca mais repetiu a façanha. Quer goste ou não, o político deve levar em conta a posição social dos gângsteres, que, em muitos aspectos, é semelhante à sua. O político e o gângster crescem em ambientes parecidos, têm influência sobre os mesmos grupos ou os mesmos tipos de grupos sabem que se espera que desempenhem algumas funções semelhantes e têm muitos interesses em comum. Cabe desenvolver relações de cooperação, de diferentes graus de intimidade entre eles. Carrie Ravello resumiu isso desta maneira: “Não vamos nos enganar, Bill; quando queremos ganhar, vamos aos gângsteres — nós todos.” E aí mencionou três dos mais eminentes e respeitados políticos do estado. “Eles fazem isso, e o resto também — todos nós fazemos isso.”

2. A carreira política

Um homem de Cornerville pode avançar tanto na política republicana quanto na democrata. A natureza de sua atividade dependerá da via que escolher, pois há uma diferença fundamental entre as duas carreiras.

O político republicano avança fazendo-se notar pelas pessoas de classe alta que controlam o partido no estado, e, ao fazer isso, afasta-se de Cornerville. A carreira do juiz Gennelli constitui um exemplo excepcional de tal comportamento. Ele nasceu em Cornerville, numa família italiana pobre. Vendeu papel e engraxou sapatos quando era garoto. Conseguiu entrar na faculdade de direito, tornou-se ativo na política republicana e ganhou um cargo de pouca importância no judiciário. Quando passou a ter mais sucesso em sua atividade jurídica, abriu um escritório no centro do setor comercial de Eastern City e empregou moças de ascendência norte-americana nativa como secretárias. Algum tempo depois, recebeu um cargo melhor no Judiciário. Bastante cedo em sua carreira, havia se mudado de Cornerville para uma área chique na periferia da cidade. Conquistou a indicação de seu partido para procurador-geral e fez uma campanha vigorosa para ganhar os votos italianos. Nisso ele falhou. Os republicanos perderam, e Gennelli também. Saiu-se um pouco melhor em Cornerville do que os outros candidatos republicanos. As pessoas da classe alta viam-no como um excelente juiz e sentiam que sua carreira comprovava a vitalidade da democracia americana. As de Cornerville consideravam-no um advogado de classe alta que não se preocupava em ajudá-las a sair das dificuldades. No entanto, a incapacidade de reverter o voto italiano não impediu que Gennelli crescesse. Outra administração republicana o promoveu à mais alta corte do estado.

Chick Morelli pode nunca chegar a essa altura, mas prossegue passo a passo ao longo do mesmo caminho trilhado pelo juiz Gennelli — e cada passo desses o afasta cada vez mais de Cornerville.

O político democrata ganha força com o apoio que recebe do povo de Cornerville. Seu sucesso depende da habilidade de lidar com grupos de pessoas dentro de seu distrito. Portanto, para entender sua carreira, é necessário ter algum conhecimento geral da natureza desses grupos.

Gangues de esquina, como os Norton, ou clubes de rapazes da esquina, como o Social e Atlético Cornerville, existem em todo o distrito. Funcionam como unidades independentes; ao mesmo tempo, alguns dos grupamentos menores se encaixam no interior de organizações maiores.

Existem inúmeros clubes políticos em Cornerville, cada qual iniciado por um político e construído em torno dele. Eles são organizados com a finalidade de eleger seu chefe (ou alguém escolhido por ele) para um cargo público e dar a ele o peso eleitoral necessário para conseguir boas conexões políticas. Em troca, espera-se que o chefe promova os interesses dos associados. Estes devem se comprometer a dar apoio a todos os candidatos indicados pelo clube. Na prática, o chefe decide que candidatos devem ser apoiados. Quando o chefe do clube se candidata a um cargo, pode contar, de modo geral, com o apoio ativo da maior parte dos sócios; porém, muitas vezes os integrantes do clube se unem apenas nominalmente em outras disputas. O clube político é formado por diversas gangues de esquina. (O chefe e alguns sócios podem estar acima do nível de rapaz da esquina, mas a grande maioria dos associados considera-se rapaz da esquina, e assim é vista pelos outros.) O chefe pode contar com sua própria clique, com a qual deu início ao clube, para apoiar suas decisões, mas as outras cliques mantêm suas associações informais e uma considerável independência de ação. A menos que o chefe se dê ao trabalho de criar vínculos estreitos entre as cliques e o núcleo do clube — por meio de consultas a seus líderes sobre questões de políticas e do reconhecimento da organização informal de cada clique, concedendo a ela prestígio e favores —, o clube pode fechar. Isso tem acontecido em diversas instâncias.

Cada uma das igrejas católicas italianas tem uma grande e ativa Sociedade do Verbo Divino. Oficialmente, essas sociedades não guardam qualquer relação com a política e não apóiam candidatos, mas pode-se facilmente observar, nelas, certas grandes divisões em termos de lealdades políticas. Por exemplo, uma das sociedades estava praticamente dividida ao meio entre os que apoiavam o Clube Washington, de Art Porcella, e os partidários do Clube Vitória, de Andy Cotillo. No interior dessas grandes divisões, havia inúmeras cliques de rapazes da esquina. Doc, dos Norton, contou-me essa história:

> Joe queria que me filiasse à Sociedade do Verbo Divino. Eu contemporizei e disse: "Ouvi dizer que vocês têm uma porção de cliques."
>
> Joe disse: "Não, não existem cliques. Por que não vem uma noite dessas e checa você mesmo?"
>
> Então fui. Tive que rir quando cheguei lá naquela noite. Havia dez mesas no salão, e havia dez cliques. Numa mesa estava a clique da rua A. Noutra, vi os rapazes da esquina X. Era assim pelo salão todo. Um camarada me chamou pra sentar com seus rapazes. Então Joe me chamou do outro lado, pra sentar com sua clique. ... Perguntei a ele: "O que você quis dizer com 'não existem cliques aqui'?"
>
> Ele respondeu: "Bom, não faz diferença, a gente se dá muito bem."

As sociedades de ajuda mútua da primeira geração de italianos participam da política, e cada político procura ganhar o apoio de seus *paesani*. No entanto, as sociedades não são tão influentes na política como se poderia crer ao levar em conta o número de seus associados, pois muitos deles são estrangeiros. Os homens jovens constituem os mais ativos na política e em geral são eles que mobilizam o apoio dos grupos mais velhos.

As divisões locais dos Cavaleiros de Colombo e dos Filhos da Itália são importantes para o político, principalmente porque oferecem oportunidades para estabelecer contatos valiosos. Dado que essas organizações incluem homens de todas as partes do distrito — vários dos quais têm influência considerável sobre grupos de pessoas de Cornerville —, é vantajoso para o político adquirir notoriedade nas programações que elas desenvolvem. Embora os membros do conselho local dos Cavaleiros de Colombo sejam todos italianos, seu destacado chefe tem oportunidades de fazer contatos com os líderes irlandeses dos Cavaleiros de Colombo, que ocupam importantes posições ou estabelecem conexões políticas fundamentais.

Presume-se, em geral, que a família seja a unidade social mais importante na política do Distrito. Como a primeira e segunda gerações foram cada uma para um lado em Cornerville, a família parece menos significativa para a política que a clique informal. Mas, ainda assim, sua importância não deve ser subestimada. A despeito do enfraquecimento dos laços de família entre os italianos, a rede de obrigações familiares estende-se muito além daquilo que é vivido pelos americanos nativos de classe média. Espera-se que os parentes se ajudem mutuamente e ajam de comum acordo quando se trata do interesse da família. Assim, o político deve contar com seu grupo familiar em suas campanhas. As mulheres — para as quais nada existe de equivalente à gangue de esquina — tendem a ser particularmente influenciadas por suas conexões familiares.

Um homem que seja parte de uma família grande e possa "arrastar" os votos de seus parentes para um candidato ou outro se torna por isso uma figura política de certa relevância. Tal homem provavelmente será um líder ou alguém próximo da cúpula nos grupos informais a que pertence, e, nesse caso, todo o agrupamento apoiará o mesmo político que ele. Já o homem que não é líder na família nem no grupo, este enfrentará um possível conflito. Se sua família apóia um candidato e "os rapazes" estão com outro, deve escolher entre suas lealdades. Essa situação é responsável pelo fato de muitos homens desertarem, seja da política da família, seja da política do grupo informal.

Outra cisão no front do grupo unido surge quando ele está comprometido com o político A, mas um de seus membros está com o político B porque recebeu algum favor específico. Neste caso, os outros partícipes reconhecerão que o homem está "fazendo a coisa certa" ao cumprir suas obrigações, e não o pressionarão para que apóie o político A.

Os *paesani* tendem a se instalar numa mesma área, e os que são membros de uma família usualmente vivem próximos uns dos outros. Os grupos informais de esquina também têm uma localização estrita. E cada político de Cornerville possui uma área, em geral aquela onde cresceu, que considera seu baluarte. Assim, se um homem vive com sua família na rua A, faz ponto numa esquina desta rua e ela está dentro da órbita de um determinado político, ele não deverá viver conflito algum.

O político não constrói sua organização a partir de uma massa indiferenciada de pessoas. Ele cresce numa sociedade que tem uma organização complexa. Para alcançar o sucesso em sua carreira, precisa se familiarizar com as ramificações sociais e saber como ganhar o apoio dos grupos que constituem essa sociedade.

Nenhum político em Cornerville pode ter sucesso sem o apoio dos rapazes da esquina, e muitos líderes desses rapazes entram na política. Esses líderes desempenham algumas das funções do político para seus seguidores. Cuidam de seus interesses e falam por eles quando entram em contato com pessoas de fora. Ainda assim, há várias coisas que um líder não pode fazer. Não consegue empregos políticos nem favores, a menos que ele e seu grupo se subordinem a algum político. Ocorre, freqüentemente, que ele e seus seguidores se perguntem por que o líder deveria se subordinar. Ele sente que os políticos negligenciam os interesses das pessoas, e seus amigos tentam persuadi-lo a entrar na disputa. Se possui um mínimo de capacidade de falar em público, será difícil resistir aos apelos do grupo. Começará a ampliar seus contatos, passando a se mover em círculos sociais mais amplos e influentes.

Em sua primeira campanha, simplesmente tenta provar que possui apoio suficiente para ser levado a sério. Quando tiver mostrado sua força, estará em posição de realizar uma campanha mais vigorosa ou de fazer um acordo com seus rivais. Quando se torna uma figura importante, recebe ofertas de dinheiro ou, talvez, até de um emprego político para se retirar da campanha e apoiar outro candidato. Se aceita, seus seguidores sentem que se vendeu, e fica difícil continuar a ser uma figura política de alguma importância. Pode conseguir manter alguns seguidores pessoais se for capaz de fazer favores aos rapazes, mas já não terá chance de vencer uma eleição.

Quando se recusa a fazer acordos e continua a disputar eleições, o político deve encontrar uma forma de financiar suas campanhas. Além disso, a natureza de sua posição exige que gaste uma quantidade muito maior de dinheiro do que se fosse um cidadão privado. Quando uma organização promove qualquer tipo de diversão, espera-se que o político contribua colocando uma propaganda sua no programa do evento, ou que compre vários ingressos.

As pessoas sabem que o político não pode se dar ao luxo de recusar alguma coisa a elas, e o colocam no topo da lista dos "bons para serem sugados". Espera-se também que gaste à vontade para entreter seus amigos e conhecidos. Os rapazes da esquina não conseguem contribuir muito na ajuda financeira a essas atividades políticas. Se o político tiver criado seu próprio clube, pode conseguir na caixa uma contribuição para sua campanha, mas é raro que um clube tenha muito a gastar, mesmo para esse propósito, nos primeiros anos de sua existência. Como um homem cria obrigações perante aqueles que contribuíram com dinheiro para sua campanha, o alto custo da atividade política tende a arrastar os políticos de Cornerville para longe de seus laços grupais originários.

Em todas as etapas de sua carreira, o político de Cornerville vê-se às voltas com um conflito de lealdades verdadeiro ou potencial. O conflito se desenvolve à medida que tenta se promover politicamente e, ao mesmo tempo, manter o apoio dos amigos que o acompanhavam no início de sua carreira.

Quando o político é eleito — para o Legislativo estadual, por exemplo —, desenvolve suas atividades num nível mais elevado na estrutura social. Se deseja simplesmente ganhar dinheiro e manobrar para conseguir uma sinecura política quando terminar seu mandato, pode fazer isso criando as conexões apropriadas; mas vamos supor que tenha um desejo genuíno de ajudar seus eleitores e honrar suas obrigações políticas perante eles. Não poderá fazer muitos favores no início do mandato. Com um governador democrata, descobre que receberá apenas um ou dois empregos para dar a seus eleitores. Cada deputado do partido no poder recebe uns poucos cargos para distribuir entre seus eleitores em troca do apoio às políticas do governador. Se o Partido Republicano estiver no poder, o deputado democrata tem pouca chance de conseguir algum emprego na administração. Da última vez que investiguei, os empregos nos jóqueis para a temporada de corridas eram distribuídos por meio de canais políticos sob a supervisão do governador. O político que apoiou a legislação favorável aos interesses das corridas foi recompensado com alguns empregos para distribuir. Se quiser granjear benefícios para seus eleitores, o legislador precisa fazer conexões com os políticos que têm poder. A fim de conseguir ajuda, deve retribuir com favores. Sendo um recém-chegado, ainda tem pouco poder para retribuir, e, conseqüentemente, encontra dificuldade em conquistar obséquios.

Com freqüência, é difícil para o político conciliar sua lealdade aos eleitores com a conduta que lhe é exigida por seus superiores políticos. Ao explicar por que não havia feito mais por Cornerville, Joseph Maloney disse o seguinte a um clube de rapazes da esquina:

> Às vezes, você tenta conseguir um emprego para um homem por intermédio do prefeito, e então aparece alguma diferença entre você e o prefeito. Você deve brigar, ou ficar quieto? Tem que pesar a questão cuidadosamente. Se briga, pode fazer com que o homem perca o emprego de sua vida, e ele sempre dirá: "Se Joe não tivesse entrado naquela briga, hoje eu teria meu emprego."

Por outro lado, se o político nunca briga, seus superiores concluem que é fácil mantê-lo na linha, e que basta lhe dar as migalhas da patronagem política.

O político italiano enfrenta uma outra dificuldade. Faz sua campanha local opondo-se à dominação irlandesa no Distrito. Quando vai para a capital, lá encontra a hegemonia dos irlandeses. Se quiser que ajudem seus amigos, deve ajudar os amigos dos irlandeses, e acaba fazendo favores para eles. Se seus eleitores italianos descobrem, é provável que concluam por uma traição da confiança.

Certos políticos italianos inferem que seus conterrâneos são menos gratos que os irlandeses pelos favores que recebem. Os italianos acham que o vínculo racial obriga-os a se ajudarem. Portanto, esperam obter ajuda e pedem-na. Os irlandeses não sentem que os italianos têm obrigações com relação a eles e, assim, fazem um esforço para mostrar sua gratidão a cada favor recebido. O político italiano começa a carreira com sentimentos amargos contra os irlandeses. Quando tem a oportunidade de conhecer alguns irlandeses e tratar de questões políticas com eles, descobre que são realmente pessoas bastante agradáveis — nesse aspecto, mais agradáveis que seus compatriotas. Se não prestar atenção em seus passos, suas associações com os irlandeses e sua consideração por eles o afastarão dos eleitores italianos.

Espera-se que o político do Distrito mantenha sua posição fazendo favores, mas apenas isso não é suficiente. O número de grandes e pequenos favores sob seu comando é limitado, e a maneira de distribuí-los tem efeitos importantes sobre sua carreira.

De um modo geral, o valor dos favores prestados aos eleitores varia com a importância de suas posições na estrutura social local. Ou seja: o "peixe graúdo" que tem influência sobre diversos grupos recebe mais que o líder dos rapazes da esquina, que só tem influência sobre um grupo; e o líder recebe mais que seus seguidores. Desse modo, a fim de conseguir resultados máximos, o homem no nível mais baixo deve tentar fazer com que um homem acima dele leve seu pedido ao político. Então ele se torna obrigado perante seu superior, e este fica obrigado com o político que fez o favor.

No final do dia da eleição de Fiumara-Kelly-Malloney, encontrei Terry, irmão de Mike Giovanni. Ele usava um *button* de Fiumara e caminhara pelas ruas para ver o que acontecia nas várias zonas eleitorais de Cornerville. Perguntei quem havia feito um serviço eficiente de fato para Fiumara. Ele respondeu:

O que você quer dizer com isso? Não quero favorecer ninguém. Você também pode dizer que estou fazendo o serviço. Eu estava com o homem há três anos quando ele começou — antes de qualquer um aqui o conhecer. [Fiumara morava no South Side.] Se ele ganhar, estou dentro. Vamos mostrar pra esses gângsteres baratos. Eles me ofereceram um monte de dinheiro pra eu sair da cidade durante essa briga. Recusei. Então soube que iam me surrar no dia da eleição. Bom, estou aqui, e ninguém me encostou a mão até agora.

Perguntei o que os gângsteres fariam se Fiumara fosse eleito. "Vão tentar fazer conexões com ele. Vão ter que vir e falar comigo."

Seis meses depois encontrei Terry de novo e perguntei como estava se saindo seu amigo Fiumara. Respondeu: "Que amigo? Que ele vá pro inferno! Bill, o único político bom é o político morto." Não quis se abrir a respeito das razões de seu rompimento com Fiumara, mas está claro que suas expectativas haviam sido amargamente frustradas.

Terry Giovanni fora campeão estadual de peso médio e tornara-se bem conhecido e popular na esquina. Sua maior influência era numa esquina onde havia crescido, mas tinha muitos contatos entre rapazes de esquina em toda Cornerville e outras partes do distrito. Vivia precariamente da administração de um jogo de dados e anotando apostas em cavalos. Como indicam suas palavras, era um tipo de ação independente, e ele não se considerava parte da organização mafiosa. Pelo que ouvi de outras fontes, Terry me falara com bastante precisão sobre seus serviços para Fiumara. Apoiou o político desde o início e foi sempre um trabalhador incansável e leal. Persuadiu seus amigos a tomarem parte ativa na campanha, mas, afinal, era apenas um rapaz da esquina. Sua posição na comunidade não justificava que os gângsteres o procurassem quando quisessem se aproximar do político. Como, segundo sua percepção, a extensão dos favores que Fiumara lhe devia era muito maior que aquilo que lhe estaria assegurado por sua posição na estrutura social, ele ficou decepcionado.

Cabe ao político levar em conta a organização social da área onde atua. Dentro das limitações impostas por ela, pode fazer favores para seus velhos amigos e pelo povo comum; se consegue se controlar para não pegar todo o filé mignon para si e sua família, poderá atender a alguns dos rapazes da esquina. Ainda assim, sempre haverá um grande número de rapazes que irão considerá-lo desleal porque dá as coisas mais importantes para as pessoas mais importantes. Os rapazes da esquina vêem a política como "uma organização mafiosa" e concebem os políticos como traidores.

Se um homem importante que comanda muitos votos sente que um político não é confiável, este fica em grande desvantagem. Se alguns rapazes da esquina sentem o mesmo, o dano não chega nem perto disso. Portanto, não é necessário que o político tenha a confiança das pessoas em todos os níveis de seu contexto social. De fato, é quase impossível que desfrute dessa confiança geral. Quando começa sua carreira, os amigos mais próximos são "peixes miúdos" como ele. Naturalmente, promete que receberão os maiores benefícios de sua atividade política. Caso se concentre em servir a seu próprio grupo, jamais conseguirá ampliar sua base de apoio. Para ganhar apoio, deve lidar com pessoas importantes que influenciam outros grupos. Quando precisa fazer uma escolha, tem que cumprir suas promessas feitas aos "peixes graúdos", mesmo que para isso precise quebrar a palavra dada a seus amigos. Desde que mantenha suas promessas com as pessoas importantes, e que elas permitam que alguns benefícios políticos cheguem até os que estão abaixo delas — conservando assim suas posições na estrutura social, o político pode estar seguro de preservar seu apoio popular. Alguns rapazes da esquina se voltarão contra ele, mas outros grupos de rapazes podem ser trazidos para preencher esses lugares vagos.

O processo seguido pelo político para progredir em sua carreira pode ser descrito em termos da freqüência de interações com grupos em diferentes níveis da sociedade. Como líder de um grupo de rapazes da esquina, o futuro político tem uma alta taxa de interação com seus seguidores. Ele interage mais freqüentemente com membros de outros grupos do que fazem seus seguidores, mas sua gangue é o centro de suas atividades. Quando entra na política, a taxa de interação com outros grupos de esquina aumenta e necessariamente se reduz sua taxa de interação com seu grupo original. À medida que avança, começa a interagir com homens que se situam em níveis mais elevados da estrutura social. Quando se amplia a taxa de interatuação com suas "conexões" e ele passa a interagir com conexões cada vez mais altas, a freqüência de seus contatos com seu grupo original diminui ainda mais. Se alguns dos integrantes de seu grupo tiverem ascendido junto com ele e se misturarem aos mesmos círculos, o político pode manter uma alta taxa de interação com eles. Mas, à medida que sobe de posição, perde contato com as atividades do dia-a-dia dos rapazes. Já não é mais, no mesmo sentido de antes, o líder de um grupo de rapazes da esquina. Quando o político deixa de participar ativamente do grupo, outra pessoa deve se tornar líder e assumir a direção das atividades grupais — presumindo-se que o grupo continue sendo uma unidade. A fim de preservar o apoio de seu grupo original, o político precisa manter relações cordiais com o novo líder (o que envolve maior taxa de interação com ele que com seus seguidores.) Se, na opinião do líder e de seu grupo, o político não cumpre suas obrigações com relação a eles, o rompimento de suas relações sociais ficará evidenciado na súbita ou gradual diminuição da taxa de interação entre o político e o líder dos rapazes da esquina.

3. A organização da campanha

Se tiver alguma perspectiva de sucesso, o político precisa dispor de um segmento da comunidade já preparado para apoiá-lo antes que comece a campanha. Pode ter seu próprio clube político, embora nem sempre isso seja essencial para o sucesso, como indica o caso do senador Ravello.

Tal apoio garantido provê o candidato com uma boa base política. Também convence os eleitores ainda não comprometidos de que o candidato tem uma chance de vencer e que, qualquer que seja o resultado, é suficientemente importante para obter favores para eles. Além disso, aquele apoio prévio põe à disposição do candidato inúmeras pessoas prontas a fazer o trabalho político.

A finalidade da campanha é agregar novos blocos de eleitores ao núcleo de apoio garantido. Para isso, o político tenta ganhar homens estrategicamente situados na organização social.

Começa com certos "peixes graúdos" que têm ampla influência pessoal. Em Cornerville e nas áreas adjacentes da cidade, a maior parte desses graúdos será formada por políticos e gângsteres.

Quando George Ravello decidiu concorrer ao Congresso, no outono de 1937, primeiro buscou e ganhou o apoio de Ed Murphy e John Feeney. Murphy era um ex-governador cujas campanhas Ravello sempre havia apoiado, e os dois eram bons amigos. Ravello apoiara Feeney em sua bem-sucedida campanha para procurador-geral. Como o distrito eleitoral em eleições para o Congresso incluía os Distritos 4, 5, 6 e 7 e as cidades de Maxton e Belfry, e como, até então, Ravello só havia feito campanhas nos Distritos 4, 5 e 6, era importante contar com o apoio de pessoas que tivessem influência onde ele era relativamente desconhecido. Jack Flanagan, um político popular no Distrito 7 (Ansbury), fora indicado para um cargo público por Murphy e apoiava Ravello em função de sua lealdade a seu superior. Tom Foley era uma figura popular no Distrito 6, e Murphy o havia indicado para uma posição proeminente na administração estadual. Há anos Foley era amigo íntimo de Ravello, e seu apoio ao amigo estava garantido desde o início. Joe Kenney, o gângster de Welport assassinado mais tarde, comprometeu-se a apoiar a campanha. O Clube Cleveland sempre se opusera a Ravello no passado, mas longas conversas entre Ravello e Joseph Maloney finalmente garantiram o apoio do clube.

O deputado Art Porcella, o ex-deputado DiAngelis e o ex-vereador Capizza, do Distrito 5, todos eram candidatos registrados. Se Ravello quisesse derrotar o candidato irlandês mais poderoso, esses homens deviam se retirar da disputa. Capizza foi persuadido a sair quando Ravello buscou (sem sucesso) conseguir para ele um emprego no *staff* do procurador-geral da União. Fez-se então um encontro num dos maiores hotéis de Eastern City a fim de "promover a causa da unidade italiana". Dele participaram seis homens: Ravello, Porcella, DiAngelis, T.S. (o chefão da organização em Cornerville), Al Dantone (o chefão no Distrito 5) e Frangello, juiz da corte municipal. DiAngelis se recusou categoricamente a retirar sua candidatura, mas a reunião conseguiu produzir um acordo, pelo qual

Porcella se retirando em benefício de Ravello e Ravello prometendo apoiar Porcella na disputa para o Senado no ano seguinte. Esta foi uma reunião histórica, pois não apenas produziu um acordo entre dois grandes rivais políticos, como também ganhou para Ravello, pela primeira vez em sua carreira, o apoio de T.S.

É importante que os "peixes graúdos" sejam persuadidos, mas não se deve contar com os votos que prometeram. É amplamente sabido que um político pode ganhar maior número de votos para si mesmo do que aqueles que transfere para outra pessoa. Quando um político se candidata a um cargo no Distrito, estabelece contato direto com os grupos dos quais busca o apoio. Assume uma obrigação perante eles, que por sua vez esperam obter favores que honrem aquela obrigação. Se o mesmo político busca o apoio desses grupos para outro homem, os rapazes ficam um passo aquém da fonte de favores. Quando precisam de um serviço, devem se encaminhar ao político que diretamente lhes solicitou apoio e esperar que encaminhe o pedido ao homem que ele, por sua vez, havia apoiado.

Outra dificuldade é que o político pode vir a apoiar outro por razões que não correspondem a uma preocupação específica dos rapazes da esquina. Na campanha para vereador de 1939, George Ravello apoiou Joseph Maloney: "Porque tenho com ele uma dívida de gratidão — me apoiou quando me candidatei ao Congresso." De maneira geral, sabia-se que Ravello tinha uma obrigação pessoal com Maloney, mas somente aqueles mais intimamente ligados à causa do primeiro sentiam-se obrigados a votar no mesmo candidato que ele.

A campanha de Kelly-Maloney-Fiumara também mostrou que, quando um político ou um gângster italianos buscam mobilizar apoio para um irlandês, a força da questão racial reduz ao mínimo a influência do político. O número de votos que um homem consegue arrebanhar depende da natureza da situação e também de sua posição na sociedade.

Existem vários homens conhecidos como "impostores" ou "fraudadores" que garantem controlar grandes blocos de votos e estão dispostos a trocá-los por um pagamento em dinheiro ou por favores prestados antecipadamente. Como existem mais de 17 mil votos no Distrito, fica impossível, até para o político mais experiente, saber com certeza, em todos os casos, se um homem é impostor ou realmente controla certo número de votos. O impostor tem mais sucesso quando lida com políticos de fora do Distrito que precisam de votos em Cornerville e não contam com o apoio de políticos locais.

Na disputa dentro do Distrito, o político busca entrar em contato direto com o maior número possível de clubes ou grupos. É tarefa sua conhecer as pessoas do Distrito e saber alguma coisa sobre a posição relativa dos homens em seus respectivos grupos. Ele implicitamente reconhece que existe em todos os grupos alguém que usualmente lidera as atividades dos companheiros. Tenta convencer o líder e o induz a mobilizar seus seguidores para a ação política. Numa disputa cobrindo uma área ampla, o político deve delegar grande parte do trabalho desse nível a seus subordinados.

O político pode oferecer dinheiro ao líder dos rapazes da esquina, seja como presente pessoal, seja para ser gasto segundo critérios do líder em atividades de apoio à campanha; pode prometer favores ao líder e seus seguidores; e pode dar-lhe a oportunidade de adquirir uma pequena importância, ao permitir que fale com outros grupos em nome do político e que seja pessoalmente identificado com este aos olhos do público.

Muitas vezes o político dá ao clube dinheiro suficiente para pagar o aluguel das salas durante vários meses, obtém uma licença do estado ou faz algum outro tipo de doação. Nesse caso, o líder terá garantido os benefícios para seus rapazes, e sua posição diante deles sairá fortalecida. Se os rapazes acham que só o líder se favorece do dinheiro ou dos favores, isto é, se julgam que violou suas obrigações com relação eles a fim de se promover pessoalmente, perderá sua posição e influência no grupo. Existe ampla evidência indicando que isso aconteceu a muitos líderes de rapazes da esquina e é reconhecido como um dos riscos da atividade política. Ouvi certos homens dizerem que se mantêm longe da atividade política porque, em ocasiões anteriores, nas quais apoiaram um candidato, pensaram que faziam isso exclusivamente em benefício próprio, e a suspeita prejudicou suas posições no bairro. Quando um líder de gangue de esquina perde seu apoio dessa maneira, é comum que continue ativo na política, como impostor.

Quando o político sente que tem uma chance real de ganhar a eleição, ele depara com um novo problema. Em todas as campanhas, há vários homens que se inscrevem apenas para atrapalhar o candidato preferido. Durante muitos anos o Clube Cleveland manteve a supremacia política no Distrito colocando "candidatos marionetes" italianos na disputa para rachar o voto dos italianos. O Chefe escolhia um jovem que tivesse um grupo de seguidores em Cornerville e talvez já tivesse se candidatado antes. O italiano receberia favores políticos, talvez um emprego, além do pagamento de suas despesas de campanha. Tais arranjos seriam mantidos em segredo o máximo possível, e o marionete italiano denunciaria publicamente a dominação do Clube Cleveland com o mesmo vigor que qualquer um de seus rivais.

Esse tipo de candidato não deve ser confundido com os sócios italianos do Clube Cleveland que às vezes eram apoiados e eleitos para cargos políticos pela organização. Como eles assumiam a responsabilidade diante do clube, esta tornava-se uma forma de satisfazer o sentimento racial dos italianos sem permitir que o controle saísse das mãos da organização. Às vezes o clube colocava na disputa seu candidato italiano regularmente apoiado e também um candidato marionete, selecionado com o propósito de tirar votos do candidato independente que se mostrasse mais forte.

Numa das campanhas de George Ravello para o Senado, ele colocou um fantoche em campo. Isso pode vir a ser feito com mais freqüência no futuro, porém, até agora, os irlandeses têm ocupado posições superiores em termos políticos e têm feito melhores ofertas às marionetes.

Alguns italianos se inscrevem a fim de buscar a melhor barganha disponível. Descobrem quanto os políticos irlandeses irão lhes oferecer para permanecerem na disputa e quanto os italianos lhes darão para sair dela. Poucos desses extorsionários políticos comandam mais de uma centena de votos, a despeito das declarações grandiosas, mas um pequeno bloco de votos pode valer muito, dependendo de quanto distúrbio ele possa causar.

Ao discursar num comício político, George Ravello disse o seguinte sobre uma de suas bem-sucedidas campanhas para senador: "Da última vez, havia 12 italianos na disputa. Seis deles saíram. Mas não saíram de graça. Eu cuidei deles..."

Quando falou para sócios do Clube da Comunidade Italiana, Ravello disse que isso lhe custara 600 dólares. Um terno, ou então terno, chapéu e sobretudo, parecem ser os prêmios mais freqüentemente pagos pela retirada da candidatura.

Logo que a campanha é lançada de fato, o candidato convoca uma reunião do comitê. Os que já trabalharam para ele em campanhas anteriores e os recém-convertidos que prometem ter influência no bairro são chamados ao quartel-general. Os cabos eleitorais mais influentes não aparecem nessa reunião. O candidato conferencia com eles privadamente.

Cerca de 30 homens e diversas mulheres participaram do primeiro encontro dos que trabalhavam na campanha de George Ravello para o Congresso. Todos eram italianos, exceto dois representantes de clubes sírios.

A reunião foi aberta pelo coordenador Leo Fatalo, figura destacada de um grande clube italiano no South Side. Tom Bongiorno, gerente da campanha, Al Deleo, ex-secretário de Ravello, que o havia nomeado para uma posição política segura, e Paul Ferrante, então secretário, trabalhavam ativamente nos bastidores. O senador não pôde estar presente, mas Carrie Ravello deu as boas-vindas aos correligionários e fez um resumo da situação política em que se encontravam. Disse que o propósito da reunião era juntar todos os que atuavam na campanha e organizá-los em comitês, um por pessoa; cada um deles buscaria outros que trabalhassem em seus distritos. Concluiu com estas palavras:

Nesses anos, nosso escritório e nossa casa sempre estiveram abertos para vocês toda vez que precisaram de nossa ajuda. E não preciso dizer que, quando George for para Washington, eu continuarei aqui, e nossa porta permanecerá aberta como sempre. Irei encontrar as pessoas nas várias instâncias do governo local, nos departamentos estaduais e no da Previdência Social, do mesmo modo como fiz no passado. Faço isso não porque seja obrigada, mas porque gosto. Mesmo que minha saúde não me permita, eu me sentiria perdida se não pudesse fazer essas coisas.

Quando Leo Fatalo abriu as inscrições para quem tivesse sugestões a respeito da condução da campanha, cerca de 25 pessoas fizeram breves discursos.

Os oradores que haviam apoiado Ravello em campanhas anteriores declaravam sempre ter estado "na linha de fogo" ou sempre ter "dado tudo" por ele. Então falavam dos serviços que o candidato havia prestado às pessoas pobres do distrito e os benefícios que havia conseguido para seu povo ao quebrar a barreira da discriminação que impedia os italianos de conquistar cargos públicos. Mencionavam o trabalho que vinham fazendo na campanha e antecipavam que suas seções produziriam mais votos para George Ravello desta vez.

Foram sugeridas diversas estratégias de campanha, mas não pude perceber que tivessem recebido qualquer atenção além do polido registro no momento. Paul Ferrante me disse que o propósito da reunião era simplesmente avivar o entusiasmo do grupo.

Na segunda reunião da equipe, realizada na semana seguinte, houve uma sugestão que mobilizou o interesse geral e provocou discussão. Um representante de uma organização síria sugeriu que se nomeasse um capitão para cada zona eleitoral e que cinco ou seis pessoas fossem indicadas para trabalhar com ele angariando votos. Um representante de um clube italiano replicou: "Alguém disse que devemos ter capitães em cada zona. Por que capitães? Somos todos iguais. Por que um homem deveria ocupar uma posição melhor que o outro?" Acrescentou que o sistema de capitão de zona criaria ressentimentos e sugeriu, em vez disso, que todos os homens se constituíssem como um comitê de um, como a senhora Ravello havia proposto.

Esses dois pontos de vista são significativos para explicar a organização da campanha de Ravello em relação à estrutura social do distrito. George Ravello não havia fundado clube algum por meio do qual distribuísse favores e com o qual pudesse contar em suas campanhas. Ele se orgulhava de não colocar qualquer organização entre si e o homem ou a mulher que buscassem sua ajuda. Disse que qualquer um podia procurá-lo pessoalmente, a respeito de todas as coisas, e isso era um fato. Ele ou sua esposa passavam parte das manhãs no escritório recebendo todas as pessoas que queriam falar com eles. Durante o resto do dia, quando o Legislativo não estava em sessão, atendiam a vários políticos que vinham pedir favores para seus eleitores. A qualquer momento em que estivessem em casa, seus eleitores podiam chegar para pedir um favor ou simplesmente sentar, conversar, tomar um drinque ou talvez servir-se um prato de espaguete. Os Ravello estavam disponíveis a qualquer hora do dia ou da noite. Eram muito mais acessíveis ao homem comum que a maior parte dos outros políticos no distrito.

Nas campanhas, George Ravello contava com seus contatos pessoais diretos. Em cada zona eleitoral, conhecia diversos homens que tinham alguma influência junto a seus companheiros. Se escolhesse um deles como capitão, alienaria os demais. Não criara oficialmente uma hierarquia como a que existe nos clubes políticos, e as posições ocupadas na estrutura social pelos candidatos ao posto de capitão da zona — bem como as relações entre eles — não eram de natureza tal que um deles estivesse acostumado a dizer aos outros o que fazer.

É claro que, na realidade, havia uma hierarquia informal. O ex-governador Murphy e o procurador-geral Feeney estavam no topo. No mesmo nível que o candidato situavam-se os políticos Joseph Maloney, Tom Foley e Jack Flanagan, e os gângsteres T.S., Joe Kenney e Al Dantone. Abaixo de Ravello estava Frank Capizza, encarregado da campanha em Westland (Distrito 5). O deputado Art Porcella era responsável por parte da campanha em Cornerville. Imediatamente abaixo de Capizza estavam Al Deleo, Leo Fatalo, Tom Bongiorno e Paul Ferrante. Abaixo dos quatro encontravam-se os líderes dos rapazes da esquina e seus seguidores, como mostra o diagrama.

Embora Bongiorno fosse o coordenador, George Ravello organizou sua própria campanha, exceto nas áreas cobertas por homens com nível hierárquico igual ao seu. Ele dava todas as ordens e fazia (e freqüentemente mudava) todos os arranjos. Tom não tinha nada a fazer, afora ficar por perto e tomar pequenas providências pedidas pelo candidato.

Em seu desejo de evitar a hierarquização, Ravello negligenciou a distribuição de autoridade e responsabilidade entre seus subordinados. Não havia qualquer sistema para determinar que funções caberiam a Tom, Paul, Al ou Leo. Como não se entendiam, cada um tentava chamar a atenção do candidato e desempenhar um papel de liderança. Passavam muitas horas em volta do escritório político ou na casa de Ravello, de modo a não perder nada do que acontecesse no quartel-general. Vários líderes de rapazes da esquina simplesmente passavam a seguir o candidato por onde fosse e negligenciavam o trabalho de convencer os eleitores em suas áreas. Aqueles que se empenhavam no trabalho receavam que

A ORGANIZAÇÃO DA CAMPANHA DE RAVELLO

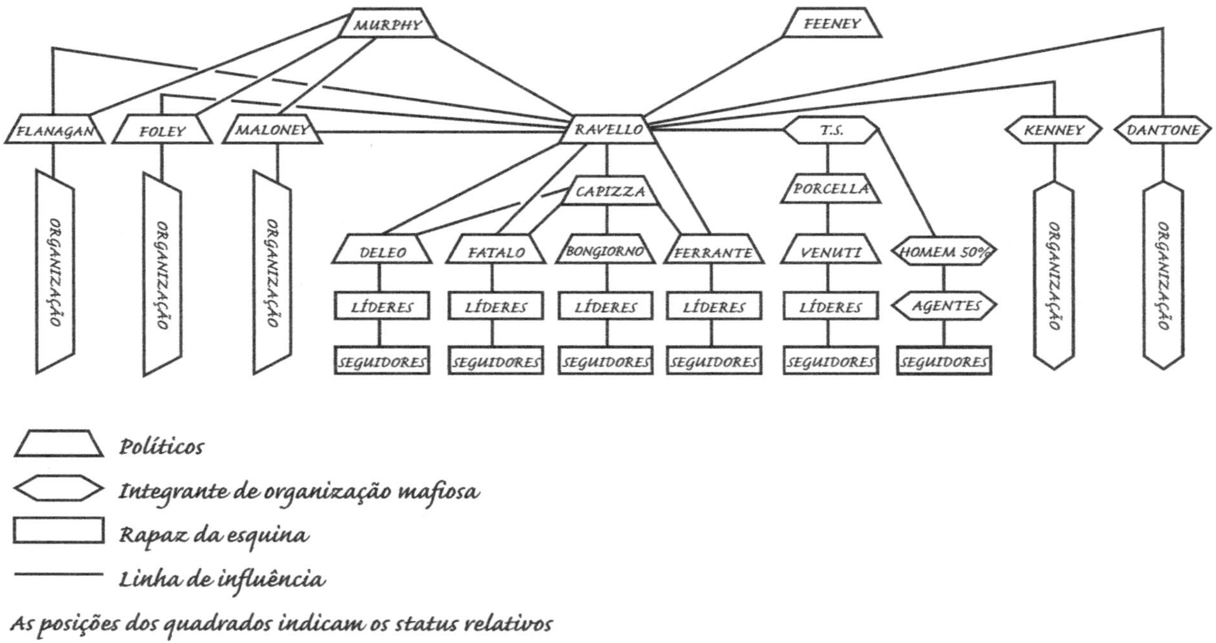

seus esforços não fossem percebidos porque não contavam detalhadamente ao candidato o que estavam fazendo. Paul tentou lidar com a situação sempre que via a equipe, dizendo: "Ouvi falar que vocês estão fazendo um trabalhão maravilhoso em ... . Continuem assim. Vou falar com George a respeito." Mas a posição de Paul não era boa o bastante para dar muito peso a essas palavras. Os líderes dos rapazes da esquina viam os esforços do outro como uma interferência indevida nas relações entre eles e o candidato. Ao organizar a campanha sem capitães de zona, Ravello evitou algumas dificuldades, mas criou outras, inesperadas.

A maneira de organizar uma campanha depende, em grande medida, do cargo em disputa e do tamanho do distrito de onde virão os votos para aquele cargo. O caso de Sam Venuti é um exemplo de organização de uma campanha para disputar o cargo de deputado pelo Distrito 4. Sam era secretário do Clube Washington, do qual Art Porcella era presidente e fundador. Em sua campanha, Art concorria ao Senado. Embora o clube apoiasse os dois, o esforço maior era feito em benefício de Art, e Sam teve que armar sua campanha contando principalmente com seus próprios esforços.

Duas semanas antes da eleição, quando havia organizado seus correligionários mais importantes, Sam chamou ao escritório 15 de seus amigos mais chegados dentre os membros do clube. Disse que, como estava seguro a respeito do apoio que tinha em Cornerville, o esforço maior teria que ser feito em outras partes do Distrito. Pediu aos presentes que começassem um trabalho de buscar votos casa a casa no South Side, onde não tinha praticamente apoio algum. Deveriam dizer que Sam Venuti era um amigo dos eleitores, havia sempre trabalhado com empenho para promover melhorias na comunidade, alcançara reconhecimento em vários movimentos cívicos e tinha capacidade para ocupar o cargo. Deviam mencionar melhorias especificamente interessantes para a área. Os integrantes da equipe deviam perguntar se a pessoa votaria em Venuti. Anotando o número de respostas positivas, teriam condição de manter Sam informado sobre o progresso da campanha. Sam convenceu-os de que esse trabalho deveria ser realizado em segredo, de forma que nenhum outro candidato tentasse neutralizá-lo. Disse compreender que pedia aos rapazes para fazerem um trabalho difícil, que lhes tomaria todas as noites durante quase duas semanas, porém nada poderia deixá-lo mais grato que o atendimento de seu pedido.

Essa campanha intensiva foi realizada com empenho, e a equipe informou que mil pessoas haviam se comprometido em votar em Sam Venuti. No entanto, no dia da eleição, Sam recebeu apenas 300 votos fora de Cornerville em todo o Distrito, e só uma parte desses votos poderia ser atribuída ao corpo-a-corpo. Parece que, embora seus correligionários pudessem ser muito persuasivos, faltavam-lhes conexões com as pessoas que eles tentavam atrair, e as promessas feitas sem uma base na estrutura social provaram-se de pouco valor.

Com o desenrolar da campanha, o distrito ficou inundado de propaganda política. Cada candidato tinha um batalhão de trabalhadores colando cartazes. "Santinhos", com sua foto de um lado e, do outro, suas qualificações (formação, experiência nos negócios e na política, atividades cívicas), foram impressos para distribuição em comícios. Os carros de som circulavam pelas ruas proclamando as virtudes do candidato e anunciando os comícios.

Muito pouco material de propaganda é distribuído em Cornerville durante a campanha. O Clube Cleveland sempre imprimia um folheto de uma página conclamando os eleitores, mas isso só passou a ser enviado pelo correio às pessoas de Cornerville quando Joseph Maloney começou a perder sua posição no Distrito.

Os políticos não esperam influenciar muitos eleitores com esses anúncios. Acham que é necessário manter seus nomes sempre em circulação permanente. Quando se sabe que um determinado candidato está gastando grande quantidade de dinheiro na campanha, muitos sentem que há algo a ser ganho associando-se a ele. A propaganda parece criar a imagem de um candidato poderoso, afluente e possivelmente vitorioso. Desse modo, ela pode fazer com que o eleitor fique mais receptivo a seu apelo.

4. Comícios políticos

As últimas semanas de uma campanha política são congestionadas com os comícios de todos os candidatos. Somente quando não existe eleição simultânea para os cargos mais altos se fazem comícios individuais para os candidatos a cargos menores, no Legislativo estadual ou municipal. Quando se trata de campanha para prefeito ou governador, os principais candidatos têm comitês locais trabalhando no distrito, e cada qual promove pelo menos um comício para seu candidato. De hábito o principal candidato só aparece tarde da noite, pois há vários outros comícios aos quais deve comparecer. Para começar o programa, o coordenador (alguém importante em Cornerville que apóie o candidato principal) anuncia que seu comitê de campanha tem o prazer de dar aos pretendentes locais que concorrem a cargos menores a oportunidade de falar para a multidão. Vários deles já estarão sentados no palco, esperando sua vez. Quando terminam de falar, deixam o salão e seguem para outro comício no Distrito. Ao mesmo tempo, durante a noite, os que participaram de outros comícios chegam e aguardam o chamado para falar. Às vezes há shows, com canções populares ou contadores de piadas.

Se o principal orador demora a chegar, como geralmente acontece, e a multidão fica inquieta, o coordenador anuncia que o candidato acabou de sair de outro comício e chegará a qualquer momento. Finalmente ouvem-se buzinas do lado de fora, e do fundo do salão vem a notícia de que ele chegou. Mais alguns instantes e o candidato entra decididamente pelo centro do salão, seguido por uma coluna viva de correligionários que o acompanham de comício em comício. O candidato secundário que estiver falando naquele momento deve esperar enquanto a multidão grita e aplaude; o principal candidato avança, agradece a recepção, e seus satélites se empurram pelo corredor o mais rapidamente possível, posicionando-se de forma a serem vistos perto do candidato.

Enquanto seus seguidores ficam de pé no corredor, o candidato principal sobe ao palco, aperta as mãos do coordenador e de todos os candidatos menores e se senta. O coordenador chama o pretendente que fora interrompido para que termine sua fala; este, se for sábio, trata de ser breve. Antes de apresentar os principais oradores, o coordenador anuncia que outros candidatos secundários esperam sua vez e pede à audiência que permaneça até o final do programa. Então vêm as falas mais importantes; uma vez concluídas, o candidato principal avança pelo corredor de saída, cercado por seus seguidores. Grande parte da multidão sai junto com ele.

A maioria das pessoas que vão a comícios não está comprometida apenas com um candidato. O interesse de um pode voltar-se para o candidato a governador; de outro, para o pretendente a senador, e outro, ainda, a deputado. No entanto, os assentos no salão tendem a se dividir informalmente segundo linhas geográficas e políticas. Os homens de uma determinada esquina que apóiam seu candidato local ocupam uma parte do salão. A turma de outra esquina apóia outro candidato e senta-se em outro lugar. Embora homens e mulheres mais velhos não participem de eventos tão concorridos como os comícios, uma pessoa que tenha familiaridade com as esquinas de Cornerville e suas lealdades políticas poderia, sem grande dificuldade, desenhar um mapa dos assentos segundo a distribuição dos grupos.

Às vezes, os seguidores do candidato principal têm candidatos secundários rivais; mas em geral as preferências tendem a se concentrar de um mesmo lado. Se o Clube A e o Clube B são rivais na política do distrito, e o Clube A tiver estabelecido relações próximas com um candidato a prefeito, então o Clube B tem pouco a ganhar apoiando o mesmo homem, pois se este vencer o Clube A terá acesso privilegiado aos empregos a serem distribuídos no distrito.

A natureza do apelo feito nesses comícios depende do cargo a que concorre o candidato e de seus contatos com a população local. Num dos comícios durante a campanha de Ravello para o Congresso, os discursos mais importantes foram feitos por Jack Flanagan e pelo candidato. Como se tratava de uma eleição especial para o Congresso, e como não se disputava outro cargo, a fala foi toda sobre Ravello.

Frank Capizza, o coordenador, apresentou o político irlandês como "aquele democrata militante, aquele combativo democrata, o grande funcionário da corte em Ansbury — Jack Flanagan!" Flanagan se pronunciou deste modo:

Talvez eu seja o único irlandês aqui, mas essa não é uma disputa racial. A raça do candidato não é o que determina a escolha que vocês fazem. Há gente demais que o ridiculariza por causa disso. Mas essas pessoas que se ocultam por trás de portas fechadas e discriminam um homem pela sua raça não têm lugar na vida americana. George Ravello pode não ser tudo o que buscamos na vida pública. Homem nenhum é perfeito. Mas uma coisa eu sei: George Ravello nunca pergunta a raça de uma pessoa, seu credo nem sua cor, quando ela lhe pede ajuda. Eu já o conhecia antes mesmo de ele ocupar qualquer cargo público. Sempre o respeitei por seu amor à massa da classe trabalhadora. Ele nunca foge à questão. Nunca abandonou as pessoas comuns. Ele é um tipo que luta. Pode nem sempre usar bem a gramática, mas George Ravello é um homem de ação para aqueles que não podem falar por si mesmos. Quando for para Washington, perguntará aos que dirigem os departamentos do governo federal: "E quanto às pessoas do meu distrito?" Quando os outros estiverem cansados, George Ravello falará pelas pessoas comuns, pelos que o conhecem e amam.

Este distrito não abriga homens e mulheres que votam apenas por causa de suas origens raciais. Para os imigrantes de sua raça e de minha raça, não há nada de que se desculpar. No momento de necessidade, nós respondemos ao chamado de nossa pátria. Um dos maiores contingentes de homens foi enviado por este distrito. Naquela época não houve qualquer discriminação por causa da raça, nem um homem foi recusado por essa razão. Enviamos nossos rapazes aos milhares, a fim de que pudéssemos usufruir as bênçãos de um governo livre. Aqui, nunca rejeitamos um homem por sua raça ou credo. Somos verdadeiros cidadãos americanos e nos regozijamos com isso.

George Ravello não é um homem rico, mas tem um coração de ouro. Responde ao chamado dos oprimidos. Precisamos de uma pessoa que peça ao governo e aos indivíduos o direito de trabalhar e manter um lar. Precisamos de um homem que eleve sua voz e peça essas coisas como somente ele pode fazer. Não pedimos muito. Tudo o que queremos é o direito de trabalhar. Não pedimos caridade. George Ravello conseguirá as respostas daqueles órgãos do governo.

É maravilhoso ver a unidade que este distrito exibe. Todos os líderes de facções mostraram a unidade que existe entre o povo italiano. Alguns passaram para o outro lado, mas são generais sem exército. Em Cornerville, por todo o Distrito 4, existe unidade. Há apenas uma grande personalidade ausente, e seria para sua eterna glória se ela pudesse continuar o trabalho que vem fazendo. [A saúde de Carrie Ravello havia se deteriorado no meio da campanha.] Mas agora ela está em seu leito de dor num hospital. Posso ouvir Carrie Ravello chorar a sorte de todos esses desafortunados, as pessoas pobres que trabalham arduamente para viver. Quando ela encontrou o presidente e sua esposa, disse a eles que seu povo era o melhor neste país. E agora, naquele leito de dor no hospital, ela se pergunta o que seu povo fará por ela.

A fala de Flanagan foi aclamada com grande entusiasmo.

O coordenador Capizza avançou para ler um telegrama da senhora Ravello. Ele disse:

Todos vocês sabem como Carrie Ravello tem trabalhado por todos. Ela tem sido um anjo de compaixão, uma distribuidora de boas ações. Agora está de cama, rezando pelo sucesso de seu marido. Sei que, quando vocês derem seu voto amanhã, terão em suas mentes a imagem daquele anjo de misericórdia, Carrie Ravello.

O telegrama dizia:

Ao meu povo de Cornerville:

Este é o dia mais triste da minha vida, porque não posso estar com vocês esta noite. Vocês nunca me decepcionaram antes, e sei que não me decepcionarão agora. Agradeço pelo que fizeram no passado. CARRIE RAVELLO

Houve aplausos, e Capizza continuou: "O médico está cuidando dela, mas sei que a coisa mais importante para lhe dar é a coragem de ficar boa e prosseguir com seu trabalho da mesma maneira caridosa que antes da eleição de seu marido, George Ravello."

Um homem no fundo da sala ficou de pé e propôs que se enviasse um telegrama a Carrie desejando uma rápida recuperação e expressando confiança na eleição de seu marido. A proposta foi recebida com aplausos.

Depois da fala de Flanagan, George Ravello chegou ao salão e tomou seu lugar no palco, enquanto a multidão lhe propiciava uma recepção entusiástica. O coordenador Capizza fez esta apresentação:

George Ravello está aqui, nervoso e cheio de entusiasmo para começar. Em todos os 48 estados, há apenas um italiano no Congresso. Esta é a hora e a oportunidade. Ele é o único homem que pode vencer. Politicamente, estamos indo ladeira abaixo. Vamos pisar no freio e nos unir em torno do único homem que pode vencer. O La Guardia* de Eastern City, homem de comprovada capacidade, um diamante bruto, um lutador que tem o coração maior que as cabeças infladas de seus oponentes.

Quando Ravello se levantou, alguém gritou: "Mostra pra eles, George", e ele respondeu gritando: "Eu vou mostrar pra eles." Houve aplausos. Ravello fez uma revisão da campanha e falou sobre sua habilidade de conseguir votos. A avaliação da campanha foi a seguinte:

Acabei de vir de um grande comício em Maxton. Joe Brennan, presidente da Assembléia Municipal de Maxton durante 25 anos, falou por George Ravello esta noite. Há 1.100 votos italianos em Maxton. Eu terei mil deles e outros mil dos portugueses, lituanos e irlandeses. Vou ganhar esta corrida. Pela primeira vez na história do Distrito 4, todo mundo estava no palanque com George Ravello: Art Porcella, Mike Kelly, Andy Cotillo, todo mundo. Pela primeira vez na história da política democrata, o Clube Cleveland apóia um italiano para o Congresso. No Distrito 6, Tom Foley apóia George Ravello.

Reviu suas campanhas anteriores e falou de suas experiências quando foi eleito pela primeira vez para o Senado:

Eles perguntaram: "Como é este camarada?" Alguém respondeu: "Ele é um bocado verde." Disseram que me davam seis meses. Já faz quase seis anos que estou lá... Eles disseram: "Ele não sabe falar tão bem, nós vamos cuidar dele." Mas fui eu quem acabou cuidando deles. Perguntam como eu venço. Vou contar pra vocês. Porque sempre sou honesto. Estou cem por cento com o povo. Sempre cuido do meu povo. Se puder fazer um favor pra você, não pergunto de que distrito você vem.

Quando estiver em Washington, estarei lá em busca de empregos para os trabalhadores. Não vou me vender para as grandes corporações. Eles dizem que falo demais. Bom, não sei, falo quando tenho que falar e brigo quando tenho que brigar. Posso falar porque ninguém nunca me deu um dólar e meio pra ficar calado. Se você não aceita o dólar e meio deles para ficar calado, você pode dizer o equivalente a dois dólares e meio.

Ao expressar sua gratidão à grande multidão que viera ouvi-lo, Ravello disse:

Há só uma que não está aqui, e que eu queria que estivesse. Minha boa esposa. Vocês conhecem o trabalho que ela fazia em Cornerville. Quero agradecer a vocês esta demonstração de amizade por minha esposa, e trago para vocês esta mensagem dela. Ela diz: "As

* Fiorello La Guardia: filho de pais italianos, nasceu em Nova York e foi prefeito da cidade de 1934 a 1945. Símbolo de administrador honesto e eficiente. (N.T.)

palavras não podem expressar como me sinto agora, mas sei que, se cada italiano for às urnas amanhã e votar como sempre votou, todos nós poderemos celebrar."

Quando Ravello começou a segunda sentença, alguém no palanque se adiantou para consertar a bandeira italiana que se soltava do mastro, ao lado do pavilhão norte-americano. O candidato disse que podia deixar como estava. E então puxou a bandeira e acenou com ela para o povo, que respondeu com gritos entusiásticos. Ficou com a bandeira ao ombro por algum tempo enquanto falava, e depois colocou-a sobre uma mesa.

Ravello perguntou quantos na audiência trabalhavam nos correios. Não houve resposta. Perguntou quantos tinham algum tipo de emprego no governo federal. Depois de uma pausa, um homem ficou de pé. Ravello pediu que fosse até o palanque. Perguntou há quanto tempo estava no emprego e que tipo de trabalho fazia. Anotou o nome do homem e disse, indicando uma cadeira no palco: "Muito bem, sente-se. Eu o promoverei na próxima semana." Houve risos e aplausos. O homem fez menção de voltar para seu lugar na platéia, mas Ravello acenou de novo para que ficasse no palco, enquanto ia chegando ao fim de sua fala: "Votem em mim. ... Elejam-me seu congressista, e, durante três anos, deixarei para trás meu lar e meus negócios. E então voltarei e serei o primeiro ítalo-americano a governar esta cidade. [Gritos.] E quando for prefeito, esta nossa bandeira balançará na porta da Prefeitura." Recebeu uma ovação quando terminou.

Os discursos políticos em Cornerville cobrem cinco pontos principais: o apelo racial, o apelo de classe, o apelo pessoal, uma declaração das qualificações para o cargo e uma afirmação da força política do candidato.

Ao fazer o apelo racial, o candidato local diz a seu povo que ele é discriminado por causa da raça; que deve se manter unido e eleger um italiano que lutará para quebrar esta barreira, aumentar o prestígio de seu povo e ampliar suas oportunidades.

Essa conclamação provoca mais entusiasmo numa audiência italiana que em qualquer outra. Os políticos fazem referências freqüentes às grandes realizações dos italianos, para mostrar que seu povo é tão bom quanto qualquer outra raça — ou até melhor.

O político não-italiano tenta criar um vínculo simpático, enfatizando sua grande admiração pelo povo italiano. Diz que vem de uma família grande, como uma boa família italiana, que cresceu em Cornerville ou outro distrito semelhante — ou que gosta da comida italiana.

No período antes da guerra, políticos não-italianos muitas vezes pediam votos com elogios a Mussolini. Em 1938, ouvi um dos mais destacados políticos irlandeses do estado referir-se ao ditador como "a mais provável força para garantir a paz na Europa e no mundo".

A importância da raça na política de Cornerville foi ilustrada de maneira mais notável na eleição presidencial de 1940. Em suas duas primeiras campanhas, Roosevelt fora extremamente popular em Cornerville e saiu bem à frente do candidato democrata no estado. Naquela época, Roosevelt e democracia não conflitavam com Mussolini e fascismo na mente das pessoas de Cornerville. Elas diziam: "Mussolini para a Itália, Roosevelt para os Estados Unidos." O presidente criou um conflito quando, num discurso em Charlottesville, atacou Mussolini, referindo-se à "punhalada nas costas"*. Uma política declaradamente antifascista como a seguida pelo governo estava destinada a afastar alguns eleitores italianos, mas seu efeito poderia ter sido minimizado se o ataque do presidente não houvesse tocado Cornerville num ponto tão sensível. Há muitos anos os imigrantes italianos tentam desfazer a reputação de que tendem a dar facadas pelas costas em seus inimigos. A frase de Roosevelt abriu uma antiga ferida. Willkie também foi enfático em sua oposição ao fascismo, mas não usou uma frase tão contundente. Os políticos republicanos e alguns democratas pegaram a deixa. De abril a novembro, as pessoas eram freqüentemente lembradas da "punhalada nas costas", e todos os meus informantes concordaram que esta foi a arma mais eficaz na campanha presidencial em Cornerville. Seus efeitos podem ser grosseiramente medidos pela seguinte comparação das percentagens de votos para Roosevelt e o Partido Republicano em Cornerville nas eleições de 1936 e 1940:

Eleição de 1936	
Roosevelt	89%
Landon	11%
Eleição de 1940	
Roosevelt	51%
Willkie	49%

* "Punhalada nas costas": menção à decisão de Mussolini, a 10 de junho de 1940, de entrar na guerra ao lado da Alemanha, depois de haver afirmado que não o faria. Roosevelt disse, em discurso, no mesmo dia: "[Hoje], a mão que segurava a adaga enterrou-a nas costas de seu vizinho [a França]." (N.T.)

Em 1936, Roosevelt ganhou o Distrito por 3.278 votos; em 1940, sua margem foi de 117 votos. Embora o candidato democrata para governador tivesse um desempenho local pior que outros candidatos em anos anteriores, em Cornerville foi capaz de carrear 63% dos votos.

O apelo ao sentimento racial logicamente conflita com outra crença cultivada de maneira ampla em Cornerville e outras partes: a de que o político deve servir a seu eleitorado sem levar em conta a origem racial. No entanto, isso não impede que os oradores apelem aos dois sentimentos numa mesma fala, e a maior parte dos discursos políticos faz exatamente isso.

O vínculo racial é de pouca ajuda para o político, a menos que ele possa também estabelecer uma conexão com o tipo de pessoa cujo apoio está buscando. Isso ficou bem exemplificado quando o juiz Genelli candidatou-se a procurador-geral. Carrie Ravello disse-me que, para os políticos democratas locais, era tão fácil concorrer com Genelli quanto com qualquer candidato republicano da High Street. Ela comentou: "Genelli era um grande advogado. Você vai ao escritório dele para alguma coisa e ele cobra um monte de dinheiro. Nasceu aqui, mas mudou-se há muito tempo. Não tinha nada a ver com as pessoas daqui, e nem elas a ver com ele." Os seguidores de Genelli reclamavam que "o problema com os italianos é que não se mantêm unidos".

O apelo à classe social está intimamente associado ao apelo racial. O candidato local recorre reiteradamente à semelhança entre sua origem e a de seus eleitores. O político de fora tenta estabelecer o mesmo vínculo. Considera-se que a causa dos trabalhadores possui um valor particular. A referência aos "pobres de Deus" era ouvida com freqüência na campanha de Ravello. Um dos argumentos comuns levantados contra um oponente é que ele se passou para círculos sociais mais altos e perdeu sua consideração pelos trabalhadores.

Não é suficiente para o candidato simplesmente declarar seu interesse pelos trabalhadores italianos. Ele tenta atingi-los com um apelo pessoal. Diz que está sempre pronto a ajudar os pobres e fala em termos gerais sobre os favores que fez no passado.

As freqüentes referências à doença da esposa de Ravello constituem um exemplo especial de apelo pessoal. A enfermidade de Carrie Ravello teria feito pouca diferença para os eleitores se eles já não tivessem uma consideração pessoal por ela e seu marido. Carrie estabelecera milhares de contatos pessoais em todo o Distrito senatorial, e muitas pessoas sentiam-se ligadas a ela por um forte laço de lealdade.

Ao falar de suas qualificações para ocupar um cargo público, o candidato deve ter em mente duas considerações. Precisa tentar convencer seus ouvintes de que é tão bem qualificado em termos de educação e experiência que será capaz de se relacionar com os figurões da política numa base de igualdade. Ao mesmo tempo, deve destacar que ainda é uma pessoa comum e será fiel a eles, não importa o quanto avance. A qualificação mais importante que um político pode apresentar é a de ter sido e sempre ser fiel aos seus velhos amigos, à sua classe e à sua raça. Espera-se que melhore sua posição social apenas para servir a seu povo.

Cada candidato tenta convencer sua audiência de que vencerá. Ele fala das organizações e das pessoas importantes que tem atrás de si. Os grupos ainda não comprometidos se interessam em apoiar o candidato vencedor a fim de estabelecer relações com ele antes que os favores sejam distribuídos. A maior parte dos candidatos afirma que vencerá, embora ao mesmo tempo busque deixar claro para os eleitores que, por ter boas conexões, será capaz de lhes prestar favores de qualquer forma, ganhando ou perdendo.

Os que disputam os cargos mais importantes devem lidar com tópicos especiais. Por exemplo, candidatos a procurador distrital ou a delegado de polícia enfatizam suas políticas "humanitárias" quando falam em Cornerville, mas destacam a aplicação da lei se estão em distritos de classes média e alta.

Os comícios dão aos políticos oportunidade de aparecer perante o público e se promover, e permitem que as figuras importantes que os apóiam se tornem mais visíveis ainda — e em troca aumentem sua devoção à causa do candidato. Se não tiver fortes ligações pessoais, o político não tem chance de sucesso. Mas, dados certos contatos iniciais, as aparições públicas são úteis para ampliá-las. Seu nome torna-se conhecido em todo o distrito, e pessoas com as quais não tinha tido contatos procuram-no pedindo ajuda. Se lhes puder fazer favores, ampliará sua esfera de influência.

O principal objetivo do comício, como reconhecem os políticos locais, é despertar o entusiasmo dos seguidores. Quando Doc estava sendo pressionado por seus amigos a se candidatar, ele me disse: "Só querem ter alguém para quem torcer." O político que vai falar num comício espalha a notícia entre seus seguidores, que comparecem em grande número. O político é o campeão dessas pessoas. Elas se comprazem de modo vicário com a posição proeminente do político entre o público. Quando seu candidato é chamado para falar, recebem-no com uma ovação. Em momentos apropriados, durante a fala, batem palmas e gritam. Quando ele termina, gritam e aplaudem de novo.

A maior parte dos que assistem a comícios em Cornerville já está comprometida com um candidato. Conforme Sam Venuti disse a seu comitê de campanha:

No que se refere a Cornerville, todas as pessoas que votarão em mim já estão convencidas disso. Irei aos comícios de lá, mas eles só servem para aumentar o valor e a pressão. Compareço só para seguir os tempos, por assim dizer. As pessoas que vão são sempre as mesmas. Só os correligionários.

Nos comícios de Cornerville, o político fala basicamente para seus próprios seguidores. Isso explica a trajetória da disputa local para o Legislativo estadual, que, de outra forma, poderia parecer bastante anômala. Como os eleitores escolhem dois candidatos para esse cargo, cada político tem interesse em evitar o antagonismo com os que apóiam seu oponente, visando receber o segundo voto deles. No início da campanha, os candidatos minimizam os ataques mútuos e se concentram em suas próprias qualificações, mas, na seqüência dos comícios, atacam uns aos outros com crescente veemência. Cada candidato preserva um de seus oponentes e concentra a investida sobre um ou dois adversários. Essa conduta não pode deixar de criar conflitos com algumas pessoas que lhe poderiam dar o segundo voto. Ainda assim, o político é levado a isso por exigência dos que o apóiam: eles acabam se cansando de ouvir sempre as mesmas afirmações sobre as qualidades do candidato, e seu ânimo se alimenta dos ataques. O pretendente não precisa apenas estimular seus seguidores, como também mantê-los entusiasmados; a fala que os excitou ontem deve ser superada pela de hoje.

As palavras usadas pelo político fornecem munição para os que o apóiam. Embora se reconheça que uma obrigação pessoal seja razão suficiente para defender um candidato, isso não pode ser usado como argumento eficaz para persuadir os que não estão comprometidos. O eleitor deve fazer com que o candidato seja visto por seus amigos como o mais bem qualificado, o mais sincero e o mais leal. Os candidatos da oposição precisam demonstrar sua incompetência ou deslealdade. Espera-se que o próprio candidato tome a iniciativa de fornecer tais argumentos.

Numa ocasião em que Art Porcella e George Ravello disputavam um com o outro uma cadeira no Senado, ambos falaram num comício em Westland. Na manhã seguinte, Porcella contou a alguns de seus seguidores o que tinha acontecido. Descreveu brevemente a fala de Ravello e então detalhou a sua, mostrando como o havia feito "ficar mal". Um pouco mais tarde, naquela manhã, X, que não estivera no comício nem ouvira a descrição de Porcella, encontrou Y, que acabava de sair do escritório de Porcella. X disse que não conseguia entusiasmar muito os eleitores com seu trabalho para Porcella porque tinha ouvido que "Ravello havia feito Art passar um mau pedaço" no comício. Y garantiu que era exatamente o contrário, e aconselhou X a procurar Porcella para ouvir a história verdadeira. X juntou-se a um grupo no escritório para ouvir Art contar sua versão de novo. Quando saiu do escritório, seu entusiasmo estava renovado, e ele foi dizer aos outros o que (segundo Porcella) realmente acontecera.

As pessoas de Cornerville dão muito valor a expressões fluentes e enfáticas, mas, ainda assim, não elegem o homem mais eloqüente. Há alguns anos, o irmão mais velho de Tony Cardio candidatou-se ao Legislativo estadual. Doc me disse que seus rapazes da esquina voltavam de todos os comícios fazendo os maiores elogios à habilidade verbal de Cardio. Achavam que era de longe o mais eloqüente de todos os candidatos, mas ninguém votou nele, pois, em seus contatos com Cardio, ficaram convencidos de que este se considerava socialmente superior.

Os discursos podem persuadir um maior número de pessoas nas campanhas em que se disputam cargos mais altos, nas quais os candidatos não têm muitos contatos pessoais com os moradores de Cornerville. Isso explica parcialmente o efeito destrutivo da fala de Roosevelt em Charlottesville. No entanto, mesmo uma frase tão categórica como aquela não ativou diretamente as massas de eleitores em Cornerville. Influenciou algumas pessoas, e estas, por sua vez, influenciaram outras. Houve um longo processo de fermentação no qual as pessoas interagiram para produzir a mudança de orientação. Mesmo os homens mais importantes na política estadual tentam atuar por intermédio de líderes locais que organizam o apoio segundo contatos pessoais, e reconhecem que, sem contatos dessa natureza, eles não conseguirão o apoio que buscam.

Ao falar em comícios, o político de Cornerville não busca desenvolver um argumento consistente para persuadir os não-convencidos. Faz um apelo emocional, esperando ativar aqueles que já estão parcial ou totalmente persuadidos, com a finalidade de que trabalhem para ampliar a rede de relações humanas necessárias para o sucesso de uma organização política.

5. O DIA DA ELEIÇÃO

A junta eleitoral é responsável por todas as eleições em Eastern City. Os membros da junta são indicados pelo prefeito. Dois deles devem ser democratas e dois republicanos. A junta indica todos os funcionários das zonas eleitorais. Há um policial encarregado de cada seção eleitoral. Sob sua direção trabalham um funcionário e dois fiscais. Essas posições devem ser igualmente divididas entre os dois principais partidos.

Após informar seu nome e endereço para o fiscal, na entrada da seção, o eleitor recebe um voto, entra numa das cabines e marca suas escolhas. Na saída, outro fiscal checa seu nome novamente antes de permitir que a cédula seja depositada na urna e que o eleitor saia do recinto. Existe um policial designado para cada seção.

No dia da eleição, os candidatos colocam vários de seus cabos eleitorais trabalhando nas seções. Eles ficam na calçada (pelo menos a 15 metros da entrada da seção, conforme exige a lei), usando *buttons* e fitas com o nome de seu candidato. Quando os eleitores passam, o cabo eleitoral diz: "Não se esqueça, vote em ...", e entrega santinhos contendo as mesmas instruções. O candidato tenta selecionar para esse trabalho homens bem conhecidos naquela área.

Nem mesmo as pessoas que fazem boca de urna acreditam que ganham muitos votos. Um deles me disse:

> Você não influencia ninguém. As pessoas já decidiram. Mas se eu chego pra você três ou quatro semanas antes da eleição e digo: "Bill, estou interessado neste candidato. Se você não estiver comprometido, pode votar nele?". Nove entre dez vezes você dirá: "E por que não?" Mas no dia da eleição é diferente. Você não muda voto nenhum desse jeito."

Uma função dos que fazem boca de urna é cuidar para que os que apóiam os candidatos da oposição não ganhem uma vantagem indevida. Em anos anteriores, havia tentativas freqüentes de intimidar os eleitores, e podiam ocorrer brigas entre grupos antagônicos nas calçadas. Enquanto observava as eleições em Cornerville, muitas vezes ouvia que era de se prever que houvesse problemas nas seções, contudo, exceto por uma ou duas pequenas discussões, a votação procedeu com calma.

Cada organização política envolvida na disputa tem uma lista oficial com os nomes e endereços de todos os eleitores, zona a zona. Esses nomes são revistos antes da eleição, e os que já estão seguramente comprometidos com outro candidato são postos de lado. Porém, todos os outros deverão ser contatados e trabalhados com antecedência; marcam-se os nomes de eleitores que solicitam transporte até sua seção, de modo que eles disponham de carros no dia do pleito.

Em épocas anteriores, os candidatos tinham permissão para manter um de seus homens dentro de cada seção eleitoral a fim de proteger seus interesses. Esses homens possuíam a lista oficial de todos os eleitores na zona, para conferência. Podiam checar cada um que entrasse e denunciar qualquer tipo suspeito. De tempos em tempos, podiam sair e passar os nomes dos que ainda não tinham votado, de modo que a organização pudesse fazer um esforço para "pegar o voto".

Sob o argumento de que os homens dentro das seções passavam informação que possibilitava a seus companheiros mandar repetidores para votar sob os nomes de pessoas que ainda não tinham comparecido, a junta eleitoral decidiu que apenas os funcionários indicados poderiam permanecer no local. Com isso, a checagem dos nomes, que era feita pelos ajudantes políticos dentro da seção, passou a ser realizada do lado de fora. O homem que tem a lista fica na calçada perto da seção eleitoral e checa os nomes dos eleitores que passam. Como não pode estar presente quando dão os nomes e endereços aos funcionários eleitorais, sua tarefa é mais difícil; mas, se conhecer bem sua área, será capaz de manter um registro razoavelmente preciso.

No Distrito 4 e em outras partes de Eastern City, uma proporção razoavelmente grande de votos foi dada por repetidores ou por pessoas que viviam fora do distrito. Muitos homens que tinham ficado em débito com o Clube Cleveland por terem obtido um emprego político ou outros favores mudaram-se para áreas mais valorizadas socialmente. Para continuar a dar seus votos para a organização, faziam arranjos com os donos de pousadas e hotéis, de forma que, quando um policial viesse checar os nomes dos residentes em cada prédio no dia 1º de janeiro, seus nomes fossem fornecidos. Os policiais encarregados disso raramente faziam qualquer esforço para checar a informação recebida. Alguns eleitores buscavam estar tecnicamente dentro da lei, passando a noite de 1º de janeiro no endereço no qual eram registrados. Assim, muitas pessoas permaneciam na lista de eleição até muito tempo depois de terem se mudado do distrito. Elas eram conhecidas como "eleitores de colchão".

Se um eleitor de colchão estiver votando com seu próprio nome — que consta da lista de eleitores registrados — não há como desmascará-lo na seção. Como explicou Joseph Maloney: "Se você quiser impugnar aquele registro, tem que fazer isso pelo menos 14 dias antes da eleição. Nós aprovamos aquela lei para que os cidadãos não pudessem ser intimidados por impugnações injustificadas."

O clube tinha diversos repetidores que votavam diversas vezes durante o dia, dando, a cada vez, o nome de um eleitor que estava fora da cidade ou ainda não aparecera para votar. Dessa maneira, a organização podia ter certeza de que todos os seus sócios, e muitos outros, haviam votado ou sido votados.

Embora o Clube Cleveland levasse uma tremenda vantagem nesse campo, recentemente as organizações políticas italianas têm conseguido inflar as listas de votação segundo seu próprio interesse. Incapazes de convocar tantos seguidores leais que se tivessem mudado do distrito, os italianos tinham a tarefa mais difícil de registrar nomes fictícios. Um dos primeiros políticos italianos independentes e poderosos arranjou para que os sócios de seu clube dessem nomes adicionais aos funcionários que faziam a lista de residentes. Durante a época do registro de eleitores, alguns de seus sequazes foram instruídos a se registrar com esses nomes. Deviam comparecer a um determinado guichê da junta eleitoral, onde o político evidentemente tinha feito algum arranjo com o funcionário encarregado. No dia da eleição, os repetidores do clube votavam com aqueles nomes.

A repetição disseminada é impossível sem a cooperação da junta eleitoral. Uma indicação para a junta é um petisco político atraente, pois os integrantes da junta recebem um salário razoável, têm pouco trabalho a fazer e conquistam posições de importância estratégica. A fim de garantir o apoio de um político distrital importante, o prefeito pode indicar um de seus homens para ocupar uma vaga na junta. Esta pessoa cuidará para que o político ao qual ela responde consiga colocar um grande número de associados de sua organização nas seções eleitorais de seu distrito, como fiscais, funcionários e policiais. A exigência de que essas indicações sejam igualmente distribuídas entre os principais partidos é um obstáculo desimportante para o controle unificado das seções eleitorais no Distrito 4. A prática é nomear residentes do Distrito para essas funções. Os poucos republicanos dependem do político democrata para as nomeações em seus Distritos; portanto, não se espera que criem problemas. Não é necessário que o político do Distrito tenha um homem seu encarregado de todas as seções eleitorais o tempo todo. Se tiver controle sobre um certo número de pessoas, conseguirá organizar a repetição em larga escala.

Desde que os ajudantes políticos foram excluídos das seções eleitorais, tornou-se fácil organizar a repetição. No início, uma organização poderia ter seus homens nomeados para as funções oficiais na seção eleitoral e subornaria o policial encarregado, mas ainda deveria lidar com os que trabalhassem para os candidatos concorrentes. Se esses homens protestassem demais, o policial e os funcionários teriam que impugnar os eleitores, pelo menos para se protegerem, e o sistema iria à ruína. Então seria necessário subornar os que trabalhassem para o outro candidato ou ameaçá-los com violência quando estivessem na rua.

Agora basta ter funcionários eleitorais do lado da organização que promove a repetição, em especial o policial fiscal e o policial encarregado da seção. Se o eleitor legalmente registrado chega mais tarde e descobre que alguém já usou seu nome para votar, isso não é problema da organização. Se ele se der ao trabalho de recorrer à junta eleitoral e provar sua identidade, terá permissão para votar, mas isso não afeta o primeiro voto praticado em seu nome.

Na campanha para o Congresso, Joseph Maloney tinha controle das zonas eleitorais no Distrito de Ravello, e os repetidores operaram em toda a área no final da tarde e à noite. No entanto, Branagan, o principal oponente de Ravello, tinha o controle das zonas no Distrito 6, e, de acordo com os relatos dos observadores de Ravello, havia 50 táxis da maior empresa da cidade que levavam os repetidores e outros eleitores para todas as seções do distrito. Dizia-se haver 50 repetidores operando com essas unidades motorizadas, e cada homem votava duas vezes em cada uma das vinte e tantas zonas eleitorais. Isso representaria um bloco de mais de dois mil votos. A repetição a favor de Branagan, muito maior em volume, aumentou sua margem de vitória, mas, por si mesma, não decidiu essa eleição em particular, pois ele contou com uma ampla margem de votos legítimos.

De um modo geral, as pessoas de Cornerville concordam que a repetição é "errada". Mas a justificativa dada a ele é: se você não roubar a eleição, alguém vai fazer isso. As organizações políticas rivais são constituídas de grupos que têm profundas rivalidades, e há fortes sentimentos negativos entre eles. A eleição não é vista como uma oportunidade que as pessoas têm de exercer a livre escolha, mas como uma luta pelo poder e o prestígio na qual a vitória deve ser conquistada a qualquer preço.

A organização do dia da eleição revela uma diferenciação social entre os participantes, de acordo com as tarefas atribuídas a cada um. Os que fazem boca de urna e os repetidores são rapazes da esquina ou homens mais velhos, de status social comparável. Os repetidores são um grupo especializado, pois nem todos na boca de urna estão dispostos a fazer repetição. Eles são procurados, em geral, entre os "caras durões", no nível mais baixo da sociedade. No próximo nível estão os homens que transportam os eleitores ou os repetidores aos locais de votação. Acima deles estão os encarregados do trabalho em determinadas áreas. Mesmo na campanha de Ravello de 1937, quando se decidiu que não haveria capitães de zona, alguns homens foram designados para cuidar informalmente da maior parte das zonas eleitorais. Acima dos capitães está, em geral, um homem encarregado de um Distrito ou de várias zonas. No topo da organização situam-se o próprio candidato, ou o chefão de sua organização, e certos aliados poderosos. Eles cobrem todo o distrito e andam de carro por toda parte, supervisionando as operações.

6. A natureza das obrigações políticas

A organização política de Cornerville pode ser mais bem descrita como um sistema de obrigações pessoais recíprocas. Pode-se entender a natureza das obrigações observando as situações nas quais elas surgem, os atos que as criam e as ações necessárias para cumpri-las.

Todo mundo reconhece que, quando um político faz um favor a um eleitor, este se torna obrigado perante o político. Dependendo da importância do favor, a obrigação pode ser cumprida pelo voto no político ou pela realização de serviços mais importantes para ele. O político não precisa usar todo o peso de sua influência pessoal para obter cada favor para seus eleitores. Quando tem que lidar com autoridades, a pessoa que fala um inglês precário, ou nenhum, tem óbvia necessidade de um intérprete; quando está fora de sua própria esfera, até o rapaz da esquina que cresceu falando inglês tende a ser desarticulado. Além disso, o não-iniciado não entende a complexa organização do governo, nem sabe como encontrar os canais para conseguir o que busca. Em alguns casos, o eleitor desfruta de um inegável direito a certo benefício, e pode obtê-lo simplesmente comparecendo diante da autoridade apropriada e apresentando o seu caso. No entanto, a pessoa que não sabe onde ir ou como falar por si mesma deve utilizar um guia e porta-voz. O político que desempenha esses papéis presta um verdadeiro serviço, e isso resulta em uma obrigação.

O político fica obrigado com aqueles que apóiam sua campanha, e o alto custo da atividade política tende a fazer com que a contribuição financeira seja supervalorizada. Quanto mais o político puder contribuir para apoiar sua própria atividade política, mais livre ficará desse tipo específico de obrigação. Isso talvez explique o fato de que o agente funerário político esteja menos intimamente ligado aos gângsteres que o advogado político, para quem os contraventores são os clientes mais importantes e que mais contribuem para sua campanha.

A discussão de uma campanha indica as diferentes maneiras como o dinheiro pode ser gasto, mas não mostra como o político decide os canais específicos através dos quais irá alocar seus recursos. Na prática, o político gasta a maior parte de seu dinheiro em áreas nas quais não tem apoio popular.

A campanha de Fiumara de 1937 ilustra esse tipo de comportamento. Durante anos, Joseph Maloney estivera tão firmemente estabelecido como vereador que a maior parte dos políticos italianos concentrava sua atenção em outros cargos. Naquela época, da perspectiva dos eleitores do Distrito, Fiumara era apenas um dentre outros agentes funerários. Quando deslanchou sua campanha, ele se propôs conquistar os vários grupos italianos e não-irlandeses. Pagou pelo apoio de clubes e, além disso, financiou encontros e festas do partido em suas sedes. Distribuiu dinheiro a ser gasto segundo seu interesse. Sua despesa, localmente registrada como 6.400 dólares, não tinha precedentes na história de campanhas para vereadores no Distrito 4. Uma parcela disso pode ter sido desperdiçada, mas serviu para estabelecer Fiumara como o rival de *boss* Maloney na disputa pelo cargo. Em sua primeira campanha, Fiumara obteve mais de três mil votos e ficou logo atrás de Maloney. Se não dispusesse de tão generoso financiamento, seria apenas mais um pequeno concorrente, e não teria tido qualquer chance de derrotar o chefão do Clube Cleveland em 1939.

Mesmo um gastador tão liberal como Fiumara tem critérios próprios para distribuir seu dinheiro de forma diferenciada. Ele tenta ganhar o máximo possível de apoio italiano sem gastar dinheiro. Na eleição de 1939, a maior parte dos que atuaram para Fiumara nas seções eleitorais fazia trabalho voluntário. Maloney e Kelly, que tinham pouco apoio em Cornerville, pagaram cinco dólares cada aos que trabalharam para eles naquela área. Essa é a situação geral. Quando um político estabelece uma corrente de obrigações pessoais, gasta pouco e concentra seus recursos onde a corrente não existe.

O político que precisa pagar em dinheiro uma grande parcela do apoio recebido pode contrabalançar isso cobrando pelos favores que presta a seus eleitores. Essa prática tem se tornado cada vez mais comum.

A fim de conseguir um emprego, resolver um caso ou obter algum outro favor, a pessoa deve pagar uma soma em dinheiro que varia segundo a importância do favor. O político do Distrito não guarda todo o dinheiro para si. Tem que pagar a alguém com poder suficiente para conceder o favor. Quando se trata de um favor importante que precisa ser feito por um homem próximo do topo da hierarquia política, o dinheiro passa por um intermediário. O político do Distrito paga ao "homem da mala", que repassa o dinheiro para o "peixe graúdo". Todos os políticos importantes que operam segundo esse sistema têm amigos de confiança que servem como coletores de suborno a fim de proteger seus superiores contra uma acusação. Todos sabem em Cornerville que o dinheiro do eleitor não é integralmente pago ao peixe graúdo. O político do Distrito tira sua fatia, e o homem da mala faz o mesmo. Se o favor é prestado, não se espera que o eleitor se interesse pelo destino de seu dinheiro. Nem todos os políticos do Distrito 4 trabalham assim. Há alguns, como George Ravello, que se recusam a aceitar pagamento em dinheiro por seus serviços políticos.

A natureza das obrigações existentes entre os políticos e seus eleitores depende de se os serviços prestados por qualquer um dos lados são pagos ou feitos de graça. O eleitor que paga por um favor sente-se menos obrigado que aquele que o recebe de graça. Não é necessário que o dinheiro cubra inteiramente a base das obrigações pessoais. Numa certa medida, isso depende do valor do pagamento e da importância do favor. O eleitor pode dizer a si mesmo: "É verdade que paguei ao político para me conseguir um emprego, mas, mesmo assim, os empregos estão escassos; muitos outros teriam pago por esse emprego o mesmo que eu, e até mais; o político foi um bom camarada ao fazer isso por mim, e estarei com ele na próxima eleição." Em todo caso, a obrigação não é tão garantida quando há trânsito de dinheiro do eleitor para o político.

Como disse Joseph Maloney, num ataque a seu rival Mike Kelly, na campanha de 1939: "Há um candidato que prometeu pelo menos 200 empregos. Como ele vai conseguir tudo isso? Sim, ele tem homens com ele, todos eles receberam o combinado, mas eles devem entender que, quando recebem seu pagamento, a obrigação está cumprida."

Um dos rapazes da esquina expressou sua opinião desta maneira: "Às vezes, os políticos querem te dar dinheiro se você trabalha pra eles. Então, quando você vai atrás deles pedindo um emprego, eles dizem: 'Qual o problema, já não te paguei?' ... Se você é esperto, não pega o dinheiro, e então pode ser que tenha chance de conseguir alguma coisa."

Muitos pensam o contrário. Tony Cataldo, Carlo e diversos outros sócios do Clube Social e Atlético Cornerville sustentavam que os rapazes da esquina deveriam reconhecer que não iriam mesmo conseguir nada depois da eleição; e que, portanto, deveriam pedir dinheiro adiantado. O político não teria obrigação com eles em troca do apoio, mas caso recebessem o dinheiro, os rapazes ficariam satisfeitos.

Se o político usa dinheiro para garantir uma boa parte de seu apoio, ele fica liberado de suas obrigações perante os eleitores. Se não existem fortes laços pessoais entre eles, os eleitores podem se voltar contra o político depois da eleição, mas, na próxima campanha, ele pode conquistá-los mais uma vez com dinheiro; ou, se o tiverem abandonado de modo permanente, pode achar outros grupos que responderão ao mesmo incentivo.

A eficácia dos pagamentos em dinheiro para ganhar votos não deve ser superestimada. A atitude dos rapazes da esquina com relação ao dinheiro na política é algo desse tipo: a política é uma organização mafiosa; o político apenas tenta nos usar para conseguir algo para si mesmo; podemos, da mesma forma, prometer alguma coisa a ele e conseguir tudo que pudermos; então, de qualquer forma, faremos o que bem entendermos.

Com relação a essa forma de pensar, é pertinente recordar um discurso feito no Clube Social e Atlético Cornerville pelo seguidor de Fiumara, que aconselhou os rapazes: "Não sejam patetas. Peguem a grana deles. Vocês podem gastar como quiserem, mas então vão lá e votem em Fiumara." A obrigação política depende não apenas de um favor feito pelo político, mas de contatos pessoais entre ele e seus eleitores. Onde esses contatos não existem, o dinheiro não pode superar a lacuna.

Essa discussão não deve transmitir a impressão de que o político tem liberdade para escolher o seu curso de ação. Se não foi capaz de estabelecer uma rede de obrigações suficientemente extensa antes da campanha, ele precisa usar seu dinheiro de modo liberal a fim de ganhar apoio. Se, quando eleito, não puder levantar recursos suficientes de outras maneiras, talvez tenha que receber dinheiro pelos favores que faz. Como muitos de seus superiores operam com dinheiro vivo, pode ser forçado a fazer o mesmo. Uma das razões alegadas para o fracasso de George Ravello em garantir mais favores e empregos para seus eleitores foi sua decisão de não pagar por eles. Em seu primeiro mandato, pediu favores a certos figurões, e estes responderam que isso seria possível a um certo preço. Quando se espalhou que Ravello não pagaria, os figurões simplesmente disseram-lhe que os favores não podiam ser prestados.

Isso não significa que todos os favores importantes tenham de ser pagos. As relações entre os políticos, à exemplo daquelas entre o político e seus eleitores, estão baseadas tanto em obrigações pessoais não-financeiras quanto em pagamentos em dinheiro. Ao se recusar a pagar em dinheiro, o político elimina a possibilidade de receber alguns favores disponíveis, mas não todos.

De acordo com os padrões cornervillianos, o político que faz um favor por amizade é considerado superior do ponto de vista moral ao que o faz por dinheiro. Do mesmo modo, o eleitor que mostra sua devoção à causa do candidato contribuindo livremente para sua caixa de campanha é superior ao homem que tenta comprar um favor específico. Os favores devem ser retribuídos em função da lealdade pessoal, tal como acontece na gangue da esquina.

Embora as organizações políticas tenham mudado profundamente nos últimos anos, a maior parte das pessoas em Cornerville continua a acreditar nesses padrões. Ainda assim, o dinheiro adiantado tem um apelo poderoso, e as pessoas nem sempre apóiam o candidato que mais respeitam. Como a maior parte dos candidatos do Distrito aderiu ao pagamento em dinheiro, seus eleitores têm menos escolhas quanto às formas de obter favores. Sentem que é melhor pagar por um favor do que não conseguir favor algum.

Até aqui, as obrigações e os favores foram discutidos em termos pessoais. Acredita-se, em Cornerville e também em outras partes, que o político está obrigado perante sua comunidade a conseguir a implantação de parques, playgrounds e outras melhorias que contribuam para o bem-estar geral. As pessoas de Cornerville reclamam amargamente que seus representantes falharam no cumprimento dessa obrigação. Basta um breve exame para alguém se convencer de que o distrito tem se saído pior que outros na obtenção dessas melhorias.

As pessoas de Cornerville têm várias explicações para isso. Dizem que os políticos vendem as melhorias, que não estão interessados em fazer prosperar o distrito, ou que não querem fazer muito, com receio de que depois as pessoas possam passar sem eles. Essas expressões de sentimento pouco iluminam a questão. Não é de se esperar que um político sinceramente desejoso de obter as melhorias perca seu interesse nessa meta tão logo seja eleito. Mesmo que ele se ocupasse apenas do suborno, este pode ser obtido mais facilmente com as obras públicas que de qualquer outra coisa.

É evidente que a explicação deve ser dada em outros termos. As relações pessoais político-eleitor e político-político nos oferecem uma pista.

Seria do agrado das pessoas em geral que se fizessem as melhorias públicas, mas a estrutura política não se baseia nas pessoas em geral. O político tem obrigações perante pessoas particulares e ocupa sua organização no cumprimento de um certo número dessas obrigações.

O político deve concentrar seus esforços onde existem as demandas mais urgentes. Se um homem deseja três coisas — manter-se fora da prisão, conseguir um emprego e ter um novo parquinho para os filhos —, não pedirá as três ao mesmo tempo. Primeiro ele quer garantir sua liberdade, e depois um meio de ganhar dinheiro. Se o político pode lhe fazer esses favores, o homem ficará satisfeito, e provavelmente nem mencionará o parquinho, pois os eleitores compreendem que aquilo que podem pedir a um político depende do que podem fazer por ele.

Os eleitores sentem que todas as pessoas têm direito às melhorias da comunidade, e portanto não vêem isso como favor pessoal. O homem que possui um emprego e não tem problemas com a lei não faz esforço para estabelecer relações pessoais próximas com o político a fim de obter melhorias para a comunidade.

Quando o político recebe o pedido para mandar soltar um rapaz da esquina ou usar sua influência para proteger os gângsteres, ele precisa fazer as conexões correspondentes com a polícia e o procurador do distrito. Por mais próximas que sejam suas conexões com essas pessoas, elas não o ajudarão a conseguir melhoramentos para a comunidade, pois não têm jurisdição sobre tais questões. Quando lhe pedem para incluir um homem nos programas de assistência social, o político deve fazer contatos com as autoridades que cuidam do assunto, que também nada têm a ver com providenciar melhorias para a comunidade. Quando solicitado a conseguir um emprego político para um homem, tenta fazer conexões com as figuras importantes na administração e entra em contato com pessoas que têm poder para decidir sobre as melhorias. Mas não pode pedir tudo. Algo já bem compreendido na política é que um político não pode pedir demais a outro, a não ser que possa prestar serviços importantes em troca. Se pedir muito, a conexão se rompe, e ele nada consegue.

As interações que o político deve estabelecer na hierarquia para conseguir as melhorias para a comunidade são diferentes daquelas necessárias para a obtenção de favores pessoais. Diversos exemplos mostram a natureza dessas interações.

Uma pessoa é presa por um patrulheiro ou um sargento. Ela entra em contato com um dos políticos do Distrito. Este conversa com o capitão, que é superior ao policial que fez a prisão. O capitão pede ao policial que esqueça a acusação. O policial concorda, e a pessoa é liberada. Embora o capitão seja responsável por sua divisão, os superintendentes adjuntos, o superintendente e o chefe de polícia estão acima dele na hierarquia. Nesse caso, e na maioria de outros semelhantes, as interações não precisam ir além do capitão.

Um homem é levado ao tribunal por algum crime menor. Ele pede a ajuda de um político do Distrito. Os juízes na corte inferior são homens que tiveram atividade na política até pouco tempo atrás e garantiram suas posições por meio dessa atividade. O político do Distrito fala com o juiz, que concorda em ser tolerante. Para lidar com instâncias superiores, são necessárias conexões mais importantes, porém os casos nos níveis inferiores podem ser tratados como questões pessoais, sem ultrapassar esse patamar da hierarquia.

Uma pessoa está para ser julgada por um dos assistentes do procurador do distrito e se dirige a um político local. Se tiver feito conexões nesse nível da hierarquia, o político fala diretamente com o procurador distrital, que diz a seu assistente para encerrar o caso. Se não, muitas vezes é possível conseguir resultados sem ir até o procurador do distrito: seus subordinados são suscetíveis a certos tipos de pressão política.

Para conseguir melhorias gerais para a comunidade, é necessário seguir outro curso de ação. O seguinte caso ilustra isso.

Alguns rapazes da esquina jogavam softbol num pequeno parque. Alguns dos jogadores mais fortes de vez em quando atiravam a bola por cima do muro do campo, e ela batia no prédio do outro lado da rua. Várias janelas haviam sido quebradas. O proprietário do prédio era o Eastern City Bank and Trust Co. O zelador reclamou com a divisão imobiliária do banco, e um funcionário entrou em contato com o superintendente de parques. Este determinou que nenhum garoto acima de 16 anos teria permissão para jogar softbol naquele campo, e pediu ao capitão de polícia de Cornerville para tomar providências. O capitão falou com o sargento, que interrompeu um jogo superdisputado numa tarde de domingo.

Sam Franco, o líder de uma das gangues de esquina, estava organizando uma liga de softbol que incluiria 16 times. A determinação do superintendente serviu apenas para intensificar o interesse pelo softbol, e Sam buscou alguma forma de reconquistar o uso do parque. Falou com um homem mais velho que conhecia o superintendente, freqüentador de uma igreja próxima. Sam e seus amigos esperaram por ele do lado de fora da igreja e perguntaram se o departamento dele poderia instalar um alambrado por cima do muro para proteger o prédio. Ele disse que não tinha orçamento para isso e que nada poderia fazer. Poucos dias depois, os rapazes tentaram falar com ele de novo, mas o superintendente disse: "Não quero ter nada a ver com vocês", e seguiu adiante.

Sam consultou então o senhor Kendall, coordenador dos trabalhos com os meninos do Centro Comunitário de Cornerville, a quem havia conhecido no centro de recreação de Doc. O senhor Kendall disse a Sam que prosseguisse com seus planos para a liga, e tomou providências no sentido de reunir a cada duas semanas os capitães de todos os times para acompanhar o andamento do caso e discutir a programação.

O senhor Kendall conversou com o homem encarregado dos imóveis do banco de Cornerville, que expressou sua simpatia pelos rapazes da esquina, mas disse que nada podia fazer. Nem se ofereceu para levar o caso a seus superiores na hierarquia do banco. O senhor Kendall então falou com Sam Venuti, um político local que tivera algum contato com o superintendente de parques. O político foi ver o superintendente, mas nada conseguiu.

Enquanto isso, os rapazes da esquina continuavam a se reunir, e Sam disse ao senhor Kendall que, a menos que algo fosse resolvido logo, eles perderiam o interesse e a organização seria desfeita. O senhor Kendall telefonou para o vereador Fiumara e para Andy Cotillo, um dos secretários do prefeito, e ambos concordaram em ver o que poderia ser feito. Dez dias depois, ligou de novo para Fiumara. O vereador se esquecera do assunto. Sentindo que o político não percebia o potencial de votos envolvido na organização do softbol, o senhor Kendall levou alguns dos capitães de times para ver Fiumara pessoalmente.

Nesse ponto as coisas começaram a acontecer rapidamente. Fiumara prometeu apresentar um projeto de lei solicitando a alocação de recursos para a instalação de um alambrado e falar com o prefeito sobre o assunto. Andy Cotillo lançou-se à ação ao mesmo tempo. Ambos tiveram várias conversas com o prefeito. O senhor Kendall era notificado dos resultados após cada reunião. Cotillo ligava e dizia: "Acabei de falar com o prefeito, e ele disse que tudo será resolvido." Cinco minutos depois, Fiumara telefonava com a mesma mensagem. Nenhum dos dois mencionava o outro, embora obviamente tivessem se encontrado nos gabinetes da Prefeitura. Dentro de pouco tempo o dinheiro foi alocado pelo prefeito. O jogo de abertura da liga estava programado para antes da instalação da grade, e mudou-se a posição do campo de softbol — o que prejudicou o jogo, mas protegeu as janelas. Pelo menos mil pessoas compareceram, e Fiumara estava presente. Depois do jogo, os capitães dos times se encontraram no Centro Comunitário de Cornerville com o senhor Kendall e com Fiumara para decidir se a liga deveria continuar em seu campo recém-remanejado ou esperar pelo alambrado. Sam argumentou que a Prefeitura exigiria pelo menos um mês para começar a obra. Fiumara disse que se encontraria com o prefeito na manhã seguinte e tentaria apressar o assunto. Naquela tarde, o prefeito foi inspecionar o terreno com um engenheiro da Prefeitura. Dentro de uma semana o alambrado estava pronto e havia dois jogos de softbol por noite.

Muitas pessoas se surpreenderam com esses resultados. Dizia-se que era a primeira vez, em anos, que Cornerville conseguira obter recursos no orçamento do departamento de parques para construir alguma coisa. Também foi impressionante a rapidez com que o plano se implementou, uma vez encontrado o canal certo.

FAZENDO E DESFAZENDO UMA PRISÃO

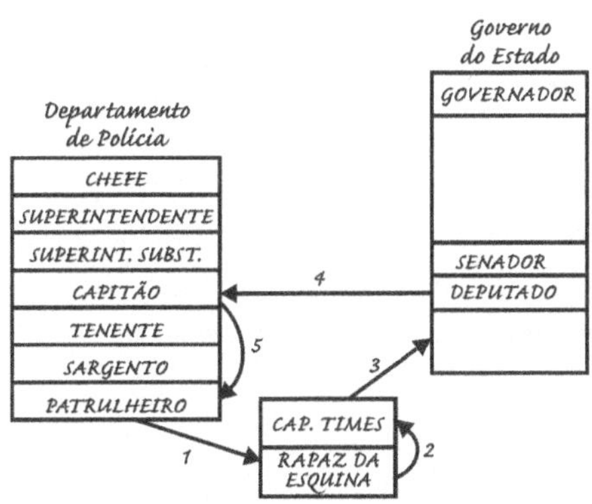

As setas indicam direção e seqüência de interações
As posições dos quadrados indicam os status relativos

Para entender o que aconteceu, é necessário fazer uma distinção entre os poderes Legislativo e Executivo. O Executivo tem suas próprias hierarquias nas instâncias administrativas, como o departamento de parques. Essas hierarquias estão sujeitas à pressão dos legisladores, mas, em certa medida, devem resistir a isso, pois desenvolvem seus próprios canais de interação e têm seus próprios padrões de procedimento para atender às exigências de suas atribuições. Um novo plano de ação envolvendo uma hierarquia administrativa não pode ser criado por iniciativa dos eleitores, a menos que a pressão sobre o Legislativo atinja uma pessoa em posição de dar ordem ao chefe de um departamento. Se a demanda por ação vier do plano mais baixo da sociedade, é preciso haver organização e coordenação de esforços em cada um dos níveis, a fim de que a pressão sobre o escalão mais alto da hierarquia legislativa se torne eficaz.

No caso relatado, os rapazes da esquina não conseguiram lidar diretamente com o superintendente de parques. Havia um fosso muito grande entre suas posições. Sam Venuti podia falar com o superintendente, mas não poderia dar-lhe uma ordem. Angelo Fiumara não estava interessado em fazer algo pelo senhor Kendall até perceber que o assistente social era parte de uma organização bem estruturada, que, neste caso, incluía Sam Franco, 16 líderes de garotos da esquina e todos os seus seguidores. Então, ele e Andy Cotillo atuaram sobre o prefeito. Cotillo estava no escritório do prefeito, e Fiumara havia feito suas conexões por meio de Cotillo. Ambos tinham posição para exercer pressão sobre o topo dessa hierarquia legislativa. Quando o fizeram, o curso de ação iniciado por Sam Franco levou a uma conclusão satisfatória.

Esses dois diagramas ilustram a natureza das ações envolvidas nos dois casos relatados. Os exemplos mostram que há diferenças importantes entre o curso das interações necessárias para garantir uma melhoria para a comunidade e aquele exigido para se obter um favor pessoal. A maior parte dos favores pessoais não exige que se chegue ao topo de uma organização política. A ação pode ter lugar próximo à base da hierarquia. Mesmo que o homem principal deva ser acessado, ele não terá que mobilizar toda a hierarquia. Pode resolver o assunto em base pessoal, sem perturbar as relações estabelecidas de seu departamento. A obtenção de melhorias para a comunidade requer organização na base e boas conexões no topo. Não há dúvida de que muitos políticos de Cornerville têm falhado em produzir medidas de caráter geral porque lhes falta um ou outro desses ingredientes. São considerados traidores por não conseguirem fazer as coisas que deles se esperava.

OBTENÇÃO DA CERCA DO PARQUE

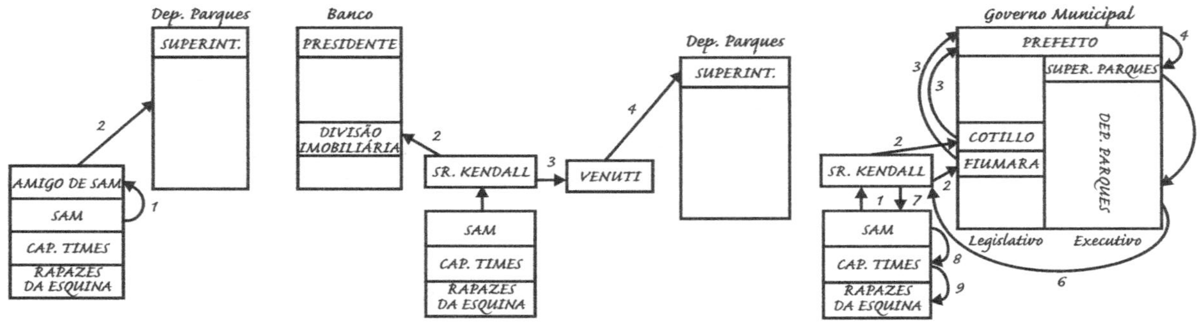

As setas indicam direção e seqüência de interações
As posições dos quadrados indicam os status relativos

Conclusão

Conclusão

1. A gangue e o indivíduo

A estrutura da gangue de esquina resulta de relações habituais já existentes há muitos anos entre seus integrantes. O núcleo da maior parte das gangues pode remontar à infância dos participantes, quando eles viviam próximos uns dos outros e tiveram suas primeiras oportunidades de estabelecer contatos sociais. O padrão original foi modificado, em alguma medida, durante os anos de escola, mas não conheço qualquer gangue de esquina que tenha surgido da convivência em salas de aula ou de contatos escola-playground. As gangues cresceram na esquina e permaneceram lá, com notável persistência, desde os tempos de garoto, até que os integrantes chegassem aos seus 20 ou 30 anos de idade. Ao longo dos anos, alguns grupos se separaram porque as famílias se mudaram de Cornerville, e os demais se uniram a outras gangues de esquinas vizinhas; mas, com freqüência, mudanças para fora do distrito não afastam o rapaz da esquina de sua turma. Em qualquer noite, em quase qualquer esquina, encontramos rapazes que vieram de outras partes da cidade ou de cidadezinhas vizinhas para se encontrar com velhos amigos. A residência do rapaz da esquina também pode mudar dentro do distrito, mas quase sempre ele mantém lealdade à sua esquina original.

O lugar onde mora o rapaz da esquina desempenha um papel muito pequeno nas suas atividades grupais. Ele raramente fica em casa, exceto para comer, dormir ou se está doente; quando querem encontrá-lo, seus amigos sempre o procuram primeiro na esquina. Até o nome do rapaz da esquina indica a importância prioritária da gangue em suas atividades. É possível andar com um grupo durante meses e nunca descobrir os sobrenomes de grande parte de seus componentes. A maioria é conhecida por apelidos dados pelo grupo. Além disso, é fácil não perceber a distinção entre casados e solteiros. O homem casado reserva regularmente uma noite da semana para sair com a esposa. Há outras ocasiões nas quais saem juntos para se divertir, e alguns rapazes da esquina dão mais atenção às esposas que outros, mas, casado ou solteiro, o rapaz pode ser encontrado em sua esquina quase todas as noites da semana.

As atividades sociais fora da esquina são organizadas com a mesma regularidade. Muitas gangues de esquina reservam a mesma noite, todas as semanas, para as atividades especiais, como jogar boliche. Com os Norton, esse hábito era tão forte que persistiu para alguns dos integrantes até muito depois que o grupo original se desfez.

Muitos grupos têm um local regular de encontros à noite, além da esquina. Quase toda noite, por volta da mesma hora, a gangue se junta para um café ou para comer em sua lanchonete predileta, ou para tomar cerveja no bar da esquina. Quando alguma outra atividade ocupa a noite, os rapazes se encontram na lanchonete ou no bar antes de voltar para a esquina ou de ir para casa. As posições nas mesas são definidas pelo hábito. Noite após noite, cada grupo se reúne em volta das mesmas mesas. O direito a essas posições é reconhecido por outros grupos de Cornerville. Quando estranhos ocupam os lugares costumeiros, a necessidade de achar outras cadeiras provoca certo aborrecimento, especialmente se não houver qualquer lugar próximo disponível. No entanto, a maior parte dos grupos se reúne depois das nove da noite, quando só estão presentes na lanchonete, em geral, os fregueses habituais, já familiarizados com o procedimento estabelecido.

A vida do rapaz da esquina desenrola-se por meio de canais regulares e estreitamente delimitados. Como me disse Doc:

> Os camaradas aqui não sabem o que fazer além de um raio de cerca de 300 metros. É verdade, Bill. Vão de casa para o trabalho, param na esquina, vão pra casa comer, voltam pra esquina, saem para um show e voltam de novo pra esquina. Se não estão na esquina, é provável que os rapazes saibam onde você pode encontrá-los. A maior parte deles se fixa numa única esquina. Só raramente um cara muda de esquina.

A composição estável do grupo e a falta de segurança social de seus membros contribuem para produzir uma taxa muito alta de interação social dentro do grupo. A estrutura grupal é um produto dessas interações.

A partir delas surge um sistema de obrigações mútuas fundamental para a coesão do grupo. A fim de realizar suas atividades como grupo, há muitas ocasiões nas quais os rapazes devem fazer favores uns aos outros. O código do rapaz da esquina impõe que ele ajude seus amigos toda vez que possa e se abstenha de fazer qualquer coisa para prejudicá-los. Quando a vida no grupo corre sem problemas, as obrigações que ligam os integrantes não são explicitamente reconhecidas. Uma vez, Doc me pediu que fizesse algo para ele, e eu disse que ele havia feito tanto por mim que eu apreciava a oportunidade de retribuir. Ele objetou: "Não quero que seja assim. Quero que você faça isso por mim porque é meu amigo. É só isso."

Apenas quando a relação se desfaz as obrigações subjacentes são trazidas à luz. Enquanto Alec e Frank eram amigos, nunca ouvi nenhum deles discutir os serviços que prestavam um ao outro, porém, quando se desentenderam por causa das atividades do grupo com o Clube Afrodite, os dois reclamaram com Doc. Cada um dizia que o outro não estava agindo como deveria, tendo em vista os favores que recebera. Em outras palavras, as ações realizadas explicitamente em nome da amizade revelavam-se parte de um sistema de obrigações mútuas.

Nem todos os rapazes da esquina cumprem igualmente bem suas obrigações, e esse fator explica de modo parcial as diferenças de status entre eles. O homem com um status baixo pode violar as obrigações sem que sua situação se altere muito. Os companheiros sabem que já deixou de cumprir certas obrigações, e seu status reflete o comportamento passado. Por outro lado, todos os integrantes dependem do líder e esperam que ele cumpra suas obrigações pessoais. O líder não pode deixar de fazê-lo sem causar transtorno e sem colocar sua posição em risco.

A relação entre o status e o sistema de obrigações mútuas é mais claramente revelada quando se tem em mente o uso do dinheiro. Durante o tempo em que observei uma gangue de esquina chamada "os Miller", Sam Franco, seu líder, estava sem trabalho, exceto por algum emprego temporário; ainda assim, toda vez que ele tinha algum dinheiro, gastava-o com Joe e Chichi, seus melhores amigos e de status próximo ao seu na estrutura do grupo. Quando Joe ou Chichi tinham dinheiro, o que era menos freqüente, eles retribuíam. Sam usualmente pagava para dois integrantes de status mais baixo em seu grupo e às vezes para outros rapazes. Considerava-se que os dois homens que ocupavam as posições imediatamente abaixo das de Joe e Chichi desfrutavam de boas condições financeiras segundo os padrões de Cornerville. Sam disse que às vezes pegava dinheiro emprestado com eles, mas nunca além de 50 centavos de cada vez. Tais empréstimos eram pagos o mais cedo possível. Havia quatro outros integrantes com posições mais baixas no grupo, que quase sempre tinham mais dinheiro que Sam. Ele não se lembrava de jamais ter pedido um empréstimo a esses rapazes. Disse que a única vez em que conseguiu uma soma substancial de alguém próximo de sua esquina foi quando pegou emprestados 11 dólares de um amigo que era o líder da gangue de outra esquina.

A situação era a mesma entre os Norton. Doc não hesitava em aceitar dinheiro de Danny, mas evitava receber qualquer coisa de seus seguidores.

O líder gasta muito mais dinheiro com os seguidores do que estes com ele. Quanto mais baixo na estrutura, mais tênues são as relações financeiras que podem obrigar o líder perante um seguidor. Isso não significa que o líder tenha mais dinheiro que outros, ou mesmo que necessariamente gaste muito — embora deva ser sempre um mão aberta. Representa que as relações financeiras devem ser explicadas em termos sociais. Inconscientemente — e, em alguns casos, conscientemente — o líder se abstém de criar obrigações para si perante os que têm um status baixo no grupo.

O líder é o ponto focal da organização de seu grupo. Em sua ausência, os membros da gangue ficam divididos em várias pequenas cliques. Não há atividades comuns nem conversas gerais. Quando o líder aparece, a situação muda notavelmente. As pequenas unidades formam um grupo maior. A conversa se generaliza e muitas vezes surge uma ação grupal. O líder se torna o ponto central na discussão. Um seguidor começa a dizer algo, faz uma pausa quando nota que o líder não está ouvindo e recomeça quando tem sua atenção. Quando o líder deixa o grupo, a unidade é substituída pelas divisões que existiam antes de sua chegada.

Os integrantes não sentem que a gangue esteja realmente reunida até que chegue o líder. Reconhecem a obrigação de esperar por ele antes de começar qualquer atividade de grupo, e, quando está presente, esperam que tome as decisões por eles. Uma noite, quando os Norton iam jogar boliche, Long John não tinha dinheiro algum para fazer sua aposta e concordou que Chick Morelli jogasse em seu lugar. Depois da partida, Danny disse a Doc: "Você nunca deveria ter posto Chick ali."

Doc respondeu um tanto aborrecido: "Escuta, Danny, foi você mesmo quem sugeriu que Chick jogasse no lugar de Long John." Danny respondeu: "Eu sei, mas você não devia ter deixado."

O líder é o homem que age quando a situação exige ação. Ele tem mais recursos que seus seguidores. Os acontecimentos passados mostraram que suas idéias eram corretas. Nesse sentido, "corretas" significa simplesmente que foram satisfatórias para os integrantes. O líder faz os julgamentos mais independentes. Enquanto seus seguidores estão indecisos a respeito do que fazer ou quanto ao caráter de um recém-chegado, o líder já formou sua opinião.

Quando dá a palavra a um de seus rapazes, o líder a mantém. Os seguidores procuram-no para conselho e encorajamento, e confidenciam com ele mais que com qualquer outro homem. Conseqüentemente, ele sabe mais que ninguém sobre o que acontece no grupo. Toda vez que há um desentendimento entre os rapazes, ele sabe quase na mesma hora. Cada lado do conflito pode apelar a ele para que ache uma solução; mesmo quando os homens não querem conciliar suas diferenças, cada qual leva sua versão da história ao líder na primeira oportunidade. A posição de um homem depende, em parte, de o líder acreditar que ele age corretamente.

O líder é respeitado por sua isenção. Embora possa haver ressentimentos entre alguns dos seguidores, o líder não pode guardar rancor contra nenhum homem do grupo. Ele tem amigos íntimos (homens com posições próximas às suas), e alguns integrantes lhe são indiferentes; contudo, para manter sua reputação de imparcialidade, não pode permitir que sentimentos pessoais se sobreponham a seu julgamento.

O líder não precisa ser o melhor jogador de beisebol ou boliche, nem o melhor lutador, mas deve ter alguma habilidade em todas as áreas de interesse especial para o grupo. É natural que promova atividades nas quais se destaque e desencoraje aquelas em que não tenha talento; e, à medida que seja capaz de assim influenciar o grupo, seu desempenho competente é uma conseqüência natural de sua posição. Ao mesmo tempo, seu desempenho sustenta sua posição.

O líder é mais conhecido e mais respeitado fora de seu grupo do que qualquer um de seus seguidores. Sua capacidade de gerar atividades sociais é maior. Uma de suas funções mais importantes é estabelecer o relacionamento entre seu grupo e outros grupamentos da área. Seja a relação de conflito, competição ou cooperação, sempre se espera que represente os interesses de seus companheiros. O político e o gângster devem tratar com o líder para ganhar o apoio de seus seguidores. A reputação do líder fora do grupo tende a reforçar sua posição dentro dele, e sua posição no grupo sustenta sua reputação entre os de fora.

O líder não trata seus seguidores como um grupo indiferenciado. Doc explicou:

> Em qualquer esquina, você encontra não apenas um líder, mas, provavelmente, um ou dois tenentes. Eles poderiam ser líderes, mas deixam que o outro os lidere. Você pode dizer: "Deixam que os lidere porque gostam do jeito como faz as coisas." Certo, mas ele se apóia neles para exercer sua autoridade. Muitas vezes, você vê camaradas numa esquina que ficam nos bastidores até que surja alguma situação, então assumem e dão os comandos. Às vezes coisas assim podem acontecer de uma hora para outra.

O líder mobiliza o grupo tratando, em primeiro lugar, com seus tenentes. Os Miller costumavam jogar boliche todo sábado à noite. Num sábado, Sam estava sem dinheiro, e então tratou de persuadir os rapazes a fazer outra coisa. Mais tarde, ele me explicou como conseguira mudar a rotina social do grupo:

> Tinha que mostrar aos rapazes que seria do interesse deles vir comigo — que cada um deles se beneficiaria. Mas sabia que só tinha que convencer dois camaradas. Se eles começam a fazer alguma coisa, os outros dirão a si mesmos: "Se Joe faz — ou se Chichi faz —, deve ser uma boa para nós também." Eu disse a Joe e Chichi qual era a idéia e consegui que viessem comigo. Não dei atenção alguma aos outros. Quando Joe e Chichi vieram, todos os outros se juntaram a nós.

Outro exemplo dos Miller indica o que acontece quando o líder e seu tenente discordam a respeito da política do grupo. É Sam quem fala de novo:

> Uma vez, fizemos uma rifa para levantar recursos e construir um campo no Lake Blank [numa propriedade emprestada por um negociante local]. Tínhamos arrecadado 54 dólares, e Joe e eu guardávamos o dinheiro. Naquela semana, soube que Joe estava jogando sinuca e já havia perdido três ou quatro dólares em apostas. Quando chegou o sábado, eu digo pros rapazes: "Vamos lá, vamos até Lake Blank construir aquele campo na colina."
>
> Na mesma hora, Joe disse: "Se vocês vão fazer o campo na colina, eu não vou. Quero fazer do outro lado."
>
> O tempo todo, eu sabia que ele tinha perdido o dinheiro e estava só inventando desculpa pra que ninguém soubesse. Mas a colina era realmente o melhor lugar para fazer o campo. O terreno era pantanoso do outro lado, teria sido uma escolha estúpida. Mas eu sabia que, se tentasse forçá-los agora, o grupo se dividiria em duas cliques, alguns ficariam comigo e outros com Joe. Então deixei a coisa esfriar por uns tempos. Mais tarde, quando Joe estava sozinho, eu digo pra ele: "Joe, sei que você perdeu uma parte daquele dinheiro, mas não tem problema. Pode pagar quando tiver, e ninguém vai dizer nada. Mas, Joe, você sabe que a gente não deve fazer o campo do outro lado da colina porque o terreno não é bom lá. Temos de fazer na colina mesmo." Então ele disse: "Tudo bem." Juntamos os rapazes e fomos construir o campo.

Nem sempre os desacordos são resolvidos tão amigavelmente. Uma vez, perguntei a Doc e Sam quem era o líder de uma gangue de esquina que ambos conheciam. Sam comentou: "Doc disse que era Carmen. Ele pegou o homem errado. Eu disse por que ele estava errado — Dominic era o líder. Mas, naquela mesma noite, quase saiu uma luta entre os dois, Dominic e Carmen. E agora o grupo se dividiu em duas gangues."

Doc disse: "Às vezes você não consegue identificar só um líder. A liderança pode estar duvidosa. Talvez haja alguns rapazes disputando a honra. Mas você pode descobrir isso."

A liderança é alterada não por meio de uma rebelião dos homens na base, mas por uma alteração nas relações entre os homens no topo da estrutura. Quando uma gangue se divide em duas partes, a explicação está num conflito entre o líder e um de seus antigos tenentes.

Esta discussão não deve dar a impressão de que o líder é o único homem que propõe um curso de ação. Outros homens freqüentemente têm idéias, mas, para atingirem um resultado, suas sugestões devem passar pelos canais apropriados.

Numa reunião do Clube Social e Atlético Cornerville, Dodo, que estava no nível mais baixo, propôs que o autorizassem a cuidar da venda de cerveja no clube, recebendo 75% dos lucros. Tony apoiou a sugestão, mas propôs uma percentagem menor. Dodo concordou. Então Carlo propôs que Dodo cuidasse da cerveja de uma maneira bem diferente, e Tony concordou. Tony formalizou a proposta, aprovada por unanimidade. Nesse caso, a proposta de Dodo passou, mas após modificações substanciais resultantes das ações de Tony e Carlo.

Numa outra reunião, Dodo disse que tinha duas propostas: que os recursos do clube fossem depositados num banco e que nenhum sócio pudesse ter dois mandatos consecutivos. Tony não estava presente na ocasião. Dom, o presidente, disse que só se podia fazer uma proposta de cada vez, e que, além disso, Dodo não deveria formular sugestão alguma antes que a idéia tivesse sido discutida. Dodo concordou. Dom então comentou que seria loucura depositar os recursos quando o clube dispunha de tão pouco. Carlo concordou. A reunião seguiu com outras questões, sem se tomar qualquer providência com relação à primeira proposta, e nem ao menos uma palavra de discussão sobre a segunda. Na mesma reunião, Chris, que tinha uma posição mediana, propôs que só depois de um ano no clube um sócio tivesse permissão para ocupar um cargo. Carlo disse que era uma boa idéia, apoiou a proposta, que foi aprovada por todos.

Em termos de origem, as ações de um líder podem ser caracterizadas como eventos-par e eventos-grupo. Um evento-par acontece entre duas pessoas. Num evento-grupo, um homem origina a ação para outros dois ou mais. O líder freqüentemente origina ações para o grupo, sem esperar pelas sugestões de seus seguidores. Um seguidor pode originar ações para o líder num evento-par, mas não origina ação para o líder e outros seguidores ao mesmo tempo — isto é, não origina ação num evento-grupo que inclua o líder. É claro que, quando o líder não está presente, partes do grupo são mobilizadas quando homens em posições inferiores na estrutura originam ações em eventos-grupo. A observação desses eventos-grupo, quando os homens do topo não estão presentes, permite determinar as posições relativas dos que não são líderes nem tenentes.

Cada membro da gangue da esquina tem sua própria posição na estrutura do grupo. Embora as posições possam permanecer as mesmas durante muito tempo, não devem ser vistas em termos estáticos. Ter uma posição significa que o indivíduo possui uma forma costumeira de interagir com outros membros do grupo. Quando muda o padrão de interações, as posições mudam; como são interdependentes, uma não pode mudar sem causar alguns ajustes na outra. Como o grupo é organizado em torno dos homens nas posições superiores, alguns dos que ocupam as inferiores podem mudar ou sair sem perturbar o equilíbrio do grupo. Por exemplo, quando Lou Danaro e Fred Mackey deixaram de participar das atividades dos Norton, estes continuaram a se organizar basicamente da mesma forma que antes. Já quando Doc e Danny saíram, os Norton se desintegraram, e os padrões de interação tiveram de ser reorganizados segundo novos critérios.

Pode-se generalizar a respeito desses processos em termos de equilíbrio grupal. O grupo estará em equilíbrio quando as interações entre seus membros seguirem o padrão costumeiro (passado e atual) de organizar as atividades. O padrão de interações pode sofrer certas modificações sem alterar o equilíbrio do grupo, mas mudanças abruptas e drásticas destroem o equilíbrio.

As ações dos integrantes individuais também podem ser concebidas em termos de equilíbrio. Cada pessoa tem suas formas características de interagir com outras. Provavelmente isso é definido, dentro de limites amplos, por seus dotes inatos, mas estes se desenvolvem e tomam formas particulares por meio das experiências do indivíduo em suas interações com os outros ao longo de sua vida. A vida norte-americana no século XX demanda alto grau de flexibilidade de ação por parte do indivíduo, e a pessoa normal aprende a se ajustar, dentro de certos limites, a mudanças na freqüência e no tipo de suas interações com outras pessoas. Essa flexibilidade só pode se desenvolver por experiências com uma ampla gama de situações que exijam ajustes a diferentes padrões de interação. Quanto mais limitada a experiência do indivíduo, mais rígida sua maneira de interagir, e mais difícil seu ajuste quando as mudanças lhe são impostas.

Essa conclusão tem implicações importantes para o entendimento dos problemas do rapaz da esquina. Como vimos, as atividades da gangue seguem, dia após dia, um padrão notavelmente fixo. Os integrantes se encontram todos os dias e interagem numa freqüência muito alta. Esteja um deles no topo e origine ações para o grupo em eventos-grupo; esteja no meio e siga o que foi originado pelo líder, originando para os que estão abaixo; ou esteja na base do grupo e seja sempre um seguidor em eventos-grupo, a forma de interação do participante individual permanece estável e fixa por extensos períodos, durante as contínuas atividades do grupo. Seu bem-estar mental requer a continuidade de sua forma de interagir. Ele precisa de canais costumeiros para suas atividades, e, quando estes faltam, fica perturbado. Doc me contou a seguinte história:

> Uma noite, Angelo e Phil foram ver um filme no Tivoli. Não tinham dinheiro suficiente para Frank e deixaram ele pra trás. Você devia ver como ele ficou. É uma coisa terrível ser deixado pra trás pelos rapazes. Parecia que Frank estava numa jaula. Sentei perto dele no playground. Danny comandava o jogo de dados ali. Frank me perguntou: "Você acha que Danny teria 25 centavos pra mim?"
>
> Eu disse: "Não sei, peça a ele, se quiser."
>
> Mas Frank não queria pedir. Então perguntou: "Acha que Long John tem?"
>
> "Não. Sei que Long John está duro." Frank não sabia o que fazer. Se tivesse coragem de pedir os 25 centavos a Danny, na mesma hora poderia correr atrás dos outros e pegá-los antes de chegarem ao cinema. Eu sabia que ele teria corrido se tivesse o dinheiro. Mas esperou demais, e não conseguiria mais alcançá-los. Eram nove e meia quando o jogo de dados fechou. Frank entrou no playground comigo. Queria que eu pedisse alguma coisa a Danny, mas eu disse pra ele mesmo pedir. Ele não queria. Falou que achava que ia pra casa, e foi saindo, mas então voltou. Perguntou quando iríamos para o Jennings. Eu disse que às dez. Sempre vamos às dez, agora. Ele disse que era tempo demais para esperar, e então foi embora. Danny, Long John e eu fomos para o Jennings. Estávamos lá há uns 15 minutos quando chega Frank, ele se senta numa mesa perto de nós e começa a ler o jornal. Danny pergunta: "Qual o problema, Frank, não vai um café?"
>
> Frank diz: "Tudo bem, não estou com vontade."
>
> Danny diz: "Vai lá, pega seu café." Então Frank pegou o café. Estávamos prontos para ir embora antes que Angelo e Phil chegassem. Eu via que Frank não queria sair, mas tinha que ir, pois se espera que você saia com o homem que pagou a sua conta. Foi para casa conosco, mas imagino que tenha voltado ao Jennings para encontrar Angelo e Phil.

Frank tinha uma grande admiração por Danny e Doc, e, em tempos passados, ficaria totalmente feliz na companhia dos dois. Porém, como Angelo havia se tornado o líder do grupo, raramente interagia com eles agora, porque interagira regular e assiduamente com Angelo e com Phil. Quando foi privado de suas companhias, a perturbação resultante era visível.

Um homem numa posição baixa no grupo tem menos flexibilidade para se ajustar que o líder, acostumado a tratar com outras pessoas fora de seu agrupamento. Isso pode explicar por que Frank ficou tão alterado por eventos que duraram apenas algumas horas. No entanto, qualquer que seja a posição do rapaz da esquina, ele sofre quando sua maneira de interagir deve passar por mudanças drásticas. Isso é claramente ilustrado no caso dos pesadelos de Long John e das crises de ansiedade de Doc.

Long John tivera esse problema em algumas ocasiões anteriores, mas o medo de morrer passou, e ele conseguia dormir sem dificuldades. Não fora incomodado por um longo tempo, até que teve seu último ataque. Não sei as circunstâncias que envolviam as primeiras crises, mas, nessa oportunidade, a situação social de Long John parecia claramente explicar sua dificuldade. Ele se acostumara a um nível muito alto de interação com Doc e Danny. Embora não tivesse grande influência entre os seguidores nos Norton, eles originavam ação para ele em eventos-grupo, e ele às vezes fazia o mesmo para os outros. Quando os Norton se desfizeram, e Doc e Danny foram para o círculo interno de Spongi, Long John ficou desgarrado. Já não podia interagir com os dois tão freqüentemente. Quando voltou a Norton Street, encontrou os seguidores construindo sua própria organização sob a liderança de Angelo. Se quisesse participar de suas atividades, teria que se tornar um seguidor em eventos-grupo originados por Angelo. Os integrantes que estavam abaixo dele nos Norton agora constantemente tentavam originar ação para ele. Quando sua relação com Doc e Danny se desfez, ficou sem qualquer defesa contra essas agressões.

Doc forneceu um meio de cura mudando a situação social de Long John. Ao levá-lo para o círculo interno de Spongi, restabeleceu a relação íntima entre Long John, Danny e ele próprio. Ao fazer isso, protegeu Long John das agressões dos antigos seguidores. Quando voltou a interagir com Doc e Danny com grande freqüência, suas dificuldades mentais desapareceram, e Long John começou a atuar com a mesma segurança que antes caracterizava seu comportamento.

As crises de ansiedade de Doc começaram quando estava desempregado e não tinha dinheiro para gastar. Ele considerava o desemprego a causa de suas dificuldades. Num certo sentido, era, contudo, para entender o caso, é necessário pesquisar as mudanças que o desemprego provocava nas atividades do indivíduo. Embora ninguém goste de estar desempregado e sem dinheiro, muitos homens em Cornerville puderam se ajustar àquela situação sem sérias dificuldades. Por que Doc era tão diferente? Dizer que era uma pessoa particularmente sensível seria apenas dar nome às coisas, sem oferecer qualquer resposta. Observar as interações, contudo, pode fornecer a explicação. Doc estava acostumado a uma alta freqüência de interação com os membros de seu grupo e a estabelecer contatos assíduos com integrantes de outros grupos. Embora às vezes tomasse a iniciativa de originar ações em eventos-grupo para sua turma, era comum que um dos outros integrantes originasse ação para ele num evento-par, e então ele originasse algo num evento-grupo. Ou seja, alguém sugeria um curso de ação, e Doc juntava os rapazes e organizava a atividade do grupo. Os eventos de sua campanha política mostram que esse padrão fora rompido. Mike estava continuamente dizendo a Doc o que fazer a respeito da campanha, e eu dizia o que devia fazer para falar com o senhor Smith e com outros a fim de conseguir um emprego. Embora estivéssemos cada vez mais originando ação para ele, Doc não era capaz de originar ações em eventos-grupo. Como não tinha dinheiro, não podia participar de atividades de grupo sem aceitar a ajuda de outros e deixar que determinassem o curso de ação para ele. Assim, em muitas ocasiões, ele evitava se juntar a seus amigos — ou seja, sua assiduidade de interação foi drasticamente reduzida. Num momento em que deveria sair e fazer contatos com outros grupos, era incapaz de agir de acordo com o padrão político até mesmo com os grupos que conhecia, e via cada vez menos pessoas de fora do seu círculo de amigos mais próximos. Quando sozinho, não se sentia mal, porém, quando estava com um grupo e não podia agir de sua maneira habitual, era tomado por ataques de ansiedade.

Quando Doc começou a trabalhar no centro recreativo, os episódios de ansiedade desapareceram. Ele voltou a originar ações, primeiro para os garotos em seu centro, mas também para seus rapazes da esquina. Como agora tinha dinheiro, podia juntar-se de novo aos amigos e também ampliar seus contatos. Quando o emprego e o dinheiro acabaram, o modo de interação ao qual Doc estava ajustado perturbou-se mais uma vez. Ele ficou desempregado desde que o centro fechou, no inverno de 1939-40, até que encontrou um emprego na WPA, na primavera de 1941. Os ataques de ansiedade voltaram e, pouco antes de conseguir o emprego, teve o que seus amigos chamaram de crise de nervos. Um médico de excelente reputação em Eastern City o examinou e não conseguiu encontrar causa orgânica alguma que explicasse seu estado. Quando visitei Cornerville em maio de 1941, ele começava novamente a superar os ataques. Discutiu suas dificuldades comigo:

Quando estou duro, não vou muito à esquina. E quando estou na esquina só fico lá. Não posso fazer o que quero. Se os rapazes querem ir a um show, ao Jennings ou jogar boliche, tenho que contar os tostões para ver se tenho o suficiente. Se estou duro, tenho que inventar uma desculpa. Digo que não quero ir, e caminho sozinho. Às vezes me chateio ficando no Spongi, mas aonde posso ir? Tenho que ficar lá. Danny me oferece dinheiro, não tem problema, mas ele tem tido fases difíceis sem trabalho. Na semana passada reclamou que estava duro, e uns dias mais tarde me ofereceu dois dólares. Recusei. Não quero pedir nada a ninguém. Às vezes digo pra Danny ou Spongi: "Quer um cigarro?" Eles dizem: "Não, ainda tenho alguns." Então falo: "Tudo bem, aceito um dos seus." Eu brinco com isso, mas, mesmo assim, é humilhante. Nunca faço isso, exceto quando estou desesperado por um cigarro. Danny é o único que alguma vez me dá dinheiro.

Antes de conseguir este emprego na WPA, eu tinha uma aparência horrível. Faço as refeições aqui em casa, mas não posso esperar que comprem roupas para mim. Tinha um terno todo puído no cotovelo, e os punhos tinham mais pregas que um crisântemo. Quando tinha que ir a algum lugar, ficava de sobretudo, ou então carregava ele no braço para esconder o buraco no cotovelo. E eu literalmente andava nas solas dos pés. Acha que gosto de andar assim?

Lou Danaro tem me procurado para sair com ele. Ele tem um Buick novo — um Buick zero. Isso é muito legal, você sabe. Ele quer que eu conheça uma garota para sairmos juntos. Mas não vou. Teria que fazer um papel secundário. Não, isso é o que ele quer que eu faça. Quer dizer, eu não poderia fazer o que quero.

Na semana passada, me convidaram para ser o coordenador da festa do Centro Comunitário da Norton Street. Trabalhei com o comitê e tudo o mais, mas na noite antes da festa estava previsto que todo o grupo iria para o campo e passaria a noite lá. Ia ser ótimo, mas não fui. Não tinha dinheiro nenhum. Na manhã seguinte, os vi saindo de ônibus, e disse que ia mais tarde. Dei uma volta, mendiguei uns trocados e fui no carro de um dos rapazes. Fiquei umas horas lá e vim embora. Espera-se que o coordenador seja ativo num evento como esse, que trate bem as pessoas, coisas assim. Eles acham que estou fugindo de minhas responsabilidades, mas não é verdade. É o dinheiro.

Pensei muito sobre isso, e sei que só tenho esses ataques de ansiedade quando estou duro. Lamento que você não tenha me conhecido quando eu era realmente ativo por aqui. Eu era um homem diferente. Sempre saía com as garotas. Emprestava um monte de dinheiro. Eu gastava meu dinheiro. Estava sempre pensando em coisas para fazer e lugares onde ir.

Doc mostrou que estava bem consciente da natureza de suas dificuldades, mas não bastava saber para se curar. Ele precisava de uma oportunidade para agir da maneira a que havia se acostumado. Na ausência disso, ficava socialmente desajustado. Se fosse um homem de baixo status no grupo e habitualmente necessitasse que os outros originassem ações para ele em eventos-grupo, a dependência derivada da falta de dinheiro teria se encaixado em seu padrão de comportamento no grupo. Como tivera uma posição de liderança entre seus rapazes da esquina, havia um conflito inevitável entre o comportamento exigido por aquela posição e o comportamento imposto por sua condição de miséria.

O que sugiro como explicação para as dificuldades de Long John e Doc tem a vantagem de se basear no estudo objetivo de ações. As atitudes de um homem não podem ser observadas, mas devem, em vez disso, ser inferidas a partir de seu comportamento. Como as ações estão diretamente sujeitas à observação e podem ser registradas como outros dados científicos, parece válido tentar entender o homem por meio do estudo de suas ações. Essa abordagem não apenas fornece dados sobre a natureza das relações informais de grupos, como também provê um quadro de referência para se compreender o ajustamento do indivíduo à sua sociedade.

2. A ESTRUTURA SOCIAL

A história de Cornerville é contada aqui em termos de sua organização, pois assim parece ser o lugar para as pessoas que lá vivem e atuam. Elas concebem a sociedade como uma organização hierárquica de partes intimamente entremeadas, na qual são definidas e reconhecidas as posições das pessoas e suas obrigações mútuas. Essa perspectiva inclui não apenas o universo de Corneville, mas também o mundo do supranatural. O quadro fica claro quando se observa a maneira como as pessoas representam simbolicamente seu mundo para si mesmas.

A festa anual do santo padroeiro revela não apenas a natureza das crenças e práticas religiosas, mas também os contornos da organização social. Até o verão de 1940, os *paesani* de cada cidadezinha com população suficientemente grande, em Cornerville e nas redondezas, juntavam-se para a celebração. Cada comitê de festa reservava um determinado fim de semana, todos os anos, e selecionava um local para a construção de um altar ao ar livre e a colocação de postes para pendurar lâmpadas coloridas em toda a área.

Havia concertos de bandas nas noites de sexta-feira e sábado, mas o domingo era o dia da verdadeira celebração. De manhã, os *paesani* assistiam à missa especial em honra de seu padroeiro.

A missa representava a única conexão direta da igreja com a festa. Embora fosse parte da vida religiosa mais ampla, a festa era uma cerimônia totalmente popular.

No início da tarde de domingo, todos os que quisessem participar da procissão — e qualquer um podia fazê-lo — juntavam-se em frente ao altar. O comitê aceitava a ajuda dos participantes que desejassem ter o privilégio de carregar a imagem do santo pelas ruas. Em algumas das grandes procissões, várias centenas de pessoas seguiam o santo. Havia uma banda de crianças, outra de pífaros e tambores, com integrantes de uma ou das duas igrejas italianas, além de uma ou duas bandas profissionais. Crianças pequenas, vestidas de anjo, levavam buquês de flores. Alguns homens e muitas das mulheres seguravam velas acesas. Algumas pessoas, especialmente as mulheres mais velhas, caminhavam sem sapatos ou mesmo sem meias.

Do dossel sobre a imagem do santo saíam estandartes nos quais as contribuições em dinheiro eram presas com alfinetes. Muitas mulheres carregavam uma bandeira grande ou um lençol, que conduziam esticados para pegar as moedas jogadas das janelas. Outras circulavam pela multidão que enchia a rua, pedindo doações. Em reconhecimento às doações mais substanciais, a banda profissional parava em frente à casa do doador e tocava o hino nacional italiano. Depois de passar em cada igreja, a procissão parava, e a imagem era levada para dentro da igreja. Aí terminavam as cerimônias.

O retorno da imagem ao altar era o ponto alto da procissão. As bandas tocavam, puxava-se uma corda para soltar os estandartes e os pombos, que tinham sido postos numa caixa enfeitada, suspensa no meio da rua. Antes de a imagem voltar para seu lugar, havia em geral algumas declamações sobre a vida do santo e sua relação com as pessoas locais.

No domingo à noite, havia um último concerto da banda, com falas breves de alguns membros do comitê. Usualmente um político destacado expressava seu respeito pelas devoções religiosas do povo italiano.

A festa fornecia oportunidade para uma grande reunião dos *paesani* que haviam se mudado para outras cidades ou mesmo para outros estados. Milhares de pessoas circulavam pelas ruas à noite. Vendedores de sorvete e outras comidas faturavam como nunca. Os salões de dança locais e os restaurantes enchiam-se de pessoas e seus parentes celebrando a ocasião. Todos os membros de uma família juntavam-se numa casa para comer e beber juntos. A festa era, ao mesmo tempo, uma cerimônia religiosa e social, e também um tipo de carnaval. Era uma atividade elaborada que envolvia gastos de até 2.500 dólares e receitas equivalentes.

Conversei com integrantes dos comitês de várias festas de santo padroeiro para entender o que significavam para eles. Um de meus informantes expressou-se desta maneira:

A razão das festas é que queremos renovar e reforçar a fé do povo em Deus. Queremos ser discípulos de Cristo entre o povo. Desse modo, damos um bom exemplo para os jovens. A criança vê a festa enquanto cresce e mais tarde repassa-a para seus filhos, do mesmo modo como recebeu. Assim, ajudamos a preservar nossa religião e mantê-la forte. Os protestantes rezam diretamente a Deus. Eles dizem: "Deus nos conhece, sabe tudo que fazemos. Por que não deveríamos rezar para Ele?" Sim, Deus sabe tudo, mas somos pecadores fracos. Por que Ele nos faria os favores que pedimos? Em vez de ir direto a Ele, rezamos para algum santo — uma pessoa que foi um ser humano como nós, cuja pureza e santidade foram provadas para que fosse reconhecida como santo. Rezamos a esse santo que é sem pecados, que levou uma vida tão pura que pode tirar alguns pecados de nossos ombros. Pedimos ao santo para interceder por nós e ser nosso advogado perante Deus. Somos pessoas pobres, humildes. Se só celebrássemos a festa de nosso santo a cada 20 ou 30 anos, ele perguntaria: "Quem são essas pessoas que estão me invocando?" Então, destinamos um dia por ano a nosso santo, e todo ano celebramos a festa naquele dia para que ele nos reconheça como seu povo e tente nos ajudar quando rezamos pedindo seu auxílio.

Algumas pessoas ignorantes pensam que o santo pode fazer milagres. Isso não é verdade. O santo pode apenas pedir a Deus para fazer os milagres. Deus é um Deus de misericórdia. Se o pecador reza para o santo, o santo está bem com Deus, e Deus tem piedade do pecador e perdoa seus pecados. Esse é o mundo espiritual. É a mesma coisa no mundo material, exceto que, aqui, estamos lidando com coisas materiais. Se você está dirigindo e é parado pela polícia e multado por excesso de velocidade, você não espera até a hora do julgamento. Procura o sargento, o tenente, o capitão — alguma pessoa influente —, e talvez o capitão conheça seu irmão ou algum amigo seu. Por amizade, ele o perdoa pelo que você fez e deixa você ir embora. Se o capitão não ouvir, você fala com o sargento ou com o tenente, e ele conversa com o capitão por você.

Perguntei se pagar ao capitão para esquecer o caso era o mesmo que dar dinheiro para o santo na procissão.

Não, isso é diferente. Quando você dá dinheiro para o santo, faz isso porque quer que a festa seja um sucesso. Você quer mostrar sua devoção ao santo. Promete que dará uma certa quantia ao santo, ou que caminhará descalço na procissão, ou que carregará o santo. Faz isso para mostrar sua fé. Você não pode comprar um favor de Deus. Deus não é influenciado por dinheiro. Você dá aquele dinheiro para manter suas instituições religiosas. É claro que há pessoas que não farão coisas por você por pura amizade. Elas só estão atrás de coisas materiais.

É verdade que as festas são em grande parte atividades da geração mais velha. Todavia, mesmo assim, representam uma visão da sociedade que é basicamente a mesma da geração mais jovem. De acordo com as pessoas de Cornerville, a sociedade é constituída de pessoas graúdas e pessoas miúdas — com intermediários que servem de ponte entre elas. As massas de Cornerville são pessoas miúdas. Não podem chegar diretamente às pessoas graúdas, mas devem ter um intermediário que interceda por elas. Ganham essa intercessão estabelecendo conexões com o intermediário, prestando serviços a ele e, assim, fazendo com que ele se torne obrigado com relação a elas. O intermediário desempenha as mesmas funções para o graúdo. As interações entre os "peixes graúdos", os intermediários e os "peixes miúdos" constituem uma hierarquia de relações pessoais baseadas num sistema de obrigações recíprocas.

As gangues de esquina, como os Norton e as cliques do Clube Social e Atlético Cornerville, encaixam-se no nível mais baixo da hierarquia, embora existam algumas diferenças sociais entre elas. Os líderes de rapazes da esquina como

Doc, Dom Romano e Carlo Tedesco, serviam de intermediários, representando os interesses de seus seguidores perante os superiores. Chick e seus rapazes formados situavam-se acima dos rapazes da esquina, mas estavam na base de outra hierarquia que era controlada de fora do distrito. Existem, evidentemente, amplas diferenças de posições hierárquicas entre os peixes graúdos. Visto da esquina da Shelby Street, Tony Cataldo era um graúdo, e as relações entre ele e os seguidores das gangues eram reguladas por seus líderes. Por outro lado, Tony servia como intermediário, intercedendo junto aos peixes graúdos a favor dos rapazes da esquina e tentando controlar os rapazes para os poderosos. T.S., o chefão dos gângsteres, e George Ravello, o senador do estado, eram os homens mais importantes em Cornerville. T.S. lidava com os que estavam abaixo dele por meio de seus subordinados imediatos. Embora Ravello se recusasse a permitir que se fizesse qualquer distinção entre ele e os rapazes da esquina, o homem na posição inferior saía-se melhor quando buscava o político por um intermediário que tivesse uma conexão, em vez de tentar cobrir o fosso sozinho.

A gangue da esquina, as organizações mafiosa e policial, a organização política e, agora, a estrutura social, todas elas foram descritas e analisadas aqui em termos de uma hierarquia de relações pessoais baseada num sistema de obrigações recíprocas. Esses são os elementos fundamentais com os quais estão construídas todas as instituições em Cornerville.

3. O problema de Cornerville

O problema das áreas pobres e degradadas, dizem alguns, é que são comunidades desorganizadas. No caso de Cornerville, esse diagnóstico é extremamente equivocado. É claro que há conflitos no distrito. Os rapazes da esquina e os rapazes formados têm diferentes padrões de comportamento e não se entendem. Há um choque entre gerações. Com o suceder das gerações, a sociedade encontra-se em estado de fluxo — mas até esse fluxo é organizado.

O problema de Cornerville não é a falta de organização, mas o fracasso de sua própria organização social em se interconectar com a estrutura da sociedade à sua volta. Isso explica o desenvolvimento das organizações políticas e mafiosas locais, e também a lealdade que as pessoas devotam à sua raça e à Itália. O fenômeno torna-se aparente quando se examinam os canais pelos quais o homem de Cornerville pode progredir e ganhar reconhecimento em seu próprio distrito ou na sociedade mais ampla.

Nossa sociedade atribui grande valor à mobilidade social. De acordo com a tradição, o trabalhador começa de baixo e, pela inteligência e o trabalho árduo, sobe a escada do sucesso. É difícil para o homem de Cornerville colocar o pé nessa escada, nem que seja no degrau mais baixo. Seu distrito ficou conhecido como uma comunidade caótica e fora da lei. Esse homem é um italiano, e as pessoas da classe alta colocam os italianos entre os imigrantes menos desejáveis. Essa atitude foi acentuada pela guerra. Mesmo que um homem consiga se agarrar ao primeiro degrau, encontrará os mesmos fatores prejudicando o seu progresso. Por conseguinte, não se encontram nomes italianos entre as principais autoridades responsáveis pelos negócios mais antigos de Eastern City. Os italianos tiveram de construir suas próprias hierarquias de negócios, e, quando chegou ao fim a prosperidade da década de 1920, tornou-se cada vez mais difícil para os recém-chegados avançar nesse caminho.

Para progredir, o homem de Cornerville deve se movimentar no mundo dos negócios e da política republicana, ou no mundo da política democrata e dos gângsteres. Não pode circular pelos dois mundos ao mesmo tempo; eles se encontram de tal modo separados que praticamente não existe qualquer conexão entre os dois. Se o homem avança no primeiro, a sociedade mais abrangente o considera uma pessoa de sucesso, mas em Cornerville é visto apenas como um estranho no distrito. Se progride no segundo, ganha reconhecimento em Cornerville, mas se transforma num pária social para as pessoas respeitáveis de fora. Todo o treinamento do rapaz da esquina na vida social de seu distrito prepara-o para uma carreira numa atividade mafiosa ou na política democrata. Se tomar a outra direção, terá de fazer um grande esforço para romper a maior parte dos vínculos que o prendem a Cornerville. De fato, a sociedade mais abrangente premia a deslealdade a Cornerville e penaliza os que estão mais bem ajustados à vida do distrito. Ao mesmo tempo, a sociedade oferece recompensas atrativas, em termos de dinheiro e posses materiais, ao homem "de sucesso". Para a maior parte das pessoas de Cornerville, essas recompensas só estão disponíveis por meio de progressos no mundo dos gângsteres e da política.

Da mesma forma, a sociedade premia os que podem se desfazer de todas as características vistas como tipicamente italianas, e penaliza os que não são totalmente americanizados. Alguns perguntam: "Por que essas pessoas não podem parar de ser italianas e se transformam em americanas como todos nós?" A resposta é que elas estão bloqueadas de duas maneiras: por sua própria sociedade organizada e pelo mundo do lado de fora. As pessoas do local querem ser bons cidadãos norte-americanos. Nunca ouvi expressões tão comoventes de amor por este país como as que escutei em Cornerville. Ainda assim, uma forma organizada de vida não pode ser mudada da noite para o dia. Como mostra o estudo da gangue de esquina, as pessoas tornam-se dependentes de certas rotinas de ação.

Caso se afastassem abruptamente dessas rotinas, se sentiriam desleais e seriam deixadas por conta própria, sem apoio. E se um homem quer esquecer que é italiano, a sociedade à sua volta não lhe permite isso. Ele está marcado como uma pessoa inferior — como todos os outros italianos. Para reforçar seu auto-respeito, deve dizer a si mesmo e aos outros que os italianos são um grande povo, que sua cultura não é suplantada por qualquer outra e que seus grandes homens são insuperáveis. É nesse sentido que Mussolini tornou-se importante para as pessoas de Cornerville. Chick Morelli expressou um sentimento muito comum quando dirigiu estas palavras ao seu Clube da Comunidade Italiana: "O que quer que possam pensar de Mussolini, vocês têm de admitir uma coisa: ele fez mais para conquistar respeito para o povo italiano que qualquer outro homem. Os italianos são muito mais respeitados agora do que quando comecei a freqüentar a escola. E vocês podem agradecer isso a Mussolini."

Permanece em aberto a questão de saber se Mussolini realmente fez com que os norte-americanos nativos tivessem mais respeito pelos italianos (antes da guerra). No entanto, à proporção que as pessoas de Cornerville sentiam que Mussolini havia conquistado respeito para elas, seu auto-respeito aumentou. Isso foi um reforço importante para o moral das pessoas.

Se a estrutura mafiosa-política e a ligação simbólica à Itália são aspectos de um desajuste fundamental entre Cornerville e a sociedade norte-americana em geral, então é evidente que isso não pode ser alterado com sermões. O ajuste deve ser feito em termos de ações. As pessoas de Cornerville se ajustarão melhor à sociedade que as circunda quando tiverem mais oportunidades de participar dessa sociedade. Isso significa provê-las de melhores oportunidades econômicas e também dar-lhes maior responsabilidade na direção de seus próprios destinos. A situação econômica geral da população de Cornerville é um tema tão amplo que breves comentários aqui prestariam apenas um desserviço — além de serem inúteis.

Um exemplo — o projeto do centro de recreação do Centro Comunitário de Cornerville — sugere as possibilidades de encorajar a responsabilidade local. O projeto do centro constituiu uma das raras tentativas feitas pelos assistentes sociais de lidar com a sociedade de Cornerville tal como era. O objetivo era alcançar as gangues de esquina da forma como estavam então constituídas. A lição aprendida com o projeto foi que é possível lidar com os rapazes da esquina reconhecendo seus líderes e dando a eles responsabilidade de ação.

Os assistentes sociais falam freqüentemente sobre líderes e liderança, mas essas palavras têm um significado especial para eles. "Líder" é simplesmente sinônimo de alguém que coordena um grupo. Um dos principais objetivos do coordenador de grupo é desenvolver a liderança entre as pessoas com quem atua. Na verdade, todo grupo formal ou informal que tenha se mantido unido por qualquer tempo já terá desenvolvido sua própria liderança, mas isso raramente é reconhecido pelos assistentes sociais. Eles não vêem isso porque não é o que buscam. Não pensam o que é liderança, mas naquilo que ela deveria ser. Para os de fora, os líderes da comunidade são os respeitáveis homens de negócios e profissionais — pessoas que alcançaram um status de classe média. Na realidade, esses homens que progridem e saem de Cornerville têm pouca influência local. A comunidade não pode ser estimulada por esses "líderes". Para que possam tratar com a estrutura social real e produzir mudanças significativas na vida de Cornerville, os de fora precisam estar preparados para reconhecer como líderes alguns dos homens que as pessoas locais reconhecem como tal.

Até aqui essa discussão soa bastante parecida com a prescrição do antropólogo para o administrador colonial: respeite a cultura nativa e trate com a sociedade por intermédio de seus líderes. Isso é com certeza um requisito mínimo para lidar efetivamente com Cornerville, mas será suficiente? Pode qualquer programa ser efetivo se todas as posições superiores de autoridade formal são ocupadas por pessoas alheias ao local? Como afeta um indivíduo o fato de ter que se subordinar a pessoas que ele reconhece como diferentes?

Doc me disse certa vez:

> Você não sabe como se sente alguém que cresce num distrito como este. Você entra no primeiro ano da escola — dona O'Rourke. Segundo ano — dona Casey. Terceiro ano — dona Chalmers. Quarto ano — dona Mooney. E assim por diante. No corpo de bombeiros é a mesma coisa. Nenhum é italiano. O tenente da polícia é um italiano e há uns dois sargentos italianos, mas nunca alguém de Cornerville chegou a capitão. Nos Centros Comunitários, ninguém na direção é italiano.
>
> Uma coisa: você deve saber que os mais velhos aqui têm grande respeito por professoras e pessoas desse tipo. Quando o menino italiano vê que ninguém do seu próprio povo tem bons empregos, por que vai pensar que é tão bom quanto o irlandês ou os ianques? Isso faz com que se sinta inferior.
>
> Se eu tivesse como, faria com que a metade dos professores fosse formada de italianos, e também três quartos do Centro Comunitário. A outra quarta parte estaria lá só para mostrar que estamos na América.
>
> Bill, esses centros comunitários eram importantes no início. Quando nossos pais chegaram aqui, não sabiam aonde ir nem o que fazer. Precisavam ter os assistentes sociais como intermediários. Eles fizeram um bom trabalho naquela época, mas agora a segunda geração está amadurecendo, e começamos a ganhar asas. Deveriam tirar aquela rede e nos deixar voar.

Anexos

Anexo A

Sobre a evolução de *Sociedade de esquina*

Nos anos que se passaram desde que terminei *Sociedade de esquina*, muitas vezes quis ensinar a meus alunos os métodos de pesquisa necessários para a realização de estudos de campo em comunidades ou organizações. Assim como ocorria com outros professores dessa área, encontrei-me seriamente limitado pela escassez de leituras que pudesse recomendar aos alunos.

Hoje existem inúmeros bons estudos sobre comunidades ou organizações, mas em geral os relatórios publicados conferem pouca atenção ao processo efetivo de realização da pesquisa. Também têm aparecido alguns trabalhos úteis sobre métodos de pesquisa, porém, com poucas exceções, situam toda a discussão num nível puramente lógico-intelectual. Falham quando deixam de levar em conta que, assim como seus informantes, o pesquisador é um animal social. Tem um papel a desempenhar, e as demandas de sua própria personalidade devem ser satisfeitas em alguma medida para que ele possa atuar com sucesso. Quando o pesquisador está instalado numa universidade, indo ao campo apenas por poucas horas de cada vez, pode manter sua vida social separada da atividade de campo. Lidar com seus diferentes papéis não é tão complicado. Contudo, se viver por um longo período na comunidade que é seu objeto de estudo, sua vida pessoal estará inextricavelmente associada à sua pesquisa. Assim, uma explicação real de como a pesquisa foi feita necessariamente envolve um relato bastante pessoal do modo como o pesquisador viveu durante o tempo de realização do estudo.

Esse relato da vida na comunidade também pode ajudar a explicar o processo de análise dos dados. As idéias que temos durante a pesquisa são apenas parcialmente um produto lógico que cresce a partir de uma cuidadosa avaliação de evidências. Em geral, nossa maneira de refletir sobre os problemas não é linear. Com freqüência temos a sensação de estarmos imersos numa massa confusa de dados. Nós os analisamos cuidadosamente, colocando sobre eles todo o peso de nosso poder de análise lógica. Saímos disso com uma ou duas idéias. Mas os dados ainda não revelam qualquer padrão coerente. Então, passamos a viver com os dados — e com as pessoas — até que, quem sabe, algum acontecimento fortuito lance uma luz totalmente diferente sobre eles e comecemos a enxergar um padrão até então não visualizado. Esse padrão não é puramente uma criação artística. Quando pensamos que o vemos, somos forçados a reexaminar nossas notas e, talvez, coletar novos dados a fim de determinar se o padrão percebido representa adequadamente a vida que observamos ou é simplesmente um produto de nossa imaginação. A lógica, então, tem uma participação importante. Mas estou convencido de que a evolução real das idéias na pesquisa não acontece de acordo com os relatos formais que lemos sobre métodos de investigação. As idéias crescem, em parte, como resultado de nossa imersão nos dados e do processo total de viver. Considerando que muito desse processo de análise ocorre num plano inconsciente, estou seguro de que dele nunca podemos apresentar um relato completo. No entanto, uma descrição do modo de se fazer a pesquisa pode ajudar a explicar como o padrão de *Sociedade de esquina* foi gradualmente emergindo.

Não sugiro que minha abordagem em *Sociedade de esquina* precisa ser seguida por outros pesquisadores. Em alguma medida, ela deve ser única, para mim mesmo, para a situação particular e para o universo de conhecimentos que existia quando comecei o trabalho. Por outro lado, deve haver alguns elementos comuns no processo de pesquisa de campo. Somente à medida que acumularmos uma série de relatos sobre como a pesquisa foi efetivamente realizada seremos capazes de ir além do quadro lógico-intelectual e de aprender a descrever o processo real de investigação. O que se segue, portanto, é simplesmente uma contribuição na direção desse objetivo.

1. Antecedentes pessoais

Venho de um contexto muito sólido de classe média alta. Um avô era médico; o outro, inspetor escolar. Meu pai era professor universitário. Minha criação, portanto, foi muito diferente e distante da vida que descrevi em Cornerville.

No Swarthmore College, eu tinha dois fortes interesses: economia (misturada com a idéia de reformismo social) e escrever. Naquela época redigi diversos contos e peças teatrais em um ato. Durante o verão, no ano em que terminei a faculdade, tentei produzir um romance. O ato de escrever foi importante, acima de tudo porque me ensinou sobre mim mesmo. Vários dos contos saíram na revista literária do colégio e um foi aceito para publicação (mas nunca publicado) na revista *Story*. Três das peças em um ato foram produzidas em Swarthmore no concurso anual de peças curtas. Não foi um mau começo para alguém que tinha esperanças, como eu, de seguir a carreira de escritor. Mas, ainda assim, sentia-me desconfortável e insatisfeito. As peças e os contos eram todos relatos ficcionais de eventos e situações que eu próprio vivera ou observara. Ao tentar ir além de minha experiência e enfrentar um romance sobre tema político, o resultado foi um fracasso total. Enquanto escrevia os últimos capítulos, já havia percebido que o manuscrito não valia nada. Terminei, suponho, só para dizer a mim mesmo que tinha escrito um romance.

Agora leio com freqüência o conselho dado a jovens escritores, de que devem trabalhar a partir de sua própria experiência; e vejo que não tinha razão para me envergonhar daquela limitação. Por outro lado, foi quando refletia sobre minha experiência que comecei a me sentir incomodado e insatisfeito. Minha vida familiar havia sido muito feliz e intelectualmente estimulante — mas sem aventura. Nunca tivera de lutar por nada. Conhecia muitas pessoas agradáveis, mas quase todas elas, como eu, tinham boas, sólidas raízes de classe média. Na escola, é claro, convivia com estudantes e professores de classe média. Nada sabia sobre as áreas pobres e degradadas (como, aliás, também não sabia sobre a vida dos milionários da Costa Dourada). Nada sabia sobre a vida nas fábricas, nos campos ou nas minas — exceto o que conseguira aprender nos livros. Assim, acabei por me sentir um tipo bastante banal. Algumas vezes esse senso de banalidade tornava-se tão opressivo que eu simplesmente não podia pensar em conto algum para escrever. Comecei a achar que, se fosse para realmente escrever qualquer coisa que valesse a pena, teria de alguma maneira que ir além das estreitas fronteiras sociais de minha existência.

Meu interesse em economia e em reforma social também me levou a *Sociedade de esquina*. Uma das minhas lembranças mais vívidas do tempo da faculdade é de um dia passado com um grupo de estudantes visitando os distritos pobres da Filadélfia. Lembro-me disso não só pelas imagens de prédios dilapidados e pessoas amontoadas, mas também pela minha sensação de embaraço, de que eu era um turista na área. Como é comum entre os jovens, sentia o impulso de ajudar todas aquelas pessoas, mas, ainda assim, sabia que a situação era tão além de qualquer coisa realista que eu pudesse tentar àquela época que me senti como um diletante fingido, pelo simples fato de estar ali. Comecei a pensar algumas vezes em voltar ao distrito e realmente aprender a conhecer as pessoas e as condições em que viviam.

Meus impulsos de reforma social assumiram outras formas no campus. No segundo ano da faculdade, fazia parte de um grupo de 15 pessoas que se retiraram de suas fraternidades em meio a um bocado de fanfarra. Aquela era uma época excitante no campus, e alguns dos homens fortes na fraternidade temeram que, com nossa saída, a estrutura ruísse sob seus pés. Não precisavam ter se preocupado. As fraternidades prosseguiram muito bem sem nós. No último ano envolvi-me em outro esforço para reformar o campus. Desta vez pretendíamos não menos que a reorganização de toda a vida social do lugar. O movimento decolou de modo promissor, mas rapidamente se exauriu.

Esses esforços abortados de reforma tiveram um grande valor específico para mim: vi que reformar não era tão fácil. Reconheci que havia cometido vários equívocos. Também cheguei à conclusão de que algumas das pessoas que me fizeram a mais forte oposição eram na realidade gente bastante agradável. Não concluí, com isso, que estavam certas e eu errado, mas reconheci quão pouco eu realmente sabia sobre as forças que levam alguém a agir. A partir de minhas próprias reflexões sobre os fracassos de meus esforços em reformar o campus, cresceu um interesse ainda mais acentuado de entender as outras pessoas.

Houve também um livro que li e me causou forte impressão naquela época. Era a *Autobiografia de Lincoln Steffens*. Caiu-me nas mãos durante o ano que passei na Alemanha, entre o fim do segundo grau e a faculdade. Em meus esforços para dominar a língua alemã, esse livro foi a única coisa escrita em inglês que li durante algum tempo, e isso pode explicar por que me impressionou tanto, o que talvez não tivesse acontecido em outras circunstâncias. De qualquer modo, estava fascinado por ele e o li várias vezes. Steffens começou como reformador e nunca abandou esse ímpeto de mudar as coisas. A infindável curiosidade sobre o mundo à sua volta fez com que se tornasse cada vez mais interessado em descobrir como a sociedade realmente funcionava. Ele demonstrou que um homem com uma origem semelhante à minha poderia se afastar de seu modo de vida usual e ganhar um conhecimento íntimo de indivíduos e grupos cujas atividades e crenças fossem muito diferentes das suas. Então, você poderia realmente fazer com que esses "políticos corruptos" falassem com você. Eu precisava saber disso, que me ajudou algumas vezes, quando sentia que as pessoas que entrevistava prefeririam bem mais que eu desaparecesse dali de uma vez por todas.

2. Descoberta de Cornerville

Em 1936, quando me formei em Swarthmore, recebi uma bolsa do Comitê Acadêmico de Harvard. Isso me abriu uma oportunidade excepcional — três anos de apoio para qualquer linha de pesquisa que desejasse desenvolver. A única restrição era que não me seria permitido acumular créditos para o doutorado. Hoje sou grato por essa limitação. Se tivesse tido permissão de trabalhar para o doutorado, suponho que teria sido levado a aproveitar o tempo e a oportunidade. Com essa alternativa eliminada, fui forçado a fazer o que queria, independentemente dos créditos acadêmicos.

Comecei com uma vaga idéia de que queria estudar uma área pobre e degradada. Eastern City me oferecia diversas escolhas possíveis. Nas primeiras semanas de minha bolsa de Harvard, gastei algum tempo a andar para cima e para baixo nas ruas dos vários distritos pobres de Eastern City, falando com diferentes pessoas e conversando com o pessoal das agências sociais a respeito das áreas.

Minha escolha foi feita com bases nem um pouco científicas: Cornerville era o que melhor se ajustava à minha idéia de como deveria ser um distrito pobre e degradado. De alguma maneira, eu havia criado uma imagem de prédios de três a cinco andares, decadentes e amontoados. Embora dilapidados, não me pareciam muito genuínos os prédios com estruturas de madeira que encontrara em algumas outras partes da cidade. Sem dúvida Cornerville tinha outra característica um pouco mais objetiva que também motivou minha escolha: ali viviam mais pessoas por metro quadrado do que em qualquer outro ponto da cidade. Se distrito pobre e degradado significava superpopulação, Cornerville certamente era um.

3. O PLANEJAMENTO DO ESTUDO

Tão logo encontrei uma área pobre e degradada, comecei a planejar meu estudo. Naquela época, não era suficiente planejar apenas para mim. Havia começado a ler a literatura sociológica e a seguir uma linha semelhante à dos Lynd em *Middletown*. Gradualmente, passei a me ver como sociólogo ou antropólogo social, e não como economista. Descobri que, embora as áreas pobres tivessem recebido muita atenção na literatura sociológica, não existia qualquer estudo de comunidade verdadeiro sobre elas. Assim, decidi organizar um estudo de comunidade sobre Cornerville. Tratava-se claramente de um grande empreendimento. Meu primeiro esquema previa pesquisas especiais sobre a história do distrito, economia (padrões de vida, habitação, marketing, distribuição e emprego), política (a estrutura da organização política e suas relações com os gângsteres e a polícia), padrões de educação e recreação, a igreja, saúde pública e — quem diria — atitudes sociais. Obviamente isso era mais que um trabalho para uma pessoa só, e então eu o planejei para uma equipe de dez pesquisadores.

Com o projeto nas mãos, procurei L.J. Henderson, eminente bioquímico e secretário do Comitê Acadêmico.

Passamos uma hora juntos, e saí dali num estado de grande incerteza a respeito de meus planos. Como escrevi para um amigo na época: "Henderson jogou água fria sobre aquele gigantesco começo; disse-me que não deveria conceber projetos tão grandiosos enquanto eu mesmo ainda não tivesse feito praticamente trabalho de campo algum. Seria muito mais razoável começar o trabalho prático e tentar criar lentamente uma equipe, à medida que fosse avançando. Se até o outono eu tivesse uma equipe de dez pessoas funcionando, a responsabilidade pela direção e coordenação inevitavelmente cairia sobre mim, pois eu a teria criado. Como poderia dirigir dez pessoas num campo que não me era familiar? Henderson disse que, se eu conseguisse logo de início um projeto com dez pessoas isso seria minha ruína; era o que ele pensava. O jeito como apresentou tudo isso fez com que soasse bastante perspicaz e razoável."

Essa última sentença deve ter sido escrita depois que tive tempo de me recuperar da entrevista, da qual me lembro como uma experiência esmagadora. Suponho que um bom conselho seja tão difícil de aceitar quanto um mau aviso, mas, apesar disso, não levou muito tempo até eu perceber que Henderson estava certo, e abandonei o plano grandioso. Como as pessoas que oferecem conselhos dolorosos — embora bons — raramente recebem qualquer reconhecimento por eles, serei sempre grato por ter ido ver Henderson novamente, pouco antes de sua morte, para dizer que eu percebera como ele estava absolutamente certo.

Embora tenha deixado de lado a idéia de um projeto para uma equipe de dez pessoas, ainda relutava em voltar inteiramente à Terra. Parecia-me que, em vista da magnitude da tarefa que eu assumia, devia ter pelo menos um colaborador, e comecei a procurar meios de conseguir um amigo, um colega da faculdade, para se juntar a mim no trabalho de campo. Seguiram-se, durante o inverno de 1936-37, várias revisões da versão preliminar do estudo de comunidade e numerosas entrevistas com professores de Harvard que me poderiam ajudar a conseguir o apoio necessário.

Relendo essas várias versões da pesquisa, o mais impressionante sobre elas é como estavam distantes do trabalho que efetivamente realizei. À medida que eu prosseguia, os termos do projeto foram se tornando cada vez mais sociológicos, de forma que encerrei essa fase planejando atribuir maior ênfase a um tipo de estudo sociométrico sobre os padrões de amizade entre as pessoas. Começaria com uma família e perguntaria quem eram seus amigos e quais as pessoas pelas quais sentiam maior ou menor hostilidade. Então iria aos amigos indicados e pediria uma lista de seus próprios amigos, e, ao longo desse processo, aprenderia algo sobre suas atividades conjuntas. Desse modo poderia traçar a estrutura social de pelo menos uma parte da comunidade. Porém, é claro que não fiz nem isso, porque acabei descobrindo que se pode examinar a estrutura social diretamente, observando as pessoas em ação.

Quando, um ano depois, no outono de 1937, John Howard — também pesquisador-júnior de Harvard — deixou o campo da físico-química e passou para a sociologia, eu o convidei a se juntar a mim no estudo de Cornerville. Trabalhamos juntos por dois anos. Howard concentrava-se particularmente numa das igrejas e na Congregação do Verbo Divino. As discussões entre nós ajudaram imensamente a tornar mais claras minhas idéias. Contudo, poucos meses apenas depois de começar o trabalho de campo em Cornerville, eu havia abandonado totalmente a idéia de montar uma equipe. Suponho que tenha achado a vida local tão interessante e compensadora que já não sentia mais necessidade de pensar em termos tão amplos.

Embora estivesse completamente à mercê das circunstâncias no que se referia ao planejamento do estudo, pelo menos contava com uma ajuda valiosa para desenvolver os métodos de pesquisa de campo que acabariam levando a um projeto de pesquisa e aos dados que aqui relato.

É difícil perceber agora como foi veloz o desenvolvimento dos estudos sociológicos e antropológicos de comunidades e organizações desde 1936, quando comecei meu trabalho em Cornerville. Naquela época ainda não havia nada publicado sobre o estudo de "Yankee City" feito por W. Lloyd Warner. Eu tinha lido com interesse *Middletown*, dos Lynd, e *Greenwich Village*, de Carolyn Ware, e aprendera muito com ambos. Ainda assim, comecei cada vez mais a me dar conta, à proporção que continuava, que o estudo de comunidade que eu realizava não era do mesmo tipo. Grande parte do resto da literatura sociológica então disponível tendia a olhar a comunidade em termos de problemas sociais, o que fazia com que ela simplesmente não existisse como um sistema social organizado.

Passei o primeiro verão depois do início do estudo lendo algumas das obras de Durkheim e *The Mind and Society*, de Pareto (para um seminário com L.J. Henderson, do qual participei no outono de 1937). Tinha a sensação de que esses textos eram úteis, mas, ainda uma vez, apenas de modo genérico. Então comecei a ler a literatura de antropologia social, a começar de Malinowski, e isso pareceu mais próximo daquilo que eu queria fazer, embora os pesquisadores estudassem tribos primitivas — e eu estivesse no meio de um distrito de uma grande cidade.

Como havia pouca orientação para mim na bibliografia, eu precisava, com mais urgência ainda, da ajuda de pessoas mais capacitadas e experientes que eu no trabalho que realizava. Nisso fui extraordinariamente bem afortunado, ao encontrar Conrad M. Arensberg bem no início de minha pesquisa. Ele também era pesquisador-júnior, e por isso nos víamos com muita freqüência. Depois de ter trabalhado por alguns meses com W. Lloyd Warner no estudo de Yankee City, juntara-se a Solon Kimball para pesquisar uma pequena comunidade na Irlanda. Quando o encontrei, acabava de voltar da viagem de campo e começava a elaborar a descrição dos dados. Junto com Eliot Chapple, também desenvolvia uma nova abordagem para a análise da organização social. Os dois tinham procurado juntos maneiras de estabelecer essa pesquisa social em base mais científica. Ao rever os dados de Yankee City e também o estudo irlandês, tinham montado cinco diferentes esquemas teóricos. Um após outro, os quatro primeiros esquemas desabaram sob suas próprias exigências críticas ou sob os golpes de Henderson, Elton Mayo ou outras pessoas consultadas. Finalmente os dois começaram a desenvolver uma teoria da interação. Sentiam que, a despeito de tudo o que fosse subjetivo na pesquisa social, era possível estabelecer objetivamente o padrão de interação entre as pessoas: quão freqüentemente A entra em contato com B, quanto tempo passam juntos, quem origina a ação quando A, B e C estão juntos, e assim por diante. A cuidadosa observação desses eventos interpessoais poderia então fornecer dados confiáveis sobre a organização social de uma comunidade. Essa, pelo menos, era a presunção. Como a teoria fora desenvolvida a partir de pesquisa já realizada, era natural que esses estudos prévios não tivessem tantos dados quantitativos quanto os impostos por uma teoria. Assim, parecia que eu poderia ser um dos primeiros a levar a teoria ao campo.

Arensberg e eu tivemos infindáveis discussões sobre a teoria, e Eliot Chapple participou de algumas delas. No início, tudo parecia muito confuso para mim — e ainda não estou seguro de que já tenha esclarecido todos os aspectos —, mas tinha a crescente sensação de que havia ali algo sólido que poderia servir de base para construir meu trabalho.

Arensberg também discutiu comigo a questão dos métodos de pesquisa de campo, enfatizando a importância de observar as pessoas em ação e escrever um relatório detalhado sobre os comportamentos concretos, totalmente isento de julgamentos morais. No segundo semestre em Harvard, fiz um curso ministrado por Arensberg e Chapple sobre estudos sociais antropológicos de comunidades. Embora fosse útil, devo muito mais às longas conversas pessoais que tive com Arensberg durante todo o trabalho em Cornerville, particularmente nas etapas iniciais.

No outono de 1937, fiz um pequeno seminário com Elton Mayo. Isso envolvia, particularmente, leituras dos trabalhos de Pierre Janet e também alguma prática de entrevistas com psiconeuróticos num hospital de Eastern City. A experiência foi muito breve para me levar além do estágio de amador, mas foi útil para desenvolver meus métodos de entrevista.

L.J. Henderson exerceu uma influência menos específica, mas ainda assim generalizada, sobre o desenvolvimento de meus métodos e teorias. Como presidente do Comitê Acadêmico, ele comandava nossos jantares de segunda-feira como um patriarca o faz em seus próprios domínios. Embora o grupo incluísse A. Lawrence Lowell, Alfred North Whitehead, John Livingston Lowes, Samuel Eliot Morrison e Arthur Darby Nock, Henderson era facilmente a grande figura impressionante para os bolsistas mais novos, e parecia gostar particularmente de atormentar os jovens cientistas sociais. Ele me fisgou em meu primeiro jantar de segunda-feira e decidiu me mostrar que todas as minhas idéias sobre a sociedade se baseavam num sentimentalismo ingênuo. Embora freqüentemente me ressentisse com as críticas penetrantes de Henderson, ficava cada vez mais determinado a fazer com que minha pesquisa de campo fosse capaz de resistir a qualquer coisa que ele pudesse dizer.

4. Primeiros esforços

Quando comecei meu trabalho, não tivera treino algum em sociologia ou antropologia. Via a mim mesmo como economista e, naturalmente, começava olhando as questões que tínhamos abordado nos cursos de economia, como o problema da habitação em áreas pobres. Naquela época, eu assistia a um curso sobre favelas e habitação no Departamento de Sociologia de Harvard. Como trabalho final, fiz um estudo sobre um quarteirão em Cornerville. Para legitimar esse esforço, entrei em contato com uma agência privada que tratava de questões de moradia e me ofereci para passar para eles os resultados de meu *survey*. Com esse apoio, comecei a bater às portas, a olhar para dentro de apartamentos e a conversar com os moradores sobre as condições de habitação. Isso me pôs em contato com as pessoas de Cornerville, mas seria difícil imaginar agora um modo mais inadequado de dar início a um estudo como o que eu acabaria por fazer. Sentia-me muito desconfortável com essa intromissão, e tenho certeza de que as pessoas também. Terminei o trabalho sobre o quarteirão o mais rápido possível e o contabilizei como perda total no que se referia a conseguir uma verdadeira entrada no distrito.

Pouco depois, tive outro começo problemático — se é que um esforço tão precário mereça ser chamado até mesmo de começo. Na época, estava completamente tomado — e frustrado — pelo problema de achar uma forma de entrar no distrito. Cornerville estava bem à minha frente, e ainda assim tão distante. Podia andar livremente para cima e para baixo em suas ruas e já tinha até conseguido entrar em alguns apartamentos. Todavia, ainda era um estranho num mundo completamente desconhecido para mim.

Nessa época conheci em Harvard um jovem professor de economia que me impressionou com sua autoconfiança e seu conhecimento de Eastern City. Ele estivera ligado a um centro comunitário e falava levianamente sobre suas associações com os jovens durões do distrito, homens e mulheres. Também descreveu como às vezes entrava num bar na área, travava conhecimento com uma garota, pagava uma bebida para ela e então a encorajava a contar sua história de vida. Ele garantia que as mulheres que encontrava desse modo apreciavam a oportunidade, e que não havia aí qualquer obrigação adicional.

Essa abordagem parecia pelo menos tão plausível quanto qualquer outra que eu tivesse sido capaz de pensar. Resolvi tentar o mesmo. Escolhi o Regal Hotel, que ficava quase no final de Cornerville. Com uma certa agitação, subi as escadas para a área de comida e lazer e dei uma olhada em volta. O que encontrei foi uma situação para a qual meu conselheiro não me preparara. De fato, havia mulheres, mas nenhuma delas estava sozinha. Algumas se faziam acompanhar por um homem, e havia dois ou três pares de mulheres. Avaliei rapidamente a situação. Sentia pouca confiança em minha habilidade de escolher uma mulher, e me parecia desaconselhável lidar com duas ao mesmo tempo. Ainda assim, estava determinado a não me dar por vencido sem lutar. Olhei em volta de novo e percebi um trio: um homem e duas mulheres. Ocorreu-me que ali havia má distribuição de mulheres, e que eu poderia corrigir isso. Aproximei-me do grupo com uma fala mais ou menos assim: "Perdoem-me. Vocês se importam se eu me juntar a vocês?" Houve um momento de silêncio, enquanto o homem me encarava. E então se ofereceu para me jogar escada abaixo. Garanti que isso não seria necessário, e demonstrei o que dizia saindo de lá sem qualquer ajuda.

Mais tarde descobri que dificilmente alguém de Cornerville teria entrado no Regal Hotel. Se meus esforços ali fossem coroados de sucesso, teriam sem dúvida conduzido a algum lugar, mas certamente não a Cornerville.

Na minha próxima tentativa, escolhi os centros comunitários locais. Eram abertos para o público. Neles podia-se entrar à vontade, e eram operados por pessoas de classe média como eu (com certeza eu não teria falado assim na época). Mesmo naquela oportunidade percebi que, para estudar Cornerville, teria de ir muito além do centro comunitário. Mas talvez os assistentes sociais pudessem me ajudar na partida.

Olhando para trás agora, o centro comunitário continua a parecer um lugar muito pouco promissor para se começar um estudo. Se eu tivesse de principiar novamente, era provável que fizesse minha primeira abordagem por intermédio de um político local, ou, talvez, da igreja católica, embora não seja católico. John Howard, que trabalhou comigo mais tarde, fez sua entrada com muito sucesso pela igreja, e ele também não era católico — embora sua esposa fosse.

Seja como for, o centro comunitário provou-se o lugar certo para mim daquela vez, pois foi ali que conheci Doc. Tinha falado com vários assistentes sociais sobre meus planos e esperanças de me familiarizar com as pessoas e estudar o distrito. Ouviram-me com graus de interesse variados. Se tiveram sugestões a dar, não me lembro agora, exceto uma. De alguma forma, a despeito da imprecisão de minhas próprias explicações, a chefe das moças do Centro Comunitário da Norton Street entendeu o que eu buscava. Começou descrevendo Doc para mim. Disse que era uma pessoa muito inteligente e talentosa que, numa certa época, havia sido muito ativa no centro, mas o abandonara, de forma que só muito raramente aparecia por ali. Talvez ele pudesse entender o que eu queria, e certamente tinha os contatos de que eu necessitava. Ela disse que o encontrava com freqüência no caminho entre sua casa e o trabalho, e que às vezes paravam para conversar um pouco. Se eu quisesse, marcaria uma hora para me encontrar com ele no centro, à noite. Isso, finalmente, parecia correto. Não perdi essa oportunidade. Quando fui para o distrito naquela noite, senti que ali estava minha grande chance de começar. De alguma forma, Doc teria de me aceitar e se dispor a trabalhar comigo.

Num certo sentido, meu estudo começou na noite de 4 de fevereiro de 1937, quando a assistente social me chamou para conhecer Doc. Ela nos levou para seu escritório e então saiu, para que pudéssemos conversar. Doc afundou-se numa poltrona e esperou calmamente que eu começasse. Era um homem de estatura mediana e compleição magra. Seus cabelos eram de um castanho claro, bem em contraste com o cabelo negro típico dos italianos, e começavam a escassear nas têmporas. A face era afilada, e os olhos, de um azul claro, davam-lhe um ar penetrante.

Comecei perguntando se a assistente social havia falado sobre o que eu queria fazer.

"Não, ela só me disse que você queria se encontrar comigo e que eu ia gostar de conhecê-lo."

Então comecei uma longa explicação que infelizmente omiti de minhas notas. Pelo que me lembro, disse que, no meu tempo de faculdade, havia me interessado por distritos urbanos superpopulosos, mas me sentira muito distanciado deles. Eu esperava estudar os problemas nesses distritos. Sentia que podia fazer muito pouco como alguém de fora. Só seria capaz de atingir a compreensão de que precisava se pudesse conhecer as pessoas e saber de seus problemas em primeira mão.

Doc me ouviu sem alterar sua expressão, de modo que eu não dispunha de qualquer meio de antecipar sua reação. Quando terminei, ele perguntou: "Você quer ver a alta roda ou o povão?"

"Quero ver tudo o que puder. Quero conseguir o quadro mais completo possível da comunidade."

"Bom, qualquer noite que quiser, saio com você por aí. Posso levá-lo aos pontos — pontos de jogos — e andar com você pelas esquinas. Lembre-se apenas de que você é meu amigo. Isso é tudo que precisam saber. Conheço esses lugares, e se eu disser que é meu amigo ninguém vai incomodá-lo. Basta me dizer o que quer ver, e nós providenciamos."

A proposta era tão perfeita que fiquei perdido por um momento, sem saber como responder. Conversamos um pouco mais, e busquei algumas indicações sobre como deveria me comportar em sua companhia. Ele me alertou que eu teria que correr o risco de ser preso numa batida em algum ponto de jogo, mas acrescentou que não seria nada sério. Eu só teria que dar um nome falso, e então o homem responsável pelo lugar conseguiria me liberar pagando apenas uma multa de cinco dólares. Concordei em correr o risco. Perguntei se deveria entrar no jogo com os outros. Ele disse que era desnecessário e, para um incauto como eu, muito desaconselhável.

Finalmente, eu já estava em condições de expressar meu reconhecimento. "Você sabe, os primeiros passos para conhecer uma comunidade são os mais difíceis. Com você, eu posso ver coisas que, de outra forma, não veria durante muitos anos."

"É isso mesmo. Você me diz o que quer ver, e nós arranjamos. Quando quiser alguma informação, eu pergunto e você ouve. Quando quiser descobrir a filosofia de vida deles, começo uma discussão e consigo pra você. Se quiser alguma outra coisa, monto a cena pra você. Simplesmente me diga o que quer e consigo tudo pra você, a história inteira."

"Bom demais. Eu não poderia querer nada melhor que isso. Vou tentar me encaixar legal, mas, a qualquer momento, se você achar que estou entrando pelo caminho errado, quero que me diga."

"Agora a gente está ficando dramático demais. Você não vai ter nenhum problema. Vem como meu amigo. Quando você chega assim, no início todo mundo vai te tratar com respeito. Você pode tomar um monte de liberdades e ninguém vai chiar. Depois de um tempo, quando já te conhecerem, vai ser tratado como qualquer outro — você sabe, dizem que a familiaridade traz a falta de respeito. Mas nunca terá qualquer problema. Só vai ter que tomar cuidado com uma coisa: não pague nada para os outros. Não seja liberal demais com seu dinheiro."

"Você quer dizer que, se fizer isso, vão pensar que sou otário?"

"É, e você não vai querer pagar pra ser aceito."

Conversamos um pouco mais sobre como e quando poderíamos nos encontrar. Então ele me fez uma pergunta: "Você quer escrever algo sobre isso?"

"Quero, em algum momento."

"Você quer mudar as coisas?"

"Bom... Sim, quero. Não vejo como alguém poderia chegar aqui, com as pessoas tão amontoadas, sem dinheiro algum ou nenhum trabalho, e não desejar ver as coisas mudadas. Mas penso que cada pessoa deve fazer aquilo para o qual ela é mais adequada. Não quero ser um reformador, e não sou talhado para ser político. Só quero entender essas coisas o melhor que puder e escrever sobre elas, e se isso tiver alguma influência..."

"Acho que você pode mudar as coisas desse jeito. Na maior parte das vezes, é assim que as coisas são mudadas, escrevendo sobre elas."

Esse foi o começo. Na época achei difícil acreditar que, com seu apoio, minha entrada pudesse ser tão fácil como Doc havia dito. Mas aconteceu exatamente assim.

Enquanto dava meus primeiros passos com Doc, também procurava um lugar para viver em Cornerville. Minha bolsa incluía acomodações muito confortáveis em Harvard, com quarto, sala e banheiro. Eu tinha tentado viver ali e ao mesmo tempo ir a Cornerville fazer a pesquisa. Tecnicamente era factível, mas cada vez mais me convenci de que socialmente tornava-se impossível. Percebi que seria sempre um estranho para a comunidade se não me mudasse para lá. Também encontrei dificuldade para dedicar o tempo que sabia necessário para estabelecer relações mais próximas em Cornerville. A vida no lugar não se desenrolava segundo encontros formalmente agendados. Para encontrar as pessoas, passar a conhecê-las, encaixar-me em suas atividades, tinha que gastar tempo com elas — um bocado de tempo, dia após dia. Quando vive fora de Cornerville, você pode vir uma determinada tarde ou noite apenas para descobrir que as pessoas que pretendia ver não estão ali naquele momento. Ou, mesmo se as encontrasse, podia ver o tempo passando sem acontecer absolutamente nada. Você podia ficar dando voltas com pessoas cuja única ocupação era conversar fiado ou andar à-toa para não se aborrecer.

Em diversas tardes e noites, em Harvard, me peguei pensando em ir a Cornerville e então fazendo uma racionalização qualquer para não ir. Como poderia saber se ia encontrar as pessoas que queria ver? Mesmo se isso acontecesse, como poderia ter certeza de que aprenderia alguma coisa hoje? Em vez de sair às cegas para Cornerville, poderia aproveitar meu tempo lendo livros e artigos para preencher minha lamentável ignorância de sociologia e antropologia social. E também tinha que admitir que, naquela época, sentia-me mais confortável nesse ambiente familiar que a vagar por Cornerville e a gastar tempo com pessoas em cuja presença sentia-me indiscutivelmente desconfortável.

Quando me percebi racionalizando dessa forma, entendi que teria de fazer o corte. Só se vivesse em Cornerville eu seria capaz de um dia entendê-la e aceitá-la por si mesma, como era. No entanto, ficava difícil achar um lugar. Num distrito tão superpovoado, praticamente inexistia um cômodo desocupado. Poderia achar um quarto no Centro Comunitário da Norton Street, mas percebi que deveria conseguir algo mais que isso, se possível.

A melhor dica me foi dada pelo editor de um jornal semanal publicado em inglês para a colônia ítalo-americana. Eu falara antes com ele sobre meu estudo, e ele fora simpático. Agora eu voltava, pedindo ajuda para encontrar um quarto. Levou-me aos Martini, uma família que operava um pequeno restaurante. Fui almoçar lá e depois conversei com o filho. Ele foi receptivo, mas disse que não tinham espaço para mais uma pessoa. Ainda assim, gostei do lugar e apreciei a comida. Voltei lá várias vezes só para comer. Numa delas, encontrei o editor, e ele me convidou para sua mesa. No início fez algumas perguntas exploratórias sobre meu estudo: o que eu procurava, qual minha conexão com Harvard, o que eles esperavam conseguir, e assim por diante. Depois que respondi de uma forma que infelizmente não anotei, disse-me que estava satisfeito e que, de fato, já havia me defendido com pessoas que achavam que eu podia estar ali para "criticar nosso povo".

Discutimos meu problema de alojamento de novo. Mencionei a possibilidade de viver no Centro Comunitário da Norton Street. Ele concordou, mas acrescentou: "Seria muito melhor se ficasse com uma família. Você aprenderia a língua muito mais rapidamente e ficaria conhecendo as pessoas. Mas você quer uma boa família, uma família educada. Não quer se envolver com tipos inferiores. Você quer uma família boa mesmo."

Então virou-se para o filho da casa, com quem eu havia falado, e perguntou: "Você não pode conseguir um lugar para o senhor Whyte em sua casa?" Al Martini pensou um momento e disse: "Talvez a gente consiga resolver. Vou falar com a Mama de novo."

Ele falou com a Mama, e encontraram um lugar. Na verdade, ele cedeu seu quarto para mim e passou a dividir uma cama dupla com o filho do cozinheiro.

Protestei timidamente a respeito do arranjo, mas tudo já estava decidido — exceto o preço. Eles não sabiam quanto cobrar de mim, e eu não sabia quanto oferecer. Finalmente, após algumas idas e vindas, ofereci 15 dólares por mês, e eles fecharam por 12.

O quarto era simples, mas adequado aos meus propósitos. Não tinha aquecimento, porém, quando comecei a datilografar minhas notas, consegui um pequeno aquecedor a óleo. Não havia banheira na casa, mas, de qualquer modo, eu tinha que ir a Harvard com freqüência e usava as instalações da grande universidade (o quarto de meu amigo Henry Guerlac) para um banho ocasional de banheira ou de chuveiro.

Fisicamente, o lugar dava para viver e me propiciou muito mais que apenas uma base física. Eu estava entre os Martini apenas há uma semana quando descobri que era muito mais que um pensionista para eles. Fazia muitas das refeições no restaurante e às vezes ficava para conversar um pouco com a família, antes de ir para a cama à noite. Então, numa tarde, eu estava em Harvard e percebi que começava a pegar uma gripe forte. Como ainda conservava meu quarto ali, pareceu razoável passar a noite na universidade. Não pensei em comunicar meu plano aos Martini.

No dia seguinte, quando cheguei ao restaurante para almoçar, Al Martini me recebeu calorosamente e disse que todos tinham ficado preocupados porque eu não voltara para casa na noite anterior. A Mama permanecera acordada até as duas horas, à minha espera. Como eu era um jovem estrangeiro na cidade, ficou imaginando todas as coisas que poderiam me acontecer. Al me disse que a Mama tinha passado a me ver como um membro da família. Eu era livre para ir e vir como quisesse, mas ela não se preocuparia tanto se soubesse os meus planos.

Fiquei muito comovido com esse pedido e decidi ser, dali em diante, o melhor filho que pudesse para os Martini.

No início eu me comunicava com a Mama e o Papa basicamente com sorrisos e gestos. O Papa não sabia nada de inglês, e o conhecimento da Mama estava limitado a uma única frase, que usava quando alguns dos garotos da rua faziam barulho em baixo de sua janela enquanto tentava tirar a soneca da tarde. Enfiava a cabeça para fora da janela e gritava: "Seusfilhodaputadesgraçado! Foradaqui!"

Algumas semanas antes, ao preparar minha mudança para o distrito, eu havia começado a estudar italiano por conta própria, com o auxílio de um linguafone. Uma manhã, Papa Martini, como eu já o chamava, passou por mim quando eu falava com o gravador. Ficou parado à porta, ouvindo por alguns momentos, tentando entender essa conversa peculiar. Então meteu-se quarto adentro com exclamações fascinadas. Sentou-se perto de mim, enquanto eu explicava o funcionamento da máquina e o método. Depois disso, ficava encantado quando trabalhava comigo, e eu o chamava de meu professor de italiano. Em pouco tempo chegamos a um estágio no qual eu podia entabular conversas simples, e, graças ao linguafone e a Papa Martini, o italiano que saía aparentemente soava autêntico. Ele gostava de me apresentar a seus amigos como "*un paesano mio*" — um homem de sua cidade natal na Itália. Quando tinha o cuidado de manter minhas falas dentro dos limites de meu vocabulário, às vezes podia passar por um imigrante da vila de Viareggio, na província da Toscana.

Como a pesquisa fizera com que eu me concentrasse quase exclusivamente na geração mais jovem, que falava inglês, meu conhecimento de italiano provou-se desnecessário para os propósitos do estudo. No entanto, tinha certeza de que era importante para estabelecer minha posição social em Cornerville — mesmo com aquela geração mais jovem. Havia professores e assistentes sociais que trabalharam em Cornerville durante 20 anos e, ainda assim, não fizeram qualquer empenho para aprender italiano. Meu esforço em aprender a língua provavelmente foi mais útil para demonstrar a sinceridade de meu interesse do que qualquer coisa que eu pudesse ter dito às pessoas a meu respeito e de meu trabalho. Como poderia um pesquisador planejar "criticar nosso povo" quando se deu ao trabalho de aprender a língua? Com a língua vem a compreensão, e com certeza é mais fácil criticar as pessoas se você não as compreende.

Meus dias com os Martini eram assim: acordava por volta das nove horas e tomava café. Al Martini disse que eu podia tomar o desjejum no restaurante, contudo, por mais que desejasse me ajustar, nunca consegui tomar o café da manhã deles, composto de café com leite e uma fatia de pão.

Depois de comer, voltava para o quarto e passava o resto da manhã, ou a maior parte dela, datilografando as notas que havia tomado sobre os acontecimentos da véspera. Almoçava no restaurante e então ia para a esquina. Usualmente voltava para jantar no restaurante e depois saía para a noite.

Em geral voltava para casa entre 11 horas e meia-noite, quando o restaurante estava vazio, exceto talvez por uns poucos amigos da família. Então eu podia me juntar a Papa na cozinha; ficava conversando e ajudava a enxugar os pratos; ou puxava uma cadeira e me juntava à conversa da família em volta das mesas próximas da cozinha. Havia um copo de vinho para bebericar, e eu podia ficar ali, basicamente ouvindo e de vez em quando testando com eles meu pequeno mas crescente vocabulário italiano.

O padrão era diferente no domingo, quando o restaurante fechava às duas horas e os dois irmãos e a irmã de Al, mais esposas, marido e filhos, vinham para um grande almoço domingueiro. Insistiam para que eu almoçasse com eles, dessa vez como membro da família, sem pagar pela refeição. Sempre havia mais comida do que eu conseguia comer, mas era delicioso, e eu engolia tudo acompanhado por dois copos de vinho Zinfandel. Qualquer tensão que pudesse ter sofrido em meu trabalho na semana anterior desaparecia enquanto eu comia, bebia e depois ia para o quarto, tirar uma soneca de uma ou duas horas, da qual saía completamente renovado e pronto para partir novamente rumo às esquinas de Cornerville.

Embora tivesse feito vários contatos úteis no restaurante, ou por intermédio da família, não foi por isso que os Martini se tornaram importantes para mim. Há um desgaste quando se faz esse tipo de trabalho de campo. Ele é maior quando você é um estranho e está constantemente se perguntando se as pessoas vão aceitá-lo. Por mais que goste do que está fazendo, você deve desempenhar um papel enquanto observa e entrevista, e nunca está completamente descontraído. Era um sentimento maravilhoso poder voltar para casa depois de um dia de trabalho e relaxar e me distrair com a família. Provavelmente teria sido impossível para mim realizar um estudo tão intensivo de Cornerville se não tivesse uma casa como aquela de onde sair e à qual pudesse retornar.

5. No começo, com Doc

Ainda posso me lembrar de minha primeira saída com Doc. Nos encontramos uma noite no Centro Comunitário da Norton Street e saímos de lá para um ponto de jogo a alguns quarteirões de distância. Segui Doc ansiosamente, por um longo e escuro corredor nos fundos de um prédio de apartamentos. Eu não me preocupava com a possibilidade de uma batida policial. Pensava em como me encaixar e ser aceito. Entramos por uma pequena cozinha quase vazia e com as paredes descascadas. Logo que passamos a porta, tirei o chapéu e procurei um lugar onde o pendurar. Não havia. Olhei em volta, e aqui aprendi minha primeira lição de observador participante em Cornerville: não tire o chapéu quando entrar numa casa — pelo menos quando estiver entre homens. Pode-se permitir, mas certamente não é exigido, tirar o chapéu quando houver mulheres.

Doc me apresentou como "meu amigo Bill" a Chichi, que administrava o lugar, e aos amigos e fregueses de Chichi. Fiquei parte do tempo com Doc na cozinha, onde vários homens estavam sentados conversando; e parte na outra sala, olhando o jogo de dados.

Havia conversas sobre jogo, corrida de cavalos, sexo e outros assuntos. Na maior parte do tempo, apenas ouvia e tentava agir de maneira amigável e interessada. Tomamos vinho, café com anis, e cada um da roda dava sua contribuição para pagar as bebidas. (Doc não me deixou pagar minha parte nessa primeira vez.) Como ele havia antecipado, ninguém perguntou nada sobre mim, mas depois ele me disse que, quando fui ao toalete, houve uma torrente de diálogos excitados em italiano, e que ele teve de garantir que eu não era agente do FBI. Contou-me que simplesmente informou que eu era um amigo seu, e eles concordaram em deixar por isso mesmo.

Fomos muitas outras vezes juntos ao ponto de jogo de Chichi, até que chegou a hora em que ousei ir sozinho. Quando passei a ser cumprimentado de maneira natural e amigável, senti que começava a encontrar um lugar para mim em Cornerville.

Quando Doc não ia ao jogo, passava seu tempo em volta da Norton Street, e comecei a ficar ali com ele. No início, Norton Street significava apenas um ponto onde me punha à espera para ir a outro lugar. Gradualmente, à medida que conhecia melhor os rapazes, vi que me tornava um integrante da gangue da Norton Street.

Então formou-se o Clube da Comunidade Italiana no Centro Comunitário da Norton Street, e Doc foi convidado para ser sócio. Ele manobrou para que eu fosse aceito no clube, e fiquei feliz, pois via que representava algo totalmente diferente das gangues de esquina que eu estava conhecendo.

Quando comecei a encontrar os homens de Cornerville, também entrei em contato com algumas garotas. Uma vez levei uma delas para uma dança na igreja. Na manhã seguinte, os camaradas na esquina me perguntaram: "Como vai sua namorada?" Isso me deu uma sacudida. Aprendi que ir à casa da garota era algo que você simplesmente não fazia, a menos que esperasse se casar com ela. Felizmente a garota e sua família sabiam que eu não conhecia os costumes locais, e não presumiram que eu estivesse me comprometendo. No entanto, o aviso foi útil. Embora achasse algumas garotas de Cornerville extremamente atraentes, nunca mais saí com uma delas, exceto em grupo, e nunca mais as visitei em casa.

Com o passar do tempo, descobri que a vida em Cornerville não era nem de perto tão interessante e agradável para as garotas como para os homens. Um rapaz tinha total liberdade para sair e andar à-toa. As garotas não podiam ficar pelas esquinas. Tinham que dividir seu tempo entre sua casa, a casa das amigas e dos parentes e um emprego, se fosse o caso. Muitas delas tinham um sonho mais ou menos assim: um dia chegaria um jovem de fora de Cornerville, com algum dinheiro, um bom emprego e uma boa educação, e as cortejaria e levaria para fora dali. Dificilmente eu teria condição de preencher esse perfil.

6. Treino em observação participante

A primavera de 1937 me propiciou um curso intensivo de observação participante. Aprendi a me conduzir, e fiz isso no convívio de vários grupos, em particular com os Norton.

Quando comecei a andar por Cornerville, descobri que precisava dar uma explicação para minha presença ali e para meu estudo. Se estivesse com Doc, endossado por ele, ninguém me perguntava quem eu era ou o que fazia. Quando circulava sem ele em outros grupos, ou mesmo entre os Norton, era óbvio que tinham curiosidade a meu respeito.

Comecei com uma explicação bastante elaborada. Eu estudava a história social de Cornerville — mas de um novo ângulo. Em vez de trabalhar do passado para o presente, buscava um amplo conhecimento das condições presentes e, depois, seguiria em direção ao passado. Na época estava bastante satisfeito com minha fala, mas ninguém parecia se importar com ela. Só dei essa explicação duas vezes, e quando terminei ficou aquele silêncio incômodo. Ninguém, inclusive eu mesmo, sabia o que dizer.

Embora essa explicação tivesse ao menos a virtude de abarcar qualquer coisa que eu algum dia quisesse fazer no distrito, era aparentemente complicada demais para significar algo para as pessoas de Cornerville.

Logo descobri que essas pessoas desenvolviam sua própria explicação a meu respeito: eu escrevia um livro sobre Cornerville. Pode parecer uma explicação absolutamente vaga, mas ainda assim foi suficiente. Descobri que minha aceitação no distrito dependia das relações pessoais que desenvolvi, muito mais que de qualquer explicação que pudesse dar. Se escrever um livro sobre Cornerville era ou não boa coisa, isso dependia inteiramente das opiniões que as pessoas tinham sobre mim, sobre a minha pessoa. Se fosse favorável, então meu projeto estava bem; se fosse desfavorável, então nenhuma explicação que eu desse poderia convencê-las do contrário.

É claro que as pessoas não satisfaziam sua curiosidade a meu respeito apenas com perguntas que me fizessem diretamente. Procuravam Doc, por exemplo, e indagavam. Doc então respondia às perguntas e dava as garantias necessárias.

Durante meu período em Cornerville, aprendi bem rapidamente a importância crucial de ter o apoio dos indivíduos-chave de qualquer grupo ou organização que eu estudasse. Em vez de tentar me explicar a todos, descobri que as informações sobre mim e meu estudo que eu dava a líderes como Doc eram muito mais detalhadas que as que oferecia ao rapaz comum da esquina. Sempre tentava transmitir a todos a impressão de que estava disposto e ansioso para falar sobre meu estudo para qualquer um, mas só com os líderes dos grupos eu fazia um esforço especial para realmente passar a informação completa.

Minha relação com Doc mudou rapidamente nesse primeiro período em Cornerville. No início, ele era apenas um informante-chave — e também meu padrinho. À medida que passávamos o tempo juntos, parei de tratá-lo como um informante passivo. Discutia bastante francamente com ele o que eu tentava fazer, que problemas me intrigavam, e assim por diante. Muito de nosso tempo era gasto nessa discussão de idéias e observações, de modo que Doc se tornou, num sentido muito real, um colaborador da pesquisa.

Esse pleno conhecimento da natureza de meu estudo estimulou Doc a procurar e me mostrar os tipos de observação pelas quais me interessava. Muitas vezes, quando eu o pegava no apartamento onde vivia com a irmã e o cunhado, ele me dizia: "Bill, você devia estar aqui ontem à noite. Teria ficado curioso com isso." E então prosseguia contando o que acontecera. Seus relatos eram sempre interessantes e valiosos para meu estudo.

Doc achava atraente e prazerosa essa experiência de trabalhar comigo, mas, mesmo assim, a relação tinha seus aspectos negativos. Uma vez ele comentou: "Você me fez diminuir a velocidade desde que está aqui. Agora, quando faço alguma coisa, tenho que pensar o que Bill Whyte gostaria de saber sobre isso e como posso explicar a ele. Antes costumava fazer tudo por instinto."

No entanto, Doc não parecia considerar este um problema sério. Na verdade, sem ter qualquer treinamento, ele era um observador tão perceptivo que bastava um pequeno estímulo para ajudá-lo a tornar explícitas muitas das dinâmicas da organização social de Cornerville. Algumas das interpretações que fiz são mais dele que minhas, embora seja impossível desemaranhá-las agora.

Embora trabalhasse mais próximo de Doc que de qualquer outra pessoa, sempre busquei os líderes em qualquer grupo que estivesse estudando. Queria não apenas seu apoio, mas também uma colaboração mais ativa com o estudo. Como as posições desses líderes na comunidade lhes permitiam observar muito melhor que os seguidores o que acontecia, e como eram em geral observadores mais habilidosos que os seguidores, descobri que tinha muito a aprender por meio de uma cooperação mais ativa com eles.

Quanto aos métodos de entrevista, havia sido orientado para não discutir com as pessoas, nem fazer julgamentos morais sobre elas. Isso estava bem de acordo com minhas próprias inclinações. Apreciava aceitar as pessoas e ser aceito por elas. No entanto, essa atitude não aparecia tanto nas entrevistas, pois tive poucas conversas formais. Buscava mostrar essa aceitação interessada pelas pessoas e pela comunidade em minha participação cotidiana em suas vidas.

Aprendi a participar das discussões na esquina sobre beisebol e sexo. Isso não exigiu qualquer treinamento especial, pois esses temas pareciam ser de interesse quase universal. Eu não era capaz de participar tão ativamente das discussões sobre corridas de cavalos. Comecei a seguir as corridas de maneira bastante geral e amadora. Tenho certeza de que teria valido a pena devotar mais tempo ao estudo do *Morning Telegraph* e outras publicações sobre corridas, mas meu conhecimento de beisebol pelo menos garantiu que eu não fosse deixado de fora das conversas nas esquinas.

Embora evitasse expressar opiniões sobre questões melindrosas, descobri que discutir sobre alguns assuntos era simplesmente parte do padrão social, e que dificilmente alguém poderia participar sem se juntar à discussão. Muitas vezes achei-me envolvido em discussões acaloradas, mas cordiais, sobre os méritos relativos de determinados jogadores ou dirigentes de algum time importante.

Sempre que uma garota ou grupo de garotas viesse andando pela rua, os rapazes da gangue tomavam notas mentais para depois discutir suas avaliações sobre elas. Essas avaliações tinham a ver, basicamente, com questões de forma, e aí eu tinha prazer de argumentar que Mary possuía um corpo melhor que Ana, ou vice-versa. É claro que, se alguns dos rapazes fossem pessoalmente ligados a Mary ou Ana, não se faria qualquer comentário indiscreto, e eu também evitaria esse tópico.

Às vezes ficava pensando se simplesmente estar parado na esquina seria um processo suficientemente ativo para ser dignificado pelo termo "pesquisa". Talvez devesse fazer perguntas a esses homens. No entanto, é preciso aprender quando perguntar e quando não perguntar, e também que perguntas fazer.

Aprendi essa lição uma noite, nos primeiros meses, quando estava com Doc no ponto de jogo de Chichi. Um homem de outra parte da cidade estava nos regalando com uma história sobre a organização das atividades relacionadas com o jogo. Haviam me dito que ele fora grande operador de jogos e falava com conhecimento de causa sobre muitos assuntos interessantes. Falou a maior parte do tempo, mas como os outros faziam perguntas e comentários, achei, numa certa altura, que deveria dizer alguma coisa para participar. E perguntei: "Imagino que os tiras eram todos subornados, não?"

O queixo do jogador caiu. Ele me encarou. E então negou com veemência que qualquer policial tivesse sido subornado, e imediatamente mudou de assunto. Passei o resto daquela noite sentindo-me muito desconfortável.

No dia seguinte, Doc explicou a lição da noite anterior. "Vá devagar, Bill, com essa coisa de 'quem', 'o quê', 'por quê', 'quando', 'onde'. Você pergunta essas coisas e as pessoas se fecharão em copas. Se te aceitam, basta que você fique por perto, e saberá as respostas a longo prazo, sem nem mesmo ter que fazer as perguntas."

Descobri que isso era verdade. Sentando e ouvindo, soube as respostas às perguntas que nem mesmo teria tido a idéia de fazer se colhesse minhas informações apenas por entrevistas. Não abandonei de vez as perguntas, é claro. Simplesmente aprendi a julgar quão delicada era uma questão e a avaliar minha relação com a pessoa, de modo a só fazer uma pergunta delicada quando estivesse seguro da solidez de minha relação com ela.

Depois de ter estabelecido minha posição na esquina, os dados vinham a mim sem esforços muito ativos de minha parte. Apenas ocasionalmente, quando estava preocupado com um problema específico e sentia necessidade de novas informações sobre um certo indivíduo, apenas então eu buscava uma oportunidade de encontrá-lo a sós e fazer uma entrevista mais formal.

No início, concentrei-me na tarefa de me ajustar a Cornerville, embora um pouco mais tarde tivesse de enfrentar a questão de até que ponto ia me envolver na vida do distrito. Dei de cara com o problema numa noite, quando descia a rua com os Norton. Tentando entrar no espírito do papo furado, soltei um monte de obscenidades e vulgaridades. Todos pararam por um momento e olharam para mim, surpreendidos. Doc balançou a cabeça e disse: "Bill, a gente não espera que você fale desse jeito. Não combina com você."

Tentei explicar que somente usava termos comuns na esquina. Doc insistiu, no entanto, que eu era diferente, e que eles queriam que eu continuasse assim.

A lição foi muito além do emprego de obscenidades e vulgaridades. Aprendi que as pessoas não esperavam que eu fosse exatamente igual a elas; na realidade, estavam interessadas em mim e satisfeitas comigo porque viam que eu era diferente, bastava que tivesse um interesse amigável por elas. Abandonei portanto meus esforços de imersão total. Ainda assim, meu comportamento foi afetado pela vida na esquina. Quando John Howard chegou de Harvard para se juntar a mim no estudo do lugar, notou na mesma hora que minha maneira de conversar em Cornerville era muito diferente da que eu tinha em Harvard. Não era uma questão de usar imprecações ou obscenidades, nem de eu me forçar a usar expressões gramaticalmente incorretas. Eu falava de um jeito que me parecia natural, mas o natural de Cornerville não era o mesmo de Harvard. Em Cornerville encontrei-me dando muito mais vivacidade à minha fala, engolindo as terminações de algumas palavras e gesticulando de maneira muito mais expressiva. (Havia também, é claro, a diferença de vocabulários. Quando estava mais profundamente envolvido em Cornerville, vi-me bastante desarticulado durante minhas visitas a Harvard. Eu simplesmente não conseguia acompanhar as discussões sobre relações internacionais, a natureza da ciência e coisas assim, nas quais antes me sentira mais ou menos à vontade.)

À medida que fui sendo aceito pelos Norton e por vários outros grupos, tentei me tornar bastante agradável, de modo que as pessoas tivessem prazer de me ver por perto. Ao mesmo tempo, tentei não influenciar o grupo, porque queria estudar a situação da maneira menos afetada possível por minha presença. Assim, durante toda a minha estada em Cornerville, evitei aceitar empregos ou posições de liderança em qualquer dos grupos, com uma única exceção. Uma vez fui nomeado secretário do Clube da Comunidade Italiana. Meu primeiro impulso foi declinar da indicação, mas então refleti que a função do secretário é normalmente considerada menor — escrever as atas e cuidar da correspondência. Aceitei e descobri que poderia fazer um registro muito completo do desenrolar das reuniões enquanto elas aconteciam, sob o pretexto de tomar notas para as atas.

Embora tenha evitado influenciar indivíduos ou grupos, tentei ser útil em Cornerville da maneira como ali se espera que um amigo ajude o outro. Quando um dos rapazes tinha de ir fazer alguma coisa no centro da cidade e queria companhia, eu ia junto. Quando alguém tentava conseguir um emprego e devia escrever uma carta falando de si mesmo, eu o ajudava a escrever, e assim por diante. Esse tipo de comportamento não apresentava problema algum, mas quando se tratava de lidar com dinheiro, de modo algum estava claro como eu deveria me conduzir. Certamente, buscava gastar dinheiro com meus amigos do mesmo jeito que faziam comigo. Mas, e quanto a emprestar? Num lugar como Cornerville, espera-se que um homem ajude seus amigos sempre que possa, e muitas vezes a ajuda necessária é financeira. Emprestei dinheiro em diversas ocasiões, mas sempre me senti desconfortável a respeito disso. Naturalmente uma pessoa gosta quando você lhe empresta dinheiro, mas o que sente ela quando chega a hora de pagar e não tem como? Talvez fique embaraçada e tente evitar sua companhia. Nessas ocasiões, eu tentava encorajar meu amigo, dizendo saber que não tinha como me pagar no momento e que isso não me preocupava. Ou então dizia para esquecer a dívida de uma vez por todas. Mas isso não a apagava do livro de contabilidade, e o desconforto permanecia. Aprendi que é possível fazer um favor para um amigo e, no processo, causar um dano à relação.

Não conheço solução fácil para esse problema. Tenho certeza de que haverá circunstâncias nas quais o pesquisador agiria muito mal caso se recusasse a fazer um empréstimo a uma pessoa. Por outro lado, estou convencido de que, sejam quais forem os seus recursos financeiros, ele não deve buscar oportunidade de emprestar dinheiro, e precisa evitar fazer isso, sempre que possa, de maneira elegante.

Se o pesquisador estiver tentando entrar em mais de um grupo, seu trabalho de campo torna-se mais complicado. Pode haver momentos em que os grupos entrem em conflito um com o outro, e esperam que ele tome posição. Uma vez, na primavera de 1937, os rapazes combinaram um jogo de boliche entre os Norton e o Clube da Comunidade Italiana. Doc jogou pelos Norton, é claro. Felizmente meu jogo naquela época não havia chegado a um nível que me tornasse disputado por qualquer dos times, e pude ficar sentado assistindo. De lá eu tentava aplaudir, imparcialmente, os bons lances dos dois times, embora tema que estivesse evidente o crescente entusiasmo de meus aplausos para os Norton.

Quando estava com os sócios do Clube da Comunidade Italiana, de forma alguma me sentia chamado a defender os rapazes da esquina contra quaisquer observações depreciativas. No entanto, houve uma ocasião constrangedora, quando estava com os rapazes da esquina e um dos rapazes formados parou para falar comigo. No meio da conversa, ele disse: "Bill, esses caras não vão entender o que quero dizer, mas tenho certeza de que você entende." Eu pensei que tinha de dizer alguma coisa, e falei que ele estava muito equivocado ao subestimar os rapazes, e que os formados não eram os únicos inteligentes.

Embora a observação estivesse de acordo com minha inclinação natural, estou certo de que ela se justificava de um ponto de vista estritamente prático. Minha resposta não abalou o sentimento de superioridade do rapaz formado, nem perturbou nossa relação pessoal. Por outro lado, ficou claro, logo que ele saiu, como os rapazes da esquina tinham ficado profundamente sentidos com aquela observação. Passaram algum tempo expressando, de maneira explosiva, o que achavam do cara. Então me disseram que eu era diferente, que apreciavam isso, e que eu sabia muito mais do que esse cara, e mesmo assim não me exibira.

A primeira primavera que passei em Cornerville serviu-me para estabelecer uma posição sólida na vida do distrito. Estava lá somente há umas semanas quando Doc me disse: "Você é uma coisa tão parte desta esquina como aquele poste ali." Talvez o evento mais importante a sinalizar minha aceitação entre os Norton tenha sido o jogo de beisebol que Mike Giovanni organizou contra o grupo dos rapazes da Norton Street que tinham perto de 20 anos. Os homens mais velhos haviam acumulado gloriosas vitórias no passado contra os mais jovens, que então começavam a surgir. Mike me deu uma posição regular no time, acho que talvez não fosse uma posição-chave (eu fiquei na primeira base), mas pelo menos estava jogando. Quando chegou minha vez de rebater, na segunda parte da nono tempo, o escore estava apertado, já houvera duas fora, e as bases estavam carregadas. Quando me abaixei para pegar o bastão, ouvi algum dos camaradas sugerir a Mike que ele devia pôr um rebatedor da reserva. Mike respondeu numa voz alta que só podia ser para eu ouvir: "Não, tenho confiança em Bill Whyte. Ele vai se sair bem desse aperto." Então, com o estímulo da confiança de Mike, fui lá, perdi duas rebatidas e depois bati uma bola difícil, que passou entre a segunda base e a base central. Pelo menos foi o que me disseram. Estava tão ocupado tratando de chegar à primeira base que não sei se cheguei lá por erro ou por ter feito uma rebatida indefensável mesmo.

Naquela noite, quando descemos para um café, Danny me presenteou com um anel, por ser um companheiro regular e um jogador bastante bom. Fiquei particularmente impressionado com o anel, pois tinha sido feito a mão. Danny começara com um dado de âmbar claro, que já não tinha utilidade em seu jogo. Durante longas horas, usou o cigarro aceso para fazer um furo no dado e arredondar os cantos, de modo que a parte de cima ficasse com o formato de um coração. Assegurei meus amigos de que guardaria aquele anel comigo para sempre.

Talvez devesse acrescentar que minha rebatida, que nos deu a vitória, resultou no escore 18-17, a mostrar que eu não era o único a acertar a bola. Ainda assim, foi um sentimento maravilhoso ter conseguido corresponder quando eles contavam comigo, e isso me fez sentir mais ainda que tinha um lugar na Norton Street.

À medida que juntei os primeiros dados de pesquisa, tive que decidir como organizar as notas escritas. Bem no início da fase exploratória, simplesmente punha todas as notas numa única pasta, em ordem cronológica. Como seguiria estudando vários diferentes grupos e problemas, era óbvio que essa não poderia ser a solução.

Tive que subdividir as notas. Parecia haver duas possibilidades, basicamente. Organizá-las por tópicos, com pastas para política, organizações mafiosas, igreja, família, e assim por diante. Ou em termos dos grupos aos quais se referiam, o que implicaria pastas sobre os Norton, o Clube da Comunidade Italiana, e outras. Sem realmente refletir a respeito do problema, comecei a organizar o material com base nos grupos, raciocinando que mais tarde poderia redividir o material por tópicos, quando tivesse conhecimento sobre o método mais relevante.

Porém o material nas pastas começou a aumentar, e cheguei à conclusão de que a organização das notas por grupos sociais se adequava ao modo como meu estudo vinha se desenvolvendo. Por exemplo, temos um rapaz formado que é membro do Clube da Comunidade Italiana que diz: "Esses gângsteres dão má reputação ao nosso distrito. Eles realmente deveriam ser postos pra fora daqui." E temos um membro dos Norton dizendo: "Esses gângsteres são realmente legais. Quando você precisa de ajuda, eles estão aí. O empresário legítimo — este não te dá nem a hora certa." Essas citações deveriam ser arquivadas em "Gângsteres, atitudes com relação a"? Nesse caso, elas apenas mostrariam que há atitudes conflituosas em Cornerville a respeito dos gângsteres. Somente um questionário (dificilmente viável para estudar esse tópico) poderia mostrar a distribuição de atitudes no distrito. Além disso, como seria importante saber quantas pessoas se sentiam de uma ou de outra maneiras a respeito do assunto? Parecia-me de muito maior interesse científico ser capaz de relacionar a atitude ao grupo do qual participava o indivíduo. Isso mostraria por que seria de se esperar que duas pessoas tivessem atitudes bastante diferentes com relação a uma dada questão.

Com o passar do tempo, até as notas em cada pasta aumentaram além do ponto a partir do qual minha memória já não me permitia localizar rapidamente determinado item. Então inventei um sistema rudimentar de indexação: uma página de três colunas contendo, para cada entrevista ou relato de observação, a data, a pessoa ou as pessoas entrevistadas ou observadas, e um breve resumo da entrevista ou da observação. Esse índice tinha de três a oito páginas. Quando chegou o momento de rever as notas ou de escrever a partir delas, uma busca de cinco a dez minutos no índice era suficiente para me dar um quadro razoavelmente completo do que eu tinha e de onde qualquer item podia ser localizado.

7. Uma aventura na política

Passei julho e agosto de 1937 fora de Cornerville, com meus pais. Talvez simplesmente estivesse muito acostumado com as férias de verão da família para permanecer em Cornerville, mas por fim racionalizei que precisava sair de lá por um tempo para ler algumas coisas, e também construir uma perspectiva sobre meu estudo. Não era fácil construir uma perspectiva naquela época. Ainda não via o elo que conectava um estudo abrangente da vida da comunidade e os estudos intensivos de grupos.

Voltei sentindo que, de alguma forma, devia ampliar meu estudo. Isso podia significar abandonar meus contatos com os Norton e com o Clube da Comunidade Italiana — e passar a ter uma participação mais intensa em outras áreas. Talvez essa tivesse sido uma decisão lógica em termos da forma como via meu estudo de Cornerville na época. Felizmente não agi assim. O clube me tomava apenas uma noite por semana, então não havia qualquer grande pressão para abandoná-lo. Os Norton tomavam muito mais tempo, porém, ainda assim, era importante para mim ter uma esquina e um grupo nos quais me sentisse em casa em Cornerville. Na época, não via claramente que aquele estudo de um grupo representava muito mais que um exame de suas atividades e relações pessoais num determinado momento. Somente quando comecei a perceber mudanças nesses grupos me dei conta de quão extremamente importante é observar um grupo durante um longo período de tempo.

Embora eu perambulasse com os Norton e o Clube da Comunidade Italiana mais ou menos por inércia, decidi que deveria expandir o estudo buscando uma visão mais ampla e profunda da vida política da comunidade. Em Cornerville, as atividades dos grupos de esquina e a política estão inextricavelmente entrelaçadas. Havia diversas organizações políticas buscando fortalecer candidatos rivais. Senti que a melhor maneira de ter uma visão de dentro da política seria me associando ativamente a uma delas, mas tinha receio de que isso me pusesse um rótulo que, mais tarde, dificultaria meu estudo, quando eu quisesse me relacionar com pessoas que fossem contra esse determinado político.

O problema se resolveu sozinho. No outono de 1937, houve uma eleição para prefeito. Um político irlandês que já fora prefeito e governador do estado se recandidatava. Entre os "bons ianques", o nome de Murphy era a personificação da corrupção. No entanto, em Cornerville, ele tinha a reputação de ser um amigo dos pobres e do povo italiano. A maior parte dos políticos de Cornerville fechava com ele, e se esperava que ganhasse no distrito por uma tremenda maioria. Decidi, portanto, que seria bom para meu estudo se eu pudesse começar na política trabalhando para esse homem. (Entre meus colegas de Harvard, essa nova aliança política provocou o arquear de algumas sobrancelhas; mas racionalizei dizendo que um neófito completo dificilmente poderia fazer qualquer coisa que contribuísse para a eleição de um notório político.)

A fim de me engajar na campanha, tinha que fazer algum tipo de conexão local. Consegui isso com George Ravello, o senador do estado que representava nosso distrito e dois outros. No restaurante onde eu vivia, conheci Paul Ferrante, secretário de Ravello e também amigo da família Martini. Os serviços que Ferrante prestava a Ravello eram inteiramente voluntários. Paul estava desempregado na época e trabalhava para o senador na esperança de que, com isso, pudesse conseguir um emprego político algum dia.

Após uma rápida discussão preliminar, alistei-me como secretário não-remunerado do secretário não-remunerado do senador estadual, enquanto durasse a campanha para prefeito. Quando terminou a eleição, me realistei, pois havia uma eleição especial para uma cadeira vaga no Congresso, e George Ravello concorria a ela. Felizmente, para meu estudo, todos os outros políticos de Cornerville estavam pelo menos oficialmente com Ravello, já que ele concorria com vários irlandeses. Assim, senti que poderia atuar em sua campanha sem criar barreiras para mim em qualquer outra parte do distrito.

Como alguém que trabalhava na campanha do senador estadual, eu era uma completa anomalia. A maior parte dos que se engajam nessas campanhas pretende pelo menos arrebanhar um número substancial de votos; eu não podia prometer nada além do meu. Foi difícil para a organização acostumar-se com isso. Uma vez George Ravello me deu uma carona até a Assembléia Legislativa e quis saber quando eu ia conseguir para ele o apoio do Clube da Comunidade Italiana. Naquela época, esta era uma questão bastante discutida no clube. Por um lado, todos os sócios tinham interesse em ver um ítalo-americano avançar para um alto posto; por outro, sentiam-se embaraçados quando eram identificados com George Ravello. Dificilmente se poderia considerar educada a linguagem que ele usava em público, e Ravello ganhara um tipo de publicidade que em diversas ocasiões deixava os rapazes embaraçados. Uma vez, por exemplo, uma mulher estava testemunhando contra um projeto apresentado no senado por Ravello. Ele se enfureceu no meio da audiência e ameaçou jogar a boa mulher ao mar se ela algum dia pusesse os pés em seu distrito. Em outra ocasião, os jornais mostraram a foto de Ravello com um olho roxo, que havia ganhado numa luta com um membro da Junta de Indultos e Liberdade Condicional do estado.

Expliquei a Ravello que era contra a política do clube endossar candidatos a qualquer cargo público. Embora isso fosse verdade, dificilmente era uma explicação satisfatória para o senador. Ainda assim ele não insistiu no assunto, talvez reconhecendo que, afinal, o apoio do Clube da Comunidade Italiana não contava muito.

Como não era capaz de angariar votos, busquei ser útil fazendo diversos pequenos serviços, como pregar cartazes de Ravello em várias partes do distrito.

Estou certo de que ninguém achou que eu fosse de grande ajuda para a campanha do senador, mas também não parecia causar nenhum dano, de modo que tive a permissão de andar à vontade pelo lugar, que servia como uma combinação de escritório político e salão funerário.

Eu achava esse um dos piores lugares para ficar, porque jamais consegui manter um completo distanciamento científico com relação à questão dos "salões funerários". Uma das minhas mais vívidas e desagradáveis memórias de Cornerville vem desse período. Um dos eleitores do senador havia morrido. Como a escada para seu apartamento era muito estreita para passar o caixão, o morto foi exposto para os amigos e a família na capela dos fundos do salão funerário. Infelizmente foi exposto em dois pedaços, pois sua perna fora amputada pouco antes da morte. O resto do corpo estava embalsamado, mas me disseram que não havia como embalsamar uma perna avulsa. A perna gangrenada tinha um cheiro nauseante. Enquanto a família e os amigos vinham prestar suas últimas homenagens, os empregados políticos ficavam na parte da frente do escritório, tentando se manter concentrados na política. De vez em quando Paul Ferrante andava pela sala borrifando perfume. A combinação de perfume e mau-cheiro de podridão dificilmente poderia melhorar a situação. Fiquei no meu posto o dia todo, mas terminei um tanto enjoado.

Como os políticos não sabiam o que fazer com meus serviços, mas, ainda assim, estavam dispostos a me ter por perto, descobri que poderia criar minha própria definição do cargo. Antes de uma das reuniões dos trabalhadores políticos, sugeri a Carrie Ravello — a esposa do candidato e verdadeiro cérebro da família — que eu servisse de secretário. Então, passei a tomar notas enquanto a reunião se desenrolava e datilografei um sumário para uso futuro, que passei para ela. (A invenção do papel carbono me permitiu guardar minha própria cópia de todas as anotações.)

Na realidade, esses registros não tinham qualquer importância para a organização. Embora fossem consideradas reuniões para discutir estratégia e táticas políticas, eram apenas encontros preparatórios para a segunda linha de poderes políticos que apoiava Ravello. Nunca estive em nenhuma das discussões políticas do alto escalão, em que as verdadeiras decisões eram tomadas. No entanto, as anotações que fiz nesses encontros políticos realmente me deram um registro plenamente documentado de uma área específica. A partir dali, passei para o comício político de grande porte, onde busquei registrar, no local da ação, as falas e outras atividades dos principais correligionários de Ravello.

Quando chegou o dia da eleição, votei logo que a seção abriu e me apresentei no quartel-general do candidato. Ali soube que havia sido designado para trabalhar com o secretário de Ravello em outro Distrito. Passei a primeira parte do dia fora de Cornerville, seguindo Ferrante, sem exercer qualquer atividade útil para mim ou para a organização. Não me preocupava com minha contribuição porque tinha a impressão cada vez mais forte de que muito do que acontecia sob o nome de atividade política era simples perda de tempo. Na manhã daquele dia paramos para conversar com vários amigos de Paul Ferrante e beber alguma coisa ou tomar um café aqui e ali. Depois ficamos em circulação, oferecendo transporte para eleitores que precisassem chegar a suas seções — o que, num distrito tão povoado, significava um local logo ali, depois da esquina. Fizemos cerca de 30 paradas e transportamos uma eleitora que declarou pretender caminhar até a seção dali a cinco minutos. Os outros não estavam em casa ou disseram que iriam mais tarde a pé.

Às duas horas, perguntei se poderia sair e voltar para meu Distrito. A permissão foi imediata, e então pude passar o resto do dia em Cornerville.

Quando cheguei em casa, comecei a ouvir relatos alarmantes a respeito do Distrito do político irlandês, o principal adversário de Ravello. Dizia-se que ele tinha uma frota de táxis passeando pelo Distrito, e assim cada repetidor conseguia votar em todas as zonas. Ficou claro que, se não roubássemos a eleição, esse mau caráter a roubaria de nós.

Por volta das cinco horas, um dos principais assessores do senador correu até alguns de nós que estávamos parados na esquina, do outro lado da rua onde ficava minha seção. Ele nos disse que a seção de Joseph Maloney, em nosso Distrito, estava totalmente aberta para repetidores. Os carros estavam prontos para transportá-los e tudo de que precisávamos eram uns poucos homens para começar o trabalho. Naquele momento a organização estava desfalcada de mão-de-obra para realizar essa importante tarefa. O assessor não pediu voluntários; ele simplesmente nos mandou entrar nos carros e seguir para as seções onde o trabalho pudesse ser feito. Hesitei um momento, mas não me recusei.

Antes que as seções fossem fechadas naquela noite, eu havia votado mais três vezes em George Ravello — realmente nenhuma grande façanha, já que um outro novato que começara na mesma hora que eu conseguira produzir nove votos no mesmo período. Dois dos meus votos foram dados numa ponta do Distrito que pertencia a Joseph Maloney, e o terceiro foi registrado na minha própria seção.

Estava parado na esquina quando os capangas do político chegaram com a lista de eleitores e pediram que eu entrasse. Expliquei que aquela era minha seção e que já havia votado com meu próprio nome. Quando souberam que isso tinha acontecido logo que a seção fora aberta, disseram que não havia razão para me preocupar, pois a equipe encarregada da seção já mudara. Escolheram para mim o nome de Frank Petrillo. Disseram que Petrillo era um pescador siciliano que estava no mar no dia da eleição, e portanto estávamos exercendo os direitos democráticos por ele. Olhei na lista e descobri que Petrillo tinha 45 anos e media 1,75m. Como eu tinha 23 anos e media 1,89m, pareceu-me implausível substituí-lo, e levantei a questão. Garantiram que isso não fazia a menor diferença, já que as pessoas dentro da seção eram gente de Joe Maloney. Não me senti completamente tranqüilo com isso, mas, mesmo assim, já perto da hora de encerrar a votação, entrei numa longa fila e esperei a minha vez.

Dei meu nome, a mulher na entrada me deixou entrar, peguei minha cédula, voltei à cabine e marquei George Ravello. Quando estava a ponto de colocar o voto na urna, a mulher me olhou e perguntou minha idade. De repente o ridículo da farsa me bateu de cheio. Eu deveria dizer 45, mas não pude falar mentira tão absurda. Em vez disso, fiz por 29. Ela perguntou minha altura e fiz outra média, dizendo 1,82. Eu estava pego, mas o interrogatório continuou. A mulher perguntou como eu soletrava meu nome. Naquela excitação toda, soletrei errado. A outra fiscal chegou e perguntou sobre minhas irmãs. Achei que me lembrava de ter visto os nomes de algumas mulheres Petrillo na lista, e, de qualquer modo, se eu inventasse nomes que não aparecessem, poderiam ser nomes de mulheres que não estavam registradas. Eu disse: "Sim, tenho duas irmãs." Ela perguntou seus nomes, e respondi "Celia e Florence."

Lançou-me um olhar malicioso e perguntou: "E essa Marie Petrillo?" Inspirei profundamente e disse: "É minha prima." Elas disseram que teriam que impugnar meu voto. Chamaram o policial encarregado da seção.

Tive um minuto de espera até que ele chegasse, e foi tempo suficiente para refletir sobre meu futuro. Podia ver diante de mim grandes manchetes nas primeiras páginas dos tablóides de Eastern City: BOLSISTA DE HARVARD PRESO POR FRAUDAR A ELEIÇÃO. Por que deixariam de fazer isso? Na verdade, era a história ideal para um jornal, do tipo homem morde cachorro. Naquele instante resolvi que pelo menos não mencionaria minha conexão com Harvard nem meu estudo sobre Cornerville quando fosse preso.

O policial chegou, disse que teria que impugnar meu voto e pediu que eu escrevesse meu nome atrás do voto. Fui para a cabine. Mas àquela altura estava tão nervoso que esqueci qual era meu primeiro nome, e escrevi "Paul". O policial pegou meu voto e olhou no verso. Fez-me jurar que esse era o meu nome e que não havia votado antes. Jurei. E caminhei para o portão. Ele me disse para parar. Olhei a multidão entrando e pensei em sair correndo na direção dela, mas não fiz isso. Voltei. Ele olhou no livro de eleitores registrados. Então se virou para a cabine e por um momento ficou de costas para mim. E o vi apagando o nome que eu tinha escrito no verso do voto. Depositou o voto na urna e o registrou, soando uma campainha. Disse-me que eu podia sair, foi o que fiz, tentando caminhar de um jeito calmo e displicente.

Quando estava na rua, disse para o cabo eleitoral do político que meu voto havia sido impugnado. "E daí, qual o problema? Não perdemos nada com isso." Então contei que o voto finalmente havia ido para a urna. "Bom, melhor ainda. Escute, o que eles poderiam ter feito com você? Se os tiras tivessem te levado, não iam te segurar lá. A gente cuidava de você."

Não comi bem naquela noite. Curiosamente, não me sentia tão culpado com o que havia feito até pensar que iam me prender. Até aquele momento tinha apenas feito as coisas, meio desligado. Depois do jantar fui procurar Tony Cardio, do Clube da Comunidade Italiana. À tarde, quando eu entrava na seção para "repetir" o voto, ele vinha saindo. Ao passar por mim, arreganhou um sorriso e disse: "Estão dando um duro em você hoje, não é?" Concluí imediatamente que ele devia saber que eu ia votar de novo. Agora sentia que precisava vê-lo o mais depressa possível para explicar da melhor maneira o que eu havia feito e por quê. Felizmente para mim, Tony não estava em casa naquela noite. À medida que minha ansiedade foi baixando, reconheci que, simplesmente porque eu sabia de minha própria culpa, isso não necessariamente significava que todos os outros e Tony soubessem o que eu fizera. Confirmei isso indiretamente quando mais tarde tivemos uma conversa sobre a eleição. Ele não levantou questão alguma a respeito de minhas atividades como votante.

Foi esse o meu desempenho no dia da eleição. O que ganhei com ele? Tinha visto de primeira mão, por experiência pessoal, como era feita a repetição. Mas isso era realmente de pouca importância, pois observara essas atividades bastante de perto antes, e poderia ter obtido todos os dados sem correr risco algum. Na verdade não aprendi nada de valor para a pesquisa com essa experiência, e me arrisquei a prejudicar todo o meu estudo. Embora tivesse escapado da prisão, nem sempre essas coisas são resolvidas com tamanha segurança quanto pensa o assessor do político. Um ano mais tarde, quando estava fora da cidade no dia da eleição, alguém foi realmente preso por votar em *meu* nome.

Além do risco de ser preso, havia outras perdas possíveis. Embora a repetição fosse bastante comum em nosso Distrito, somente umas tantas pessoas estavam engajadas nisso, e em geral eram vistas como as que faziam o trabalho sujo. Se a notícia tivesse se espalhado, minha posição no Distrito teria sofrido um dano considerável. Até onde saiba, apenas algumas das pessoas-chave na organização de Ravello ficaram sabendo da história. Eu votara mais fora do Distrito, e meus amigos da Norton Street não votavam na mesma seção em que dei meu segundo voto em Cornerville. Não tinha sido observado por ninguém cuja opinião pudesse me causar dano. Além disso, foi por absoluta sorte que não me denunciei a Tony Cardio; na verdade, tive sorte em tudo, do começo ao fim.

A experiência trouxe problemas que transcendiam a questão de ter-me saído bem. Eu fora criado como um respeitável cidadão de classe média, seguidor da lei. Quando descobri que era um repetidor, minha consciência começou a criar sérios problemas. Não era essa a auto-imagem que vinha tentando construir. Não podia simplesmente rir dela, como se fosse uma parte necessária do trabalho de campo. Sabia que não era necessária; depois de ter começado a "repetir", poderia ter-me recusado a ir adiante. Houve outros que se recusaram. Eu simplesmente me envolvera na dinâmica da campanha e me permitira ser levado por ela. Tive de aprender que, para ser aceito pelas pessoas num distrito, você não deve fazer tudo exatamente como elas fazem. Na verdade, num distrito onde existem diferentes grupos com diferentes padrões de comportamento, ajustar-se aos padrões de um grupo particular pode ter conseqüências muito sérias.

Também precisei aprender que o pesquisador de campo não pode se dar ao luxo de pensar apenas em viver a vida com os outros à sua volta. Ele deve continuar a viver consigo mesmo. Se o observador participante se vê assumindo comportamentos que havia aprendido a considerar imorais, então é provável que comece a pensar sobre o tipo de pessoa que ele é. A menos que possa levar consigo uma imagem razoavelmente consistente de si mesmo, é provável que se meta em dificuldades.

8. De volta a Norton Street

Quando terminou a campanha, voltei a Norton Street sem cortar totalmente meus laços com a organização de Ravello. Havia duas razões para isso: queria manter meus contatos para futuras possíveis pesquisas sobre política, e também não desejava que pensassem em mim apenas como mais um desses caras fingidos que fazem a maior agitação em torno do político quando este parece ter a chance de vencer, e o abandonam quando perde. Ainda assim, não havia qualquer laço pessoal forte me prendendo à organização. Gostava de Carrie Ravello e a respeitava; o senador me intrigava e me interessava, mas nunca senti vontade de conhecê-lo. Seu ex-secretário simplesmente desapareceu de vista por algum tempo depois da eleição — e ainda me devendo dez dólares. Os outros realmente não tinham importância para mim, pessoalmente. E ao rever minhas notas, hoje, vejo que até mesmo seus nomes têm pouco significado.

Quando voltei a estar mais ativo na Norton Street, o mundo local começou a me parecer diferente. O universo que eu vinha observando estava num processo de mudança. Observei alguns dos sócios do Clube da Comunidade Italiana estabelecer contatos com o alto mundo ianque quando os acompanhei à "All-American Night" no Clube das Mulheres Republicanas. Via crescer as tensões e os desgastes entre os Norton, como resultado dos contatos com o Clube Afrodite e o Clube da Comunidade Italiana. Completamente desprovido de distanciamento científico, observava Doc enquanto ele se preparava em seu esforço fracassado de concorrer a um cargo público.

Então, em abril de 1938, numa noite de sábado, me defrontei inesperadamente com uma de minhas mais empolgantes experiências de pesquisa em Cornerville. Foi na noite em que os Norton iam disputar um prêmio em dinheiro no boliche, a maior noite do boliche em toda a temporada. Lembro-me de estar na esquina com os rapazes enquanto eles discutiam o torneio. Ouvia Doc, Mike e Danny fazerem suas previsões quanto à ordem de classificação final dos homens. De início aquilo não me causou impressão particular alguma, pois minhas próprias previsões não expressas eram exatamente as deles. Então, enquanto os homens brincavam e discutiam, subitamente comecei a questionar toda a situação e a vê-la de uma maneira nova. Estava convencido de que Doc, Mike e Danny estavam basicamente corretos em suas previsões, mas, ainda assim, por que as classificações deveriam se aproximar da estrutura da gangue? Será que esses homens no topo eram simplesmente melhores atletas que o resto? Não fazia qualquer sentido, pois ali estava Frank Bonelli, um atleta bom o suficiente para receber a promessa de um teste num time de beisebol da primeira divisão. Por que não poderia Frank superar todos nós na pista de boliche? Então me lembrei do jogo de beisebol que tínhamos jogado um ano antes contra a turma mais jovem da Norton Street. Eu via o homem que era tido consensualmente como o melhor jogador de beisebol entre nós a fazer arremessos errados, com passos longos, graciosos, e deixar as bolas rasteiras repicar entre suas pernas. E então me lembrei de que nem eu nem ninguém parecia surpreso com o desempenho de Frank naquele jogo. Nem mesmo ele estava surpreso, como explicou: "Até parece que não sei jogar bola quando jogo com os camaradas que conheço, como os dessa turma."

Naquela noite fui para as pistas fascinado e um tanto tomado por um sentimento de reverência pelo que estava prestes a testemunhar. Aqui estava a estrutura social em ação, bem aqui, nas pistas de boliche. Ela mantinha os integrantes individuais em seus lugares — e a mim também, junto com eles. Naquele momento, não parei para raciocinar que, como amigo íntimo de Doc, Danny e Mike, eu tinha uma posição próxima ao topo da gangue. Portanto, devia-se esperar de mim um desempenho excepcional nessa grande ocasião. Simplesmente me vi extasiado, transportado pela situação. Sentia que meus amigos estavam comigo, tinham confiança em mim, queriam que eu jogasse bem. Quando chegou minha vez e avancei para jogar, senti uma absurda confiança de que ia derrubar os pinos que mirava. Nunca havia me sentido daquele jeito antes — nem depois. Aqui, na pista de boliche, experimentava subjetivamente o impacto da estrutura do grupo sobre o indivíduo. Era um sentimento estranho, como se algo maior que eu controlasse a bola quando comecei a fazer o balanço, e soltei-a em direção aos pinos.

Quando tudo terminou, olhei as pontuações de todos os outros homens. Ainda estava um tanto perplexo com minha própria experiência, e agora empolgado ao descobrir que os rapazes realmente haviam terminado na ordem prevista, com apenas duas exceções que poderiam ser facilmente explicadas em termos da estrutura do grupo.

Refletindo depois sobre a disputa na pista de boliche, duas coisas se destacaram em minha mente. Em primeiro lugar, estava convencido de que agora tinha chegado a algo importante: a relação entre desempenho individual e estrutura grupal, embora, naquela época, ainda não visse como tal observação poderia se encaixar no padrão geral do estudo sobre Cornerville. Eu acreditava então (e ainda acredito hoje) que esse tipo de relação pode ser observado em outras atividades de grupos em toda parte. Como um ávido fã de beisebol, freqüentemente me vira intrigado com o desempenho de alguns atletas que pareciam capazes de rebater, arremessar e recuperar a bola com fantásticas habilidades técnicas e, ainda assim, não conseguiam entrar nos times da primeira divisão. Também me intrigara os casos de homens que, tendo jogado bem numa época, de repente fracassavam feio, enquanto outros pareciam fazer tremendos progressos que não poderiam ser explicados simplesmente pela experiência acumulada. Desconfio que um estudo sistemático da estrutura social de um time de beisebol, por exemplo, explicaria alguns desses fenômenos que, de outra forma, permanecem misteriosos.

O outro ponto que me impressionou envolvia métodos de pesquisa de campo. Aqui estavam as pontuações dos homens naquela noite final no boliche. Esse conjunto de números certamente era importante, pois representava o desempenho dos homens no evento pelo qual tinham esperado durante todo o ano, o ponto alto. No entanto, o mesmo grupo jogara boliche todos os sábados à noite durante muitos meses, e alguns dos integrantes também tinham jogado em outras noites durante a semana. Teria sido uma tarefa ridiculamente simples para mim manter um registro de todas as partidas jogadas em todas as noites de sábado daquela temporada e em outras noites nas quais joguei com eles. Isso teria produzido um conjunto de estatísticas de dar inveja a alguns dos meus amigos altamente quantitativos. Mas não fiz registro algum, pois na época não via qualquer razão para isso. Tinha tomado as noites de sábado no boliche como simplesmente uma recreação para mim e meus amigos. Eu descobrira que gostava tanto de jogar boliche que de vez em quando sentia um pouco de culpa por negligenciar minha pesquisa. Jogava com os homens para estabelecer uma posição social que me permitisse entrevistá-los e observar coisas importantes. Mas quais eram essas coisas importantes? Só depois de deixar passar essa mina de ouro estatística foi que percebi subitamente que o comportamento dos homens nos jogos regulares de boliche era o exemplo perfeito do que eu deveria estar observando. Em vez de jogar boliche para conseguir observar uma outra coisa, eu deveria jogar para observar o jogo. Descobri então que as atividades diárias rotineiras daqueles homens constituíam os dados básicos de meu estudo.

9. Reprogramação da pesquisa

O final da primavera e o verão de 1938 trouxeram algumas mudanças importantes para minha pesquisa.

No dia 28 de maio casei-me com Kathleen King e, três semanas depois, voltamos juntos para Cornerville. Kathleen me visitara no restaurante e se encontrara com alguns de meus amigos. Mesmo sendo um homem casado, não queria me mudar do distrito, e felizmente Kathleen estava ansiosa para vir morar ali. Isso apresentava problemas, porque, embora não estivéssemos à procura da perfeição, esperávamos encontrar um apartamento que dispusesse de toalete e de uma banheira. Fomos visitar diversas possibilidades deprimentes, até que afinal achamos um prédio que estava sendo remodelado na Shelby Street. Alguns dos meus amigos da Norton Street nos alertaram a respeito da vizinhança, dizendo que o lugar era cheio de sicilianos, um bando de assassinos. Ainda assim, o apartamento tinha a banheira e o toalete, era limpo e relativamente arejado. Não possuía aquecimento central, mas poderíamos desfrutar de um relativo conforto com o fogão da cozinha.

Agora que éramos dois, seria possível nos engajamos em novos tipos de atividades sociais, e Kathleen poderia conhecer algumas das mulheres tal como eu conhecera os homens. No entanto, essas novas orientações das atividades sociais eram coisa para o futuro. Meu problema por ora era saber onde eu estava e para onde ia. Chegara a hora de fazer um balanço.

Ao descrever meu estudo em Cornerville, freqüentemente digo que passei 18 meses no campo antes de saber para onde se encaminhava minha pesquisa. Num sentido, isso é literalmente verdadeiro. Comecei com a idéia geral de fazer um estudo de comunidade. Sentia que precisava me estabelecer como observador participante a fim de fazer isso. Nos primeiros meses em Cornerville, vivi o processo que o sociólogo Robert Johnson descreveu em seu próprio trabalho de campo. Comecei como um observador não-participante. À medida que fui aceito na comunidade, vi que me tornava quase um participante não-observador. Tinha de sentir a vida em Cornerville, mas isso significava que devia tomar como dados os mesmos aspectos que meus amigos de Cornerville consideravam como tal. Encontrava-me imerso na vida local, mas ainda não conseguia que as coisas adquirissem sentido para mim. Tinha a impressão de que fazia algo importante, mas faltava explicar a mim mesmo do que se tratava.

Felizmente, nesse ponto, enfrentei um problema bem prático. Minha bolsa de estudos de três anos terminaria no verão de 1939 e poderia ser renovada por um período de até três anos. Os pedidos de renovação deviam ser entregues até o início da primavera de 1939.

Eu gostava de Cornerville e sentia que estava chegando a algum lugar, mas ao mesmo tempo percebia que precisava de pelo menos mais três anos. Entendia que, até aquele momento, tinha pouco a mostrar como produto do tempo gasto. Quando apresentasse meu pedido de renovação, deveria também oferecer alguma evidência de que me conduzira bem nos primeiros três anos. Caberia escrever alguma coisa. Eu tinha vários meses à frente para fazer isso, mas no início a tarefa me abateu. Sentei-me para perguntar a mim mesmo sobre que aspecto de Cornerville eu dispunha de dados razoavelmente bons. Havia alguma coisa pronta para ser escrita? Refleti com cuidado sobre isso e conversei a respeito com Kathleen e John Howard, que trabalhava comigo no distrito.

Ainda pensando em termos de estudo de comunidade, reconheci que sabia muito pouco a respeito da vida das famílias em Cornerville, e que meus dados sobre a igreja eram bastante superficiais, embora John Howard estivesse começando a trabalhar nessa área. Eu morava com a família dona do restaurante num quarto que dava para a esquina onde T.S., o mais famoso gângster de Cornerville, às vezes era visto com seus seguidores. Olhara o grupo constantemente de minha janela, contudo, ainda assim, nunca encontrara aqueles homens. As organizações mafiosas tinham uma óbvia importância no distrito, mas tudo que eu sabia eram comentários ouvidos de rapazes apenas um pouco mais próximos delas que eu. Tinha muito mais informação sobre a vida política e suas organizações, porém, mesmo nesse aspecto, sentia haver tantas lacunas que ainda não podia juntar as peças.

Se essas grandes áreas ainda precisavam ser preenchidas, o que eu tinha a apresentar? Enquanto manuseava as várias pastas, estava óbvio que a dos Norton e a do Clube da Comunidade Italiana eram mais grossas que as outras. Se é que sabia alguma coisa sobre Cornerville, essa coisa seria sobre os Norton e o Clube da Comunidade. Se escrevesse essas duas histórias, talvez começasse a ver algum padrão naquilo que eu fazia em Cornerville.

À medida que fui escrevendo os estudos de caso dos Norton e do Clube da Comunidade Italiana, gradualmente emergiu em minha cabeça um padrão para a pesquisa.

Percebi, finalmente, que não escrevia um estudo de comunidade no sentido usual do termo. O leitor que examinar *Middletown* notará que o livro trata das pessoas em geral naquela comunidade. Indivíduos ou grupos não figuram na história, exceto para ilustrar os aspectos que os autores estão desenvolvendo (a seqüência, *Middletown in Transition*, apresenta uma exceção, com um capítulo sobre a principal família da comunidade). O leitor notará ainda que *Middletown* está organizado em termos de tópicos: obtenção de um meio de vida, construção de uma casa, treinamento dos jovens, uso do tempo livre.

Os Lynd cumpriram admiravelmente a tarefa que se propuseram. E simplesmente acabei compreendendo que minha tarefa era diferente: eu lidava com indivíduos particulares e grupos específicos.

Também percebi que encontrara uma outra diferença. Presumira que um estudo sociológico deveria apresentar a descrição e análise de uma comunidade em um momento específico, apoiadas, é claro, em alguns dados históricos que constituíssem um panorama geral. E agora percebia que o *tempo*, em si mesmo, era um dos elementos-chave de meu estudo. Eu observava, descrevia e analisava grupos à medida que avançavam e mudavam ao longo do tempo. Parecia-me que eu poderia explicar de maneira muito mais efetiva o comportamento de pessoas caso as observasse durante um certo período, bem mais do que se as pegasse num único momento. Em outras palavras, eu as filmava, em vez de fotografá-las.

Porém, se este era um estudo de indivíduos particulares, e se havia mais de 20 mil pessoas no distrito, como poderia dizer qualquer coisa significativa sobre Cornerville com base nesses indivíduos e grupos? Acabei percebendo que só poderia fazer isso se visse os indivíduos e grupos em termos de suas posições na estrutura social. Também deveria presumir que, quaisquer que fossem as diferenças entre indivíduos e grupos, havia semelhanças básicas a serem descobertas. Desse modo, eu não teria que estudar todas as gangues de esquina a fim de fazer afirmações significativas sobre as gangues de esquina em Cornerville. Um estudo de uma gangue não era suficiente, é claro, mas se o exame de várias outras mostrasse os mesmos aspectos uniformes que eu esperava encontrar, então essa parte da tarefa se tornaria manejável.

Sobre o Clube da Comunidade Italiana, senti que não precisava de qualquer dado adicional. Havia poucos homens formados em Cornerville naquela época, de modo que o grupo do clube representava uma ampla amostra das pessoas nessa categoria. Também me pareceu que eles representavam pontos significativos na estrutura social e no processo de mobilidade social. Certamente surgiriam outros homens formados depois que estes saíssem do distrito, assim como acontecera antes com o Clube Dramático Sunset. Além disso, o exame de suas atividades mostrou ligações importantes com a política republicana e com o Centro Comunitário.

Agora eu começava a ver a conexão entre meu estudo político e o estudo de caso da gangue da esquina. Em Cornerville, o político não buscava influenciar indivíduos separados; conscientemente ou não, buscava os líderes dos grupos. Assim, eram homens como Doc que serviam de elo de ligação entre seus grupos e a organização política maior. Agora eu poderia começar a escrever meu estudo examinando detalhadamente os grupos particulares, e depois prosseguir relacionando-os com as estruturas maiores da comunidade. Tendo em mente esse padrão, pude perceber que eu tinha muito mais dados sobre política do que havia pensado.

Ainda existiam lacunas importantes a preencher. Meu conhecimento sobre o papel da igreja na comunidade era fragmentário, e esperava poder ampliá-lo. Não havia feito qualquer pesquisa sistemática sobre a família. De um lado, parecia inconcebível que alguém pudesse escrever um estudo sobre Cornerville sem discutir a família; ao mesmo tempo, não sabia como proceder para encaixar esses estudos na organização do livro, tal como ele surgia em minha mente. Devo confessar também que, por razões nada científicas, sempre achei que política, organizações mafiosas e gangues são temas muito mais interessantes que a unidade básica da sociedade humana.

As lacunas que mais me preocupavam eram na área das organizações mafiosas e da política. Eu tinha um conhecimento geral de como funcionavam as organizações, mas nada comparável aos detalhados dados interpessoais sobre a gangue da esquina. À medida que meu livro prosseguia, parecia-me que esta era uma fragilidade que simplesmente devia ser superada, embora na época não tivesse a menor idéia de como chegar à experiência direta de que precisava.

Terminei de escrever os dois primeiros estudos de caso e os apresentei como justificativas de meu pedido de renovação da bolsa. Recebi a resposta algumas semanas depois. O auxílio fora renovado por um ano, e não pelos três que eu esperava. No início fiquei amargamente desapontado. Uma vez que somente começava a colher os primeiros frutos, não via como seria possível terminar adequadamente o estudo nos 18 meses que ainda restavam.

Tendo a acreditar agora que essa redução de tempo foi muito boa para mim e para a pesquisa. Num certo sentido, o estudo de uma comunidade ou organização não tem um ponto final lógico. Quanto mais você aprende, mais coisas vê para aprender. Se tivesse tido três anos, em vez de um, levaria mais tempo para completar o trabalho. Talvez fosse um estudo melhor. Por outro lado, quando soube que só dispunha de 18 meses, tive de parar e reavaliar meus planos mais detalhadamente, avançando na pesquisa e na escrita com muita determinação.

10. De novo a gangue da esquina

Os passos mais importantes que dei para ampliar meu estudo das gangues de esquina resultaram do projeto do centro de recreação de Doc, embora no início eu tivesse alguns outros interesses em mente. Tudo começou com um dos meus esforços periódicos para conseguir um emprego para ele. Quando soube que o Centro Comunitário de Cornerville havia finalmente obtido uma doação para abrir três centros de recreação em lojas vazias que davam para a rua, busquei persuadir o senhor Smith, o diretor, a contratar pessoas locais para operar os centros, pessoas como Doc, que fossem líderes em seus grupos. Descobri que ele planejara contratar assistentes sociais treinados em trabalho de grupo. Quando percebi que não conseguiria fazer com que selecionasse três homens de Cornerville, tentei pelo menos levá-lo a contratar Doc. Eu podia ver que o senhor Smith deixara-se tentar pela idéia, mas ao mesmo tempo estava receoso. Quando trouxe Doc para o encontro, descobri que havia perdido terreno, em vez de ganhar, pois como ele próprio me disse mais tarde, teve um ataque de ansiedade e confusão mental no escritório do Centro Comunitário e não pôde causar uma impressão pessoal favorável. Se eu e Doc tivéssemos entendido corretamente as causas subjacentes de seu mal-estar, saberíamos que um emprego seguro e o dinheiro que lhe permitissem retomar seu padrão costumeiro de atividades social curariam esses sintomas neuróticos. Por outro lado, dificilmente eu poderia explicar isso ao senhor Smith. Temia parecer que tentava fazer um simples favor a um amigo. Como último recurso nessa direção, passei para ele uma cópia do meu estudo de caso dos Norton e pedi o favor de mantê-lo confidencial, pois ainda não estava pronto para publicação. Isso contou, e ele concordou em empregar Doc.

À medida que as atividades preparatórias para instalar os centros de recreação avançavam, comecei a me preocupar com minhas previsões otimistas a respeito do sucesso de Doc. Nas primeiras reuniões para discutir planos para os centros ele ficou passivo e em aparência apático. Apesar disso, praticamente desde o momento em que o centro foi aberto, estava claro que seria um sucesso.

Numa de minhas primeiras visitas ao centro de Doc, ele me apresentou a Sam Franco, que desempenharia um papel muito mais importante em meu estudo que os indicados pelas breves menções a ele no livro. Doc conheceu Sam na noite de abertura do centro. A gangue de Sam estava do lado de fora, examinando o lugar. Ele entrou como emissário do grupo — um movimento que imediatamente o identificou como líder para Doc. Os dois conversaram brevemente sobre o centro e então Sam saiu e trouxe sua turma. Na noite seguinte, ele se tornara o segundo em comando na administração do centro. Doc conhecia umas poucas pessoas neste lado do distrito, mas Sam conhecia todo mundo.

Doc sabia que eu tentava ampliar meu estudo de gangues de esquina, e sugeriu que Sam me ajudasse. Já soubera que este tinha um álbum com notícias de jornais sobre atividades em Cornerville e algum material pessoal sobre seu próprio grupo.

Convidei Sam — e seu álbum — para vir a nosso apartamento. Lá soube que ele começara o álbum depois de uma experiência num projeto da National Youth Administration*, onde trabalhara para um homem que estava escrevendo sobre os problemas dos jovens na região. O álbum era totalmente desorganizado e sem um eixo, mas uma parte me interessou especialmente. Sam tinha uma seção sobre sua gangue, com uma página para cada integrante. No alto da página havia um desenho (feito de memória) de cada indivíduo, e então Sam escrevia coisas como idade, endereço, educação, emprego e ambição. (Usualmente estava escrito "nenhuma" junto à palavra "ambição".)

Minha tarefa agora era persuadir Sam de que, embora fosse bom ver esses homens como indivíduos, ainda melhor seria olhar para eles em termos de suas relações mútuas. Mal começara minha explicação quando Sam captou a idéia e aceitou-a com entusiasmo. Evidentemente era o tipo de coisa que ele sabia, mas estava tão habituado com isso que não lhe ocorrera sua importância. A partir daquele momento, e até o final de meu estudo, Sam Franco foi meu assistente de pesquisa. Consegui até mesmo que Harvard pagasse cem dólares por seus serviços.

Começamos com uma análise da própria gangue de Sam, os Miller. Também examinamos outras gangues que iam ao centro de recreação de Doc. Ali, tínhamos a grande vantagem de contar com dois observadores perspicazes checando mutuamente suas impressões a respeito dos mesmos grupos. Fiquei tranqüilo ao ver que estavam em pleno acordo a respeito da estrutura da liderança de todas as gangues — com uma exceção, que me perturbava, até que a explicação um dia se apresentou.

Eu passara parte de uma tarde ouvindo Doc e Sam discutirem sobre a liderança de uma gangue. Doc argumentava que Carl era o homem; Sam dizia que era Tommy. Cada um apoiava seu ponto de vista, relatando incidentes observados. Na manhã seguinte, Sam correu até minha casa com esta novidade: "Sabe o que aconteceu na noite passada? Carl e Tommy quase se atracaram. Tiveram uma grande discussão e agora a gangue partiu-se em duas, alguns foram com

* National Youth Administration: um dos programas da WPA que fornecia empregos de tempo parcial para jovens entre 16 e 25 que queriam prosseguir seus estudos. (N.T.)

Carl, e o resto com Tommy." O conflito entre as duas percepções acabou se revelando uma representação correta do que ocorria na gangue.

Enquanto trabalhava com esses estudos de outras gangues, eu presumia que havia terminado minha pesquisa sobre os Norton. Ainda assim, continuava a manter contatos com Doc e, só como diversão, a jogar boliche com os remanescentes dos Norton em alguns sábados à noite.

Com a atenção voltada para outras coisas, deixei de ver o que acontecia entre os Norton, bem à minha frente. Sabia que Long John não jogava como o fizera nos anos anteriores, e também que já não era tão próximo a Doc, Danny e Mike. Notara também que, quando Long John estava na Norton Street, os seguidores o molestavam muito mais agressivamente do que jamais tinham feito antes. Devo ter presumido que havia alguma conexão entre esses fenômenos, porém, mesmo assim, não dei muita atenção à situação até que Doc veio falar comigo sobre as dificuldades psicológicas de Long John.

Foi como se essa informação acendesse uma lâmpada em minha mente. De repente, todas as peças do quebra-cabeça se encaixaram. Nos meses anteriores, eu havia topado com a relação entre posição no grupo e desempenho nas pistas de boliche. Agora via a conexão tríplice entre posição no grupo, desempenho e saúde mental. E não apenas em Long John. Os episódios de ansiedade e confusão mental de Doc pareciam ter exatamente a mesma explicação.

Poderíamos generalizar isso nos termos que se seguem. O indivíduo se acostuma com um certo padrão de interação. Se esse padrão é submetido a uma mudança drástica, então é de se esperar que ele tenha problemas com sua saúde mental. Essa é uma afirmação muito rudimentar. Seria necessário pesquisar mais antes de podermos determinar o grau de mudança exigido, as possibilidades de compensar com interações em outras áreas sociais, e assim por diante. Ali estava, pelo menos, uma forma de juntar relações humanas e ajuste psicológico.

Além disso, aquela era uma oportunidade de realizar uma experiência em terapia. Se meu diagnóstico estivesse correto, então a linha de tratamento era clara: restabelecer um padrão de interação semelhante ao que Long John tinha anteriormente, e os sintomas neuróticos deveriam desaparecer. Essa era a primeira oportunidade real de testar minhas conclusões sobre estrutura de grupo. Eu a agarrei com real entusiasmo.

Convencido como estava do resultado, devo confessar que fiquei de certo modo fascinado quando, sob o programa de terapia habilmente executado por Doc, Long John não apenas deixou de ter os sintomas neuróticos como também fechou a temporada ganhando o prêmio em dinheiro do último campeonato de boliche. É claro que essa vitória não era necessária para definir a razoabilidade do diagnóstico. Teria bastado que Long John recuperasse sua posição *entre* os melhores jogadores. O prêmio de cinco dólares era apenas uma recompensa extra para a teoria da interação.

11. Estudo do gangsterismo

Meu encontro com Tony Cataldo, o proeminente gângster de Cornerville, aconteceu quase por acaso. Uma tarde passei no restaurante da família com quem tinha morado. Ed Martini, o irmão mais velho de Al, estava lá, reclamando de dois ingressos para um banquete que tivera de comprar de um policial do lugar. Disse que a esposa não queria ir a banquetes, talvez eu quisesse acompanhá-lo.

Perguntei do que se tratava. Explicou que o banquete era em honra do filho do tenente da polícia local. O jovem acabara de passar no exame da Ordem e começava sua carreira como advogado. Pensei um minuto. Era perfeitamente óbvio o tipo de pessoa que estaria no banquete: basicamente policiais, políticos e gângsteres. Decidi que aquela podia ser uma oportunidade para mim.

No salão de banquete, Ed e eu ocupamos nossa posição no saguão, próximo ao toalete masculino. Ali encontramos Tony Cataldo e um de seus empregados, Rico Defeo. Ed Martini conhecia Tony superficialmente, e Rico morava bem do outro lado da rua onde eu residia. Rico me perguntou o que eu estava fazendo, e disse-lhe algo sobre escrever um livro a respeito de Cornerville. Tony falou que me vira tirando fotografias na festa do santo padroeiro, na Shelby Street, no último verão. Esta se provou uma associação providencial de sua mente, pois me permitiu falar bastante à vontade sobre o que eu tentara aprender na festa — que ela era na verdade apenas um interesse secundário na pesquisa.

Os quatro subimos para o salão de banquete e ocupamos uma mesa, onde tivemos que esperar mais de uma hora pelo jantar. Comemos azeitonas e talos de aipo, e expressamos simpatia uns pelos outros diante do serviço ruim. Depois do jantar, descemos e jogamos juntos três partidas de boliche. A essa altura Tony estava bastante amigável e me convidou para passar em sua loja a qualquer hora.

Fiz várias visitas à sala dos fundos da loja de onde Tony operava alguns de seus negócios. Uma semana depois de nos conhecermos, convidou Kathleen e a mim para um jantar em sua casa. Sua esposa, uma jovem atraente, contou-nos mais tarde que ele havia falado de nós como um professor de Harvard e uma artista. Estava muito aborrecida de só ter sido avisada na véspera, pois achava que precisaria de pelo menos uma semana para preparar um jantar digno de personagens tão importantes. Ainda assim, os pratos eram bastante elaborados, e cada qual equivalia a uma refeição completa. Depois do jantar Tony nos levou para conhecer alguns parentes que moravam num bairro de pessoas mais abastadas. E então fomos todos jogar boliche.

Jantamos duas vezes em sua casa, e eles vieram duas vezes à nossa. Em cada ocasião, além da conversa ligeira, o padrão de pesquisa era semelhante. Falávamos um pouco sobre a festa, as atividades dos *paesani* no clube e coisas que Tony associava ao meu estudo. Então, aos poucos, fui deixando-o à vontade para discutir seus negócios. Tudo indica que a discussão se moveu naturalmente nessa direção. Era apenas um amigo perguntando a um homem de negócios legítimos sobre os progressos que fazia e os problemas que encontrava. Tony parecia satisfeito de poder se abrir.

Agora eu me sentia otimista a respeito de meu futuro quanto ao gangsterismo. Parecíamos nos dar muito bem com os Cataldo, e eu estava pronto a seguir Tony na nova área. No entanto, depois das primeiras trocas de amabilidades sociais, Tony perdeu o interesse em nós.

Eu me senti mal com esse súbito esfriamento. Não estou certo a respeito da explicação completa, mas acho que ela tinha pelo menos duas partes. Em primeiro lugar, mais ou menos na mesma época os negócios de Tony passavam por uma crise. Uma tarde, alguns homens invadiram sua loja de apostas em corridas de cavalos, puseram todos de mãos para o alto e levaram todo o dinheiro dos clientes e de Tony. A fim de manter boas relações com seus clientes, ele teve que reembolsá-los, de modo que aquela tarde lhe custou muito caro. Também foi bem frustrante, porque, enquanto os homens fugiam, Tony podia vê-los da janela, correndo bem abaixo na rua. Poderia acertá-los facilmente com um tiro, mas, ainda assim, não teve como fazê-lo, pois sabia que não havia nada pior para o jogo em Cornerville que um tiroteio: tudo seria fechado. Se as coisas fossem realizadas em silêncio, o "fogo" não tinha tanta probabilidade de pegar.

Isso pode ter levado à interrupção de nossa vida social juntos, mas dificilmente explicaria seu total encerramento. Parece-me que o outro fator foi um problema de status social e mobilidade. No início Tony me promovera perante sua esposa — e provavelmente também perante seus amigos e parentes — como professor de Harvard. Eles eram bem conscientes da questão de status. Não permitiam que o filho brincasse com a gentinha local. Explicaram que só viviam no distrito por exigências dos negócios, mas ainda tinham a esperança de se mudar. Quando fomos à casa deles, nos apresentaram a seus amigos e parentes que viviam em partes mais chiques da cidade.

Por outro lado, quando vieram jantar em nossa casa, estávamos apenas nós dois e eles. Além disso, Tony agora via que eu me ligava a pessoas da Shelby

Street, claramente peixes miúdos para ele. No início pensara que seu contato comigo fosse algo importante; agora talvez o considerasse insignificante.

Numa certa medida, eu tinha consciência desse risco, e havia pensado na possibilidade de convidar amigos de Harvard para o jantar com os Cataldo. Vinha mantendo os dois mundos separados. Um de meus amigos, especialista em lógica simbólica, uma vez me pedira para levá-lo a um jogo de dados. Explicou que havia descoberto, matematicamente, como vencer o jogo. Eu disse-lhe que meus amigos jogadores de dados também tinham chegado à mesma conclusão matemática pelo método experimental prático, e declinei da aventura. Em outra ocasião, a esposa de um de meus companheiros de Harvard estava nos visitando quando um dos homens locais apareceu. Avaliando sua nova audiência, ele começou a entretê-la com histórias de assassinatos famosos que haviam acontecido em Cornerville nos anos recentes. Ela ouvia de olhos arregalados. No fim de uma história particularmente arrepiante, perguntou: "E quem o matou?". Nosso amigo de Cornerville balançou a cabeça e disse: "Madame! Madame! Não se perguntam coisas assim por aqui."

O incidente não nos causou qualquer dano, pois o homem nos conhecia o bastante para levar tudo na brincadeira. Ainda assim, eu hesitava em misturar Harvard e Cornerville. Não me preocupava com o que Cornerville pudesse fazer a Harvard, mas, sim, que alguns amigos de Harvard pudessem involuntariamente cometer algum equívoco que tornasse as coisas embaraçosas para mim; ou agisse de tal modo que deixasse as pessoas locais em situação desconfortável. Por essa razão, mantive os dois mundos separados. Mas isso significava que Tony não poderia melhorar sua posição social usando sua relação conosco.

Quando ficou evidente que eu chegara a um beco sem saída com Tony, comecei a procurar novas possibilidades para o estudo do gangsterismo. Parecia haver dois caminhos abertos. Tony tinha um irmão mais velho que trabalhava para ele. Raciocinei que, como eram irmãos e trabalhavam tão próximos um do outro, Henry saberia quase o mesmo que Tony sobre operações mafiosas. Eu já fazia uma idéia de quem era Henry, e comecei a avançar na relação com ele. Isso foi caminhando muito naturalmente, com várias visitas um ao outro e conversas na sala dos fundos da loja. (O que indica que Tony não se afastou de nós por suspeita, pois, neste caso, teria impedido que retomássemos o contato com seu irmão.)

Isso levou a uma grande quantidade de conversas sobre a organização mafiosa de Tony que eram extremamente valiosas para mim. Ainda assim, tinha a sensação desagradável de que não conseguia aquilo de que precisava. Ainda não estava pronto para desistir da possibilidade de chegar mais perto de Tony e observá-lo em ação. Sabia que era membro do Clube Social e Atlético Cornerville, situado do outro lado da rua, bem em frente ao nosso apartamento. Então me associei ao clube, com o propósito de recomeçar minha caçada a Tony Cataldo.

No início fiquei desapontado com os frutos de minha decisão. Embora fosse oficialmente sócio, Tony ia ao clube muito poucas vezes. Em algumas semanas, ficou evidente que eu não iria cimentar relações com ele nessa área. E agora? Considerei a possibilidade de sair do clube. Talvez tivesse feito isso se na época houvesse outras possibilidades de pesquisa demandando minha atenção. Como planejara me concentrar no papel do gângster, e como não tinha planos alternativos, concluí que deveria ficar no clube. Não registrei as razões de minha decisão naquele momento. Talvez pressentisse que fossem acontecer coisas interessantes. Ou, talvez, eu simplesmente tivesse sorte.

Pelo menos reconheci que o clube agregava alguns ângulos novos à pesquisa. Era muito maior que qualquer das gangues de esquina que eu estudara. Aqui estava uma oportunidade de avançar nos métodos de observação que usara com os Norton.

Quando redigi o primeiro rascunho deste relatório, descrevi como desenvolvi esses novos métodos até obter um conhecimento sistemático da estrutura do clube *antes* da crise da eleição. Em outras palavras, eu dizia que, quando Tony entrou e tentou manipular o clube, eu já tinha um quadro completo da estrutura que ele tentava manipular. Devo admitir agora, ao rever minhas anotações, que esta é uma falsificação retrospectiva. O que escrevi primeiro era o que eu *deveria* ter feito. Na realidade, comecei minhas observações sistemáticas do clube várias semanas antes da eleição. Porém, quando a crise chegou, tinha apenas um quadro impressionístico da estrutura do grupo. As anotações de que dispunha naquele momento não justificavam quaisquer conclusões sistemáticas.

Houve dois fatores que me impeliram na direção de esforços mais sistemáticos para mapear a estrutura organizacional. Em primeiro lugar, quando comecei a passar meu tempo no clube, também principiei a olhar em volta procurando *o* líder. Naturalmente não *o* encontrei. Se Tony não vinha muito ali, então alguém devia assumir a liderança em sua ausência. O clube tinha um presidente, mas era apenas um cara legal, indeciso, que não contava muito. Por certo não encontrei *o* líder porque o clube consistia de duas facções com dois líderes, e — só para tornar as coisas mais difíceis para mim — Carlo Tedesco, o líder de uma delas, nem ao menos era membro do clube quando comecei minhas observações. Como estava completamente confuso em meio aos meus rudimentares esforços de mapear a estrutura, deduzi que eu devia trabalhar os dados de maneira mais sistemática. Então, a crise política reforçou a necessidade de ir adiante com as observações. Eu tinha que aprender mais sobre a estrutura que Tony tentava manipular.

Aqui eu estava diante de uma tarefa mais complicada que qualquer outra que já tivesse enfrentado. O clube possuía 50 sócios. Felizmente, apenas cerca de 30 eram freqüentadores assíduos, de modo que pude me concentrar num número menor; mesmo assim o problema era enorme.

Senti que teria de desenvolver procedimentos mais formais e sistemáticos que aqueles que empregara quando andava numa esquina com um grupo muito menor de rapazes. Comecei com o mapeamento de posições. Presumindo que os rapazes que tivessem uma convivência social mais próxima se posicionariam de um mesmo lado quando se tratasse de tomar decisões, comecei a fazer um registro dos agrupamentos que observava a cada noite no clube. Em alguma medida, podia fazer isso da janela da frente de nosso apartamento. Eu ajustava a veneziana de modo a não ser visto, e então podia observar a sala da frente do clube. Infelizmente nosso apartamento ficava dois andares acima, e o ângulo de visão era tal que só podia enxergar até a metade da sala. Para ter o quadro completo, devia atravessar a rua e me juntar aos rapazes.

Quando as atividades da noite estavam no auge, eu olhava em volta da sala para ver que pessoas conversavam juntas, quem jogava cartas ou de alguma forma interagia com os outros. Contava o número de homens na sala para saber quantos teria que observar. Como tinha familiaridade com os principais objetos físicos na sala, não era difícil registrar um quadro mental dos homens com relação a mesas, cadeiras, sofás, rádio, e assim por diante. Quando as pessoas se movimentavam pela sala, ou quando havia alguma interação entre os grupos, eu também buscava registrar isso mentalmente. No curso de uma noite, poderia haver uma reorganização geral das posições, e eu não era capaz de me lembrar de todos os movimentos, mas tentava observar com que sócios esses movimentos tinham início. E quando se desenvolvia um outro arranjo espacial, seguia o mesmo processo mental que usara para registrar o primeiro.

Eu conseguia tomar algumas notas nas idas ao toalete, porém a maior parte do mapeamento era feito de memória, quando chegava em casa. No início, eu ia em casa uma ou duas vezes por noite para fazer os mapas. Contudo, com a prática, fiquei tão bom nisso que podia reter pelo menos dois arranjos completos na memória e fazer todas as anotações no final da noite.

Achei esse método extremamente produtivo, poupando-me bastante das rotinas aborrecidas dos mapeamentos infindáveis. Ao juntar os mapas, ficaram evidentes quais os principais agrupamentos sociais e que pessoas flutuavam entre as duas facções. Quando surgiam questões no clube, eu podia antecipar quem ficaria de que lado.

Ao longo de minhas observações, registrei 106 agrupamentos. Examinando os dados, dividi o clube, experimentalmente, em duas facções que eu julgava observar. Então, quando reexaminei tudo, descobri que apenas 40%, ou 37,7% dos agrupamentos observados continham integrantes de ambas as facções. Descobri ainda que apenas dez desses 40 grupos tinham dois ou mais membros de cada facção. Os outros 30 eram casos em que um único indivíduo da outra facção se juntava ao jogo ou à conversa. Então dividi os agrupamentos em duas colunas, colocando na primeira aqueles que eram predominantemente de uma facção, e na segunda os que pertenciam predominantemente à outra. Depois, grifei com vermelho os nomes que não "pertenciam" à coluna onde os havia encontrado. De um total de 462 nomes, 75, ou aproximadamente 16%, foram marcados assim. É claro que não se poderia esperar uma total separação de duas cliques em nenhum clube, mas os números, embora grosseiros, pareciam demonstrar que as duas facções eram duas entidades reais que seriam importantes para a compreensão de qualquer decisão tomada pelo clube.

Essa observação de agrupamentos não indicava, por si mesma, as pessoas influentes no clube. Para esse propósito, tentei prestar atenção especial aos eventos nos quais um indivíduo originava atividades para um ou mais integrantes — ocasiões em que uma proposta, sugestão ou solicitação era seguida por uma resposta positiva. Num período de seis meses, tabulei em minhas anotações todos os incidentes observados nos quais A havia originado atividade para B. O resultado disso para a compreensão de eventos-par (que envolviam apenas duas pessoas) foi totalmente negativo. Embora pudesse ter a impressão de que, na relação entre A e B, este era decididamente o subordinado, a tabulação podia mostrar que B originara atividades para A aproximadamente o mesmo número de vezes que A para B. No entanto, quando tabulei os eventos-grupo (os que envolviam três ou mais pessoas), a estrutura hierárquica da organização ficou claramente visível.

Com o prosseguimento desta fase da pesquisa, vi com maior clareza como relacionar a grande organização mafiosa e a gangue da esquina ou clube. Na verdade, o estudo do papel de Tony Cataldo nesse cenário forneceu o elo necessário, e os métodos de observação aqui descritos proporcionaram os dados para a análise desse elo.

Enquanto aprimorava esses métodos de pesquisa, cometi um sério equívoco. Aconteceu durante a crise política. Tony vinha tentando persuadir o clube a convidar seu candidato a falar para os sócios, embora quase todos estivessem dispostos a apoiar Fiumara. Desse momento crucial eu participei ativamente, dizendo que, embora fôssemos todos a favor de Fiumara, achava uma boa idéia ouvir o que os outros políticos tinham a dizer. A questão foi votada logo depois que falei, e o resultado foi a favor de Tony e contra Carlo. Isso resultou no comício de Mike Kelly no salão do nosso clube e na mais séria discordância entre os sócios.

Neste caso, violei uma regra fundamental da observação participante: busquei ativamente influenciar os eventos. Numa disputa tão acirrada e confusa, é bem provável que meu endosso à posição de Tony tenha sido um fator decisivo. Por que intervim assim?

Na época ainda tinha esperança de restabelecer relações próximas com Tony Cataldo e queria fazer alguma coisa que me facilitasse um avizinhamento. Então busquei o impossível: assumir uma posição que não antagonizasse Carlo e seus rapazes, mas fosse apreciada por Tony. Foi uma tentativa insensata e errônea. Mostrei-me contrário a Carlo — e ele me perdoou apenas porque presumiu que eu ignorasse a situação na qual agia. Como a ignorância é considerada preferível à traição, aceitei essa desculpa.

Ironicamente, meu esforço para ficar bem com Tony foi um fracasso total. Antes da crise política, ele praticamente não conhecia Carlo e não reconhecera sua posição de liderança no clube. Quando Carlo se opôs a ele de forma tão vigorosa e efetiva, Tony imediatamente reconheceu a posição de Carlo e fez todos os esforços para se aproximar dele. Como eu tomara posição a seu lado na crise, Tony não precisava fazer qualquer esforço para estabelecer relações mais próximas comigo.

Eu não devia ter falado nada naquela situação. Se ficasse contra Tony, provavelmente teria sido melhor para a recuperação de nossas relações.

Mais tarde, pensando sobre esse evento, cheguei à conclusão de que minha ação não apenas havia sido imprudente, do ponto de vista prático da pesquisa, mas também uma violação da ética profissional. Não é justo com as pessoas que aceitam o observador participante que ele busque manipulá-las, possivelmente causando-lhes algum prejuízo, somente para tentar fortalecer sua posição social numa determinada área. Além disso — embora, consciente e explicitamente, possa se empenhar para influenciar algumas ações com o pleno conhecimento das pessoas com as quais interage —, com certeza é bastante questionável da parte do pesquisador firmar sua posição social com base no entendimento geral de que não quer levar ninguém a lugar algum, e então, de repente, jogar todo o seu peso a favor de um dos lados em uma situação de conflito.

12. Rumo à Prefeitura

Suponho que ninguém vá viver numa área pobre e degradada durante três anos e meio se não estiver preocupado com os problemas enfrentados pelas pessoas do lugar. Nesse caso, é difícil ser apenas um observador passivo. Uma vez cedi ao impulso de fazer algo. Tentei dizer a mim mesmo que eu simplesmente testava algumas das coisas que havia aprendido sobre a estrutura das gangues de esquina. Contudo, sabia que na verdade esse não era o objetivo principal.

Durante todo o tempo que passei em Cornerville ouvira falar, muitas e muitas vezes, como o distrito era esquecido pelos políticos, como nunca se fazia melhoria alguma, como os políticos apenas tentavam promover a si e a seus amigos. Ouvi várias coisas sobre coletas de lixo esporádicas, mas a reclamação mais amarga talvez fosse sobre os banhos públicos, onde, no verão de 1939 e em vários anteriores, não havia água quente. Num distrito onde apenas 12% dos apartamentos tinham banheiras, esta era uma questão candente.

As pessoas reclamavam umas com as outras sobre essas coisas, mas, aparentemente, não adiantara tentar conseguir algo por intermédio dos políticos locais, preocupados acima de tudo em fazer favores para amigos verdadeiros ou potenciais. Se você nada obtém com os políticos locais, por que não ir direto ao prefeito — e em massa? Se, como eu presumia, os líderes das gangues de esquina eram capazes de mobilizar seus grupos para a ação em vários sentidos, então deveria ser possível, trabalhando com um pequeno número de indivíduos, organizar uma grande manifestação.

Discuti isso com Sam Franco, que ficou entusiasmado e disposto a agir imediatamente, prometendo o apoio de seu setor de Cornerville. Para a área da Norton Street, convoquei Doc. Para a área em volta do quartel-general de George Ravello, escolhi um dos líderes locais. Com meus novos conhecidos na Shelby Street, foi possível cobrir aquela ponta do distrito.

Então começou a complicada tarefa de organizar os vários grupos, juntando-os e preparando-os para marchar no mesmo dia e hora. E quem iria liderar essa manifestação? Como eu era o elo de ligação entre a maior parte desses líderes de gangues de esquina, e como havia começado a organizar a atividade, era o homem indicado para assumir. Mas não estava preparado para me afastar tanto assim de meu papel de observador. Concordei em ficar no comitê de organização, como queriam os outros, mas não seria o coordenador. Propus Doc, e todos concordaram, mas quando falei com ele, vi que, embora ficasse feliz de se juntar a nós, não estava preparado para aceitar a responsabilidade da liderança. Então propus Mike Giovanni, que também era aceitável para o pequeno grupo com o qual eu fazia o trabalho preparatório. Mike disse que organizaria uma reunião pública em Cornerville para juntar as pessoas para a marcha, mas achava que, a partir daquele momento, o coordenador deveria ser eleito pelos representantes das diferentes áreas presentes no encontro. Todos concordamos.

Então tivemos um mal-entendido a respeito da composição dessa reunião pública. Sam Franco trouxe apenas diversos representantes de sua parte do distrito, enquanto uma grande parte da área da Shelby compareceu em massa. Assim, quando houve indicações para a coordenação, foi indicado e eleito um rapaz da Shelby Street que não tivera participação alguma no planejamento. Os amigos de Sam Franco ficaram bastante aborrecidos com isso, pois sentiram que poderiam ter elegido um de seus candidatos se houvessem trazido os rapazes. Sam e vários dos outros homens também suspeitaram dos motivos do nosso coordenador. Estavam convencidos de que ele tentaria usar a manifestação em benefício próprio, e tive de concordar que havia boa possibilidade disso acontecer. A partir daí, parte dos esforços de nosso comitê foi canalizada para cercar o coordenador, de modo que ele não tivesse oportunidade alguma de sair pela tangente.

Nessa reunião para a eleição, tínhamos sido induzidos ao erro por nossa própria concepção de processo democrático. Faz sentido eleger um coordenador apenas quando se tem um grupo ou uma base regularmente constituídos. No nosso caso, o resultado da eleição fora bastante fortuito, dada a super-representação da Shelby Street.

Em seguida, tivemos dificuldade com a data para a manifestação. Foi marcada para uma semana depois da reunião da eleição, mas agora os homens da Shelby Street vinham me dizer que seu pessoal já estava quente e queria fazer a marcha bem antes. Consultei Sam Franco e um ou dois outros integrantes do comitê, mas não consegui juntar os demais. Apesar disso, eu disse a eles que talvez devêssemos esperar cerca de dois dias. Então marcamos uma reunião do comitê completo para a noite antes da marcha. Quando os homens começaram a chegar, ficou evidente que alguns deles estavam aborrecidos porque haviam ficado de fora, e percebi que cometera um erro sério. Felizmente, nesse momento chegou um dos políticos locais e tentou argumentar contra a marcha. Isso foi ótimo para elevar o moral. Em vez de discutirmos uns com os outros sobre como havíamos lidado com o planejamento, jogamos toda a nossa agressividade sobre o político.

Na manhã seguinte, nos reunimos no playground em frente à casa de banho. Tínhamos mimeografado folhetos que foram distribuídos por toda a vizinhança no dia anterior; os jornais haviam sido avisados. O comitê estava preparado para liderar a marcha, e o playground se encontrava cheio de gente. Havia alguns da velha geração nas laterais. Pensei que marchariam conosco, mas, bastante significativamente, não o fizeram. Devíamos ter percebido que, se quiséssemos trazer a geração mais velha, caberia também atuar por intermédio de suas lideranças.

Quando a manifestação começou, meninos de todo o distrito engrossavam a multidão, carregando suas bandeiras feitas em casa. E assim marchamos para a Prefeitura, atravessando diretamente o centro do setor comercial. Tivemos a satisfação de parar o trânsito em todo o caminho, mas não por muito tempo, pois a marcha se movimentava muito rapidamente. Cometemos o erro de pôr todo o comitê na frente. Como parecia que todos atrás de nós tentavam avançar para a primeira fila, os que lideravam a manifestação quase foram pisoteados. Algumas mulheres empurrando carrinhos de bebê não conseguiam nos acompanhar.

Não encontramos qualquer oposição por parte da polícia, que só se preocupava com a manutenção da ordem quando nos juntamos no pátio abaixo da Prefeitura. Então, os dez membros do comitê subiram para ver o prefeito, enquanto o resto dos manifestantes cantava "Deus salve a América" e outras canções, acompanhados por uma banda improvisada. Sabíamos que o prefeito estaria fora da cidade, mas nossa manifestação não podia esperar, então falamos com o substituto. Ele anotou nossos nomes e uma lista de reclamações, tratando-nos com seriedade e respeito. Quando os membros do nosso comitê começaram a falar, ouvi Sam, atrás de mim, dizer em voz baixa: "Fora daqui, seu gângster barato." Virei-me para ver o político local, Angelo Fiumara, se acotovelando para passar. Fiumara manteve posição e falou na primeira oportunidade: "Gostaria de juntar minha voz ao protesto, como um cidadão..." Sam interrompeu-o, gritando: "Ele não tem nada a ver com a gente. Está só tentando se intrometer." Mike Giovanni reiterou a observação de Sam, e o prefeito substituto decidiu que não ouviria Fiumara ali. Enquanto as falas prosseguiam, distribuí entre os repórteres um texto que havia preparado. No fim de nossa sessão, o prefeito substituto prometeu que todas as reclamações seriam seriamente consideradas e que se faria tudo que fosse possível para nos atender.

Marchamos então para a casa de banho do playground, onde contamos aos nossos seguidores o que havia acontecido no gabinete do prefeito. Ali, novamente, Angelo Fiumara tentou se dirigir à multidão, e o empurramos para fora. Os jornais do dia seguinte traziam longas matérias com fotos de nossa manifestação. Em diferentes jornais registrou-se que tivéramos entre 300 e 1.500 pessoas na marcha. Os companheiros aceitaram, felizes, os 1.500, mas suspeito que 300 era o número mais próximo da verdade. No dia seguinte da marcha, alguns engenheiros examinavam as caldeiras da casa de banho, e em menos de uma semana tínhamos água quente. A limpeza das ruas e a coleta de lixo também pareciam reavivadas, pelo menos por algum tempo. Apesar de todos os erros que havíamos cometido, era evidente que a manifestação produzira resultados. Mas então surgiu um novo problema: e agora? Tínhamos criado uma organização e realizado uma manifestação. De algum modo era preciso manter Cornerville trabalhando em conjunto.

Quanto a isso, fracassamos totalmente. Várias reuniões do comitê se dispersaram sem que se tivesse chegado a qualquer acordo sobre uma ação programada. Acho que havia várias dificuldades. Em primeiro lugar, os membros do comitê não estavam acostumados a se reunir ou trabalhar juntos pessoalmente. Não havia nada a uni-los, exceto a questão formal da reunião. Seus laços eram em suas respectivas esquinas. Em segundo lugar, começáramos com um desempenho tão sensacional que qualquer coisa depois daquilo seria um anticlímax. Parecia difícil dirigir o entusiasmo para uma atividade que parecesse diminuta em comparação com a nossa marcha de protesto.

Acabei concluindo que qualquer organização que juntasse os grupos de esquina teria de ser construída em torno de algum tipo de ação permanente. A liga de softbol desenvolveu-se na primavera seguinte e, em certa medida, atendeu a esse requisito. Trabalhei com os mesmos homens para criar a liga, de modo que, num certo sentido, a marcha à Prefeitura teve conseqüências mais continuadas, embora muito aquém de nossas acalentadas esperanças.

13. O adeus a Cornerville

Durante a primavera e o verão de 1940, passei a maior parte do meu tempo escrevendo a primeira versão de *Sociedade de esquina*. Já tinha os estudos de caso dos Norton e do Clube da Comunidade Italiana. Depois disso, produzi três manuscritos cujos títulos eram "Política e estrutura social", "Os gângsteres no Clube Social e Atlético Cornerville" e "A estrutura social do gangsterismo".

Enquanto escrevia, mostrei as diversas partes para Doc e revi tudo detalhadamente com ele. Suas críticas foram inestimáveis para minha revisão. Às vezes, quando eu falava dele e de sua gangue, Doc sorria e dizia: "Isso vai me embaraçar, mas é assim que era; então, vá em frente."

Quando deixei Cornerville, na metade do verão de 1940, o Clube Social e Atlético Cornerville fez uma festa de despedida para mim, regada a cerveja. Cantamos "Deus salve a América" três vezes e "Um barril de chope" seis. Já havia me mudado bastante em minha vida, mas nunca, antes de deixar Cornerville, sentira a mudança com tanta intensidade, como se estivesse deixando minha casa. A única coisa que faltava era um adeus dos Norton, e aquilo era impossível, pois eles já não existiam.

14. Cornerville revisitado

Enquanto escrevo agora, mais de 40 anos depois de ter saído do distrito, parece não haver razão alguma para manter o nome fictício nem os pseudônimos de alguns dos principais personagens. Eu estudava o North End de Boston, uma das partes historicamente mais significativas deste país, onde os turistas podem visitar a casa de Paul Revere na North Street, e a Old North Church na Salem Street. Na ponta sul do North End está o Faneuil Hall, onde líderes da Revolução Norte-Americana se encontraram algumas vezes. Península do porto, o North End também foi cenário do Boston Tea Party*.

O North End também figura com proeminência na história política do século XIX e início do século XX. Estava localizado no distrito 3 e era então dominado pelo Clube Hendricks, no West End, área estudada por Herbert Gans em seu *Urban Villagers*. Ali Martin Lomasney, o chefão de distrito preferido por Lincoln Steffen, dominava durante as primeiras décadas deste século. Quando comecei meu estudo, em 1937, Lomasney falecera, e, sob a liderança de John I. Fitzgerald, o clube controlado pelos irlandeses perdia seu comando sobre a política distrital.

Em 1980, o North End passava por um processo de transformação. Ainda era um distrito predominantemente ítalo-americano, mas a *renovação*** começara. Algumas décadas antes, os trilhos do trem elevado foram derrubados, abrindo a vista para o mar. Isso estimulou o surgimento de restaurantes requintados e condomínios caros ao longo do cais. Na outra extremidade do distrito, a atrativa reurbanização do Quincy Market deu ainda mais encanto ao North End. A distância até o centro comercial, bancário e político de Boston já era facilmente percorrida a pé. Do ponto de vista físico, a maior parte do distrito parecia intocada. Em 1980, a North Bennett Street (Norton Street) se assemelhava exatamente ao que eu deixara em 1940. O restaurante Capri, da família Orlandi, há muito desaparecera, mas o primeiro prédio onde vivi, no número 7 da Parmenter Street, esqui-

* Boston Tea Party: manifestação realizada em 1773 por cidadãos de Boston em protesto contra a tentativa inglesa de criar um imposto sobre o chá; os manifestantes assaltaram três navios ingleses no porto e jogaram toda a carga de chá ao mar. (N.T.)

** *Renovação (Gentrification)*: processo pelo qual pessoas de classe média ou afluentes tomavam a iniciativa de restaurar e melhorar propriedades urbanas deterioradas; as pessoas de baixa renda que viviam na área eram com freqüência delas expulsas. (N.T.)

na com Hanover Street, parecia exatamente o mesmo. O outro, onde Kathleen e eu começamos nossa vida de casados, a meio quarteirão do mar, no número 477 da Hanover Street, ainda está lá, mas a Hanover Association (Clube Social e Atlético Cornerville), que ficava do outro lado da rua, desapareceu. O prédio que a abrigava foi reconstruído e é hoje um condomínio.

Que impacto teve o livro sobre o North End? Não possuo qualquer evidência de que tenha exercido uma influência importante, ou mesmo de que tenha sido amplamente lido no distrito. Por mais de dez anos após a publicação, a capa da primeira edição (desenhada por Kathleen Whyte) ficou no quadro de avisos da biblioteca pública, na categoria "publicações recentes interessantes", porém, entre os rapazes da esquina, Ralph Orlandella (Sam Franco) não conseguiu encontrar ninguém que tivesse lido o livro, a não ser aqueles aos quais eu enviara exemplares.

É certo que os assistentes sociais que trabalhavam no distrito leram o livro, mas isso não teve qualquer efeito significativo sobre suas instituições. Ouvi de terceiros que, com uma exceção, os que trabalhavam na North Bennett Street Industrial School (Centro Comunitário da Norton Street) ficaram aborrecidos, pois haviam sido amigáveis comigo, e eu me virara contra eles, deixando-os embaraçados perante outros assistentes sociais e membros da elite que os apoiavam. A única exceção me trouxe algum consolo: a chefe do trabalho com as moças, que me havia apresentado a Ernest Pecci (Doc). Soube que ela julgava meu estudo uma representação precisa da instituição e do distrito. Na década de 1950, a Escola Industrial finalmente passou a contar — para trabalho em tempo integral com os meninos — com um membro da equipe nascido e criado no North End, mas ele devia ter título universitário e alguma outra formação como assistente social.

As reações na North End Union (Centro Comunitário de Cornerville) pareciam ambivalentes. Frank Havey (senhor Kendall) falou-me, em 1953, que não questionava a precisão do livro, mas não sabia dizer em que medida o Centro Comunitário poderia atrair rapazes da esquina sem perder sua clientela convencional. Então disse que conseguira uma doação para contratar um herói local da Segunda Guerra Mundial, que organizara uma liga de basquete com 42 times e propiciara ao Centro o período mais vivo de sua história — aparentemente sem perturbar os programas regulares. Infelizmente, quando terminaram os recursos, deixaram que o homem fosse embora. No início da década de 1950, a Union teve dois ítalo-americanos em seus quadros, mas ambos eram homens de fora do distrito.

Havey confessou que se encontrava num dilema entre o reconhecimento do valor das lideranças locais e os padrões promovidos pelos que avaliavam os programas de assistência social. As escolas de serviço social têm se empenhado em elevar o prestígio profissional de seus formandos. Como o serviço social poderia ser encarado como profissão se suas instituições contratam jovens que tiveram treinamento básico nas esquinas?

Ele não sabia de alguém que tivesse sido ameaçado com um corte de recursos se contratasse uma pessoa sem mestrado em serviço social. Ainda assim, freqüentemente lhe perguntavam quantas pessoas de sua equipe tinham mestrado, e ouvia referências a outras instituições que "não possuíam as qualificações necessárias." Ao investigar, descobriu que essas instituições consideradas de qualidade inferior eram aquelas que continuavam a empregar pessoas sem pós-graduação.

Quando preparava esta terceira edição, falei de novo com Frank Havey. Na época de sua aposentadoria, em 1974, após 40 anos na North End Union, ele era visto com admiração e afeto em todos os círculos do serviço social na área de Boston. O reconhecimento que merecia foi além de um memorável banquete de gala em sua honra: um professor da Universidade de Boston começou um projeto de história oral sobre suas quatro décadas no North End e fez extensas entrevistas com Havey. Este espera um dia transformar essas reminiscências em um livro — que lerei com grande interesse.

Havey relatou que os problemas de relacionar o Centro Comunitário a grupos de esquina permaneciam os mesmos até a década de 1970. Ele próprio fizera diversos esforços para incluir em sua equipe homens do North End que tinham experiência com gangues de esquina. Lembrava-se particularmente de dois homens que faziam bons trabalhos para o Centro, mas após alguns meses saíram. Sua explicação: viram-se divididos entre os padrões do Centro Comunitário e os da esquina. Acrescentou que não havia problema em contratar pessoas para funções que não exigissem formação em serviço social. Mas, é claro, um homem contratado para um programa de basquete ou uma mulher contratada para dar aulas de costura estariam num emprego fim-de-linha, sem perspectiva alguma de carreira.

A despeito da boa reputação da Union nos círculos de serviço social, durante muitos anos Havey não conseguiu persuadir qualquer das principais agências de assistência social a fornecer estudantes ou funcionários em tempo parcial para prover os serviços de orientação que ele não podia oferecer. Isso só era feito para agências nas quais o programa fosse supervisionado por alguém com mestrado em serviço social. A Union só conseguiu superar a barreira das credenciais quando pôde contratar um funcionário em tempo integral com pós-graduação.

Na década de 1960, ganharam crescente popularidade em todo o país os centros de recreação que funcionavam em lojas dando direto para a rua, e também outros programas que dependiam de lideranças locais. Se eu tinha algo a ver com isso? Duvido. Suponho que a mudança tenha resultado da crescente militância das pessoas que vivem em áreas pobres e degradadas, o que forçou um reconhecimento cada vez maior de que as velhas estratégias paternalistas não funcionavam. No máximo, meu livro pode ter dado alguma legitimidade acadêmica a essa tendência, e pode ter estimulado alguma reflexão entre planejadores, professores e estudantes de serviço social. Ainda assim, o problema subjacente não será resolvido simplesmente colocando-se líderes locais para cuidar de programas de "alcance" enquanto essas posições não oferecerem possibilidade de premiar o bom desempenho com promoções e segurança no emprego.

Nas últimas décadas, com o aumento do nível geral de educação, tornou-se cada vez mais difícil para quem não tem curso superior ascender às posições de gerência na indústria privada, mas isso ainda acontece de vez em quando — e até mesmo com bastante freqüência, em alguns campos. Em geral, tudo que se requer para cargos de gerência é um diploma universitário, e, em muitas empresas, a pós-graduação não confere vantagem alguma ao indivíduo que compete pela maior parte desses empregos. Não se deveria pensar que a barreira das credenciais é agora muito mais difícil de ser superada na área do serviço social que na indústria privada?

O que aconteceu após 1940 a alguns dos principais personagens do livro? Joseph Langone (George Ravello) faleceu há muito tempo, mas seu salão funerário continua com a família no North End, e um de seus filhos foi eleito para o Legislativo do estado em 1980.

Levou muito tempo para Ernest Pecci (Doc) encontrar um lugar seguro no mercado de trabalho. Só conseguiu um emprego fixo depois que a expansão econômica resultante da guerra já ia bastante avançada. Então deslanchou, e estava indo muito bem até que chegaram os cortes do pós-guerra. As pessoas eram demitidas de acordo com o tempo de serviço, e Pecci ficou sem trabalho de novo.

Finalmente, conseguiu emprego numa fábrica de aparelhos eletrônicos. Na época de minha última visita (dezembro de 1953), soube que havia ascendido à posição de supervisor-adjunto no departamento de planejamento de produção da fábrica. Essa seção é o centro nervoso da empresa, pois lida com a agenda de pedidos em todos os departamentos.

Pecci havia alcançado algum sucesso nessa posição, mas tendia a minimizar suas conquistas. Ele explicou: "Do lado técnico, sou um desastre total. A única coisa em que realmente brilho é quando tenho de convencer o capataz a passar um novo pedido na frente de outro que ele havia planejado. Consigo fazer isso sem deixá-lo aborrecido." Assim, Pecci aplicava a este novo mundo industrial algumas das habilidades sociais que demonstrara no North End. No entanto, essa era uma área de tecnologia muito avançada, e sua falta de conhecimento específico impunha um limite a seu progresso.

Pecci se casou logo depois de conseguir seu primeiro emprego fixo, durante a Segunda Guerra Mundial. Sua esposa era uma atraente moça do North End, uma pessoa muito inteligente e capaz que abriu, por conta própria, uma pequena loja de roupas.

Fiz uma visita a Pecci cerca de cinco anos depois da publicação do livro. Sua reação pareceu-me uma combinação de orgulho e embaraço. Perguntei a ele sobre como haviam reagido os membros de sua gangue. Disse que Frank Luongo (Mike Giovanni) parecia ter gostado do livro. O único comentário de Gillo (Danny) foi: "Nossa! Você é realmente um cara fenomenal! Se eu fosse uma moça, casaria com você." E os outros membros da gangue? Até onde Pecci sabia, nunca leram o livro. Sem dúvida a questão havia surgido. Uma noite, na esquina, um dos caras disse a Pecci: "Olha, ouvi falar que o livro do Bill Whyte saiu. Talvez a gente deva ir à biblioteca para ler." Pecci os demoveu da idéia: "Não, vocês não achariam interessante, é só um montão de palavras difíceis. É pra professores."

Em outra ocasião, Pecci conversava com o editor do jornal *Italian News*, que pensava em publicar um artigo sobre o livro. Pecci o desestimulou, e nenhuma notícia apareceu.

Presumo que, de sua maneira discreta, Pecci fez todo o possível para desencorajar a leitura local do livro, pelo embaraço que poderia causar a vários indivíduos, inclusive a ele mesmo. Por exemplo, dificilmente seria leitura agradável para os que ocupavam as posições inferiores entre os Bennett, pois veriam quão baixo era seu status e em que tipo de dificuldades eles se metiam. Portanto, tenho a maior simpatia pelos esforços de Pecci em limitar a circulação do livro.

Anos mais tarde, soube que ele havia sido promovido a chefe de planejamento da produção, mas não tive mais notícias até os anos 1960, quando soube que morrera. Fiquei sentido por eu ter permitido a perda de contato com ele, mas parecia haver um problema crescente entre nós, e isso levou a um afastamento que ainda não entendo no todo. Eu tentara manter contato por cartas, mas Pecci era um correspondente menos assíduo que eu. A última carta que recebi dele era um pedido de que, dali em diante, eu não dissesse a ninguém quem era "Doc".

Nos primeiros anos após a publicação do livro, Pecci aceitara convites para falar para estudantes em Harvard e Wellesley. Soube que havia se saído bem nessas ocasiões, sobretudo com as moças de Wellesley. Naturalmente se cansou desse tipo de compromisso, e tive prazer em atender a seu pedido.

Numa de nossas visitas à área de Boston, Kathleen e eu tínhamos visitado os Pecci em sua casa, em Medford, uma área de classe média, e parecemos nos dar bem na ocasião. Porém, quando fui a Boston vários anos depois, não conseguimos nos encontrar. Falamos por telefone a respeito de um encontro, mas ele deu a impressão de ter muitas outras coisas a fazer e não estar ansioso para me ver.

Talvez Pecci tenha achado que eu conseguira fama e fortuna com *Sociedade de esquina*, e que ele, que fornecera as chaves mais importantes para meu ingresso naquela sociedade, não havia recebido sua quota justa de benefícios. Embora fosse impossível determinar uma quota justa, Pecci na verdade teve alguns ganhos materiais em conseqüência de nossa associação. Ele entrara num programa de televisão popular na época, *A Pergunta de 64 Mil Dólares*. Não foi um dos maiores ganhadores, mas recebeu um Cadillac. Embora nunca tenha me dito o que escreveu para entrar no show, e o apresentador não tenha mencionado *Sociedade de esquina*, suspeito que Pecci destacou aquele aspecto de sua vida relatado no livro, porque um candidato a participante tinha de encontrar algum modo de se fazer especialmente interessante a fim de entrar no show.

Ou talvez o problema entre nós se explicasse simplesmente pelo fato de que, quando liguei pela última vez, Pecci já deixara a esquina há tanto tempo que não possuía interesse em nada que o ligasse aos velhos tempos.

Frank Luongo mudou-se do North End para ser líder sindical. Tudo começou com um emprego numa indústria em rápida expansão durante a guerra. Frank tinha acabado de ser contratado quando começou a se mobilizar para organizar um sindicato. Pouco depois foi despedido. Levou seu caso à agência governamental adequada, denunciando que fora demitido por atividades sindicais. A companhia recebeu ordem de readmiti-lo. Frank escreveu para mim que, quando reapareceu no trabalho, a situação pareceu mudar súbita e drasticamente. Os outros trabalhadores pensavam que havia sido o fim de Frank. Agora que ele mostrara o que podia ser feito, começaram a se associar. Durante alguns meses Frank estava no portão da fábrica meia hora antes da entrada do primeiro turno e meia hora depois da saída de seu próprio turno, distribuindo cartões de inscrição. Foi responsável, pessoalmente, pela filiação de 1.500 membros. Quando o sindicato foi reconhecido, Frank tornou-se o vice-presidente. Também passou a escrever uma coluna semanal no jornal do sindicato com o título de "Mr. CIO"*. A coluna tinha um estilo vibrante, e deve ter chamado um bocado de atenção no local.

Na eleição seguinte, Frank se candidatou a presidente do sindicato. Escreveu a mim dizendo que seu oponente era um homem que tinha pouco a ver com a organização da entidade, mas que encarnava o tipo popular — e era irlandês. Frank perdeu. Pouco depois, a companhia começou a fazer demissões em larga escala, seguindo a política do fim da guerra. Sem o posto sindical, a antigüidade de Frank já não estava protegida, e ele perdeu o emprego.

Trocamos cartas durante vários anos depois que saí de Boston, mas então a correspondência se interrompeu. Fiquei sem notícia de Frank até que, muitos anos depois, um estudante de Cornell passou por meu escritório para dizer que o havia encontrado durante um trabalho de campo para um artigo sobre organização sindical. Frank estava organizando o Sindicato dos Trabalhadores Têxteis e trabalhava em Stuyvesant, Nova York.

Cerca de um ano depois, quando planejava ir de carro para Boston, escrevi para Frank e sugeri que Kathleen e eu parássemos para almoçar com ele na volta. Respondeu cordialmente, mas quando telefonei na manhã do encontro para confirmar, soube que estava internado. Paramos no hospital e ficamos com ele e a esposa por mais ou menos uma hora. Foi uma situação deprimente. Frank tinha um câncer avançado e sabia que não viveria muito tempo.

Conversamos a respeito dos velhos tempos, e então Frank me contou sobre os anos que trabalhara regularmente como líder sindical. Afinal, disse-me que, naquela época, em várias ocasiões, fora procurado por estudantes e professores de universidades em busca de informações sobre o sindicato. E acrescentou: "Para mim, basta. Nunca mais farei qualquer coisa para alguém de uma faculdade." Perguntei por que se sentia daquele modo. "Sempre dei meu tempo para eles. Sempre buscava coisas nos arquivos para eles e respondia a todas as questões o melhor possível. Nunca pedi nada em troca, porém dizia a eles: 'Quando terminar, mande para mim uma cópia do que você escrever, certo?' Eles sempre diziam que sim, que teriam prazer em fazer isso, mas até hoje nada recebi de volta. Então, quero que vão todos pro inferno."

Fiquei feliz por ter me lembrado de mandar para Frank uma cópia de *Sociedade de esquina*. Os pesquisadores sociais não perderam nada com a decisão de Frank Luongo de não lhes prestar mais qualquer ajuda, porque poucas semanas

---

* CIO: Sigla das Congress of Industrial Organizations, federação de sindicatos de trabalhadores industriais, criado em 1935. (N.T.)

depois de nosso encontro ele morreu. Cito suas últimas palavras a mim, na esperança de que futuros pesquisadores façam um pouco mais de esforço para cumprir as promessas feitas às pessoas no campo, mesmo que depois não precisem mais delas.

O que aconteceu a Christopher Ianella (Chick Morelli)? Eu estava particularmente preocupado com essa pergunta, mas até então hesitara em buscar a resposta. Já debatera a questão comigo mesmo. Finalmente decidi que Chris talvez fosse a única pessoa que eu tivesse ferido. Queria saber que efeito o livro produzira nele. Telefonei para perguntar se podia encontrá-lo. No início custou a se lembrar de meu nome, mas então respondeu cordialmente. Ainda assim, eu ficava imaginando o que aconteceria quando nos sentássemos para conversar.

Descobri que Chris havia se mudado do North End, mas, paradoxalmente, ainda vivia no mesmo distrito. Pecci, o velho rapaz da esquina, se mudara para uma área afluente, e Chris, o homem que estava em ascensão, permanecera no centro da cidade.

Chris me apresentou à sua esposa, uma moça atraente e agradável que não vinha do North End nem era de origem italiana. Sentamo-nos na sala de estar de um apartamento que, considerando-se mobília, livros, cortinas e tudo o mais, parecia definitivamente de classe média. Durante alguns minutos fugimos do assunto que todos sabíamos que ia ser discutido. Então pedi a Chris para me dizer francamente suas reações a meu livro.

Começou dizendo que, no que lhe dizia respeito, havia apenas duas críticas a fazer. Em primeiro lugar, quando eu o citava, não fazia uma distinção suficiente entre sua própria maneira de falar e a dos rapazes da esquina: "Você me fez falar de uma maneira muito bronca, como fala um gângster."

Expressei surpresa com isso, e aqui sua esposa acrescentou o comentário de que achava que eu havia feito Chris parecer um esnobe. Ele declarou que achava a mesma coisa. Sua esposa puxou o livro da estante e releu a passagem na qual cito Doc, por ocasião de uma reunião política durante a qual Chris subiu ao palco sete vezes para pegar os ingressos que ia vender ao candidato. Ambos riram ao ouvir isso, e Chris comentou que nunca mais faria uma coisa dessas. A esposa disse que Chris lhe contara, antes de se casarem, que alguém havia escrito um livro sobre ele. E acrescentou que só lhe dera o livro depois de estarem casados.

Chris riu com isso, e então passou para a segunda crítica. "Bill, tudo que você descreveu sobre o que nós fizemos é totalmente verdadeiro, mas devia ter destacado que éramos apenas jovens naquela época. Aquilo era uma fase que estávamos atravessando. Mudei um bocado desde aquele tempo."

Ele expressou preocupação com as reações de outras pessoas ao meu livro. "Você sabe, depois que o livro já havia saído há algum tempo, me encontrei com Pecci por acaso, e ele estava realmente aborrecido. Ele me disse: 'Pode imaginar uma coisa dessas? Depois de tudo que fiz por Bill Whyte, as coisas que ele pôs no livro sobre mim... Sabe aquilo de eu dizer que você pisaria no pescoço de seu melhor amigo só para progredir? Bom, olha só, talvez eu tenha dito aquilo, mas não era realmente minha intenção. Estava apenas magoado naquela hora.'"

Chris parecia preocupado com o que o livro havia feito à minha relação com Pecci. Eu não disse a ele que este lera página por página do manuscrito original, nem dei minha interpretação de que Pecci simplesmente cuidava de consertar sua imagem depois que algumas dessas reações íntimas haviam sido expostas.

Chris me garantiu que não era o tipo duro que o livro o fazia parecer. ("Na verdade, sou um tipo manso, as pessoas facilmente se aproveitam de mim.") E me deu exemplos de ocasiões em que havia ajudado seus amigos sem levar qualquer vantagem.

Quando eu me preparava para ir embora, perguntei a Chris se tinha algo mais a dizer sobre o livro.

"Bom, fico imaginando se você poderia ter sido mais construtivo, Bill. Você acha que publicar uma coisa como essa realmente faz algum bem?"

Perguntei o que ele queria dizer. Mencionou o fato de eu apontar (como ele mesmo me havia contado) sua dificuldade de pronunciar o som do *th*. Eu também havia falado do tumulto que os rapazes às vezes causavam nos cinemas, e de que com freqüência iam dançar sem gravata, e coisas assim — todos aspectos que faziam o North End parecer um distrito bastante incivilizado. (Não consigo localizar nenhuma referência no livro a perturbações nos cinemas ou homens indo a bailes sem gravata.)

"O problema, Bill, é que você pegou as pessoas em momentos de descontração. É um quadro verdadeiro, sim, mas as pessoas sentem que é um pouco pessoal demais."

Enquanto caminhava comigo até a estação do metrô, falamos sobre sua carreira política. Fiquei atônito quando soube que ele havia deixado de ser eleito para o Legislativo municipal por uma diferença de míseros três votos. O Chris Ianella que eu havia conhecido nunca poderia ter chegado tão perto. Sem expressar minha surpresa, tentei fazer com que falasse sobre isso.

"Você sabe, Bill, o engraçado é que não tive muitos votos no North End. As pessoas com quem você cresce parece que têm ciúmes de qualquer um que progredida. Onde consegui meu apoio foi bem aqui, onde vivo agora. Conheço esses camaradas da esquina e realmente me dou bem com eles."

Como para demonstrar isso cumprimentava e acenava com cordialidade diversos grupos de esquina enquanto passávamos por eles. Em outra visita, soube que Chris Ianella finalmente fora eleito, e em 1980 era presidente da Assembléia Legislativa de Boston.

Chris me deixou muitas coisas para refletir. Em primeiro lugar, é difícil descrever a sensação de alívio que senti depois de encontrá-lo. Embora, de início, deva ter sido doloroso para ele ler o livro, fora capaz de aceitá-lo com tranqüilidade, e agora até podia rir de como era na época da juventude. Quando discuti isso com Pecci mais tarde, comecei a me perguntar se o livro não poderia até mesmo ter ajudado Chris. Foi Pecci quem apresentou essa teoria. Ele argumentou que são poucas as pessoas que têm uma oportunidade de se verem tal como as outras as enxergam. Talvez a leitura do livro tenha permitido que Chris mudasse seu comportamento. Com certeza, prosseguiu Pecci, Chris havia mudado bastante. Ainda dava duro para progredir, mas já não parecia a pessoa autocentrada e insensível dos primeiros anos. Chris certamente tinha de mudar se quisesse alimentar qualquer esperança de ir adiante na política democrata — e, de alguma forma, por razões que não posso explicar agora, ele havia decidido que seu futuro estava com os democratas, e não com os republicanos, em cuja direção parecia estar se movendo quando deixei o North End. Assim, pelo menos, o livro não havia causado dano a Chris, e parecia até possível que o tivesse ajudado.

Também fiquei satisfeito de ver que, basicamente, Chris aceitara o livro. Isso, é claro, agradou ao escritor que há em mim, mas também depôs a favor de Chris. Suspeito que o homem que pode aceitar tal retrato de si mesmo é também o homem que pode mudar o comportamento descrito.

Achei interessantes as objeções de Chris ao livro. Quanto à maneira como o havia citado, eu me senti muito seguro. Ele realmente falava diferente dos rapazes da esquina, mas não tão diferente quanto ele mesmo imaginava. Se uma citação de Chris contém uma expressão gramatical errada, ou alguma frase típica de um rapaz da esquina, estou razoavelmente seguro de que essa parte é autêntica. Eu estava tão consciente das diferenças entre Chris e os outros rapazes que não poderia ter imaginado quaisquer expressões que os aproximasse. A crítica parecia falar mais a respeito do status e das aspirações de Chris que dos meus métodos de pesquisa.

Na verdade, talvez eu devesse ter destacado que Chris e seus amigos eram jovens e apenas atravessavam uma fase de desenvolvimento. Mas a juventude, em si mesma, não parece explicar tudo. Aqueles homens não eram adolescentes; todos estavam no mínimo por volta dos 25 anos. O fato importante é que ainda não haviam conseguido colocar um pé firme na sociedade. Eram jovens que haviam saído de casa mas ainda não tinham chegado a lugar algum. Estou inclinado a acreditar que esse é um fator importante para explicar a agressividade, o autocentramento e outras coisas assim, que aparecem em Chris e alguns de seus amigos durante aquele período. Mais tarde, quando ele já havia encontrado algo como um lugar para si mesmo, pôde relaxar e preocupar-se mais com outras pessoas. Será este apenas um fenômeno de mobilidade social, quando alguém sai de áreas pobres e degradadas como Cornerville e adquire o status de classe média? Quando reflito sobre minha própria carreira, posso me lembrar, com certo embaraço, de algumas coisas que disse e fiz nos primeiros estágios, quando lutava para construir uma base firme na carreira acadêmica. É fácil ser modesto e despretensioso quando você já alcançou uma posição bastante segura e ganhou um certo grau de reconhecimento.

Eu não discordava da opinião de Chris de que eu retratara as pessoas em momentos de descontração, e podia simpatizar com as que se sentiam assim. Se você vai ser entrevistado pelo jornal, veste seu melhor terno e põe a melhor gravata, assegura-se de que a sala esteja limpa e, de modo geral, toma todas as precauções associadas a uma aparição pública. Você mostra-se ao público no papel que gostaria de desempenhar. Mas não pode fazer isso com um pesquisador social que passa a viver com você. Não vejo maneira alguma de contornar essa dificuldade. Suponho que sempre haverá aspectos de nossos relatórios que criarão certo grau de embaraço para as pessoas que estudamos. Pelo menos fiquei em paz ao descobrir que, no caso de Chris, a reação não fora tão séria quanto eu havia temido.

Embora possamos apenas especular a respeito do impacto do livro sobre Pecci, Chris e muitos outros, há um homem sobre quem o efeito foi profundo — e nem sempre com certeza construtivo. Meu trabalho fez com que Ralph Orlandella, um jovem que abandonara a escola no curso secundário, quisesse se dedicar à pesquisa social. Nesse caso, posso deixar que Ralph conte sua própria história (ver anexo B).

15. A aceitação de *Sociedade de esquina* como tese de doutorado

Embora me afastasse de minhas antigas ambições de escrever ficção, eu estava determinado a escrever *Sociedade de esquina* de tal modo que pudesse ser lido além das fronteiras do mundo acadêmico. Inicialmente, submeti o manuscrito a Reynal & Hitchcock, uma editora comercial que anunciara um concurso de textos de não-ficção baseados em pesquisa acadêmica. Quase acertei o alvo. Fiquei em segundo lugar, atrás de um livro de filosofia.

Com o encorajamento de W. Lloyd Warner e Everett C. Hughes, submeti o livro à editora da Universidade de Chicago. Pouco depois, o editor concordou em publicá-lo. Mas então recebi uma carta do gerente comercial, dizendo que eu teria de cortar um terço do manuscrito e contribuir com 1.300 dólares, uma vez que o livro não venderia muitos exemplares.

Para um casal que vivia há dois anos com bolsas de 600 dólares, e depois de 1.500 (menos 300 dólares de matrícula por ano), os 1.300 dólares eram um desafio terrível, mas conseguimos juntar o dinheiro, grande parte dele economizado durante nossa temporada no North End. Como eu já fizera cortes substanciais, fiquei preocupado, no início, com a tarefa de condensar ainda mais o livro. Hoje, olhando para trás, acredito que esse ato de disciplina tenha sido bom para mim. Não consigo me lembrar de nenhuma das partes que cortei, e, nesse processo, *Sociedade de esquina* ficou melhor.

Durante o mesmo período, também tive de batalhar para que o livro fosse aceito como tese de doutorado. Eu chegara a Chicago para começar meus cursos de pós-graduação já com o primeiro rascunho da tese na bagagem. Havia reescrito e polido algumas partes, mas não mudara minha análise de algum modo de que consiga agora me recordar. Aquele começo não-ortodoxo exigiu algumas manobras também não-ortodoxas no final de meu programa de doutorado. Fiz os exames finais numa semana e a apresentação da tese na semana seguinte — embora, de acordo com as regras, o doutorado não pudesse ser concedido menos de nove meses depois da aprovação nos exames, o que explica que meu diploma tenha data de 1943, e não de 1942.

Como ocorre com freqüência, havia grandes divisões dentro do departamento de sociologia, de modo que qualquer estudante que enfrentasse o exame de tese devia torcer para que, com a ajuda e o encorajamento ocultos da facção da qual fosse aliado, conseguisse resistir aos ataques da facção oposta. Eu ainda levava outra desvantagem, pois na época de minha aprovação, W. Lloyd Warner, meu orientador, estava de licença, e eu só podia esperar que Everett Hughes e Bill Whyte juntos conseguissem me fazer passar.

Naquele tempo, Chicago exigia que todas as teses de doutorado fossem impressas, e eu estava determinado a publicar algo que fosse ao mesmo tempo um livro fácil de ser lido e uma tese. Por essa razão, recusei-me a começar com a tradicional revisão da literatura sobre áreas pobres e degradadas ou a concluir com um capítulo no qual resumisse minha contribuição àquela literatura, incluindo a obrigatória frase final "é necessário continuar as pesquisas sobre o tema". Minha posição não se devia a razões inteiramente literárias. Felizmente para mim, durante o período em que fazia meu trabalho de campo, eu desconhecia a literatura sociológica sobre áreas pobres e degradadas, e começara o estudo considerando-me um antropólogo social. Durante os dois anos em Chicago, mergulhei naquela literatura sociológica e fiquei convencido de que a maior parte era inútil e enganosa. Achava que eu me desviaria da minha tarefa se tivesse de me livrar do lixo antes de começar minha história.

Como esperava, o ataque mais contundente veio de Louis Wirth, autor de um dos melhores estudos sobre áreas pobres e degradadas. Ele começou pedindo que eu definisse "área pobre e degradada". O propósito de sua pergunta era óbvio. Embora eu argumentasse que o North End era na realidade altamente organizado, com muitos agrupamentos coesos, ele não via como eu poderia defini-lo como uma dessas áreas sem utilizar o conceito de "desorganização social", tema central de estudos anteriores.

Respondi que uma área pobre e degradada era simplesmente uma área urbana onde existia alta concentração de pessoas de baixa renda vivendo em habitações dilapidadas e em péssimas condições sanitárias e de saúde. Wirth objetou que esta não era uma definição sociológica, mas recusei-me a satisfazer seu apetite conceitual, respondendo simplesmente que as condições que eu descrevera constituíam a razão pela qual eu estudara o North End, e que considerava um problema empírico determinar como as pessoas viviam naquelas condições.

Embora não satisfeito, Wirth finalmente persuadiu-se de que não ia obter a resposta que desejava, e passou a atacar minha atitude afrontosa de ignorar, sem ao menos mencioná-las, várias gerações de literatura sociológica. Isso provocou um debate animado, no qual tentei demonstrar que realmente desconhecia aquela literatura.

Nesse ponto, Everett Hughes interveio para promover um acordo. O departamento aceitaria o livro como tese desde que eu escrevesse, em separado, uma revisão da literatura demonstrando claramente que acrescentava algo ao trabalho já feito. Esse material complementar poderia então ser impresso (à minha custa) e encadernado junto com o livro, numa cópia que — depositada na biblioteca da universidade — tornava a tese de Bill Whyte ajustada às tradições da pós-graduação.

Mais tarde, ocorreu-me que, como eu devia escrever uma revisão da literatura, poderia publicar alguns artigos a partir dessa tarefa (e na realidade o fiz, tal como está indicado nas referências do anexo C). Quando dois desses artigos foram aceitos para publicação, consultei Hughes de novo. Ele persuadiu o departamento a aceitar os artigos publicados como minha revisão da literatura e a abandonar o requisito formal de que fossem encadernados com o livro na cópia para a biblioteca.

Assim, a provação da defesa de tese teve final feliz, graças, em grande parte, a Hughes. Consegui publicar o livro sem a parcela que eu considerava irrelevante. Além disso, lancei-me numa carreira acadêmica com dois artigos e um livro.

16. Sociedade de esquina revisitado cinqüenta anos depois

A recepção inicial ao livro não forneceu qualquer indicação de que um dia ele pudesse vir a ser considerado "um clássico da literatura sociológica". A revista oficial da Sociedade Americana de Sociologia, a *American Sociological Review*, não fez uma resenha. No *American Journal of Sociology*, Edwin Sutherland, um renomado criminalista, fez uma crítica favorável, embora tendesse a definir o livro apenas como mais um bom estudo sobre áreas pobres e degradadas.

No início, *Sociedade de esquina* teve melhor receptividade fora do mundo acadêmico. Harry Hanson, um crítico de alcance nacional, dedicou uma coluna inteira ao livro, terminando com esta afirmação: "Whyte oferece matéria original sobre o tema sempre importante da vida nas comunidades norte-americanas, apresentando-o, eloqüentemente, de uma perspectiva humana."

Fiquei particularmente feliz com os comentários entusiásticos de Saul Alinsky, autor de *Reveille for Radicals*, no periódico *Survey*, dirigido aos profissionais de serviço social. Embora reconhecendo seu preconceito contra sociólogos em geral, ele achou *Sociedade de esquina* uma análise notavelmente realista do tipo de distritos pobres nos quais vinha trabalhando como organizador de comunidades.

De início, as vendas pareciam confirmar a previsão pessimista do gerente comercial da editora. O livro foi publicado em dezembro de 1943. Em 1945, a receita havia caído para quase nada, e o volume parecia pronto para entrar no mercado das sobras.

Em meados de 1946, tive a surpresa agradável de receber um cheque relativo aos direitos autorais, registrando o triplo de vendas em comparação ao ano anterior. O que acontecera? Em primeiro lugar, os veteranos da Segunda Guerra Mundial voltavam em grandes levas aos cursos de graduação e pós-graduação, e seus soldos incluíam provisões generosas para a compra de livros. Ao mesmo tempo, muitos professores de sociologia se tornavam insatisfeitos com o costume de simplesmente recomendar livros-texto para seus cursos, e passaram a exigir que os estudantes lessem monografias de pesquisas.

Ainda assim, no início da década de 1950, as vendas caíam sistematicamente, e, mais uma vez, o livro parecia prestes a expirar. Alex Morin, que trabalhava na editora, disse-me que recentemente relera *Sociedade de esquina* na esperança de ter idéias para reformulações que justificassem uma nova edição e mantivessem o livro vivo. Isso me levou a pensar em escrever este anexo sobre minhas experiências de campo, que apareceu pela primeira vez na edição ampliada de 1955 e que depois disso vim expandindo.

Parecia que o mundo acadêmico impusera uma conspiração do silêncio às experiências pessoais de pesquisadores de campo. Na maioria dos casos, os autores que deram alguma atenção a seus métodos de pesquisa tinham fornecido uma informação fragmentária, ou escrito o que parecia uma descrição de métodos que teriam usado se, quando entraram no campo, soubessem de antemão o que iriam produzir no final. Era impossível encontrar relatos realistas que revelassem erros, confusões e envolvimentos pessoais pelos quais um pesquisador de campo deve necessariamente passar.

Decidi fazer minha parte para suprir essa falha. Ao assumir a tarefa, parecia-me importante ser tão honesto sobre mim mesmo quanto possível. Isso significava não suprimir incidentes que me fizessem parecer idiota, como minha tentativa fracassada de seduzir uma garota num bar da Scollay Square, ou meu envolvimento em crime federal (votei quatro vezes numa eleição) — embora, neste último caso, vários colegas tenham me aconselhado a não fazer a confissão. Escrevi da maneira que está não apenas para limpar minha alma, mas — e mais importante — para ajudar os futuros pesquisadores de campo a entender que é possível cometer erros estúpidos e equívocos sérios, e ainda assim produzir um estudo de mérito.

A versão ampliada de 1955 deu ao livro novo vigor. Na década de 1960, as vendas desabavam novamente, mas a publicação do livro em brochura colocou-o de novo em patamar mais elevado.

As vendas estavam caindo mais uma vez no final dos anos 1970, e eu não pensava numa possível reedição até os dois dias de comemoração de minha aposentadoria, promovida por meu departamento em Cornell, na New York State School of Industrial and Labor Relations. Os eventos organizavam-se em torno de apresentações e debates, por parte de sete antigos assistentes de pesquisa ou associados em projetos de campo: Angelo Ralph Orlandella, Margaret Chandler, Melvin Kohn, Chris Argyris, Leonard Sayles, George Strauss e Joseph Blasi. Embora tenha apreciado enormemente a contribuição desses velhos amigos, as observações de Ralph Orlandella em particular me levaram a pensar em minha pesquisa de um novo ponto de vista.

Apesar de eu não ter dado qualquer instrução formal a Orlandella a respeito de entrevista e observação — e certamente nada ter feito para aumentar suas habilidades como líder de uma gangue de esquina —, ele afirmou que o trabalho comigo lhe havia ensinado métodos de entrevista, observação e análise de estrutura de grupo que lhe serviram para alcançar posições de liderança em sua carreira posterior. Antes eu pensara nos métodos que usava basicamente em termos de sua utilidade para pesquisas de campo nas ciências behavioristas. Em sua carreira militar, Ralph demonstrou uma extraordinária habilidade para adquirir a confiança de oficiais superiores, subordinados e pessoas em outras unidades, e fazer com que trabalhassem juntos em projetos inovadores. Também foi capaz de desenvolver projetos cooperativos entre bases militares e comunidades vizinhas, como foi o caso quando assumiu a liderança para criar o "Balistic Missile Explorer Squadron, Boy Scouts of América", primeiro no mundo em seu gênero. Mais tarde, usou essas mesmas habilidades para gerenciar o departamento de serviços urbanos de uma cidade. No anexo B, "O impacto Whyte sobre um *Underdog*", baseado na apresentação que Ralph fez diante de uma audiência entusiasta, durante a cerimônia de minha aposentadoria, ele conta sua própria história.

Mais ou menos meio século depois de sua publicação em 1943, *Sociedade de esquina* tornou-se de repente um novo centro de atenção acadêmica. Publicado no outono de 1991, *Reframing Organizational Culture*, de Frost et al. (orgs.), dedica a maior parte a "Explorando um modelo exemplar de pesquisa sobre cultura organizacional". O artigo começa com uma longa citação de meu anexo na edição de 1955 de *Sociedade de esquina* (daqui em diante, *SE*), segue com quatro críticas ao livro feitas por cientistas behavioristas (Michael Owen Jones, Alan Bryman, Patricia Riley e John M. Jemier) e conclui com meus "Comentários às críticas a *SE*". O número de abril de 1992 do *Journal of Contemporary Ethnography* é totalmente dedicado a *SE*. Após uma introdução do editor vem o artigo de W.A. Marianne Boelen que mencionei no "Prefácio". Boelen me acusa de transgressões éticas envolvendo minhas relações com "Cornerville" e com Doc, meu principal guia no distrito. Afirma que não reconheci terem sido trazidos da Itália os costumes dos jovens que ficavam nas esquinas. Sustenta que a linguagem comum entre as gangues de esquina era o italiano e que minha compreensão da língua era deficiente, de modo que eu não entendia completamente o que se passava.

Como foi dito no "Prefácio", o ataque de Boelen era seguido por minha resposta e por um artigo de Angelo Ralph Orlandella. O número fecha com os três artigos dos cientistas behavioristas Arthur J. Vidich, Laurel Richardson e Norman K. Denzin.

Com os ensaios dos sete cientistas behavioristas em *Reframing Organizational Culture* e no *Journal of Contemporary Ethnography*, não tive que defender meu caráter ou a reputação do livro, porque todos eles aceitavam *SE* como um "clássico da sociologia", ou algo equivalente. Apesar disso, levantaram questões que jogam uma luz interessante sobre como os padrões de crítica mudaram ao longo do último meio século, em particular com a recente popularidade da epistemologia crítica.

No que escrevi a seguir, estarei lidando sobretudo com *Reframing Organizational Culture*, que passarei a chamar de *ROC*, e com o número pertinente do *Journal of Contemporary Ethnography*, ou *JCE*.

O panorama intelectual de SE

Jemier acredita que "*SE* está marcado pela poderosa influência da Escola de Epistemologia de Chicago" (*ROC*, p.227). Boelen faz o mesmo comentário, com uma virada negativa: que distorci minhas interpretações a fim de alinhá-las com a Escola de Sociologia de Chicago.

Como indiquei na edição de 1981 de *SE* (que nenhum dos sete críticos lera), eu já havia completado uma primeira versão antes de entrar no curso de pós-graduação da Universidade de Chicago, e a condensação e revisão que fiz depois disso não mudaram, de forma alguma, minha análise dos dados sobre o North End. Enquanto estava no campo, de 1936 a 1940, eu me via como um estudante de antropologia social. Fizera amplas leituras naquele campo, sob a orientação de Conrad M. Arensberg. Naquela época, não conhecia qualquer dos estudos urbanos da Universidade de Chicago. No exame de tese de *SE*, tive de resistir aos esforços de Louis Wirth e Herbert Blumer para encaixar meu trabalho na moldura da desorganização social então popular em Chicago e outros lugares.

Sobre as relações do pesquisador com aqueles que ele estuda

Boelen (*JCE*, p.33-4) pergunta: "Terá ele cometido um pecado ético capital ao não levar seu manuscrito de volta ao campo e checar os dados e os conteúdos com os objetos do estudo?"

Esse "pecado ético capital" é uma criação de Boelen. Na época de meu estudo, nunca ouvira nada sobre tal obrigação. Atualmente, alguns sociólogos e antropólogos sociais advogam algum tipo de feedback para o campo; no entanto, ainda assim, não conheço qualquer código de ética profissional em sociologia ou antropologia que faça tal exigência. Supondo que eu tivesse tentado implementar o princípio de Boelen, como teria feito isso? Como se pode retroalimentar os dados e conteúdos do estudo de um pesquisador numa comunidade de 20 mil pessoas — ou mesmo com a parte da comunidade que estudei?

Antes de eu sair do distrito, Doc leu o manuscrito que levei para Chicago, e tivemos longas conversas sobre suas sugestões e críticas. Também tive inúmeras discussões de feedback com Sam Franco.

Será que eu deveria ter apresentado aos Norton, como grupo, minhas conclusões sobre hierarquia social e padrões de liderança? Uma vez, quando perguntei a eles quem era seu líder, responderam que todos eram iguais. Revelar-lhes que não eram iguais em termos comportamentais seria embaraçador para Doc e teria perturbado seus seguidores.

Observe-se que Boelen lida com relações no campo apenas em termos das supostas obrigações do pesquisador diante dos estudados. Ela não considera o direito de o pesquisador publicar conclusões e interpretações tal como as vê. Encontrar o equilíbrio entre nossas obrigações perante os que estudamos e os direitos de autor de publicar nossas descobertas é uma questão complexa que não pode ser abordada simplesmente em termos do "pecado capital" de Boelen. Em *Learning from the Field* (1984) discuti alguns aspectos dessa questão.

Será que explorei Doc? Boelen relata que os filhos dele pensam que sim, que eu deveria ter partilhado os direitos autorais de *SE* com ele. Reconheço que lucrei mais com nossa relação que Doc. Porém, na época, tentei retribuir o melhor que pude (*JCE*, p.61).

Admitindo que o próprio Doc pensasse que eu lhe devia algo, Richardson (*JCE*, p.116) oferece esta hipótese: "Whyte via Doc como um co-pesquisador, cujas interpretações estavam entremeadas às suas. No entanto, em última instância, Whyte assumiu sozinho a autoria do livro, recebendo a fama e a 'fortuna' associadas a isso. É provável que a fortuna parecesse imensa a Doc, que vivia usualmente subempregado."

O problema dessa hipótese é que ela põe Doc em "*hold*" e a mim em "*fast forward*". Em 1943, quando *SE* foi publicado, minhas economias tinham sido exauridas com o subsídio pedido pela editora, e nada ganhei durante o ano em que me recuperava da poliomielite. A primeira edição não resultou em qualquer pagamento de direitos autorais até 1944; a partir daí, produziu apenas um pouco mais que o valor do subsídio. Foi só depois da edição de 1955 que o livro começou a produzir retornos financeiros significativos. E da última vez em que estive com Doc, em 1953, ele ainda me saudou como a um amigo.

Durante meu período em Cornerville, é verdade que Doc em geral estava "subempregado", mas o *boom* ocorrido durante a guerra, a partir de 1942, deu-lhe um trabalho em que ia bem, até que vieram os cortes pós-guerra, e ele foi despedido. Um tempo depois, conseguiu emprego numa grande empresa de aparelhos eletrônicos, no qual chegou até o nível de gerência. Em minha última visita (dezembro de 1953), ele era supervisor-adjunto de planejamento da produção. Quando morreu, em 1967, era gerente de planejamento de produção, posição-chave no nível da gerência intermediária.

Passando além de minha experiência pessoal, que conclusões gerais poderíamos tirar a respeito das relações entre o pesquisador e seus informantes? Estes deveriam ser pagos? Em caso afirmativo, quanto se deveria pagar? Como determinar a justiça? Parece-me impossível estabelecer qualquer regra universal para tratar essas questões. Acho que, se o pesquisador promete dinheiro em troca de entrevistas, isso introduziria um elemento de cálculo mútuo numa relação que funciona melhor quando as duas partes concordam em colaborar de modo voluntário. Em alguns casos, talvez seja impossível evitar compromissos de pagamento, mas esses poderiam aumentar substancialmente os custos da pesquisa, impossibilitando a execução de outros projetos desejáveis para as duas partes.

Será que se deveria prometer um pagamento contingente — participação nos direitos autorais de um livro? Isso parece bastante irrealista para monografias sociológicas ou antropológicas. Apenas raramente tais monografias registram vendas substanciais — e, no meu caso, 13 anos após a primeira publicação do livro.

Guiei meu envolvimento com Doc em termos do princípio de reciprocidade interpessoal. Quando trabalhávamos juntos, tentava ser útil a ele, e Doc parecia satisfeito com a relação. Mais tarde, pode ter chegado à conclusão de que o explorei, como seus filhos acreditam agora.

Seguir o princípio da reciprocidade interpessoal não fornece qualquer garantia de que, anos depois, a relação será vista como justa e imparcial por um informante-chave — ou por seus filhos.

Se a reciprocidade interpessoal não oferece garantia de boas relações entre os pesquisadores e seus principais informantes e colaboradores, seria possível encontrar outra base para construir tais relações?

Junto com alguns de meus colegas, acabei me convencendo de que a *pesquisa de ação participativa* (PAP, a partir daqui) fornece meios importantes para superar o fosso existente entre pesquisadores profissionais e integrantes das organizações que estudamos. A PAP é uma metodologia na qual os pesquisadores convidam alguns integrantes da organização estudada a participar com eles de todas as fases do processo, desde o esboço da pesquisa, passando pela coleta de dados e pela análise, até a aplicação prática dos resultados. A PAP ainda é pouco familiar para a maior parte dos cientistas behavioristas, mas tem sido praticada (usualmente com outro rótulo) desde pelo menos a década de 1960.*

Em termos das questões discutidas aqui, a PAP tem duas vantagens. Nas relações de campo, possibilita ir além da reciprocidade interpessoal para estabelecer o vínculo entre informantes-chaves e pesquisadores sociais profissionais. À medida que os membros da comunidade ou organização estudada se comprometem com os resultados práticos que — assim se espera — decorrerão do processo de pesquisa, ficam menos preocupados com o que ganham pessoalmente em troca do que fazem *com* o pesquisador. Isso também pode liberar os pesquisadores de incertezas e ansiedades relativas à suficiência do que foi feito pelos integrantes da comunidade em retribuição ao que fizeram por nós.

A PAP também nos ajuda a lidar com uma das preocupações dos epistemólogos críticos: abrir canais por meio dos quais ao menos alguns integrantes da organização estudada agreguem suas próprias vozes bem informadas àquelas das pessoas de fora. Isso pode enriquecer o processo de coleta e análise de dados, e também aumentar o nível de aceitação do relatório da pesquisa no âmbito da comunidade ou organização estudada.

As potencialidades e limitações da PAP estão atualmente em processo de exploração. Eu não poderia fazer isso no final da década de 1930, quando me esforçava para seguir a norma então válida em Harvard. Esta enfatizava o compromisso com a "ciência pura" e a ausência de qualquer envolvimento do pesquisador na ação social. Além disso, eu não dispunha de uma posição segura numa organização que me desse a chance de fazer um projeto de PAP. A implementação da estratégia de PAP funciona melhor quando o pesquisador social é integrante de uma organização permanente, capaz de desenvolver uma relação a longo prazo. O pesquisador solitário está em situação precária para fazer o acompanhamento necessário até o final do trabalho.

A estratégia de PAP só pode ser aplicada efetivamente em um número limitado de situações. Onde é possível, ela oferece oportunidades para melhorar as relações de campo do pesquisador, fortalecer o processo de pesquisa e alcançar resultados práticos.

---

* Whyte, "Advancing Scientific Knowledge through Participatory Action Research"; Whyte, *Participatory Action Research*; Whyte, Greenwood e Lazes, "Participatory Action Research: through Practice to Science in Social Research"; Harkavy e Puckett "Toward Effective Universtity-Public School Partnerships"; Greenwood, Whyte e Harkavy, "Participatory Action Research as a Process and as a Goal".

Sobre a crítica pós-fundacional

Quando concordei em responder ao ataque crítico de Boelen, presumi que os três cientistas behavioristas que escreviam naquele número do *JCE* concluiriam que meus três anos e meio de trabalho de campo, apoiados nas volumosas anotações datilografadas logo após os eventos ou as entrevistas, seriam um guia mais acurado para as realidades de Cornerville no final da década de 1930 que as memórias de informantes selecionados 30 a 45 anos depois. Nenhum dos três assumiu uma posição a esse respeito. Vidich (*JCE*, p.80) simplesmente afirma que "os leitores podem tirar suas conclusões sobre as questões levantadas nesses ensaios", mas então prossegue com tributos ao continuado valor de *SE* para a teoria e a prática sociais em áreas urbanas pobres e degradadas. Richardson e Denzin não lidam com a questão porque, para eles, a natureza do jogo crítico mudou desde a época em que fiz o estudo. Richardson (*JCE*, p.103-4) afirma que escreve sobre *SE* agora "num contexto radicalmente diferente daquele em que o livro foi produzido. Alguns se referem ao contexto intelectual de hoje como 'pós-fundacional'. O cerne desse clima pós-fundacional é a *dúvida* de que qualquer discurso tenha um lugar privilegiado, de que qualquer texto tenha seu 'nicho' consagrado na verdade".

Denzin (*JCE*, p.130) me chama de "realista positivista-social", e prossegue dizendo que (p.126), "hoje, o realismo social está sob ataque. É visto agora como apenas uma estratégia de narração para contar histórias sobre o mundo lá fora".

Riley (*ROC*, p.218) segue a mesma linha. Interpretando o argumento de Clifford Geertz, ela escreve: "descrições culturais, filtradas pelo etnógrafo, são na realidade ficções de segunda ou terceira ordem. ... Não existe qualquer cultura ou organização 'lá' a ser rigorosamente representada por observadores."

Em *Works and Lives*, Clifford Geertz discute os problemas enfrentados por estudantes da cultura, tal como indicado no subtítulo: "O antropólogo como autor". Ele vê os antropólogos sociais confrontando uma crise intelectual (p.71): "Estão também atormentados por graves incertezas interiores, que correspondem a quase um tipo de hipocondria epistemológica relacionada a como se pode saber que alguma coisa que se diz sobre outras formas de vida é de fato assim."

Após examinar os trabalhos de alguns dos mais eminentes antropólogos sociais (Lévi-Strauss, Evans-Pritchard, Malinowski e Benedict), ele abandona qualquer esperança de estabelecer conclusões científicas e fala, em vez disso, de "tornar seu relato crível, tornando crível sua pessoa" (p.79). E acrescenta: "A etnografia deu uma virada bastante introspectiva — obliquamente, nas décadas de 1920 e 1930, e cada vez mais abertamente nos dias de hoje. Para ser uma testemunha ocular habitual, é preciso, assim parece, que aquele que vê se torne, primeiro, um 'eu/olho' convincente."*

Dessa forma, o escrever etnológico passa a depender do quanto se consiga persuadir o leitor. Mas, prossegue Geertz (p.133): "Quem deve ser persuadido agora? Os africanistas ou os africanos? Os americanistas ou os índios norte-americanos? Os japonólogos ou os japoneses? E persuadidos de quê? Da precisão factual? Da amplitude teórica? Do alcance da imaginação? Da profundidade moral? É bastante fácil responder: 'Todas as alternativas acima.' Mas não é tão fácil produzir um texto que atenda a tudo isso."

Sobre o marco pós-fundacional e a ciência social

Quando comecei minha pesquisa para *SE*, queria contribuir para a criação de uma ciência da sociedade — e ainda não desisti desse compromisso. Criei meu próprio marco de referência tomando como base uma distinção fundamental entre o *objetivo* (o que está lá para ser observado) e o *subjetivo* (como o pesquisador e outros interpretam os fenômenos observados). Presumi que deveria me concentrar no objetivo, tentando, na medida do possível, basear minhas interpretações no que observasse e no que me fosse dito por informantes que me haviam parecido observadores perceptivos e precisos.

Refletindo sobre a etnologia "pós-fundacional", acabei chegando à conclusão de que a distinção objetivo-subjetivo não é tão clara como havia imaginado. Considere-se por exemplo meu estudo sobre a estrutura social de gangues de esquina. Ele foi baseado principalmente em observação direta, mas os pesquisadores não podem observar tudo; se tentássemos, terminaríamos com uma miscelânea de dados que não nos conduziriam a qualquer padrão inteligível. Buscamos observar comportamentos que sejam significativos para os propósitos de nossa pesquisa. A seleção, portanto, depende de alguma teoria implícita ou explícita — um processo que, em grande medida, é subjetivo. Mas a escolha não é aleatória: se especificarmos nossas premissas teóricas e os métodos de pesquisa que usamos, outros podem utilizar as mesmas premissas e os mesmo métodos para verificar ou questionar nossas conclusões.

---

* Eu/olho: há aqui um trocadilho importante e intraduzível: *eye witness* [o olho que testemunha] está grafado como "*I-witness*" [o eu que testemunha], e daí o *convincing* "*I*" [o "eu/olho" convincente]. (N.T.)

Seguindo o marco de referência teórico de início proposto por Eliot D. Chapple e Conrad M. Arensberg*, concentrei minha atenção em observar e grosseiramente quantificar as freqüências e a duração de *interações* entre integrantes de gangues de esquina, bem como em observar o início de *mudanças nas atividades de grupo*. (Essa abordagem ainda não havia sido usada pelos sociólogos e ainda hoje é incomum entre sociólogos e antropólogos sociais.)

Para determinar a liderança informal de um grupo, baseei-me na distinção crítica entre *eventos-par* (interações entre duas pessoas) e *eventos-grupo* (interações entre três ou mais pessoas). Ao observar eventos-par, descobri que nem sempre conseguia determinar quem era mais influente. Observando eventos-grupo, o padrão ficou claro.

No caso dos Norton, determinei que Doc era o líder por meio de vários tipos de observação. Antes que ele chegasse à sua esquina, havia pequenos grupos de dois ou três conversando. Quando chegava, os pequenos grupos se dissolviam e um agrupamento maior se formava em torno dele. Quando outro integrante falava para o grupo, e então notava que Doc não estava ouvindo, parava e tentava novamente conquistar a atenção do líder. Freqüentemente, mas nem sempre, era Doc que sugeria uma mudança na atividade do grupo. Quando outro integrante fazia uma proposta de ação não endossada por Doc, não acontecia mudança alguma de atividade. Só se observava uma mudança na atividade do grupo quando Doc fazia ou aprovava a proposta. O método observacional que usei no final da década de 1930 para determinar estruturas de grupos informais pode ser checado hoje por qualquer pesquisador que deseje observar um grupo informal ao longo de um período extenso.

Com relação ao significado teórico de tais observações estruturais, rejeito a afirmação de Riley (*ROC*, p.219), de que minhas conclusões sobre a sociologia do boliche e a relação entre mudanças no padrão de interação e saúde mental "provaram-se mais heurísticas que outras, mas deveriam ser vistas como uma conversa particular, limitada no tempo e no espaço pelas regras que governam sua produção".

Essa afirmação me leva de volta aos argumentos metodológicos que encontrei durante meu programa de pós-graduação na Universidade de Chicago no início da década de 1940. Naquela era, o grande debate se desenrolava entre o estudo de caso e a estatística. Proponentes do estudo de caso argumentavam que ele levava à "compreensão", enquanto proponentes da estatística mantinham que ela era o

---

* *Measuring Human Relations.*

único caminho para a ciência. Nós, estudantes, quisemos promover um debate entre Herbert Blumer (estudo de caso) e Samuel Stouffer (estatística), e o mesmo debate foi uma vez projetado na cena nacional entre Blumer e George Lundberg. Acabou tão acalorado que, no final, eles se apertaram as mãos, como se fosse para dar a falsa impressão de que não ficara ressentimento algum.

Eu apreciava aqueles debates, mas ainda assim estava infeliz com a maneira como as questões eram enquadradas. Do lado estatístico, o pressuposto implícito era de que lidávamos com surveys sociais — que, tanto naquele tempo como agora, eram o principal instrumento de sociólogos que usavam métodos quantitativos. Desde a década de 1950 tenho empregado surveys em vários estudos. Porém, nos anos 1940, eu não tinha utilidade para eles; queria quantificar observações de comportamentos.

Ao contrário da afirmação de Riley, defendo que o estudo de caso presta-se a descobrir uniformidades que podem ser conferidas em outros estudos de caso, bem como por meio de métodos experimentais e quantitativos (usados individualmente ou em conjunto). Mais ainda: pode levar a insights que produzam avanços teóricos, sejam eles realizados pelo autor, sejam por outros.

Trabalhando com Muzafer Sherif, O.J. Harvey* fez um experimento com grupos de garotos para checar a relação entre suas posições dentro do grupo e o desempenho esportivo. Suas conclusões, paralelas às minhas, dificilmente confirmam aquela relação para todos os casos ou circunstâncias, mas pelo menos demonstram a possibilidade de checar experimentalmente os resultados de estudos de caso.

A relação entre mudanças marcantes em padrões de interação e saúde mental pode ser checada na prática clínica para determinar se esse marco de referência pode ser útil na psicoterapia.

O antropólogo Scudder Mekeel** descobriu um paralelo próximo à minha tese em "The Social Role of the Settlement House" e as relações entre índios norte-americanos e funcionários do Bureau de Assuntos Indígenas. Ele constatou que bastava substituir "rapazes da esquina" por "índios", e "funcionários do Centro Comunitário" por "funcionários do B.A.I." — tudo mais se ajustava a seu caso tão bem quanto ao meu. Poucos anos depois de meu estudo no North End, Herbert Gans*** identificou o mesmo padrão de relações entre funcionários de centros comunitários e rapazes da esquina no West End, vizinho de "Cornerville".

---

* "An Experimental Approach to the Study of Status relations in Informal Groups".

** "Comparative Notes on 'The Social Role of the Settlement House' as Contrasted with that of the United States Indian Service".

*** *The Urban Villagers.*

Em termos de desenvolvimento teórico, construí meu próprio marco de referência conceitual ao longo dos anos a partir de minhas observações no North End*, e George Homans** usou minha análise da gangue da Norton Street para desenvolver seu próprio marco.

Em conclusão

Quando comecei meu projeto para *SE*, tomei como dado que deveria almejar contribuir para o conhecimento científico. Hoje, muitos cientistas behavioristas parecem acreditar que este é um objetivo impossível. Mas então pergunto-me: por que razão tantos especialistas de renome assumem uma posição tão derrotista? Acho que é porque abordam tipos de problemas que não podem ter respostas científicas. Por exemplo, Geertz e os antropólogos cujos trabalhos ele analisa estão preocupados com estudos da cultura de uma tribo ou comunidade.

Cultura tem muitas definições. Em sua versão mais abrangente, engloba parentesco e outras estruturas organizacionais; mitos, crenças e atitudes partilhados por muitas pessoas; práticas, rituais e cerimônias amplamente difundidos; padrões usuais de interação e atividades; formas de ganhar a vida; ferramentas e tecnologias usadas, e assim por diante. O antropólogo supõe que esses elementos não estão distribuídos aleatoriamente e tenta descobrir alguns padrões nas relações entre eles.

Para obter algo coerente a partir de qualquer padrão presumido de relações entre tantos elementos diferentes, o pesquisador terá que ir muito além de simples relatos e descrições. O sucesso nessa tarefa requer imaginação e criatividade — processos mentais altamente subjetivos. A publicação resultante pode ou não ser convincente para determinados leitores, mas não há qualquer modo de submetê-la a um teste científico.

Isso não significa que as interpretações socioantropológicas de uma dada cultura sejam inúteis. Um bom estudo cultural pode fornecer orientações valiosas para a compreensão daquela cultura e a comunicação com seus integrantes. Isso não é o mesmo que uma prova científica — mas os seres humanos realizariam muito poucas ações se somente respondessem a proposições cientificamente testadas.

---

* *Social Theory for Action.*

** *The Human Group.*

Se os pesquisadores estão em busca de generalizações que possam ser submetidas a testes científicos, então temos de focalizar certos elementos dentro da cultura que possam ser direta ou indiretamente observados e medidos. Foi isso que fiz nos estudos de gangues de esquina. Não posso afirmar que tenha produzido qualquer interpretação abrangente da cultura total de Cornerville. Quase não trabalhei com os papéis das mulheres e com a vida familiar, nem com o papel da igreja. Na realidade, abandonei a meta de fazer um estudo abrangente para me concentrar em áreas sobre as quais eu tinha uma quantidade substancial de dados sistemáticos: gangues de esquina e suas relações com as organizações mafiosas e políticas. Os métodos que usei e as conclusões a que cheguei podem ser ampliados e melhorados pelos que hoje estudam a organização de comunidades.

Embora rejeite os padrões da epistemologia crítica, reconheço que podem ter servido a um propósito útil na era pós-colonial, convidando os de fora a questionar nossas próprias hipóteses sobre uma dada cultura e a buscar conhecer as opiniões de integrantes daquela cultura. Mas aquele propósito não pode ser alcançado por outra pessoa de fora que, anos depois, vai àquela cultura buscar informantes selecionados e ouvir suas histórias. Podemos concordar que ninguém de fora pode realmente conhecer a totalidade de uma dada cultura, mas então precisamos perguntar se qualquer pessoa de dentro pode conhecer a totalidade de sua cultura. Ao enfatizar as vantagens do conhecimento dos de dentro, não nos esqueçamos de que alguém de fora pode dar contribuições importantes — como fez Alexis de Tocqueville, há muitas décadas, com seus estudos pioneiros sobre a América.

As opiniões que mais contrastam com as minhas são as apresentadas por Jermier e Denzin. Jermier (*ROC*, p.233) me vê como um positivista e afirma que "a epistemologia crítica insiste em que a verdade reside em níveis cada vez mais profundos de reflexão e exposição subjetivas, e que a ciência serve mais quando serve menos". Se formos seguir essa linha, ficaremos com uma discussão sobre se minha "verdade" é melhor que sua "verdade".

Denzin começa seu ensaio reconhecendo *SE* como um "clássico da sociologia", mas acaba sua crítica com esta nota negativa (*JCE*, p.131): "Como o século XX está agora em sua última década, é adequado perguntar se ainda queremos esse tipo de ciência social. Queremos o tipo de sociologia clássica que Whyte produziu, e que Boelen, de sua própria maneira negativa, endossa?"

Qual a abordagem alternativa proposta pelos epistemólogos críticos? Se, como afirma Denzin, o que chama de "realismo social" é visto agora como "apenas uma estratégia narrativa de contar histórias sobre o mundo lá fora", então a crítica pode depender apenas de um julgamento da capacidade do autor para persuadir seus leitores. Assim, argumentos científicos são transformados em crítica literária. E somos deixados com padrões de julgamento que variam conforme mudem as tendências da crítica literária.

Para o futuro desenvolvimento das ciências comportamentais, a posição de Denzin nos leva a um beco sem saída. Acredito que a epistemologia crítica será vista como moda passageira, e que os cientistas behavioristas que tiverem sucumbido à sua atração enganosa retornarão à busca do conhecimento científico.

Pelos comentários e críticas que me ajudaram a rever a versão anterior, estou grato a Davydd J. Greenwood, Martin King Whyte, Herbert Gans e Jenny Farley. Esta resenha da história do livro foi adaptada de "*Sociedade de esquina* revisitado", em *Sociological Forum*, 1993.

Referências bibliográficas

ADLER, P.A., P. Adler e J.M. Johnson (orgs.). "Special Edition: *Street Corner Society* Revisited". *Journal of Contemporary Ethnography*, vol.21, nº1, abril, 1992.

CHAPPLE, E.D. (colab. Conrad M. Arensberg). *Measuring Human Relations: An Introduction to the Study of the Interaction of Individuals*. Genetic Psychology Monograph nº22, Provincetown, The Journal Press, 1940.

FROST, P.J. et al. (orgs.). *Reframing Organizational Culture*. Newbury Park, Sage Publications, 1991.

GANS, Herbert. 1962 (1982). *The Urban Villagers: Groups and Class in the Life of Italian Americans*. Nova York, The Free Press, 1962 (1982).

GEERTZ, Clifford. *Works and Lives: The Anthropologist as Author*. Stanford, Stanford University Press, 1988.

GREENWOOD, D.J., W.F. Whyte e Ira Harkavy. "Participatory Action Research as a Process and as a Goal". *Human Relations*, vol.46, nº2, fevereiro, 1993.

HARKAVY, Ira e John L. Puckett. "Toward Effective University-Public School Partnerships: An Analysis of a Contemporary Model". *Teachers College Record*, vol.92, nº4, verão, 1991.

HARVEY, O.J. "An Experimental Approach to the Study of Status Relations in Informal Groups". *American Sociological Review*, vol.18, nº4, p.357-67, 1953.

HOMANS, G.C. *The Human Group*. Nova York, Harcourt Brace. 1950

MEKEEL, S. "Comparative Notes on 'The Social Role of the Settlement House' as Contrasted with That of the United States Indian Service". *Applied Anthropology*, vol.3, nº1, p.5-8, 1943.

WHYTE, W.F. "The Social Role of the Settlement House". *Applied Anthropology*, vol.1, nº1, 1941.

———. *Street Corner Society*, 3ªed. Chicago, University of Chicago Press, 1981.

———. *Learning from the Field*. Newbury Park, Sage Publications, 1984.

———. "Advancing Scientific Knowledge through Participatory Action Research". *Sociological Forum*, vol.4, nº3, p.367-85, 1989.

———. *Social Theory for Action: How Individuals and Organizations Learn to Change*. Newbury Park, Sage Publications, 1991.

WHYTE, W.F. (org.). *Participatory Action Research*. Newbury Park, Sage Publications, 1990.

WHYTE, W.F., Davydd Greenwood e Peter Lazes. "Participatory Action Research: Through Practice to Science in Social Research". *American Behavioral Scientist*, vol.32, nº5, p.367-85, 1989.

Anexo B

O impacto Whyte sobre um *Underdog**

O trabalho e a amizade do professor William Foote Whyte têm tido uma profunda e continuada "influência sociológica" sobre meu comportamento e minha carreira por mais de 40 anos.

A fim de melhor explicar esse impacto em minha vida, preciso apresentar os anos anteriores à data em que Bill pela primeira vez me registrou em suas notas de pesquisa de campo como Sam Franco, líder dos Miller, uma gangue de esquina.

Nasci no North End de Boston, também conhecido como Little Italy, em 11 de janeiro de 1919, num distrito superpovoado e de baixa qualidade, com prédios de tijolos vermelhos. Desde que nasci, e durante os 20 anos seguintes, era encontrado a vagar pelas esquinas com minha gangue, simplesmente procurando alguma coisa para fazer.

Em retrospecto, quem de nós naquela gangue — incluindo Pete "the Greek", Bobo, Broken Arm, Johnny Blah, Black Mike, Father Min, Jinx Pie, Shadow, Keechie Coonie, Three Fingers ou Frankie Three-Eye — poderia sonhar que eu estaria aqui hoje. Aqui, na Universidade de Cornell, entre um grupo de intelectuais que homenageia um colega, um sociólogo nacionalmente reconhecido, pioneiro na área dos estudos de administração e autor de *Sociedade de esquina*, clássico da sociologia, no qual minha gangue desempenhou um pequeno papel — quem poderia imaginar?

Antes que Bill entrasse no North End, o distrito era visto pelas pessoas de fora como uma área pobre degradada, desorganizada e perigosa, onde o crime e a doença estavam constantemente à espreita. Durante aquele período eu estava bem consciente desse status degradante, e à noite muitas vezes me atormentava com isso quando tentava adormecer.

---

* *Underdog*: expressão que corresponderia, em português, a "Zé-Ninguém".

Para dar uma descrição mais precisa do clima, preciso mencionar alguns eventos históricos de injustiça que serviram para avivar as chamas do preconceito:

1. As infames e politicamente motivadas batidas do Procurador Geral Palmer contra as casas de supostos imigrantes radicais.*

2. O chefe de polícia David C. Hennessy foi assassinado em Nova Orléans [em outubro de 1890.] De maneira brutal, grande número de imigrantes italianos foi arrastado pelas ruas e jogado na prisão. Uma turba de cerca de cinco mil pessoas atacou furiosamente a delegacia de polícia [em março de 1891], e, aleatoriamente, linchou 11 italianos. Mais tarde o líder da multidão elegeu-se prefeito.

3. Um tanque de ferro de 15 metros de altura, contendo 2.300.000 galões de melaço, explodiu, soltando uma onda de cinco metros de altura pela Commercial Street no North End [em janeiro de 1919]. Nessa tragédia, 21 pessoas morreram asfixiadas, outras 40 ficaram feridas e 30 cavalos morreram; foram destruídos as estruturas do trem suspenso, seis prédios e um navio da marinha. Imediatamente colocou-se a culpa nos imigrantes italianos, como resultado de "uma bomba anarquista", e não no fato de que os dutos de melaço haviam sido construídos com placas de aço mais finas que o especificado nos projetos arquivados na Boston Building Commission. Isso ficou provado no tribunal seis anos mais tarde, e os depoimentos envolveram 119 ações individuais por danos.

4. Depois de executados na cadeira elétrica, Sacco e Vanzetti foram colocados em caixões, lado a lado, no salão funerário de Langone, na Hanover Street, no North End [em 1927]. Enquanto minha mãe me segurava pela mão, toquei os corpos dos dois homens, como ela havia feito, e fiz o sinal da cruz. A maior parte das pessoas na compacta multidão à nossa volta, e também minha mãe, tinha lágrimas nos olhos.

5. Condescendência arrogante e desdenho foi o que se revelou na fala do senador Henry Cabot Lodge [em 1896], quando se referiu aos recém-chegados imigrantes italianos como pertencendo "às raças que o povo de fala inglesa nunca absorveu, e que são estranhas ao grande corpo da sociedade dos Estados Unidos".

Além de tudo isso, o North End tinha algumas cicatrizes próprias, que ajudaram a distorcer sua imagem verdadeira. Para que possam melhor apreciar os desafios enfrentados por Bill Whyte, vou dar-lhes algumas informações sobre

---

* Conhecidas como *Palmer Raids*, as batidas aconteceram em oito cidades norte-americanas, incluindo Washington, entre novembro de 1919 e janeiro de 1920. Levaram à prisão ilegal de mais de 15 mil pessoas suspeitas de organizar a revolução comunista no país, a eclodir em maio de 1920. (N.T.)

coisas que eu conhecia intimamente e que jogavam uma sombra sobre o verdadeiro mundo do North End.

Durante a Lei Seca e a Grande Depressão, dois dos cinco irmãos de meu pai, tios Felice e Joseph Orlandella, traficavam bebidas no North End. Tio Felice vivia na mesma rua de Cesare Angiulo, em frente a ele. Naquela época, Cesare tinha um negócio legítimo e próspero de armazéns. Os mausoléus das duas famílias estão lado a lado no cemitério da Santa Cruz em Maiden, Massachusetts, e os caros monumentos de granito são semelhantes e foram desenhados pelo mesmo escultor.

Cesare Angiulo, o dono do armazém, tinha cinco filhos. Um deles, chamado Jerry, era de minha idade. Freqüentamos as mesmas escolas no North End até a oitava série, na Michelangelo. Jerry Angiulo tinha boas maneiras, era sempre amigável (embora de fala franca), inteligente, e se vestia de maneira impecável. Costumava andar em disparada pelas nossas ruas estreitas, em seu carro esporte último tipo. Hoje Jerry é um multimilionário homem de negócios, com grandes interesses no mercado imobiliário, e ainda tem um escritório na Prince Street, no North End. A única irmã de Jerry, Stella, casou-se com um Orlandella.

Em 1967, o Departamento de Justiça estimou que a Máfia de New England fazia meio bilhão de dólares por ano com suas operações. Raymond Salvatore Loredo, patriarca de Providence, em Rhode Island, foi descrito como o chefão da Máfia em New England, e Genaro (Jerry) Angiulo como o suposto chefão do crime em Boston e o número dois da Máfia do estado.

O North End realmente tinha má reputação, e isso, mais o status de imigrantes ou filhos de imigrantes italianos, produzia em mim um forte sentimento de ser desprezado por outros de estratos econômicos e políticos mais favorecidos. Não é de admirar que desenvolvesse um complexo de inferioridade ao interagir com meus professores irlandeses e outras pessoas de fora. Na verdade, essa foi uma das principais razões para eu ter abandonado os estudos na última série do curso secundário.

Até agora descrevo um cenário sinistro e selvagem. No entanto, como Whyte enfatizou em *Sociedade de esquina*, "há alguma coisa errada nesse quadro: nele não há seres humanos".

Foi com esses antecedentes que encontrei Bill Whyte pela primeira vez, em 1939, quando tinha 20 anos de idade e Bill estava com uma bolsa de Harvard fazendo sua pesquisa no North End. Quase imediatamente me vi trabalhando com Bill de modo informal, na esperança de que a pesquisa fosse ajudar as pessoas de fora a entender melhor o que realmente fazia o North End funcionar daquele modo, e quais as suas necessidades.

O que aprendi com Bill foi um conjunto de métodos para realizar um estudo sistemático de gangues de esquina baseado em observação, entrevistas e esclarecimento de redes sociais e lideranças informais. Eu também observava e analisava as dinâmicas dos processos de grupo e identificava o líder informal a partir da descoberta de como as ações coletivas eram originadas para o grupo. Pela primeira vez em minha vida eu não estava mais vagando pela esquina, simplesmente procurando alguma coisa para fazer.

Sim, Bill Whyte deu uma virada completa em minha vida. Ele expandiu meu pensamento, para que eu pudesse apreciar e entender melhor o North End, sua estrutura e seus padrões sociais, e também perceber que, apesar de ter a imagem negativa de uma área degradada, o distrito era bem organizado no sentido sociológico. Aprendi na verdade que a má reputação do North End baseava-se totalmente em uns pouquíssimos indivíduos envolvidos com a violência e as atividades ilegais.

Menciono um caso para ilustrar. Meu pai trabalhara numa fábrica de sapatos durante cerca de 15 anos, até que a empresa foi fechada durante a Depressão. Ele nunca tentara trabalhar para meus dois tios ricos, nem pedira ajuda financeira a eles, assim como também nenhum de seus irmãos e irmãs, incluindo as famílias de nossos parentes distantes, dos quais havia muitos no North End. Minha mãe nem ao menos nos permitia discutir qualquer assunto ilegal.

O que realmente quero dizer é que meus pais, minha família, nós éramos uma típica família do North End, pobre, honesta e orgulhosa; que, além do pequeno número de pessoas envolvidas com o crime organizado, o North End era um distrito de índole muito pacífica, com seus fortes laços de família dentro de uma fervilhante massa de grupos informais coesos; que "*figlio mio, mangia, mangia*" era uma cortesia-padrão em nossas casas, fosse você da família, parente, *paesano* ou uma pessoa de fora que tivesse a mínima conexão conosco; que tínhamos, em geral, um alto grau de segurança e proteção pessoal no North End, tanto de dia quanto à noite, e roubos e vandalismos contra casas e estabelecimentos quase inexistiam; que a lealdade à gangue da esquina só era superada pela devoção à família (e que, quando a família e o país foram ameaçados por forças de fora, os ítalo-americanos foram o maior grupo étnico da nação a servir nas forças armadas durante a Segunda Guerra Mundial); que nós "chegamos lá" vivendo em apartamentos superpovoados e degradados, a maior parte deles sem água quente, com sanitários coletivos, sem banheiras ou chuveiros, sem refrigeradores ou varandas, tendo como playground apenas porões infestados de ratos e telhados perigosos; e, além de tudo isso, enfrentando barreiras de idioma, injustiça social e pobreza.

Em outras palavras, nós realmente tínhamos algo olhando por nós no North End, com sua cultura étnica, seu colorido, seu calor vital, em uma rede viva de família, parentes e amigos; e esses traços nos ajudaram a enfrentar a adversidade.

Então, como vêem, minha nova perspectiva da vida no North End teve um significado mais profundo e íntimo do que "o tema comum, que aparece seguidamente à medida que as pessoas jovens, lutando para superar a discriminação, buscam um ponto de apoio em sua herança cultural para tentar se assegurar de que não descendem de um bando de vagabundos". Pensem bem, eu nunca ouvira esse tema comum até que aprendi com Bill. De fato, a palavra sociologia não estava em meu vocabulário antes de Bill me descobrir nas ruas.

Provavelmente, o mais importante para mim foi compreender que, verdadeira e seguramente, nossos pobres pais e filhos imigrantes tinham fibra suficiente e força para superar as dores do preconceito quando eram esmagados sob a carga de uma grande injustiça histórica; e se recusavam a ser sufocados pela opressão, que era então parte integrante de quase todas as facetas da política no plano da empresa e pessoal.

Esse tipo de raciocínio, um desdobramento de meus esforços de pesquisa, era automático e me vinha diretamente, sem a inspiração de Bill. Como resultado imediato, fui capaz de romper com as cadeias de um complexo de inferioridade que me dominara por mais de 20 anos. No entanto, isso não poderia ter acontecido se eu não tivesse trabalhado para Bill, e então parei de ficar pelas esquinas simplesmente procurando alguma coisa para fazer.

Até agora, como resultado direto da influência de Bill, apresentei diversos fatores que afetaram minha percepção e meus valores. Preciso explicar ainda como esse conhecimento foi transformado em ação.

Logo depois que Bill nos deixou, fomos engolfados pela Segunda Guerra Mundial, que desfez nossas gangues de esquina e nossos clubes. Mal podia imaginar, àquela época, que os resultados dos conhecimentos que adquirira com Bill seriam testados funcionalmente como oficial não-comissionado (ONC) na Marinha norte-americana, na Força Aérea e afinal na vida civil, como superintendente de obras públicas em Burlington, Massachusetts. Dito de outra maneira, o registro de toda a minha carreira atesta, de maneira enfática, que Bill me deu uma "apólice sociológica de seguro" que me protegeu pelo resto da vida.

Além da experiência no North End, meus experimentos baseavam-se em habilidades sociais informais desenvolvidas no trabalho para Bill — e não decorriam de eu ter recebido uma instrução formal em métodos e sistemas de administração. No entanto, aprimorei minhas habilidades sociais lendo sobre administração e fazendo alguns cursos noturnos enquanto prestava serviço militar, de modo que fui capaz de encaixar a instrução formal adquirida nos livros e cursos em um marco de referência para a ação, junto com as coisas aprendidas com Bill.

Embora ele nunca me tenha dado qualquer instrução formal sobre entrevistas, passava muito de nosso tempo juntos me entrevistando, e percebi o padrão: ele me conduzia para além de expressões genéricas de atitudes, buscando descrições de eventos concretos. Mais tarde, por minha conta, usei as técnicas de Bill e umas poucas inovações próprias.

Meus procedimentos de entrevista no serviço militar eram simples. Por exemplo, para ajudar a diagnosticar um problema de moral em uma base aérea, eu passava a andar pelos lugares onde militares e ONCs trabalhavam e, tanto na base quanto fora, se juntavam para se socializar e reclamar. Em minha base de origem, minha participação em juntas consultivas que tratavam de problemas de moral e bem-estar entre ONCs me permitia avaliar a aceitabilidade de minhas intervenções. Descobri que era capaz de conviver com os homens de modo a fazê-los falar comigo livremente, ou ajudá-los a fazer isso. Às vezes, deixava minha personalidade aparecer, mesmo que isso significasse discutir com eles, para que expressassem seus pensamentos e emoções a respeito dos problemas e eu pudesse rapidamente descobrir quais eram.

Mais tarde, na vida civil, usei técnicas semelhantes no papel de superintendente de obras públicas. Alguns de meus "arranjos" favoritos surgiram quando visitas inesperadas apareciam no meu escritório: pessoal subordinado, funcionários municipais eleitos ou nomeados, proprietários de imóveis residenciais, empreiteiros, e outros assim, que vinham discutir questões relacionadas a obras públicas, buscar ajuda ou reclamar. Minhas melhores entrevistas provavelmente aconteceram durante os intervalos para o café, que eram encontros planejados com um líder informal e seu supervisor imediato; ou em reuniões com a equipe, ou na Prefeitura, e durante processos de promoção, contratação, demissão e definição de prêmios de incentivo.

Um ponto relevante, no caso de uma "pesquisa ativa": eu intervinha quando considerava ser no interesse das pessoas, pois isso ajudava a desenvolver uma relação de apoio mútuo entre nós. Mais que isso: nunca tentei pagar um informante pelas informações, e diria que o termo "flexivelmente estruturada" é o que melhor descreve minha abordagem geral da entrevista quando estava no campo.

Daqui em diante, até o final de minha fala, quando fizer referência ao papel de solucionador de problemas, isso significa a habilidade de diagnosticar problemas e recomendar soluções e/ou implementar ações corretivas. Um outro ponto nessa mesma linha: os incidentes críticos observados no North End, no serviço militar e, finalmente, no governo municipal foram documentados na hora, ou logo depois de acontecidos, e aparecerão em um manuscrito detalhado (minha autobiografia), que comecei a redigir em 1977, com a ajuda de Bill.

O incidente que com certeza mais bem descreve o que Bill significou para mim aconteceu em fevereiro de 1944, quando o 22º da Marinha, o Quinto Corpo Anfíbio, invadiu o atol Eniwetok, posto avançado japonês altamente fortificado, nas ilhas Marshall. Estávamos a bordo do *U.S.S. Middleton*, uma embarcação de ataque. Três meses antes, em novembro de 1943, o mesmo navio participara de um banho de sangue durante o assalto a Tarawa, um minúsculo atol em forma de V, onde morreram mil marinheiros da Segunda Divisão de Marinha, e quatro mil soldados imperiais japoneses — e agora era nossa vez de fazer um ataque frontal direto.

Durante o bombardeio de Eniwetok, nunca passei por uma ansiedade e um suspense maiores e mais agonizantes que a dilacerante tortura daqueles momentos em que o capelão pediu, pelo sistema de som do navio, que todos se ajoelhassem para rezar. Fizemos isso, e ele continuou, numa voz lenta, que soava sinistra: "Em nome do Pai, do Filho e do Espírito Santo..." Isso aconteceu a bordo do *Middleton* apenas alguns segundos antes de recebermos o sinal para irmos para a amurada e entrar na barcaça de desembarque que nos fora designada.

Em simultâneo, o ritmo do bombardeio aumentava. Mar e ar, sob o fogo de apoio, eram um furacão de chamas, aço e fumaça negra que permeavam tudo com um forte cheiro de explosivos e diesel. Em uma "barreira rolante", navios de batalha, cruzadores, destróieres, lança-foguetes e uma multidão de embarcações menores, junto com os aviões da marinha, carregavam, bombardeavam e metralhavam o atol num ataque implacável. Os tremores e o barulho soavam como um trovão contínuo e o toque de imensos tambores, amplificados um milhão de vezes.

A tensão dentro de mim crescia com a intensidade da operação. Uma nova sensação me tomou, como um sentimento selvagem, desesperado, que vinha do fundo do estômago. Foi nesse exato instante que uma retrospectiva de meu mundo passou diante de meus olhos: Rose, meus pais e irmãs, e Bill Whyte.

Com um rifle MI pendurado ao ombro, fui para a amurada do navio e comecei a descer a rede de cordas esticada na lateral. Meus músculos ficaram tão contraídos com aquela tensão emocional que não conseguia sentir as mãos agarrando as alças de corda enquanto baixava na direção da balsa que nos levaria à terra, e que parecia uma rolha saltitando na água agitada lá em baixo.

Quando consegui chegar à balsa de assalto, todos a bordo pareciam ter faces cinzentas, todos se deitavam de bruços no fundo da balsa, como robôs mascarados. Então o piloto acelerou o motor e demos início ao ataque na primeira onda, e rapidamente estávamos no centro de uma força poderosa e ainda mais aterrorizante. Deitado, de rosto para baixo, chequei a segurança de meu rifle com a mão e também me certifiquei de que a baioneta estava no lugar. Pensei comigo: "Nunca mais verei os que amo, e nunca vou ler o livro de Bill."

O livro havia sido publicado quando eu estava a caminho do exterior, e, em meu último contato com Bill antes de embarcar, dissera a ele que não poderia levar livros para onde eu ia; então ele o mandou para Rose, que estava no North End. Acabou que só recebi *Sociedade de esquina* meses mais tarde, depois de ter passado pelos últimos ritos a bordo do *U.S.S. Middleton*, de as Ilhas Marshall estarem seguras e eu ser finalmente transferido de uma estada temporária num hospital no Havaí para o Hospital Naval em San Diego, para onde o livro foi despachado por Rose. Na carta que veio junto, ela me disse quão cuidadosamente o volume havia sido embrulhado e posto na arca em que guardava seu enxoval, onde ficaria até que eu retornasse.

Bill nunca me mostrara rascunho algum do livro, de modo que, quando o li, fiquei perplexo ao ver como alguém de fora pudera captar tão precisamente a verdadeira realidade do North End. E, como eu não podia voltar para casa, para junto de Rose e de minha família, o livro trouxe o resto do North End para mim em San Diego, quando eu mais precisava, psicológica e fisicamente.

Mesmo enquanto me recuperava no hospital, Bill Whyte estava lá. O retorno que eu recebia, na forma de um livro publicado no qual eu desempenhava uma pequena parte, elevou meu interesse pela sociologia até um novo patamar. Por exemplo, quando o oficial Dom Zucchini veio ao hospital, incumbindo-se de uma tarefa dada pela marinha e trazendo-nos dinheiro para emergências, imediatamente notei seus traços de liderança, embora estivesse abaixo de um sargento técnico. Cedo me descobri trabalhando com Dom, com o status de voluntário-paciente, no destacamento da guarda-marinha, onde também observei outro líder informal, o oficial Bob Notfsinger.

Não levou muito para que, no maior hospital da marinha durante a Segunda Guerra Mundial, estivéssemos quase na direção do destacamento, que era responsável pela administração de centenas de marinheiros feridos que voltavam das áreas de combate. Nosso comandante, capitão Frank ("Spud") Murphy, com freqüência nos procurava informalmente para resolver problemas administrativos e de pessoal, e, ao fazer isso, passava por cima de seus ONCs seniores e oficiais subordinados.

Após a guerra, como primeiro-sargento, realizei experimentos de campo em liderança e processos de grupo nas sessões regulares de treinamento do Corpo de

Reserva da Marinha, em Boston. Naqueles casos, eu pedia a um marinheiro para escolher quatro homens e realizar uma tarefa, tendo em mente minhas observações e previsões a respeito de quem se associava com quem e qual a eficiência do grupo na realização da tarefa.

Nesses testes, eu alternava entre indivíduos identificados como líderes informais e os identificados como seguidores. Observando o processo mais tarde, descobri que havia uma significativa diferença no desempenho. O grupo formado pelos seguidores levava mais tempo e mostrava mais confusão ou conflito na realização da tarefa que o grupo sob o líder informal. Com base nesses experimentos, cheguei a conclusões sobre redes ou relações interpessoais e liderança informal.

No começo do conflito coreano, eu estava muito deprimido, porque tive de deixar Rose novamente, desta vez com dois filhos pequenos. Lembro-me de dizer a Bill que um marinheiro não tinha qualquer direito de esperar sobreviver a uma guerra e depois voltar vivo de uma segunda. Naquela época, eu era um primeiro-sargento sediado no Sexto Batalhão, Segunda Divisão da Marinha, Camp Lejeune, no Corpo Regular de Marinheiros.

Numa certa manhã, de que nunca esqueci, meus homens carregavam um caminhão com nossas mochilas, preparando-se para partir, quando de repente um jipe estacionou perto de mim. O chofer, um ONC, disse-me que eu era chamado no quartel-general do batalhão o mais cedo possível. Devia pegar minhas coisas e voltar com ele. Não tinha qualquer outra informação. Tudo que pude imaginar era que algum primeiro-sargento fora derrubado na Coréia, e eu deveria ser mandado com urgência para substituí-lo na área de combate. Pulei dentro do jipe com minha mochila, acenei para os homens e nunca mais os vi.

Numa ligação interurbana para Bill, numa voz excitada da qual ele se lembra, eu disse: "Bill, é igual ao que acontece no cinema! Ontem recebi ordens de embarcar para a Coréia, e hoje recebi uma mensagem do alto comando do quartel-general dizendo para me apresentar na Air University, na Base Aérea de Maxwell, em missão individual!"

Esse "empréstimo" sem precedentes de um marinheiro para trabalhar diretamente com a Força Aérea foi iniciado e acompanhado por Bill, e teve de ser aprovado pelos comandantes gerais da Marinha e da Aeronáutica.

Na Air University, fui o primeiro e único homem alistado a ser designado pesquisador principal do projeto financiado pelo governo no Instituto de Pesquisa de Recursos Humanos (HRRI). Vários extratos foram retirados de um manuscrito de 200 páginas intitulado "Disciplina na Força Aérea Americana", que eu havia preparado para o marechal inspetor-geral da Aeronáutica, como proposta de um manual de treinamento, e publicado com o mesmo título pelo Comando Aéreo Continental (Guia Geral de Treinamento, vol.2, 1956). A introdução diz: "O autor é um indivíduo prático, perceptivo, que também conhece muito a respeito de métodos usados por cientistas para resolver problemas humanos. ... Este importante estudo deverá ser um estímulo para todo o pessoal da Força Aérea."

Em várias ocasiões relevantes para o trabalho de campo, fui mandado com dois ou três colegas a diferentes bases aéreas que haviam registrado sérios problemas de moral e precisavam de ajuda para entender a situação. Em tais ocasiões, consegui entrar e, dentro de poucos dias, chegar a um sólido diagnóstico da natureza do problema e sugerir um conjunto de ações corretivas.

Esse tipo de esforço ajudou a estabelecer minha imagem como solucionador de problemas. O oficial executivo da Diretoria de Guerra Psicológica do HRRI disse o seguinte: "No estudo de relações em bases aéreas na França e no Marrocos, é necessário que a equipe de campo entreviste os pilotos de três bases na França e uma na África. As habilidades ímpares do sargento Orlandella como entrevistador serão um recurso vital para a equipe de campo."

A Carta Semanal da Universidade da Carolina do Norte, em Chapel Hill continha o seguinte extrato: "Faz uma semana que Ralph está trabalhando, e vem produzindo uma grande quantidade de dados sobre incidentes críticos em um esquadrão de manutenção que poucos observadores civis teriam sensibilidade para perceber, ou efetivamente obter. Ele tem ampla experiência com observações militares e recebeu um bom treinamento, graças a Bill Whyte, de Cornell." Um longo caminho desde o tempo em que andava pelas esquinas. E vocês não concordariam que aquela apólice sociológica de seguro rendeu altos dividendos?

No Comando Aéreo Estratégico da Base Aérea de Vanderberg, recebi crédito "pelo desenvolvimento de cursos de treinamento ATLAS-ICBM" e por "desenvolver programas de treinamento no trabalho, dos quais se tinha grande urgência, para operadores de mísseis", e esses esforços foram "de grande importância para ajudar o 576º a se tornar o primeiro ATLAS-ICBM operacional no Comando Aéreo Estratégico e na Força Aérea americana".

O que não é mencionado pelo CAE são os aspectos sociológicos envolvidos, tais como identificar os problemas, entrevistar, selecionar e motivar um grupo de militares e civis, que incluía líderes informais, para a realização de um programa de treinamento. O grupo incluía representantes técnicos de Convair Astronautics, Rocketdyne, General Electric e Burroughs.

Agora eu lhes pergunto: como, neste mundo, poderia o líder de uma gangue de esquina, encontrado nas ruas, ser capaz de organizar e controlar com sucesso um grupo destes para trabalhar numa tarefa excepcional e altamente técnica — ou mesmo estar fisicamente envolvido no processo? A resposta deve ser Bill Whyte!

Durante os sete anos seguintes, ocupei as posições de superintendente de todas as escolas de lideranças para ONCs do Oitavo Comando Aéreo (Comando Aéreo Estratégico) e de coordenador da junta consultiva de ONCs do mesmo Comando. Esses dois papéis me propiciaram o máximo de oportunidades para aplicar algumas das idéias de Whyte nas áreas de liderança e gerenciamento, bem como minhas habilidades como solucionador de problemas, na Base Aérea de Westover. No meu oitavo e último ano na Base, fui designado para outra posição no nível de comando como ONC da Oitava Força Aérea para cuidar da área de motivação na carreira.

As habilidades sociais que havia aprendido também foram aplicadas no Japão. O oficial de treinamento da unidade, 67ª Unidade de Reconhecimento Tático, fez este relato: "A abordagem e as técnicas usadas por Orlandella ... enquanto reportava para comandantes de esquadrões, supervisores, treinandos, foram esclarecedoras, de grande sucesso e uma demonstração de habilidade para tratar de relações humanas no trabalho."

Durante a guerra do Vietnã, minhas técnicas de solução de problemas e minhas habilidades sociais foram de inestimável valor para mim mesmo nas funções de mais alto nível, como assessor especial alistado no 56º Grupo de Apoio a Combate, na Base Aérea Real Tailandesa, Nakon Phanom, uma instalação clandestina no Norte da Tailândia.

Depois de completar minha missão na Tailândia, fui deslocado para o Serviço de Comunicação da Aeronáutica, Base Aérea Scott, onde me aposentei também no mais alto nível como assessor especial, na posição de oficial-executivo de pessoal, em julho de 1970.

Cerca de dois meses mais tarde, comecei uma segunda carreira na cidade de Burlington, Massachusetts, em outubro de 1970. Lá, outros sete anos de registros atestaram o valor das técnicas sociológicas aplicadas quando delas se lança mão de maneira adequada para lidar com problemas de administração e organização.

A Junta de Funcionários Especiais de Burlington me contratou como solucionador de problemas para ajudar o superintendente de obras públicas a reorganizar e consolidar o Departamento de Obras Públicas. As agências sob sua jurisdição incluíam sistemas de distribuição de água e esgotos sanitários, departamento de engenharia, divisão de estradas, divisão de cemitérios, o agente da junta de planejamento e a seção administrativa — um programa de milhões de dólares.

Cito a seguir alguns dos fatores críticos que refletiam um alto grau de desorganização e uma necessidade imediata de ações corretivas: contínuas e confusas mudanças na direção administrativa; moral baixo; problemas excessivos de pessoal e patronagem; preparação insatisfatória do orçamento; controles deficientes na contabilidade de custos; excesso de projetos prioritários de construção dependentes de recursos públicos; necessidade de expansão dos sistemas de água e esgoto para atender ao crescimento da cidade; poços de água contaminados por sal; sistema manual e obsoleto de controle das contas de água e esgoto; caixas com correspondência não respondida ou mal arquivada, e documentos de engenharia espalhados por todo o piso do escritório do superintendente do Departamento de Obras Públicas; nenhum sistema centralizado de arquivo nem folhas de pagamento consolidadas, e um completo colapso nas comunicações com outras agências de serviços da cidade.

As oportunidades para me mostrar um solucionador de problemas bem-sucedido eram quase ilimitadas. Com a apólice sociológica de seguro de Whyte no bolso, fui promovido, em três meses, de assistente administrativo do Departamento para superintendente de estradas, função na qual também ganhei experiência de campo.

Três meses depois, fui novamente promovido a superintendente de obras públicas. Nenhuma das três pessoas que me antecederam havia ocupado essa posição elevada por mais de um ano. Eu a ocupei por cerca de sete anos, até que me aposentei voluntariamente no dia 31 de maio de 1977.

Uma das "ações de pesquisa" realizadas nesse período era observar subordinados em interações informais, tanto no trabalho quanto fora dele, e detectar o surgimento de líderes informais, para então colocá-los em posições formais de supervisão. Essas ações eram realizadas a despeito da inacreditável burocracia e das pressões existentes no serviço público.

Provavelmente, o mais importante era a necessidade de reconhecer a estrutura de entidades formais, tais como a Junta de Funcionários Especiais (meus cinco patrões), métodos e meios, integrantes da Assembléia Legislativa municipal, funcionários das escolas e grupos de interesses especiais, tais como os "cidadãos tradicionais" e os ricos empreiteiros locais. Isso incluía a associação a grupos como o Rotary Clube local e a Associação de Obras Hidráulicas de New England, nos quais alguns dos mais importantes profissionais da cidade podiam ser observados e contatados. Uma vez entendida a estrutura, trabalhei arduamente para ganhar a confiança e o apoio da liderança que emergiu, sabendo bem que não bastava que eu apenas me relacionasse com os indivíduos em termos de suas posições formais. Dessa maneira, consegui me proteger e avançar com o programa do Departamento de forma mais efetiva.

Alguma coisa deve ter me ajudado; aquilo não poderia ter sido feito só por mim, sobretudo se considerarmos algumas das ações e mudanças que ocorreram durante minha administração em uma cidade altamente politizada.

Introduzi alterações radicais, fui rude e não-cooperativo quando confrontado com pressões que pediam patronagem; demiti ou forcei a aposentadoria de pessoas incompetentes; bati forte quando empreiteiros, indústrias ou companhias de serviços públicos eram responsáveis por uma construção de má qualidade ou por danos aos bens da cidade — e, em cada um desses casos, a municipalidade foi totalmente indenizada.

Introduzi e desenvolvi padrões de treinamento para a função, tarefas adicionais e treinamento especial para melhorar a eficiência e permitir a ascensão profissional; criei prêmios de incentivo e um sistema centralizado de arquivos; folha de pagamentos consolidada e uma seção de serviços ao usuário, que incluía um sistema de comunicação por rádio para contatar todas as agências do Departamento e todos os veículos no campo, incluindo meu escritório; converti o sistema manual de contas de água e esgotos em sistema computadorizado e terceirizado; preservei os poços de água da cidade de uma contaminação maior, operando o controle de neve e gelo durante três invernos consecutivos, sem uso de sal nas ruas e sem a ocorrência de nenhum acidente fatal pela neve ou gelo, adotando um conceito especial de supervisão por seis zonas, nas quais utilizei líderes informais (e que virou notícia numa revista de circulação nacional); construí uma planta de tratamento de água e um reservatório no valor de 4,5 milhões de dólares; completei um programa de esgotos sanitários de 17 milhões de dólares e o plano de gerenciamento de águas pluviais; e melhoria do sistema de distribuição de água, que resultou na diminuição da taxa do seguro de incêndio para todas as residências e negócios na cidade.

Consegui fazer tudo isso, e muito mais, sem aumentar a força de trabalho e com orçamento e custo *per capita* menores que os de qualquer outra cidade comparável nas vizinhanças de Burlington. Foi assim, e fizemos tudo sem necessidade de ir além de minha mesa de trabalho para resolver qualquer reclamação de sindicato ou associação de funcionários municipais. A maior parte dos problemas era resolvida em reuniões semanais de equipe em meu escritório com o pessoal-chave de supervisão — que, na maioria das vezes, incluía líderes informais.

Também durante esse período (em 1976), em reuniões da Eastern Sociological Society e da American Sociological Association, o professor William Foote

Whyte e eu colaboramos em seminários didáticos sobre métodos de pesquisa de campo.

Como vêem, os referenciais sociológicos contam a história da profunda influência de Bill sobre um *Underdog*. Ele me encontrou vagando pelas esquinas, simplesmente à busca de algo para fazer, e transformou uma existência sem sentido numa carreira significativa — em duas carreiras.

A chave para tudo isso foi o treinamento e o retorno recebidos — bem reforçados pela amizade. Essa associação de longo prazo incluiu Kathleen King Whyte, que também me encorajou e orientou. Sim, conheci Bill e Kathleen quando tinha 20 anos de idade. Dentro de poucos meses terei 62, e é esse o tempo que vem durando nossa amizade.

Sou grato a vocês, Bill e Kathleen. Foi uma honra ter conhecido os dois e tido a invejável oportunidade de estar aqui hoje, na Universidade de Cornell, entre seus renomados colegas e amigos. Em nome de minha família e de meus pais, que, estou certo, nos olham com orgulho de algum lugar lá em cima, *grazie tante, amici, molte grazie.*

ANGELO RALPH ORLANDELLA

▣ Anexo C

Referências bibliográficas selecionadas

Para os interessados em situar *Sociedade de esquina* no contexto de meus outros trabalhos, apresento a seguir uma lista de meus livros e outras referências selecionadas.

Livros de Foote Whyte

Industry and Society (org.). Nova York, McGraw-Hill, 1946.

Human Relations in the Restaurant Industry, Nova York, McGraw-Hill, 1948.

Patterns for Industrial Peace. Nova York, Harper and Row, 1951.

Money and Motivation. Nova York, Harper and Row, 1955.

Men at Work. Homewood, Richard D. Irwin, Dorsey Press, 1961.

Action Research for Management (co-autor). Homewood, Richard D. Irwin, Dorsey Press, 1965.

Toward an Integrated Theory of Development; Economic and Non-Economic Variables in Rural Development (co-autor). Ithaca, New York State School of Industrial and Labor Relations, 1968.

Organizational Behavior: Theory and Application. Homewood, Richard D. Irwin, Dorsey Press, 1969.

Dominación y Cambios en el Perú Rural (co-athor). Lima, Instituto de Estudios Peruanos, 1969.

Organizing for Agricultural Development. New Brunswick, Transaction Books, 1975.

Power, Politics and Progress: Social Change in Rural Peru (co-autor). Nova York, Elsevier, 1976.

Worker Participation and Ownership: Cooperative Strategies for Strengthening Local Economies (com colaboradores). Ithaca, ILR Press, 1983.

Higher Yielding Human Systems for Agriculture (com colaboradores). Ithaca, Cornell University Press, 1983.

Learning from the Field: A Guide from Experience. (Este livro reúne o que aprendi sobre métodos de pesquisa de campo.) Newbury Park, Sage Publications, 1984.

Making Mondragon: The Growth and Dynamics of the Worker Cooperative Complex (com Kathleen King Whyte). Ithaca, 1988 e 1991.

Participatory Action Research (org.). Newbury Park, Sage Publications, 1990.

Social Theory for Action: How Individuals and Organizations Learn to Change. Newbury Park, Sage Publications, 1991.

Artigos de Foote Whyte relacionados a Sociedade de esquina

"Race Conflicts in the North End of Boston". *New England Quarterly*, dezembro, 1939. Um estudo histórico da "invasão" por imigrantes italianos do que havia sido um distrito irlandês. "Raça" certamente é um termo incorreto, mas era assim que os habitantes do North End viam o problema.

"Corner Boys: A Study of Clique Behaviour". *American Journal of Sociology*, março, 1941. Análise da estrutura de grupos informais, mais tarde incorporada ao livro.

"The Social Role of the Settlement House". *Applied Anthropology*, outubro/dezembro, 1941. Também foi incorporado ao livro.

"A Slum Sex Code". *American Journal of Sociology*, julho, 1943 (Bobbs-Merrill Reprint Series, nº312). Não se encaixou no livro, mas tornou-se a reimpressão mais popular de um texto meu.

"Social Organization in the Slums". *American Journal of Sociology*, julho, 1943. Parte da minha revisão da literatura acadêmica para atender à exigência da Universidade de Chicago com relação à tese.

"A Challenge to Political Scientists". *American Political Science Review*, agosto, 1943 (Bobbs-Merril Reprint Series, nº117). Parte da revisão da literatura na qual sugiro que os cientistas políticos parem de moralizar e comecem a estudar o comportamento político.

"Sicilian Peasant Society". *American Anthropologist*, janeiro/março, 1944. No começo do século XX, Giuseppe Pitré, um médico e etnólogo amador, publicou mais de 20 volumes sobre costumes e folclores sicilianos. Estudei as partes não impressas em dialeto para esta interpretação da vida rural.

"Politics and Ethics: A Reply to John H. Hallowell". *American Political Science Review*, abril, 1946 (Bobbs-Merrill Reprint Series, nº295). Em resposta a meu "Challenge to Political Scientists", Hallowell me acusara de positivista. Continuei a argumentar que era bom estudar o comportamento político.

"On *Street Corner Society*". In E.W. Burgess e D. Bogue (org.), *Contributions to Urban Sociology*, Chicago, University of Chicago Press, 1964. Minha tentativa de avaliar a contribuição do livro para as ciências do comportamento.

"Whyte on Washington's Review of *Street Corner Society*". *Reviews in Antropology*, primavera, 1978. Um comentário sobre "An Urban Slum Revisited", de Robert E. Washington.

Índice remissivo